ESPORTE DE ALTO RENDIMENTO

INSTITUTO PHORTE EDUCAÇÃO
PHORTE EDITORA

Diretor-Presidente
Fabio Mazzonetto

Diretora Financeira
Vânia M. V. Mazzonetto

Editor-Executivo
Fabio Mazzonetto

Diretora Administrativa
Elizabeth Toscanelli

CONSELHO EDITORIAL

Educação Física
Francisco Navarro
José Irineu Gorla
Paulo Roberto de Oliveira
Reury Frank Bacurau
Roberto Simão
Sandra Matsudo

Educação
Marcos Neira
Neli Garcia

Fisioterapia
Paulo Valle

Nutrição
Vanessa Coutinho

ESPORTE DE ALTO RENDIMENTO

fatores críticos de sucesso – gestão – identificação de talentos

Maria Tereza Silveira Böhme
Flávia da Cunha Bastos
(Organizadoras)

São Paulo, 2016

Esporte de alto rendimento: fatores críticos de sucesso – gestão – identificação de talentos
Copyright © 2016 by Phorte Editora

Rua Rui Barbosa, 408
Bela Vista – São Paulo – SP
CEP 01326-010
Tel./fax: (11) 3141-1033
Site: www.phorte.com.br
E-mail: phorte@phorte.com.br

Nenhuma parte deste livro pode ser reproduzida ou transmitida de qualquer forma, sem autorização prévia por escrito da Phorte Editora Ltda.

CIP-BRASIL. CATALOGAÇÃO-NA-FONTE
SINDICATO NACIONAL DOS EDITORES DE LIVROS, RJ

E79

Esporte de alto rendimento: fatores críticos de sucesso – gestão – identificação de talentos / organização Maria Tereza Silveira Böhme , Flávia da Cunha Bastos. – 1. ed. – São Paulo : Phorte, 2016.
360 p. : il. ; 28cm c

Apêndice
Inclui bibliografia
ISBN 978-85-7655-556-8

1. Esportes. 2. Esportes – Administração – Brasil. I. Böhme, Maria Tereza Silveira. II. Bastos, Flávia da Cunha.

| 16-31120 | CDD: 796.50981 |
| | CDU: 796.5(81) |

ph2367.1

Este livro foi avaliado e aprovado pelo Conselho Editorial da Phorte Editora.

Impresso no Brasil
Printed in Brazil

Apresentação

Esta obra é fruto de um intenso trabalho em grupo de pesquisa voluntário, tão comum nas Ciências do Esporte no Brasil. Estudantes de mestrado e de doutorado e pesquisadores do Laboratório de Treinamento e Esporte para Crianças e Adolescentes (LATECA) se dedicaram por mais de 24 meses ao projeto. Além disso, a pesquisa só pôde ser realizada porque contou com a coordenação e o apoio do consórcio SPLISS (*Sports Policy Factors Leading to International Sporting Success*), formado por pesquisadores de universidades estrangeiras, que desenvolveram esse modelo teórico.[a,b,c]

O livro apresenta o modelo SPLISS, seus princípios teóricos e os resultados desta pesquisa sobre a política e o clima geral do esporte no Brasil. Esses resultados são relativos ao esporte de alto rendimento, mas não se restringem a ele, pois expõem dados sobre financiamento do esporte no País, bem como questões relacionadas à Educação Física Escolar e ao esporte de participação, ou seja, é uma obra que apresenta dados, informações e avaliações sobre o fenômeno esporte de maneira global.

Temas específicos também são tratados, como aspectos organizacionais relativos às instalações esportivas, à detecção e à promoção de talentos, à carreira de atletas e técnicos, às competições e ao próprio papel da ciência no desenvolvimento do esporte de alto rendimento.

O cenário do esporte no Exército Brasileiro e os resultados preliminares relativos à comparação internacional entre os 15 países participantes da pesquisa internacional complementam a obra.

Cada capítulo deste livro pode ser lido isoladamente, mas recomendamos sua leitura global, pois os temas têm muitas interfaces que são discutidas ao longo da obra.

Boa leitura!

---

[a] De Bosscher V, Bingham J, Shibli S. Sports Policy Factors Leading to International Sporting Success. London: Meyer & Meyer; 2008.

[b] De Bosscher V, De Knop P, van Bottenburg M, Shibli S, Bingham J. Explaining international sporting success: an international comparison of elite sport systems and policies in six countries. Sport Manag Rev. 2009;12(3):113-36.

[c] De Bosscher V, Shibli S, Westerbeek H, Van Bottenburg M. Successful Elite Sport Policies. An international comparison of the Sports Policy Factors Leading to International Sporting Success (SPLISS 2.0) in 15 nations. London: Meyer and Meyer Sport (UK); 2015.

Prefácio

Foi com muita alegria e satisfação que aceitei redigir o prefácio deste livro. O grande objetivo de um prefácio é apresentar um panorama geral da obra e despertar no leitor o interesse de prosseguir em sua leitura. Contudo, optei por ir um pouco mais além, apresentando também as organizadoras/autoras do livro.

Esta obra representa o esforço conjunto e o pioneirismo das professoras doutoras Maria Tereza Silveira Böhme e Flávia da Cunha Bastos, ambas docentes do Departamento de Esporte da Escola de Educação Física e Esporte da Universidade de São Paulo (EEFE-USP). A professora Maria Tereza coordena o Laboratório de Treinamento e Esporte para Crianças e Adolescentes (LATECA) e, por muitos anos, tem desenvolvido pesquisas e formado recursos humanos, os quais têm atuado nessa temática tão relevante. Ela é, também, a coordenadora do convênio entre o consórcio SPLISS (*Sports Policy Factors Leading to International Sporting Success*) e a USP. O consórcio SPLISS está sob a responsabilidade de pesquisadores da Bélgica, da Austrália, do Reino Unido e da Holanda e vem atuando no levantamento de informações em vários países. A professora Flávia da Cunha Bastos é, atualmente, uma das grandes líderes acadêmicas na temática Gestão do Esporte. Ela é a coordenadora do Grupo de Estudos e Pesquisa em Gestão do Esporte (GEPAE-EEFE-USP) e membro da Aliança Intercontinental de Gestão Desportiva, com vasta experiência profissional e científica nessa área.

Sempre ouvimos que o esporte é um fenômeno social de grande importância, além de patrimônio cultural da humanidade. No entanto, ele é frequentemente tratado de maneira superficial e ingênua pela maioria dos profissionais envolvidos em sua prática. Os aspectos técnicos, táticos e biológicos ainda têm prioridade sobre as dimensões históricas, culturais, sociológicas, econômicas e administrativas.

Dessa forma, este livro traz um novo olhar sobre a organização do chamado *esporte de alto rendimento*. Ele apresenta a estrutura operacional de uma pesquisa internacional cujo objetivo era fazer uma comparação das políticas e do ambiente para o desenvolvimento do esporte de alto rendimento em diferentes países. Um número elevado de atletas, técnicos e dirigentes esportivos de várias modalidades participou deste levantamento. Com isso, foi possível identificar e conhecer melhor as políticas aplicadas (ou não) para fomentar o esporte de alto rendimento, bem como verificar o clima geral proporcionado para atletas, treinadores e gestores esportivos.

As informações sobre o consórcio SPLISS e, principalmente, os dados e as conclusões referentes ao levantamento feito no Brasil estão distribuídos nos 14 capítulos desta obra. Entre os diferentes fatores, os capítulos apresentam as bases que levam ao sucesso esportivo de alto rendimento no contexto internacional e, também, os resultados e as perspectivas no esporte brasileiro. O esporte militar (o Brasil sediou os Jogos Militares Mundiais em 2011) também é contemplado.

Deve ser destacado que, além das professoras Maria Tereza e Flávia, o livro reúne outros 21 autores nacionais e internacionais com diferentes formações e experiências acadêmicas e profissionais, o que confere à obra uma característica única. Os interessados por temas como gestão esportiva, programas de identificação de talentos esportivos, desenvolvimento da carreira de atletas de alto rendimento, formação de técnicos de alto rendimento e relação entre ciência e esporte de alto rendimento devem, obrigatoriamente, ler esta obra. Ela oferece subsídios para todos os que pretendem entender, compreender, fomentar e, principalmente, estruturar e/ou reestruturar as condições relacionadas à prática e à formação em direção ao esporte de alto rendimento.

Finalizo parabenizando as organizadoras do livro, pois este representa uma excelente aproximação da comunidade acadêmica com os profissionais do esporte em seus diferentes níveis de atuação. É sempre uma satisfação ver a universidade pública cumprir seu papel social, colocando um pouco de ciência a serviço do progresso no esporte.

Desejo a todos os interessados uma excelente leitura e que as informações aqui contidas ofereçam a possibilidade de alteração positiva nos seus cotidianos.

Professor Doutor Valmor Alberto Augusto Tricoli

Professor titular em Treinamento Esportivo do Departamento de Esporte da Escola de Educação Física da Universidade de São Paulo (EEFE-USP).

Atualmente, é diretor da EEFE-USP.

Sumário

PARTE 1

Bases do modelo SPLISS

1 Apresentação da pesquisa SPLISS no Brasil **17**

1.1 O início: primeiros contatos **19**

1.2 A pesquisa no Brasil **20**

1.3 Aspectos metodológicos **24**

1.4 Convênios **31**

1.5 Produção científica **32**

1.6 Membros da equipe de pesquisa no Brasil **32**

1.7 Organização do livro **32**

Referências **34**

2 A gestão do esporte de alto rendimento em nível nacional: o modelo SPLISS* **35**

2.1 O esporte de alto rendimento é passível de ser desenvolvido? **36**

2.2 O modelo SPLISS como uma estrutura conceitual: o que é uma política para o esporte de alto rendimento? **39**

2.3 Avaliando a efetividade das políticas para o esporte de alto rendimento: os estágios entrada-processo-saída do modelo SPLISS **49**

2.4 Os fatores críticos de sucesso (FCSs) que são necessários para se gerenciar o desempenho **51**

Pilar 1: Suporte financeiro para o esporte e o esporte de alto rendimento **56**

Pilar 2: Governança, organização e estrutura de políticas para o esporte: uma abordagem integrada das políticas de desenvolvimento **57**

Pilar 3: Participação e esporte de base **58**

Pilar 4: Sistemas de identificação e desenvolvimento de talentos **60**

Pilar 5: Suporte para atetas e pós-carreira **61**

Pilar 6: Instalações esportivas **62**

Pilar 7: Desenvolvimento e suporte para técnicos **63**

Pilar 8: Competições nacionais e internacionais **64**

Pilar 9: Pesquisa científica e inovação **65**

PARTE 2

Avaliação do cenário das políticas esportivas brasileiras de acordo com o modelo SPLISS

3 Suporte financeiro **69**

3.1 Contextualização **71**

3.2 Suporte financeiro para o esporte **77**

3.3 Suporte financeiro para o esporte de alto rendimento **80**

3.4 Suporte financeiro para as confederações e para os clubes esportivos **86**

3.5 Apoio financeiro para confederações e/ou clubes de esportes de alto rendimento específicos **89**

3.6 Comentários gerais e perspectivas **94**

Referências **95**

4 Governança, organização e estrutura de políticas para o esporte **99**

4.1 Contextualização **102**

4.2 Coordenação entre todas as entidades de administração do esporte de alto rendimento **103**

4.3 Planejamento em longo prazo, subsídio e desenvolvimento profissional do esporte de alto rendimento **105**

4.4 Recursos focados em modalidades com chances reais de sucesso internacional **115**

4.5 Gestores responsáveis pelo processo de desenvolvimento do esporte de alto rendimento **117**

4.6 Comunicação eficaz entre os diferentes níveis das entidades esportivas **117**

4.7 Cooperação estruturada e estratégia de comunicação com outros países, parceiros comerciais e a mídia **122**

4.8 Comentários gerais e perspectivas **124**

Referências **125**

5 Participação esportiva **129**

5.1 As crianças têm a oportunidade de participar de atividades esportivas na escola, nas aulas de Educação Física ou em atividades esportivas extracurriculares? **132**

5.2 Existe um alto índice de participação no esporte? **137**

5.3 Há um plano nacional direcionado a promover a implementação dos princípios de gestão da qualidade total nos clubes esportivos, em relação à participação em massa e ao desenvolvimento de talentos? **140**

5.4 Comentários gerais e perspectivas **143**

Referências **144**

6 Sistemas de identificação e desenvolvimento de talentos **147**

6.1 Contextualização **150**

6.2 Identificação de talentos: sistema científico relacionado ao processo de seleção de talentos **152**

6.3 Sistemas de desenvolvimento de talentos: papel das confederações esportivas brasileiras para a identificação do talento **156**

6.4 Apoio e suporte para os jovens talentos **162**

6.5 Conciliação de esporte e estudo **168**

6.6 Comentários gerais e perspectivas **171**

Referências **172**

7 Suporte para atletas e pós-carreira **175**

7.1 Contextualização **178**

7.2 O que é um atleta de alto rendimento? **179**

7.3 As condições financeiras oferecidas aos atletas permitem que eles se dediquem ao esporte em tempo integral? **179**

7.4 Programas de apoio além do financeiro **185**

7.5 Programas de orientação e apoio da carreira esportiva e pós-carreira **191**

7.6 Comentários gerais e perspectivas **193**

Referências **195**

8 Estruturas para treinamento e competições (instalações esportivas) **197**

8.1 Contextualização **200**

8.2 Plano nacional (catálogo) de infraestruturas esportivas **202**

8.3 Rede nacional/regional de centros esportivos **207**

8.4 Fundo específico para construção e renovação de instalações esportivas **210**

8.5 Comentários gerais e perspectivas **212**

Referências **214**

9 Desenvolvimento e suporte para técnicos **217**

9.1 Contextualização **220**

9.2 Controle e qualidade dos técnicos no país **226**

9.3 Desenvolvimento da carreira **229**

9.4 Incentivos profissionais para técnicos esportivos **232**

9.5 Reconhecimento da carreira de técnicos **236**

9.6 Comentários gerais e perspectivas **239**

Referências **241**

10 Competições nacionais e internacionais **245**

10.1 Contextualização **247**

10.2 Planejamento para mais eventos internacionais no país **251**

10.3 Suporte para atletas participarem de eventos internacionais **255**

10.4 Nível das competições nacionais **257**

10.5 Comentários gerais e perspectivas **261**

Referências **263**

11 Pesquisa científica e inovação **265**

11.1 Contextualização **267**

11.2 Realização, coordenação e difusão da pesquisa científica entre técnicos
e confederações **270**

11.3 Apoio da ciência em cada nível de desenvolvimento do esporte de alto
rendimento **285**

11.4 Comentários gerais e perspectivas **287**

Referências **289**

12 Considerações finais e perspectivas do esporte de alto rendimento
no Brasil **293**

Referências **299**

PARTE 3

Aplicações e perspectivas da gestão do esporte de alto rendimento

13 Avaliação do modelo de gestão desportiva do Exército Brasileiro **301**

13.1 Modelo de gestão do Exército Brasileiro **305**

13.2 Metodologia do estudo e relação dos indicadores/fatores críticos do
sucesso **308**

13.3 Apresentação e discussão dos resultados **310**

13.4 Conclusões e recomendações **316**

Referências **317**

14 Resultados preliminares: conquistar medalhas no esporte internacional é apenas questão de dinheiro? Uma comparação internacional em 15 países* **319**

14.1 Comparação dos gastos no esporte de alto rendimento **322**

14.2 Entrada de mais dinheiro significa saída de mais medalhas **324**

14.3 Países mais eficientemente organizados têm desempenho melhor **327**

14.4 Melhorando a competitividade das nações **328**

14.5 O quão pronto o Brasil está para os Jogos Olímpicos? Rio de Janeiro 2016 comparado a Tóquio 2020 **329**

Apêndice **333**

Pilar 1: Suporte financeiro para o esporte e para o esporte de alto rendimento **335**

Pilar 2: Governança, estrutura e organização de políticas para o esporte – uma abordagem integrada das políticas de desenvolvimento **337**

Pilar 3: Participação e esporte de base **339**

Pilar 4: Sistemas de identificação e desenvolvimento de talentos **341**

Pilar 5: Suporte para atletas e pós-carreira **344**

Pilar 6: Instalações esportivas **346**

Pilar 7: Desenvolvimento e suporte para técnicos **347**

Pilar 8: Competições nacionais e internacionais **348**

Pilar 9: Pesquisa científica e inovação **349**

Autores **351**

PARTE 1

Bases do modelo SPLISS

Apresentação da pesquisa SPLISS no Brasil

Maria Tereza Silveira Böhme
Flávia da Cunha Bastos

A competitividade das nações no esporte, estudada por meio de pesquisas comparativas das políticas para o esporte de alto rendimento, é um tema atual da Ciência do Esporte no contexto internacional. No entanto, até poucos anos, não havia grupos de pesquisa brasileiros voltados para a problemática de políticas para o desenvolvimento do esporte de alto rendimento.

Desde 2009, o Grupo de Estudo e Pesquisa em Esporte e Treinamento Infantojuvenil (GEPETIJ) e o Grupo de Estudo e Pesquisa em Gestão do Esporte (GEPAE), do Laboratório de Treinamento em Esporte para Crianças e Adolescentes (LATECA) da Escola de Educação Física e Esporte da Universidade de São Paulo (EEFE-USP), têm desenvolvido um trabalho conjunto de pesquisa com o consórcio SPLISS (*Sports Policy Factors Leading to International Sporting Success* – Fatores de Política de Esporte que Levam ao Sucesso Esportivo Internacional) sobre esse tema.

Este capítulo apresenta como esses grupos de pesquisa representaram o Brasil em um projeto de pesquisa internacional sobre a competitividade das nações no esporte de alto rendimento, que teve como objetivo fazer uma comparação das políticas e do clima para o esporte de alto rendimento de 15 países, entre 2011 e 2012.

1.1 O início: primeiros contatos

No ano de 2009, Tatiana Barros Meira, na época, mestranda na área de Estudos do Esporte da EEFE-USP, durante o trabalho de revisão de literatura para o seu projeto de pesquisa na área de programas de desenvolvimento de talentos esportivos, encontrou um artigo científico sobre a validação do modelo SPLISS, publicado na revista *Sport Management Review*.[1] Depois da leitura, foi feito o primeiro contato por *e-mail* com a professora Veerle De Bosscher, da Vrije Universiteit Brussel, em Bruxelas, Bélgica, para solicitar mais informações sobre o questionário utilizado naquela pesquisa.

Após algumas trocas de mensagens por correio eletrônico com a pesquisadora belga, os grupos de pesquisa foram convidados para participar, como representantes do Brasil, do projeto de pesquisa internacional denominado *Competitiveness of nations in elite sport – An international comparison of elite sport policies and climate (2011-2012)*, coordenado pelo consórcio internacional SPLISS.

Esse consórcio é composto por professores/pesquisadores de universidades de quatro países: Veerle de Bosscher (Vrije Universiteit Brussel, Bélgica), Hans Westerbeek (Victoria University, Austrália), Simon Shibli (Sheffield Hallam University e UK Sports, Reino Unido) e Maarten van Bottenburg (Utrecht University, Holanda).

No ano de 2010, houve a oportunidade de participar pela primeira vez de uma reunião do SPLISS, com outros 15 países, a respeito do projeto de pesquisa na conferência da European Association of Sport Management (EASM), realizada na cidade de Praga, República Tcheca.

Os anos de 2010 e 2011 foram destinados para que os participantes encaminhassem solicitações de auxílio para agências financiadoras nos seus países de origem. Infelizmente, apesar da obtenção de bons pareceres técnicos sobre o projeto de pesquisa, não foi obtido auxílio financeiro para sua realização das agências de financiamento brasileiras. Mesmo sem recursos financeiros, optamos por continuar a participar do projeto de pesquisa e a realizá-lo com nossas possibilidades, dada a importância do tema e o entusiasmo dos membros dos grupos de pesquisa do LATECA.

1.2 A pesquisa no Brasil

A pesquisa era intitulada *Competitiveness of nations in elite sport – An international comparison of elite Sport policies and climate (2011-2012)*,[a] e teve como objetivos:

- aumentar e melhorar o conhecimento sobre a efetividade de políticas para o esporte de alto rendimento de diferentes nações, em relação ao esporte em geral, e o clima geral para o esporte de alto rendimento para atletas, treinadores e gestores esportivos;

- informar aos elaboradores de políticas e pesquisadores sobre o desenvolvimento internacional de política num ambiente competitivo crescente;

- permitir às nações participantes realizarem *benchmark* com outros países rivais;

---

[a] Foi publicado um livro sobre os resultados desta pesquisa em 2015: De Bosscher V, Shibli S, Westerbeek H, Van Bottenburg M. Successful Elite Sport Policies. An international comparison of the Sports Policy Factors Leading to International Sporting Success (SPLISS 2.0) in 15 nations. London: Meyer & Meyer Sport (UK); 2015.

- refinar um modelo teórico de fatores de política de esporte que levam ao sucesso esportivo internacional e melhorar o suporte metodológico para realizar comparações internacionais;
- desenvolver um *ranking* de competitividade mundial de políticas de esporte de alto rendimento que possa ser utilizado para as nações se autoavaliarem perante critérios definidos que são considerados fatores críticos de sucesso (FCSs) na política para o esporte de alto rendimento.

A pesquisa foi fundamentada no modelo SPLISS, que é baseado em nove pilares que levam ao sucesso esportivo internacional, conforme a Figura 1.1.

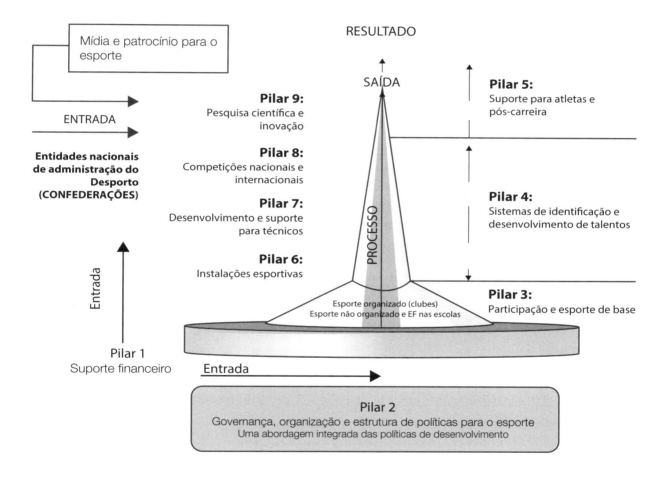

FIGURA 1.1 – Modelo SPLISS (*Sports Policy Factors Leading to International Sporting Success*): pilares que levam ao sucesso esportivo internacional.

Fonte: adaptado de De Bosscher, Bingham e Shibli (2008).[2]

Cada pilar do modelo SPLISS é composto por um número determinado de indicadores com seus respectivos fatores críticos de sucesso (FCSs), conforme apresentado nos Quadros 1.1 a 1.9.

Quadro 1.1 – Pilar 1: suporte financeiro para o esporte e para o esporte de alto rendimento – 4 indicadores e 13 fatores críticos de sucesso (FCSs)

Indicadores	FCSs
Há suporte financeiro em nível nacional suficiente para o esporte.	4
Há suporte financeiro em nível nacional suficiente para o esporte de alto rendimento.	6
Há suporte financeiro suficiente para o esporte nacional de diferentes fontes coletivas (loterias nacionais, governo central e Comitê Olímpico do Brasil – COB) por meio das confederações esportivas nacionais e/ou dos clubes esportivos.	1
Há suporte financeiro suficiente de loterias nacionais, governo central e COB para esportes de alto rendimento específicos por meio das confederações esportivas e/ou dos clubes esportivos.	2

Quadro 1.2 – Pilar 2: governança, organização e estrutura de políticas para o esporte – uma abordagem integrada das políticas de desenvolvimento – 6 indicadores e 22 fatores críticos de sucesso (FCSs)

Indicadores	FCSs
Há forte coordenação entre todos os órgãos envolvidos no esporte de alto rendimento, com descrições claras de tarefas e sem sobreposição de tarefas diferentes.	4
Há evidências de planejamento em longo prazo para o desenvolvimento do esporte de alto rendimento, compromissado em subsidiar o esporte de alto rendimento e o desenvolvimento do esporte de alto rendimento profissional.	8
Os recursos são direcionados para relativamente poucos esportes que têm chances reais de sucesso mundial.	1
Um membro da equipe de gestão da autoridade nacional esportiva é responsável em tempo integral pelo processo de desenvolvimento do esporte de alto rendimento.	1
Comunicação eficaz: existe uma linha direta por meio de todos os níveis de órgãos esportivos.	5
Há uma estratégia estruturada de cooperação e comunicação com outros países, parceiros comerciais e a mídia.	3

Quadro 1.3 – Pilar 3: participação e esporte de base – 3 indicadores e 21 fatores críticos de sucesso (FCSs)

Indicadores	FCSs
As crianças têm a oportunidade de participar de esporte na escola, durante a aula de Educação Física ou em atividades extracurriculares.	11
Há uma alta taxa de participação geral no esporte.	4
Há um plano nacional direcionado a promover a implementação dos princípios de gestão da qualidade total nos clubes esportivos, referente à participação em massa e ao desenvolvimento de talentos.	6

Quadro 1.4 – Pilar 4: sistemas de identificação e desenvolvimento de talentos – 5 indicadores e 22 fatores críticos de sucesso (FCSs)

Indicadores	FCSs
Há um sistema eficaz de detecção de jovens talentos, de forma que o número máximo de potenciais atletas de elite é alcançado no momento certo (idade).	9
Há um planejamento coordenado nacionalmente para as confederações desenvolverem um sistema eficaz para o desenvolvimento de jovens talentos em seus esportes.	3
Jovens talentos recebem serviços de suporte multidimensional apropriados para a idade e o nível deles, necessários para desenvolvê-los como jovens atletas do mais alto nível.	2
Jovens talentos recebem suporte coordenado nacionalmente para o desenvolvimento da combinação de esportes e estudo acadêmico durante o ensino médio e, quando relevante, ensino fundamental (para esportes de especialização precoce, para os quais tal sistema é necessário).	4
Jovens talentos recebem suporte coordenado nacionalmente para a combinação do desenvolvimento de esportes e do estudo acadêmico durante o ensino superior (faculdade/universidade).	4

Quadro 1.5 – Pilar 5: suporte para atletas e pós-carreira – 4 indicadores e 9 fatores críticos de sucesso (FCSs)

Indicadores	FCSs
Há uma definição nacionalmente aceita de atleta de alto rendimento para todos os esportes.	1
O padrão de vida individual dos atletas é suficiente para que eles se concentrem em seus esportes em tempo integral.	4
Existe um programa de suporte coordenado para atletas de alto rendimento.	2
Os atletas podem receber suporte pós-carreira e são preparados adequadamente para a vida após a carreira esportiva.	2

Quadro 1.6 – Pilar 6: instalações esportivas – 3 indicadores e 9 fatores críticos de sucesso (FCSs)

Indicadores	FCSs
Planejamento coordenado nacionalmente: instalações para o esporte e para o esporte de alto rendimento são registradas por todo o país, e as necessidades de atletas e técnicos são conhecidas e claramente mapeadas.	5
Existe uma rede de centros de esporte de alto rendimento nacional/regional, nos quais os atletas podem treinar em condições apropriadas a qualquer hora do dia.	3
Há alocação de recursos específicos para a construção e para a renovação de instalações esportivas de alto rendimento.	1

Quadro 1.7 – Pilar 7: desenvolvimento e suporte para técnicos – 4 indicadores e 17 fatores críticos de sucesso (FCSs)

Indicadores	FCSs
Há um número suficiente de técnicos de alto rendimento bem treinados e experientes no país.	4
Os técnicos têm oportunidades suficientes para desenvolverem suas carreiras e se tornarem técnicos de nível mundial.	5
O padrão individual de vida dos técnicos é suficiente para que eles se tornem técnicos profissionais.	3
O *status* dos técnicos: o trabalho do técnico é valorizado em todo o país.	5

Quadro 1.8 – Pilar 8: competições nacionais e internacionais – 3 indicadores e 8 fatores críticos de sucesso (FCSs)

Indicadores	FCSs
Há um planejamento coordenado nacionalmente para aumentar o número de eventos internacionais que são organizados no país em uma ampla variedade de esportes.	4
Os atletas podem participar de eventos internacionais (de alto nível) suficientemente.	3
As competições nacionais têm um padrão relativamente alto quando comparadas aos padrões internacionais.	1

Quadro 1.9 – Pilar 9: pesquisa científica e inovação – 2 indicadores e 10 fatores críticos de sucesso (FCSs)

Indicadores	FCSs
Pesquisas científicas são conduzidas, coordenadas e disseminadas entre técnicos e confederações.	8
O suporte da Ciência do Esporte é fornecido em cada um dos níveis de desenvolvimento do esporte de alto rendimento.	2

1.3 Aspectos metodológicos

A pesquisa comparativa internacional contou com a participação de pesquisadores de 15 países: Austrália, Bélgica (Flandres e Valônia), Brasil, Canadá, Coreia do Sul, Dinamarca, Espanha, Estônia, Finlândia, França, Holanda, Japão, Irlanda do Norte, Portugal e Suíça.

A investigação foi realizada em duas partes: a primeira, relativa às políticas para o esporte de alto rendimento; e a segunda, relativa ao ambiente/clima do esporte de alto rendimento em cada país.

1.3.1 Instrumentos utilizados[b]

Para a primeira parte da pesquisa, sobre as políticas para o esporte de alto rendimento, foram utilizados 9 inventários, um sobre cada pilar do modelo SPLISS, referentes a cada indicador e seus respectivos FCSs. Foram respondidas 232 questões (com 131 FCSs) de forma escrita pelos pesquisadores responsáveis em cada país participante. Para isso, foram realizadas pesquisas bibliográfica, documental, em *sites* de organizações esportivas, assim como entrevistas com gestores e elaboradores de políticas para o esporte de cada país.

Para a segunda parte da pesquisa foram utilizados três questionários, que foram respondidos por dirigentes, técnicos e atletas de cada país participante, envolvidos com o esporte de alto rendimento em nível nacional.

O questionário destinado aos dirigentes era composto por 62 questões; aos técnicos, por 60 questões; e aos atletas, por 57 questões.

1.3.2 Procedimentos

No final de 2010, foi realizada a validação de conteúdo dos FCSs por meio da análise feita por pesquisadores *experts* de cada país participante da pesquisa.

De janeiro a abril de 2011, foram enviados os inventários e os três questionários que seriam utilizados na pesquisa para serem traduzidos pelos pesquisadores responsáveis de cada país participante. Os questionários foram traduzidos para 12 idiomas.

No Brasil, a tradução e a adaptação dos questionários do inglês para o português foram realizadas pelos pesquisadores do LATECA/EEFE-USP. Esses questionários são confidenciais, e as informações coletadas foram e serão utilizadas somente para fins científicos. Na época da coleta dos dados, uma versão traduzida final de cada um dos questionários foi disponibilizada *on-line*.

A coleta de dados da pesquisa ocorreu no ano de 2011, período destinado tanto à participação de gestores, atletas e técnicos respondendo aos questionários, como ao preenchimento dos inventários pelos pesquisadores.

Para a obtenção da relação dos atletas, dos técnicos e dos dirigentes de esporte de alto rendimento que atendessem as condições preestabelecidas no projeto original do SPLISS (maio de 2011), foram enviadas cartas-convite para todas as confederações esportivas olímpicas brasileiras.

---

[b] Os instrumentos utilizados na pesquisa foram desenvolvidos pelo consórcio SPLISS, que possui os respectivos copyrights:
Inventários utilizados na primeira parte: De Bosscher V, Van Bottenburg M, Shibli S, Westerbeek H. Overall Sports Policies Questionnaires. Brussels: SPLISS; 2011.
Questionários utilizados na segunda parte: De Bosscher V, Van Bottenburg M., Shibli S, Westerbeek H. Elite Sport Climate Survey: Athletes, Coaches and Performance Directors Questionnaires. Brussels: SPLISS; 2011.

De posse das listas dos atletas, dos técnicos e dos dirigentes esportivos fornecidas, todos foram convidados via *e-mail*, telefone, redes sociais ou pessoalmente a participar da pesquisa, respondendo os questionários *on-line* (a partir de junho de 2011).

Em setembro de 2011, houve um encontro dos pesquisadores na Conferência da EASM, realizada em Madri, Espanha, onde foi feito um balanço de como estava ocorrendo a coleta de dados em cada país participante.

No final de 2011 e começo de 2012, foram enviados para o consórcio SPLISS, na Bélgica, os inventários preenchidos e os arquivos das planilhas referentes aos resultados dos questionários respondidos pelos dirigentes, técnicos e atletas que participaram da pesquisa.

No primeiro semestre de 2012, foi realizada uma análise estatística descritiva dos dados brasileiros, e o arquivo do relatório foi enviado por correspondência eletrônica para todos os participantes brasileiros da amostra da pesquisa – gestores, técnicos e atletas –, bem como para as pessoas que foram convidadas a participar do projeto. Esse relatório está disponível no endereço eletrônico: <http://citrus.uspnet.usp.br/lateca/web/index.php/pt/gepetij/relatorios-de-pesquisas/143--analise-descritiva-dos-resultados-brasileiros-spliss>.

Em setembro de 2012, aconteceu o terceiro encontro de trabalho dos pesquisadores na conferência da EASM, realizada em Aalborg, Dinamarca, onde os primeiros resultados parciais da comparação entre os países participantes referentes ao Pilar 1 foram apresentados.

Durante os anos de 2012 e 2013, os resultados referentes à comparação dos países foram validados pelos pesquisadores em seus países de origem.

Em junho de 2013, realizou-se no Brasil, com muito sucesso, o Simpósio Internacional de Políticas para o Esporte de Alto Rendimento no Contexto Internacional, na EEFE-USP, que teve como objetivo divulgar os resultados brasileiros e as experiências internacionais sobre o tema para a comunidade de atletas, técnicos, dirigentes, e para os membros das entidades federais (responsáveis pelas políticas para a área).

Esse simpósio contou com a participação, como conferencistas convidados, dos quatro professores responsáveis pelo consórcio SPLISS, do Secretário de Esportes de Alto Rendimento do Ministério do Esporte, de dois representantes do Comitê Olímpico do Brasil – COB – e do presidente do Comitê Paralímpico Brasileiro – CPB. O simpósio teve suporte financeiro de diferentes agências financiadoras. Os vídeos desse evento, assim como os arquivos das apresentações, estão disponíveis no *site* do LATECA: <http://citrus.uspnet.usp.br/lateca/web/index.php/pt/eventos/sipear2013>.

Em novembro de 2013, foi realizada uma conferência internacional do consórcio SPLISS na Antuérpia, Bélgica, *Conference on Elite Sport Success: boost for society or not?*, na qual os resultados finais da pesquisa foram divulgados.

1.3.3 Apoios e parcerias para a realização do projeto no Brasil

Para a realização da pesquisa na realidade brasileira, contamos com o apoio da Secretaria Nacional de Esporte de Alto Rendimento do Ministério do Esporte (SNEAR/ME), por meio de Marco Aurélio Klein, que forneceu a relação dos atletas contemplados pelo Programa Bolsa-Atleta no ano de 2011. Todos eles foram convidados a participar da pesquisa.

As Forças Armadas Brasileiras também apoiaram o projeto de pesquisa, com trabalho conjunto com o Coronel Luiz Fernando Medeiros Nóbrega, que fez contato com técnicos e atletas brasileiros participantes dos Jogos Mundiais Militares, realizados no Rio de Janeiro, em 2011.

Contamos, também, com o apoio dos dirigentes de diversas confederações esportivas brasileiras, técnicos e atletas de alto rendimento de modalidades olímpicas brasileiras, que participaram efetivamente da pesquisa.

1.3.4 Participantes da pesquisa

A amostra da primeira parte foi composta pelos próprios pesquisadores como respondentes; já a segunda parte, por gestores esportivos, técnicos e atletas de esporte de alto rendimento que atendessem critérios pré-definidos pelo consórcio SPLISS, envolvidos em nível nacional de organização do esporte do País.

Responderam os questionários 449 atletas, representando um total de 29 modalidades esportivas; 83 técnicos, representando 12 modalidades esportivas; e 10 dirigentes de 9 modalidades esportivas diferentes.

Uma descrição do gênero, da idade e do nível competitivo dos participantes é apresentada nos Gráficos 1.2 a 1.7.

Gráfico 1.1 – Proporção dos atletas participantes da amostra por modalidade esportiva

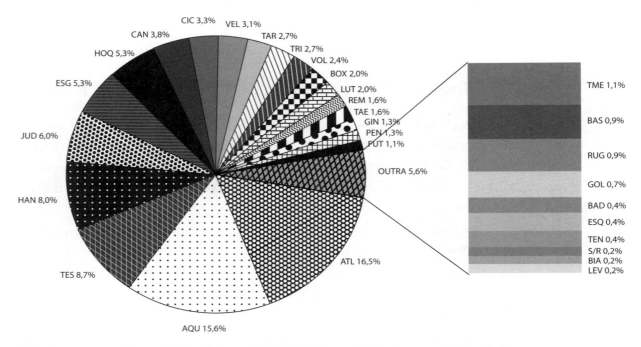

AQU: desportos aquáticos; ATL: atletismo; BAD: *badminton*; BAS: basquete; BIA: biatlo; BOX: boxe; CAN: canoagem; CIC: ciclismo; ESG: esgrima; ESQ: esqui; FUT: futebol; GIN: ginástica; GOL: golfe; HAN: handebol; HOQ: hóquei; JUD: judô; LEV: levantamento de peso; LUT: luta olímpica; PEN: pentatlo moderno; REM: remo; RUG: *rugby*; S/R: sem resposta; TAE: *tae kwon do*; TAR: tiro com arco; TEN: tênis; TES: tiro esportivo; TME: tênis de mesa; TRI: triatlo; VEL: vela e motor; VOL: vôlei.

Gráfico 1.2 – Nível competitivo dos atletas (mais alto e atual) (*a*) e dos técnicos (*b*) participantes da amostra

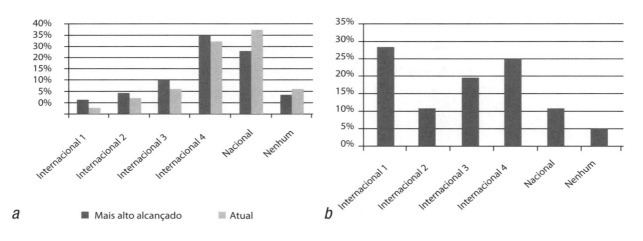

Internacional 1: entre os três melhores do mundo; Internacional 2: entre os oito melhores do mundo; Internacional 3: entre os dezesseis melhores do mundo; Internacional 4: entre os oito melhores das Américas.

Gráfico 1.3 – Caracterização da idade e do sexo dos participantes

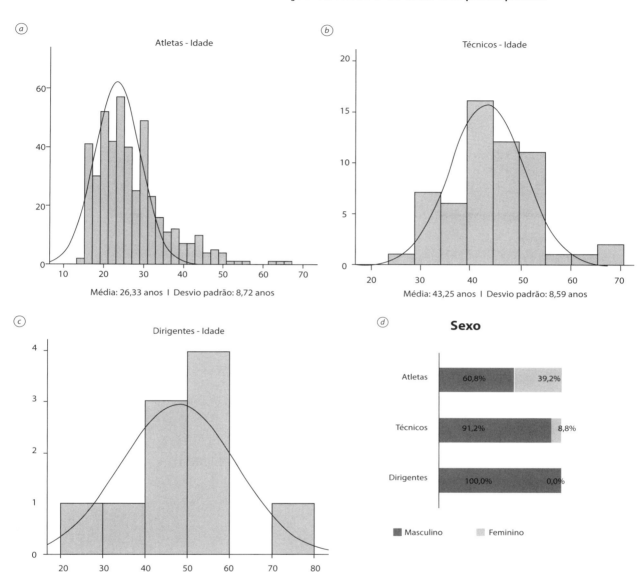

Gráfico 1.4 – Caracterização da ocupação dos atletas (*a*) e técnicos (*b*) participantes da amostra

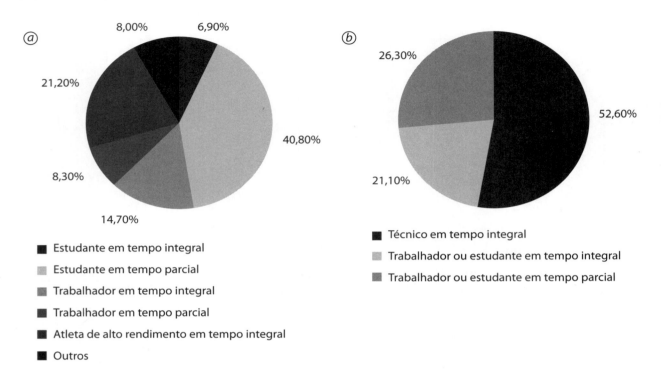

Gráfico 1.5 – Nível de escolaridade dos atletas participantes da amostra

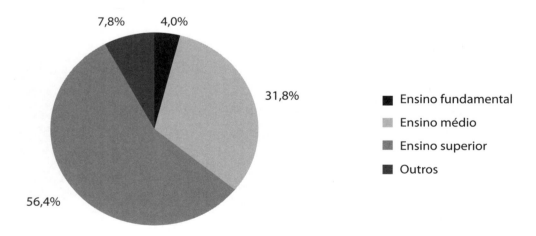

Gráfico 1.6 – Nível competitivo dos técnicos no tempo em que eram atletas

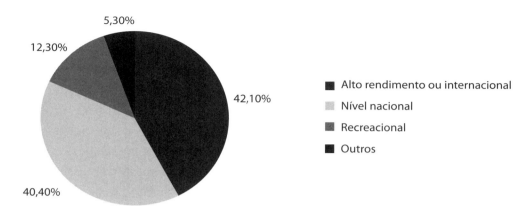

Tabela 1.1 – A taxa de retorno dos questionários no Brasil

Pesquisa	Convites válidos	Respostas completas	Respostas incompletas	Respostas totais
Atletas	3.000	7,8%	7,4%	15,2%
Técnicos	110	32,7%	24,5%	57,2%
Dirigentes	31	9,7%	29%	38,7%

A pesquisa teve a participação de atletas de 29 modalidades, técnicos de 12 modalidades e dirigentes de 9 modalidades diferentes. Os atletas e os técnicos eram de diferentes níveis competitivos, desde os colocados entre os três melhores do mundo até os de nível nacional. Mais da metade dos atletas e técnicos são de nível internacional. Tal fato demonstra a representatividade da amostra obtida em relação ao número de modalidades olímpicas e ao nível competitivo dos atletas e dos técnicos do esporte de alto rendimento brasileiro.

Outro aspecto que deve ser destacado é o nível de escolaridade dos atletas, tendo a maioria nível superior, ao passo que somente 21% dos atletas e 52% dos técnicos dedicam-se integralmente ao esporte de alto rendimento.

1.4 Convênios

Em decorrência deste projeto de pesquisa, em 2012 houve a celebração de um convênio entre a EEFE-USP, a Faculdade de Educação Física e Fisioterapia da Vrije Universiteit Brussel e o consórcio SPLISS, assim como de outro convênio entre as duas universidades para a realização de um doutorado com dupla titulação de Leandro Carlos Mazzei, então aluno do programa de pós-graduação da EEFE-USP. O doutorado foi defendido em janeiro de 2016.

1.5 Produção científica

Desde então foram publicados três artigos em revistas nacionais[3,4,5] e três em revistas internacionais,[6,7,8] apresentados 11 trabalhos em congressos, sendo oito no exterior e três no Brasil; foi elaborado um relatório da análise descritiva dos resultados brasileiros,[9] que foi enviado para as confederações, para os técnicos e para os atletas de alto rendimento; foi feita uma tradução para o inglês do relatório da análise descritiva, o qual foi enviado para os pesquisadores dos outros países participantes;[10] os resultados foram divulgados no Simpósio Internacional sobre Políticas para o Esporte de Alto Rendimento no Contexto Internacional, cujo material encontra-se disponível no *link* <http://citrus.uspnet.usp.br/lateca/web/index.php/pt/eventos/sipear2013>.

Os resultados também foram publicados em dois livros: o presente livro, no Brasil, e um livro internacional, *Successful elite sport policies*.[11]

1.6 Membros da equipe de pesquisa no Brasil

- Doutora Maria Tereza Silveira Böhme
- Doutora Flávia da Cunha Bastos
- Doutora Luciana Perez Bojikian
- Doutor Leandro Carlos Mazzei
- Doutora Carla Nascimento Luguetti
- Mestre psicóloga do Esporte Catalina Naomi Kaneta
- Mestre Tatiana de Barros Meira
- Mestre Maressa D'Paula Gonçalves Rosa Nogueira
- Mestre Florio Joaquim Silva Filho
- Mestre Valniria Maria Lopes de Souza
- Doutoranda mestre Cacilda Mendes dos Santos Amaral
- Bacharel em Educação Física, professor Victor Pignotti Maielo
- Bacharel em Esporte Marcelo Alves Kanasiro
- Técnico do laboratório em treinamento e esporte para crianças e adolescentes Luiz Ricardo de Lima

1.7 Organização do livro

Este livro tem 14 capítulos, e foi organizado e fundamentado no modelo SPLISS dos pilares que levam ao sucesso esportivo no esporte de alto rendimento no contexto internacional.

Neste primeiro capítulo, foi apresentado como o projeto de pesquisa foi desenvolvido no Brasil; o Capítulo 2 foi escrito pelos pesquisadores do consórcio SPLISS e explica o desenvolvimento do modelo SPLISS; nos Capítulos 3 a 11, são apresentados os resultados da pesquisa realizada no Brasil, pilar a pilar do modelo.

Os Capítulos 3 a 11 são compostos por um texto introdutório, a relação dos indicadores do pilar apresentado, uma contextualização do tema, os resultados referentes a cada indicador, com a classificação de cada fator crítico do indicador quanto ao fato de:

- NO – não observado: o FCS não existe na realidade brasileira.
- OP – observado em parte: o FCS existe na nossa realidade e foi respondido em parte.
- SI – sem informações: o FCS não foi respondido por falta de informações.
- O – observado: o FCS existe na realidade brasileira e foi respondido totalmente.

No final de cada um desses capítulos, são apresentados os comentários gerais e as perspectivas, baseados em pontos fortes/oportunidades e em pontos fracos/ameaças do pilar abordado.

No Capítulo 12, é apresentada uma análise geral dos resultados e perspectivas do esporte de alto rendimento brasileiro, segundo os resultados da pesquisa realizada.

No Capítulo 13, são apresentados os resultados do modelo SPLISS referentes à análise feita do esporte militar brasileiro por ocasião dos Jogos Militares Mundiais, realizados no Rio de Janeiro, em 2011. Trata-se de parte dos resultados da dissertação de mestrado do Coronel Luiz Fernando Medeiros Nóbrega, do Exército Brasileiro.

No Capítulo 14, são descritos os resultados parciais da comparação do Brasil com os 14 demais países participantes da pesquisa. Os resultados completos da pesquisa comparativa internacional foram publicados na íntegra no livro *Successful elite sport policies*.[11]

No Apêndice A, são apresentados os quadros de todos os indicadores e FCSs de cada um dos pilares do modelo SPLISS, com a indicação de como cada um dos FCSs foram medidos – por meio dos inventários, do questionário para os dirigentes, do questionário para os técnicos ou do questionário para os atletas que participaram da pesquisa.

Desejamos a todos uma boa leitura, e aguardamos sua colaboração por meio de críticas e sugestões que possam contribuir para a melhoria de futuras pesquisas em prol do desenvolvimento do esporte brasileiro.

E-*mail* para contato: lateca@usp.br.

Convidamos a todos também para conhecer a página do LATECA: <http://citrus.uspnet.usp.br/lateca>.

Referências

1. De Bosscher V, De Knop P, van Bottenburg M, Shibli S, Bingham J. Explaining international sporting success: an international comparison of elite sport systems and policies in six countries. Sport Manag Rev. 2009;12(3):113-36. Avaliable at: http://shura.shu.ac. uk/5046/.

2. De Bosscher V, Bingham J, Shibli S. Sports Policy Factors Leading to International Sporting Success. London: Meyer & Meyer; 2008.

3. Meira TB, Bastos FC, Böhme MTS. Análise da estrutura organizacional do esporte de rendimento no Brasil: um estudo preliminar. Rev Bras Educ Fís Esporte. Abr./Jun. 2012;26(2): 251-62.

4. Mazzei LC, Bastos FC, Ferreira RL, Böhme MTS. Centros de treinamento esportivo para o esporte de alto rendimento no Brasil: um estudo preliminar. Rev Min Educ Física. 2012;1(7):1575-84. (Esp.) Disponível em: http://www.revistamineiraefi.ufv.br/ artigos/841-centros-de-treinamento-esportivo-para-o-esporte-de-alto-rendimento-no-brasil-um-estudo-preliminar.

5. Meira TB, Mazzei LC, Bastos FC, Böhme MTS. Programas de desenvolvimento de talentos esportivos nas pesquisas comparativas internacionais sobre esporte de alto rendimento e na realidade brasileira. Rev Min Educ Fís. 2012;20(2):37-72.

6. Mazzei LC, Bastos FC, Böhme MTS, De Bosscher V. Política do esporte de alto rendimento no Brasil: análise da estratégia de investimentos nas confederações olímpicas. Revista Portuguesa de Ciências do Desporto. 2014;14:58-73.

7. Mazzei LC, Meira TB, Böhme MTS, De Bosscher V. High Performance Sport In Brazil: Structure and policies comparison with the international context. Gestión y Política Pública. 2015;83-111.

8. Santos ALP, Nogueira MDGR, Böhme MTS. Elite athletes' perception of retirement support systems. International Journal of Physical Education, Sports and Health. 2016;3:192-99.

9. Böhme MTS. Análise descritiva dos resultados brasileiros SPLISS. São Paulo; 2012. Disponível em: http://citrus.uspnet.usp.br/lateca/web/index.php/pt/ gepetij/relatorios-de-pesquisas/143-analise-descritiva-dos-resultados-brasileiros-spliss.

10. Böhme MTS. International comparison of Elite Sport Policies (SPLISS) – Descriptive analysis of brazilian results. São Paulo: GEPETIJ; 2012. Disponível em: http://citrus.uspnet.usp.br/lateca/web/index.php/en/ gepetij/research-reports/218-international-comparison-of-elite-sport-policies-spliss-descriptive-analysis-of-brazilian-results.

11. De Bosscher V, Shibli S, Westerbeek H, Van Bottenburg M. Successful Elite Sport Policies. An international comparison of the Sports Policy Factors Leading to International Sporting Success (SPLISS 2.0) in 15 nations. London: Meyer & Meyer Sport (UK); 2015.

2

A gestão do esporte de alto rendimento em nível nacional: o modelo SPLISS*

Veerle De Bosscher
Maarten van Bottenburg
Simon Shibli
Hans Westerbeek

* Tradução de: Luiz Ricardo de Lima e Maria Tereza Silveira Böhme

2.1 O esporte de alto rendimento é passível de ser desenvolvido?

Sem seus talentos individuais, atletas como Tiago Camilo, Cesar Cielo, Maurren Maggi, Esquiva Falcão, Sheilla Castro, e muitos outros atletas brasileiros nunca teriam desenvolvido suas impressionantes carreiras esportivas, nem inúmeros outros atletas, em uma variedade de outros esportes em outros países. Mas também não teriam conseguido sucesso sem a rede de clubes esportivos em que se desenvolveram como atletas; sem as oportunidades de treinamento e competição; sem o aconselhamento de técnicos, fisioterapeutas, médicos, nutricionistas e outros cientistas do esporte; sem os serviços de apoio de confederações, governos, comitês olímpicos e/ou parceiros privados, que fizeram suas carreiras de atletas se tornarem mais atraentes. Pessoas não nascem atletas. Elas precisam investir grande quantidade de tempo e devoção ao seu esporte, cercadas por um time de pessoas e serviços de suporte. Ao longo dos anos, a questão sobre até que ponto o sucesso em competições internacionais é passível de ser desenvolvido tem sido levantada entre pesquisadores e elaboradores de políticas. Fatores situados no macronível, como população, bem-estar, variação climática ou sistemas políticos, que influenciam altamente o sucesso nacional, foram discutidos em muitos estudos sobre os Jogos Olímpicos.

As pesquisas mostram que mais de 50% do sucesso internacional dos países é explicado principalmente por três variáveis: população, riqueza (expressa pelo produto interno bruto – PIB – *per capita*) e o (anteriormente vigente) comunismo.[1] Esses fatores são relativamente estáveis, e não podem ser influenciados pelo impacto humano. Surge uma lacuna na literatura quando se trata de explicar os 50% restantes, em particular quando se incluem no mesonível (ou seja, no nível das políticas esportivas) fatores que podem ser influenciados pela ação humana. Nesse ponto, é difícil estabelecer relações estatísticas, e o desenvolvimento teórico está ainda nos primeiros estágios de desenvolvimento. Um consenso que se forma entre os pesquisadores é que os fatores do macronível estão se tornando preditores menos precisos que já foram um dia para o desempenho no esporte de alto rendimento das nações.[2] A principal razão para esse ponto de vista é que, como as nações se tornam estratégicas na forma como produzem os atletas de elite, elas contam menos com variáveis incontroláveis e mais com variáveis que são amplamente consideradas como componentes de um "sistema" de desenvolvimento do esporte de alto rendimento. As políticas para o esporte de alto rendimento começaram, então, a desenvolver-se como corrente principal das políticas governamentais e de pesquisa política com uma crença crescente de que o sucesso do esporte de alto rendimento é cada vez mais suscetível a ser desenvolvido por políticas.[2]

Estudos mostram que as nações que se planejam cada vez mais para o sucesso aumentarão suas chances de obtê-lo.[2] Isso tem levado a uma competição crescente – uma corrida "armamentista esportiva" global – nos esportes mundiais, com investimentos extensivos em esportes por meio de recursos financeiros do governo e de loterias.

O propósito deste capítulo é identificar como o esporte de alto desempenho (esporte de alto rendimento, neste capítulo) pode ser gerenciado no (meso)nível nacional e, dessa forma, definir o que é realmente uma política para o esporte de alto rendimento. Será apresentada uma estrutura conceitual dos *Sports Policy Factors Leading to International Sporting Success* (SPLISS),[3] ou seja, dos Fatores de Política de Esporte que Levam ao Sucesso Esportivo Internacional. Esse modelo é o resultado dos esforços conjuntos de um consórcio internacional de pesquisadores que pretenderam desenvolver um modelo que pudesse ser utilizado por elaboradores de políticas e dirigentes do alto rendimento para comparar e fazer um *benchmark* das nações no esporte de alto rendimento, para medir o desempenho de suas organizações[1,2,4] e para avaliar a efetividade das políticas nacionais para o esporte de alto rendimento.[5] Apesar de o modelo ter seu enfoque em avaliar em nível nacional, a política de esporte de alto rendimento também foi e pode ser implementada em outros níveis, como por organizações desportivas nacionais (confederações desportivas),[6] equipes de patinação comerciais e em nível municipal.

Após a conclusão deste capítulo, o leitor deverá ser capaz de:

- reconhecer e entender os diferentes níveis de fatores que influenciam o sucesso esportivo internacional e seu contexto;
- definir o que é política para o esporte de alto rendimento, interpretar e relacionar as diferentes dimensões por meio dos fatores críticos de sucesso (FCSs);
- aplicar as dimensões e os FCSs delineados para outros contextos esportivos relevantes.

2.2 O modelo SPLISS como uma estrutura conceitual: o que é uma política para o esporte de alto rendimento?

As políticas das nações para o esporte de alto rendimento compartilham um elemento em comum: ter desempenho de sucesso contra os melhores atletas durante competições internacionais. As ideias básicas do modelo SPLISS estão relacionadas com a literatura genérica sobre competitividade, na qual os pesquisadores tentam determinar o que faz uma empresa ou uma nação ser mais competitiva que outras. A medição da competitividade mundial é usada rotineiramente em estudos econômicos a fim de fornecer uma estrutura conceitual "para avaliar como as nações gerenciam seus futuros econômicos" (p. 1).[7] No estudo SPLISS, nós tentamos replicar a abordagem em um ambiente esportivo de alto rendimento e, nesse contexto, desenvolvemos uma estrutura conceitual e exploramos um método de como avaliar o modo pelo qual as nações possam gerenciar seus futuros sucessos em competições esportivas internacionais.[8] A meta foi descobrir mais sobre a relação entre sistemas políticos e políticas para o esporte de alto rendimento – ou sobre os fatores que são passíveis de serem desenvolvidos e o sucesso internacional, como metas de qualquer sistema esportivo de alto rendimento. Isso, por si só, não é uma tarefa fácil, por causa das muitas variáveis difusas que influenciam o sucesso, como os fatores culturais, as tradições de sucesso, a escola e os sistemas de desporto, os sistemas políticos, os sistemas de valores e, até mesmo, o *doping* ou naturalização de atletas.[5]

O modelo SPLISS, portanto, começa pela classificação dos fatores de sucesso em três níveis. As variáveis difusas previamente mencionadas estão situadas no macronível. Esses fatores não significam muito para os elaboradores de políticas, uma vez que eles não são passíveis de serem desenvolvidos em curto prazo de tal forma que pudessem fazer uma carreira atlética evoluir. Entretanto, eles influenciam fortemente o sucesso e determinam o caminho do desenvolvimento do esporte de alto rendimento e suas futuras direções.[9,10] No micronível, há aqueles fatores que influenciam o sucesso dos atletas individualmente, desde qualidades genéticas até o ambiente imediato, como pais, amigos e técnicos. Uma variedade de estudos tentou entender os determinantes do sucesso individual de atletas, inibindo ou melhorando-o, em vez de comparar nações.[11-16] O nível intermediário, chamado mesonível, é representado pelo modelo SPLISS (Figura 2.1). Esses fatores são determinados principalmente pela política e pelas políticas para o esporte. As chances de sucesso dos países e de seus atletas aumentarão, dependendo da efetividade de suas políticas e investimentos para o esporte de alto rendimento.

40 | Esporte de alto rendimento

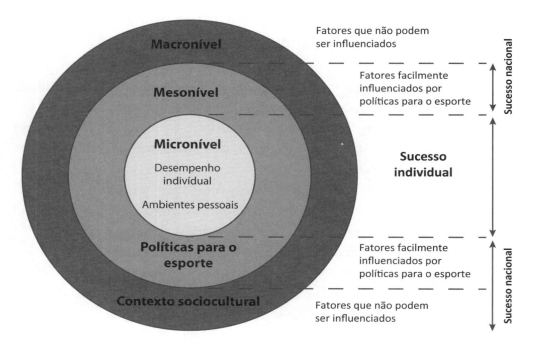

Figura 2.1 – Níveis de fatores que influenciam o sucesso esportivo internacional.

Fonte: adaptada de De Bosscher et al. (2006).[3]

Uma observação importante sobre essa classificação é que os três níveis interagem continuamente e nenhum fator pode ser isolado totalmente dos contextos social e cultural nas nações. O foco de outros estudos[3] está nessas interações entre o macro e o mesonível. Embora o macronível (fatores socioeconômicos, culturais e políticos) seja levado em conta no estudo SPLISS e se tenha tentado entender seu contexto, o foco deste estudo está no nível das políticas nacionais para o esporte de alto rendimento (mesonível), e, em particular, nos fatores que estão sujeitos a mudanças imediatas em curto e médio prazos, uma vez que podem ser afetados pelas políticas para o esporte de alto rendimento, isto é, os programas estratégicos politicamente iniciados, destinados a melhorar a estrutura que cerca os atletas de alto rendimento.

Apesar dos altos investimentos feitos no esporte de alto rendimento por governos, pouco se conhecia, no início do século XXI, sobre os fatores que influenciam o sucesso e os processos subjacentes. A falta de um modelo teórico coerente sobre fatores de política de esporte que levam ao sucesso esportivo internacional leva à raiz do modelo SPLISS. O modelo foi desenvolvido utilizando-se basicamente métodos qualitativos para analisar informações vindas de três tipos de fontes:

- análise da literatura sobre o macro, o meso e os microníveis;
- opinião de especialistas;
- opinião dos *stakeholders*.[a]

---
[a] "Parte interessada", "envolvidos".

Foi concluído que todos os fatores-chave de sucesso que podem ser influenciados por políticas podem ser divididos em até nove áreas-chave ou pilares, situados em dois níveis: entrada (Pilar 1) e processos (Pilares 2-9), mostrados graficamente na Figura 2.2. A forma de pirâmide do modelo SPLISS simboliza a saída contínua dos atletas, desde os jovens talentos até os campeões. Apenas muito poucos chegam ao topo.[3,4]

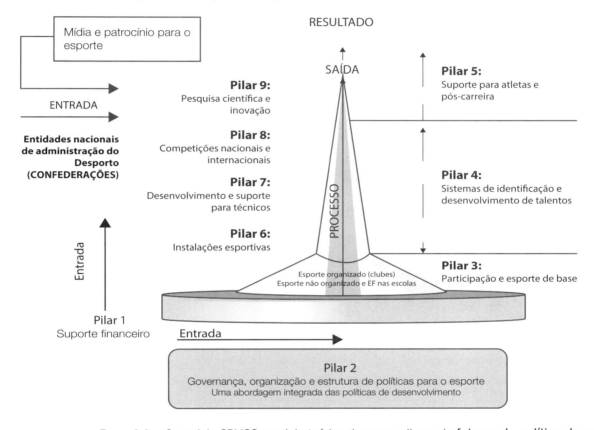

FIGURA 2.2 – O modelo SPLISS: modelo teórico dos nove pilares de fatores de política de esporte que levam ao sucesso esportivo internacional.

Fonte: adaptada de De Bosscher et al. (2006).[3]

Esses nove pilares estão situados em dois níveis:

- As entradas estão refletidas no Pilar 1, o apoio financeiro para o esporte e para o esporte de alto rendimento. Países que investem mais no esporte (de alto rendimento) podem criar mais oportunidades para que os atletas treinem em condições ideais.

- Os processos (*o que* é investido e *como* é usado) nas políticas para o esporte de alto rendimento podem levar ao sucesso crescente em competições esportivas internacionais. Eles se referem à eficiência das políticas para o esporte, isto é, a maneira ideal pela qual as entradas podem ser geridas para serem criadas as saídas desejadas. Todos os pilares de 2 a 9 são indicadores do estágio de processos.

42 | Esporte de alto rendimento

As entradas e os processos nesse modelo podem aumentar as chances de sucesso internacional, mas não garantem o sucesso. Os nove pilares e seus indicadores geralmente mostram que o desenvolvimento de mais atletas com capacidade de conquistar medalhas requer um enfoque holístico do esporte de alto rendimento. As nações podem não melhorar suas chances de sucesso investindo somente em alguns pilares; em vez disso, elas precisam achar a combinação mais adequada de todos os pilares para suas realidades específicas. Os pilares e seus FCSs são os ingredientes (ou na literatura da competitividade econômica, os recursos)[6] de um sistema esportivo de alto rendimento.

A próxima seção se aprofunda um pouco mais nos nove pilares, nos níveis de entradas, processos e saídas.

2.2.1 Entradas

2.2.1.1 Pilar 1: suporte financeiro para o esporte e para o esporte de alto rendimento

É fato que os países que investem mais em esporte (de alto rendimento) conseguem criar oportunidades melhores para que os atletas treinem em circunstâncias ideais e obtenham uma maior probabilidade de serem bem-sucedidos. Existem muitos exemplos de países que tiveram desempenhos melhores depois de investir no esporte de alto rendimento. Como exemplo, o Reino Unido criou o seu *World Class Performance Programme* (Programa de Desempenho em Nível Mundial), na preparação para Sydney depois uma *performance* vista por eles como fraca no ano de 1996, em Atlanta. De Bosscher et al.[2] descobriram que das nações estudadas, as que investiram mais em esporte de alto rendimento (respectivamente, Itália, Reino Unido e Países Baixos) também foram as que tiveram melhor desempenho.

Fazer comparações entre nações acerca dos gastos com esporte é um exercício notoriamente difícil, pois depende do que as nações incluem na definição de gastos.[2] Nas nações mais bem-sucedidas, exceto os Estados Unidos, o esporte de alto rendimento tem apoio financeiro oriundo diretamente da arrecadação de tributos ou loterias e há um controle político considerável sobre as políticas para o esporte de alto rendimento. No Apêndice deste capítulo, são apresentados os treze FCSs identificados para o Pilar 1, divididos em quatro categorias, incluindo o apoio em nível nacional e o apoio para as confederações, ambos para o esporte e, especificamente, para o esporte de alto rendimento. Para manter nossa análise o mais precisa e consistente possível, focamos, principalmente, os gastos públicos com esporte em nível nacional, isto é, gastos decorrentes do governo central e/ou loterias nacionais. Reconhecemos que, em muitas nações, os gastos do governo local (em sua maioria, no desenvolvimento do esporte de base – FCS 1.8 – ou do setor privado – FCSs 1.9 e 1.10) são maiores que os que constam nos dados fornecidos pelo governo nacional. Entretanto, esses dados são insuficientemente comparáveis um a um.

2.2.2 Processos

Para se alcançar os resultados desejados, a saída, é importante não considerar somente o "o que" do investimento, mas também o "como", ou seja, o processo. Os próximos pilares contêm critérios que são indicadores do estágio dos processos.

2.2.2.1 Pilar 2: governança, organização e estrutura de políticas para o esporte – uma abordagem integrada das políticas de desenvolvimento

Não é como fazer diferentes coisas, mas como fazer as coisas diferentemente.

Como consequência da internacionalização, os sistemas de esporte de alto rendimento das mais diversas nações têm sido copiados pelo mundo. Consequentemente, na busca pelo melhor caminho para o sucesso, os sistemas e as políticas para o esporte de alto rendimento estão convergindo para modelos uniformes de desenvolvimento, com algum espaço para variação. As nações se diferem na maneira como os ingredientes do sucesso são aplicados.[4] Definir os critérios de sucesso para o Pilar 2 é uma tarefa sofisticada, em virtude dos sistemas esportivos específicos dos países, como eles são incorporados em um sistema mais amplo de valores e crenças, e da dificuldade de se medir sistemas intangíveis. Vinte e dois FCSs foram incluídos no Pilar 2. Uma questão importante: é necessária uma coordenação forte de todos os órgãos envolvidos no esporte de alto rendimento, com descrições claras de tarefa e nenhuma sobreposição de diferentes tarefas. Portanto, é necessário o planejamento estratégico em longo prazo junto com um bom sistema de comunicação e com a simplicidade da administração por meio de limites políticos e esportivos comuns.[17,18] Além disso, o esporte de alto rendimento deve ser reconhecido como um componente de valor num portfólio de responsabilidades dos políticos.[2,10]

De acordo com Houlihan,[19] não há consenso sobre a necessidade de se centralizar as políticas para o esporte de alto rendimento ou haver fortes níveis de intervenção governamental. Apesar de os governos central/federal da Austrália, Canadá e Reino Unido serem caracterizados como *estados menos centralizados*, eles têm exercido uma influência considerável no desenvolvimento de políticas para o esporte de alto rendimento.[20] Entretanto, da mesma forma que nos estudos de Ciência Política, a centralização facilita o processo de tomada de decisão em áreas nas quais um grande nível de especialização é exigido.[21,22] De Bosscher et al.[2] sustentam essa noção e consideram ser uma força quando o esporte de alto rendimento é coordenado por uma organização, principalmente em nível nacional,

44 | Esporte de alto rendimento

como UK Sport (Reino Unido), Olympiatoppen (Noruega), NOC*NSF (Países Baixos) e CONI (Itália). Outro ponto interessante de variação (heterogeneidade) foi notado no Reino Unido e na Noruega, nos quais UK Sport e Olympiatoppen são responsáveis somente pelo alto rendimento em nível nacional, ao passo que NOC*NSF (Países Baixos), Bloso (Flandres), Adeps (Valônia), CONI (Itália) e Sport Canada (Canadá) também têm responsabilidades no desenvolvimento do esporte em geral.[2] Essa outra responsabilidade pode levar a uma tensão no desenvolvimento de ambas as áreas, resultando em uma desaceleração do processo de tomada de decisão.

Outro elemento importante do Pilar 2 é o envolvimento de *stakeholders--chave* para examinar suposições, processos, estruturas e resultados de governança, de modo que os interessados tenham algo a dizer na estratégia de uma organização.[23] Portanto, o modelo SPLISS tem a visão de que atletas, técnicos, dirigentes e outros *stakeholders* devem ser formalmente convidados para estarem envolvidos na governança. Eles devem ser, também, representados nas confederações e ter direito a voto[24] antes, no decorrer e depois (na avaliação) do planejamento e da implementação das políticas.[25]

Por fim, a priorização de modalidades esportivas de alto rendimento é uma característica do desenvolvimento do esporte de alto rendimento em muitas nações. Em uma competição crescente com retornos cada vez menores nos investimentos[2] é lógico apoiar o investimento de políticas em modalidades-alvo nas quais há um histórico de sucesso e uma probabilidade razoável de futuro sucesso, em vez de a nação fragmentar os recursos em todos os esportes olímpicos.[17,18] Essa visão tem sido um elemento do desenvolvimento de políticas para o esporte de alto rendimento em muitas nações, levando ao debate mundial sobre priorização *versus* diversificação.

2.2.2.2 Pilar 3: participação e esporte de base

A literatura ainda não é clara na explicação da relação entre o esporte para todos e o esporte de alto rendimento.[20,26] Van Bottenburg[27] descobriu uma correlação significante entre participação em massa e medalhas conquistadas durante os Jogos Olímpicos (Barcelona e Sydney), especialmente quando o esporte de base era intensivo e competitivo. Embora essa relação seja paradoxal, a maioria dos atletas de ponta tiveram suas raízes no esporte para todos. Portanto, o modelo SPLISS parece ser uma "voz solitária", do ponto de vista de que a participação esportiva deve ser incluída como chave para o sucesso, e até identificou-a como um pilar (Participação e esporte de base, Pilar 3) pelo qual as nações – especialmente as menores – podem ganhar vantagem competitiva sobre as outras em longo prazo.[2,4] Vinte e um FCSs são avaliados nesse pilar, em três diferentes níveis: oportunidades para crianças se dedicarem ao esporte durante o horário escolar (Educação Física), a participação em esportes fora (de forma organizada e não organizada) e a qualidade do esporte oferecido em clubes. De Bosscher et al.[2] descobriram que o tempo dedicado à Educação Física (EF) era semelhante na maioria das nações de sua amostra (em média, duas vezes por semana, por, aproximadamente, uma hora); foram observadas poucas diferenças na quantidade obrigatória nacionalmente determinada e na estrutura organizacional do esporte escolar. Variações nesse estudo foram observadas em associados de clubes esportivos, como porcentagem da população, que foram maiores na Noruega (48%) e menores na Itália (14%), e isso foi, também, uma observação consistente com estudos comparativos internacionais em participação esportiva na Europa.[28]

2.2.2.3 Pilar 4: sistemas de identificação e desenvolvimento de talentos

Uma vez que o jovem escolheu participar de um esporte de forma regular, é uma importante parte do processo de planejamento da confederação garantir que os jovens talentos possam ser identificados e desenvolvidos posteriormente. Durante esse estágio, o desempenho se torna mais importante, especialmente pelo envolvimento no esporte formal e competitivo, e com o objetivo de melhorar o desempenho e de se caminhar em direção à excelência. No estudo de De Bosscher et al.,[2] esse pilar estava relativamente subdesenvolvido na maioria das nações. Os autores concluíram que, "se nações maiores, como Itália e Reino Unido, têm um enfoque mais sistemático no desenvolvimento de talento, as perspectivas futuras para nações menores são ruins, uma vez que elas terão mais dificuldade em competir na corrida armamentista esportiva global" (p. 133).[2] Esse pilar consiste em dois estágios diferentes, que são discutidos a seguir.

Identificação do talento

Diferentemente do que se poderia supor, não há consenso na literatura sobre o significado exato de diferentes termos.[29] Neles se incluem quatro elementos do modelo SPLISS, identificados por nove FCSs:

- Reconhecimento do talento: sistemas de monitoramento e critérios necessários para se reconhecer jovens atletas como sendo talentosos.

- Detecção de talentos: identificação de talentos de fora de uma base de participantes do esporte.

- Aferição de talentos: processo utilizado para se identificar jovens talentos.

- Processos de seleção: processo de se selecionar jovens talentos para propósitos específicos, por exemplo, competições, atividades de treinamento etc.

A maioria dos problemas de identificação de talentos precisa ser analisada de forma específica por modalidade, uma vez que, em muitas nações, os talentos são geralmente recrutados valendo-se da base de participação existente de um esporte. Todavia, algumas nações têm coordenado projetos para recrutar atletas por um processo de seleção científico-sistêmico (com uma base não participante, por exemplo, nas escolas), ou por meio de transferência de esporte (atletas trocando de um esporte para outro).[30]

Desenvolvimento do talento

Catorze FCSs restantes são usados para avaliar a segunda parte do Pilar 4. Durante a fase de desenvolvimento do talento, os atletas se tornam altamente compromissados com seus esportes, treinam mais e se tornam mais especializados. Eles enfrentam várias transições durante esse estágio, nos níveis acadêmico, atlético, psicossocial e psicológico.[16] Cada transição requer atenção especial. Em nível esportivo nacional e geral, é importante que atletas, técnicos e confederações obtenham informações, orientações e, possivelmente, suporte financeiro para se construir uma abordagem ótima para o planejamento da identificação e do desenvolvimento do talento. Para atletas, é importante que eles recebam serviços multidimensionais apropriados às suas faixas etárias e aos seus níveis. Além disso, a dualidade de ser estudante e jovem atleta pode ser reconhecida e legalizada por um sistema coordenado nacionalmente, nos níveis médio e superior de educação.[31,32]

2.2.2.4 Pilar 5: suporte para atletas e pós-carreira

O Pilar 5 é o estágio da excelência: sua realização é reconhecida publicamente e, em particular, representando um clube ou o país em nível nacional ou internacional. Essa também é uma transição em que um número de atletas não avança para a próxima faixa etária.[16] Vários sistemas de apoio foram criados pelas nações, a fim de aumentar o número de atletas de alto rendimento e de fornecer um clima ideal para o esporte de alto rendimento.

Muitas nações têm adotado um enfoque holístico para o desenvolvimento atlético, e os atletas têm apoio de um corpo multidisciplinar de profissionais para a criação de um clima ótimo no micronível.[1] São poucos os esportes em que os atletas podem ganhar dinheiro suficiente para viver e pagar todos os custos a que estão sujeitos. Os que prosseguem em seus esportes são reconhecidos e tratados como empregados que recebem recursos financeiros para os custos de vida e, às vezes, recursos esportivos, relacionados como um salário mínimo.[2] Esse subsídio nem sempre é suficiente para permitir que os competidores de alto rendimento sejam financeiramente independentes, com a consequência de que muitos continuam a trabalhar em outra ocupação, ou dependem de apoio dos pais ou patrocínio comercial.[20] Portanto, o modelo SPLISS tem a visão de que as circunstâncias de vida individual dos atletas devem ser suficientes para que eles possam se concentrar em seus esportes em tempo integral. Além disso, o suporte à carreira do atleta inclui suporte à qualidade de vida individual disponibilizada a atletas, bem como a preparação para isso.

Por fim, muitos atletas não são suficientemente preparados para a vida após o esporte.[11] Muitos atletas se deparam com o fim de suas carreiras em meados ou no final dos seus vinte anos, muito cedo ao se comparar com uma carreira regular.[34] Os atletas precisam ser preparados adequadamente e precisam ter oportunidades para construir um futuro enquanto ainda estão se dedicando à carreira atlética.

2.2.2.5 Pilar 6: instalações esportivas

O sexto pilar refere-se às instalações e à infraestrutura para o esporte de alto rendimento. Esses fatores foram considerados importantes por, entre outros, Oakley e Green,[18] que identificam instalações bem desenvolvidas e específicas com acesso prioritário para os atletas de alto rendimento como uma das dez características comumente encontradas em sistemas de desenvolvimento do esporte de alto rendimento. Além de instalações esportivas específicas para o treinamento, institutos para o esporte de alto rendimento também têm sede administrativa e ligações diretas com instalações educacionais e para a Medicina/Ciência do Esporte. Os componentes dessa rede podem ser centralizados ou descentralizados. Esses institutos para o esporte de alto rendimento são caros e, em muitas nações menores, instalações mais baratas também podem trazer benefícios.

De acordo com Oakley e Green[18] e Green e Houlihan,[20] as grandes redes de institutos de esporte, como as da França e da Austrália, iniciaram como iniciativas centralizadas financiadas por meio de recursos públicos. Posteriormente, evoluíram para parcerias comerciais com sistemas descentralizados, com redes regionais de institutos de esporte espalhados pelo país. As principais razões para isso incluem os elementos redução das distâncias e do tempo de viagens dos atletas entre suas casas e seus locais de treinamento e redução da saudade de casa e do subdesempenho, em particular, em atletas jovens que são avaliados por meio de dez FCSs no Pilar 6. De Bosscher et al.[2] sugeriram que as nações menores (geograficamente) podem ter uma vantagem competitiva nesse pilar, uma vez que atletas e treinadores não têm de viajar para tão longe para o treinamento. Além disso, o pilar 6 se volta para a coordenação e o planejamento da construção e da reforma de instalações e da criação de um ambiente de trabalho sinérgico para atletas de alto rendimento.

2.2.2.6 Pilar 7: desenvolvimento e suporte para técnicos

A qualidade e a quantidade de técnicos são importantes em cada nível do *continuum* do desenvolvimento esportivo. Em alguns países, como França e Austrália, é necessária a certificação de técnicos em clubes esportivos.[34] São identificados dezoito FCSs para avaliar esse pilar. No nível de alto desempenho, dois critérios se sobressaem na comparação de como as políticas impactam o desenvolvimento de técnicos de alto rendimento. O primeiro considera a qualidade e a organização dos sistemas de certificação da formação, as oportunidades oferecidas aos técnicos para se tornarem especialistas de classe mundial em seu campo de atuação e, por fim, como as nações fazem para desenvolver ou atrair os melhores técnicos. O segundo critério se volta para o padrão de vida individual dos técnicos (de alto rendimento), incluindo-se *status* do trabalho de técnico, apoio financeiro, serviços de seguridade social e outras iniciativas que tornam o ofício do treinador mais atrativo como profissão.

Em muitos países, geralmente, é difícil tornar-se um técnico profissional, em razão de uma falta de reconhecimento do ofício por parte do Estado e da ineficiência da seguridade social e das oportunidades para o desenvolvimento na carreira.[2] Da mesma forma que para os atletas, muitas horas devem ser investidas em treinamento, e é necessário talento individual para se tornar um técnico especialista mundial. Entretanto, o sistema para o desenvolvimento de técnicos de alto rendimento parece ser relativamente imaturo na maioria das nações.[2] É difícil para os técnicos exercerem seus papéis integralmente. Parece haver um entendimento coletivo de que tanto atletas quanto técnicos precisam dedicar-se integralmente para atingir seus potenciais. Além disso, o acesso a treinamento de qualidade mundial é amplamente aceito pelos atletas como o mais importante serviço de suporte que eles recebem.[1]

2.2.2.7 Pilar 8: competições nacionais e internacionais

A competição, tanto em nível nacional quanto internacional, é um fator importante para o desenvolvimento de atletas.[18,20,35] Ela permite aos atletas se medirem perante os adversários, individualmente ou como time. As oportunidades em competições internacionais podem ser maiores quando grandes eventos esportivos são organizados em suas próprias nações, como mostrado em vários estudos sobre os Jogos Olímpicos.[36-38] Os oito FCSs do Pilar 8 estão divididos em três áreas-chave: em primeiro lugar, até que ponto existe uma política nacional e um sistema de apoio à organização de grandes eventos esportivos internacionais em cada país; em segundo, as oportunidades para que os atletas participem de competições internacionais; e em terceiro, o nível das competições nacionais das quais os atletas participam.

2.2.2.8 Pilar 9: pesquisa científica e inovação

O Pilar 9, que inclui dez FCSs, preocupa-se com a contribuição científica ao esporte de alto rendimento, em relação ao qual buscamos analisar em que medida as nações adotam uma abordagem coordenada para a organização e divulgação de pesquisas e informações científicas. Digel, Burk e Fahrner[39] descobriram que os sistemas de esporte de alta *performance* estavam todos sustentados pelo apoio da Ciência do Esporte nas oito nações que eles compararam. Na Austrália, existem mais de cem *experts* que trabalham no campo da Ciência do Esporte (no Australian Institute of Sport – AIS – e em institutos regionais) e há cooperações importantes com os departamentos científicos das universidades australianas.[40] Esse foi um dos pilares nos quais as nações puderam obter vantagens competitivas sobre outras, de acordo com o estudo de De Bosscher et al.[2] A busca por inovação e o uso de pesquisas científicas aplicadas no desenvolvimento dos diversos níveis do esporte de alto rendimento é um dos assuntos-chave que mostra que as nações estão desenvolvendo o esporte de alto rendimento estrategicamente.[2] No mais, esse pilar tem interesse no desenvolvimento da pesquisa, na condução, na coordenação e na disseminação da pesquisa científica e inovação.

Quando os nove pilares são comparados com estudos comparativos internacionais recentes sobre sistemas esportivos de alto rendimento,[9,10,39] pode-se notar um alto nível de sobreposição entre o que diferentes autores consideram ser um sistema esportivo de alto rendimento. A diferença principal é que os nove pilares do estudo SPLISS são sustentados por mais de cem FCSs[9] e que o foco está nos fatores do mesonível relacionados ao sucesso das nações, diferentemente da literatura mais genérica, que tenta explicar as políticas para o esporte de alto rendimento em um contexto político ou histórico mais amplo.

2.3 Avaliando a efetividade das políticas para o esporte de alto rendimento: os estágios entrada-processo-saída do modelo SPLISS

Modelos de entrada-processo-saída, como o modelo SPLISS, são bem conhecidos na literatura do planejamento estratégico. Com o advento da gestão da qualidade total (GQT), do controle do processo estatístico[41] e do *balanced scorecard*,[42] a ênfase na gestão estratégica sai da medição das saídas (como o sucesso) e das entradas (como os recursos financeiros) para a medição de processos e estratégias.[43] O foco tem mudado cada vez mais de um simples relacionamento de entrada e saída para a investida em uma mistura de pilares ou dimensões políticas, os processos, cujo objetivo é transformar as entradas nas saídas desejadas. Os processos são muito mais difíceis de serem medidos. Nesse aspecto, o modelo SPLISS integra duas áreas da literatura: a primeira, relativa aos fatores de política esportiva importantes para o sucesso esportivo internacional, descritos na literatura do esporte de alto rendimento, é integrada à segunda, que, por sua vez, consiste em um enfoque multidimensional para avaliar a efetividade das organizações consideradas na literatura de gestão estratégica, aplicado por Chelladurai[44] às confederações esportivas (National Governing Bodies – NGB)[5] (Figura 2.3). A sua multidimensionalidade deriva da integração de:

- modelo do sistema de recursos que sugere a medição deles;[45,46]
- processo interno com enfoque em avaliar os processos;[47,48]
- modelo de metas,[49,50] no qual a efetividade é definida de acordo com o nível em que a organização atingiu suas metas;
- modelo de múltiplas circunscrições (*feedback*) ou modelo de satisfação dos participantes,[51,52] que define a efetividade organizacional de acordo com a "capacidade de satisfazer públicos estratégicos principais em seu ambiente" (p. 713) de uma organização.[53]

Todos esses níveis são integrados no modelo SPLISS e avaliados neste estudo. Portanto, o modelo SPLISS também tem a visão de que atletas, técnicos e dirigentes de alto rendimento, bem como outros devem ser envolvidos formalmente no processo de avaliação das políticas.

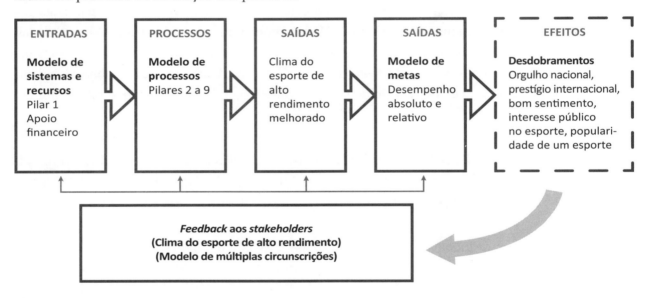

FIGURA 2.3 – SPLISS como um modelo multidimensional para a medição da efetividade das políticas para o esporte de alto rendimento.

Fonte: adaptada de De Bosscher et al. (2008).[2]

As saídas podem ser definidas claramente em termos do desempenho real das nações nas competições de alto rendimento, que resultam de uma combinação desses fatores (isto é, do mesonível) e de muitos fatores externos, situados no macronível (por exemplo, população, riqueza, recursos naturais, fatores culturais, religião) e no micronível (isto é, o atleta individual e seu ambiente próximo), os quais não podem ser influenciados por políticas esportivas.[3] Existem vários métodos pelos quais um sistema de produção de atletas de alto rendimento pode ser medido, como número de medalhas ganhas durante os Jogos Olímpicos ou outros eventos, melhores entre o sexto e oitavo lugares, o sucesso relativo (por exemplo, controle de população, riqueza) ou mesmo o número de pessoas qualificadas a participar. Todos esses métodos se mostram altamente correlacionados ($r_s > 0,8$).[1]

Por fim, as saídas mostradas na Figura 2.3 se referem à razão pela qual as nações investem em políticas para o esporte de alto rendimento e por que querem conquistar mais medalhas. Tem sido frequentemente afirmado que o esporte de alto rendimento afeta a identidade nacional, o orgulho, o prestígio internacional, o reconhecimento diplomático, o despertar de bons sentimentos, o interesse público no esporte e a crescente popularidade de um esporte em particular.[9] Os governos tendem a justificar grandes investimentos de dinheiro público usando o argumento de que o sucesso de um atleta de alto rendimento e sediar eventos internacionais podem gerar muitos desdobramentos positivos. Documentos políticos, muitas vezes, referem-se ao impacto do esporte de alto rendimento para a sociedade, incluindo o impulso para a economia do país, a melhoria no desenvolvimento individual de pessoas talentosas e a capacidade de inspirar uma participação em massa no esporte.[54] Uma vez que milhões de pessoas estão conectadas emocionalmente ao esporte (de alto rendimento), há uma crença espalhada do bem do esporte (de alto rendimento).[55] Curiosamente, muitas evidências de pesquisas de qualidade não têm oferecido embasamento para esses benefícios sociais maiores amplamente aclamados do esporte de alto rendimento. Além de alguns estudos sobre o impacto (principalmente econômico) dos eventos, a evidência do impacto que o esporte de alto rendimento tem na sociedade permanece vaga.[56] As saídas não são medidas no estudo SPLISS, uma vez que elas precisam de estudos e análises em separado.

2.4 Os fatores críticos de sucesso (FCSs) que são necessários para se gerenciar o desempenho

Uma das características-chave do modelo SPLISS é que os pilares são operacionalizados em conceitos mensuráveis ao se identificar os FCSs detalhados. Na literatura da gestão estratégica, FCS é o termo para um fator ou para uma atividade crucial para que se garanta o sucesso de uma empresa ou organização. Os FCSs são elementos vitais para que uma estratégia seja bem-sucedida, tanto para as atividades operacionais atuais de uma organização como para o seu sucesso futuro. Um FCS impulsiona a estratégia para frente. Ele pode fazer ou destruir o sucesso da estratégia (daí o *crítico*).[57] Os FCSs não devem ser confundidos com os indicadores-chave de desempenho (ICD, em inglês, *key performance indicators – KPI*), que são medidas para se quantificar os objetivos da gestão e para permitir a medida do desempenho estratégico. Nesse contexto, os FCSs identificados no modelo SPLISS são vitais para a avaliação de cada pilar, mas não são necessariamente indicadores de desempenho (por exemplo, o número de

52 | Esporte de alto rendimento

medalhas). O termo "levando ao" (*leading*), na sigla SPLISS, pode levar a uma interpretação errônea a esse respeito, e não indica relação de causa e efeito. Na verdade, ele se preocupa com fatores necessários para se direcionar e medir cada pilar em vez de indicadores-chave de desempenho.[58]

O modelo SPLISS e seus FCSs foram testados empiricamente no estudo SPLISS 1.0, que serviu como um estudo piloto comparativo internacional com seis nações para validar a teoria:[2] Bélgica (tratada separadamente como duas regiões, Flandres e Valônia), Canadá, Itália, Países Baixos, Noruega e Reino Unido. Baseando-se neste processo de validação, os FCSs foram refinados e utilizados como elementos básicos para se avaliar cada pilar. De um total de 138 FCSs incluídos no início da pesquisa, no final, noventa e seis FCSs foram considerados e avaliados no estudo SPLISS 2.0. Uma lista com todos os FCSs é fornecida no Apêndice deste capítulo.[b]

Ao identificar esses FCSs, o estudo SPLISS

> não apenas identifica "o que" caracteriza políticas bem-sucedidas para o esporte de alto rendimento, mas também "como" essas diferentes dimensões podem ser desenvolvidas. A característica única desta pesquisa é que além de medir variáveis facilmente quantificáveis, como entradas (por exemplo, dinheiro) e saídas (medalhas), ela também se aprofunda em entender a "caixa preta" dos processos. (p. 35)[2]

Os nove pilares apresentados na Figura 2.2 e seus FCSs são dimensões gerais para o esporte de alto rendimento, as quais são assumidas como os fatores que podem ser influenciados por políticas esportivas. Foi definido que suas funções não são deterministas: pretende-se, sim, identificar questões cruciais e gerar perguntas cruciais em um estudo comparativo de sistemas de esportes de alto rendimento.[3]

Portanto, o modelo SPLISS é dinâmico, e será adaptado continuamente a tempo e para diferentes arranjos esportivos, diferentes contextos e situações esportivas. Com seus FCSs, o modelo SPLISS serve principalmente como um modelo funcionalista,[59] que pode ser uma ferramenta útil para as políticas de alto rendimento ou para organizações desenvolverem e avaliarem políticas para o esporte de alto rendimento. No entanto,

> é impossível formatar um modelo que seja totalmente válido por causa de muitos fatores externos que influenciam o sucesso e porque é impossível criar um modelo único para explicar o sucesso internacional (p. 209).[3]

---

b *Vide* De Bosscher et al. (2007, 2008, 2009) para uma explicação completa deste estudo comparativo internacional dos nove pilares e o sistema de pontuação.

Em resumo, o modelo SPLISS pode ser identificado como:

Os nove pilares do modelo SPLISS capturam todos os fatores que podem ser gerenciados por políticas esportivas ou organizações esportivas e que podem influenciar o potencial para os atletas desempenharem em nível internacional. Fatores críticos de sucesso dentro de cada pilar são elementos que podem impulsionar o pilar. Eles podem aumentar as chances para o sucesso internacional, mas não o garantem, em razão de outras muitas variáveis difusas que podem influenciá-lo. Os fatores críticos de sucesso mostrados neste estudo são aplicados somente no nível esportivo nacional, e há a oportunidade de serem posteriormente desenvolvidos em outros níveis de gerenciamento do desempenho esportivo, como esportes específicos ou organizações, esportes comerciais, esportes para pessoas com deficiência ou outros contextos, tanto em países nos quais o esporte é menos institucionalizado e o governo é menos envolvido como em países em desenvolvimento.

Referências

1. De Bosscher V. Sports Policy Factors Leading to International Sporting Success. Brussels: VUBPRESS; 2007.

2. De Bosscher V, Bingham J, Shibli S, van Bottenburg M, De Knop P. The global sporting arms race: an international comparative study on Sports Policy Factors Leading to International Sporting Success. Aachen: Meyer & Meyer; 2008.

3. De Bosscher V, De Knop P, van Bottenburg M, Shibli S. A conceptual framework for analysing Sports Policy Factors Leading to International Sporting Success. Eur Sport Manag Q. 2006;6(2):185-215.

4. De Bosscher V, De Knop P, van Bottenburg M. An analysis of homogeneity and heterogeneity of elite sport systems in six nations. Int J Sport Mark Spons. 2009 Jan;10(2):111- 31.

5. De Bosscher V, Shilbury D, Theeboom M, Van Hoecke J, De Knop P. Effectiveness of national elite sport policies: a multidimensional approach applied to the case of Flanders. Eur Sport Manag Q. 2011;11(2):115-41.

6. Truyens J, De Bosscher V, Heyndels B, Westerbeek H. A resource-based perspective on countries' competitive advantage in elite athletics. Int J Sport Policy Polit. 2014;6(3) [cited in 6 Feb 2014]. Avaliable at:

http://www.tandfonline.com/doi/abs/10.1080/19406940.2013.839954.

7. Garelli S. Competitiveness of nations: the fundamentals. Lausanne: IMD World Competitiveness yearbook; 2006. [cited in 12 jan 2016] Avaliable at: http://www.imd.org/uupload/www01/documents/wcc/content/fundamentals.pdf.

8. De Bosscher V, De Knop P, van Bottenburg M, Shibli S, Bingham J. Explaining international sporting success: an international comparison of elite sport systems and policies in six countries. Sport Manag Rev. 2009 Aug;12(3):113-36.

9. Bergsgard NA, Houlihan B, Mangset P, Nodland SI, Rommetvedt H. Sport policy: a comparative analysis of stability and change. Oxford: Butterworth-Heinemann; 2007.

10. Houlihan B, Green M, editors. Comparative elite sport development: systems, structures and public policy. London: Elsevier; 2008.

11. Conzelmann A, Nagel S. Professional careers of the german olympic athletes. Int Rev Sociol Sport. 2003;38:259-80.

12. Duffy P, Lyons D, Moran A, Warrington G, McManus C. How we got here: perceived influences on the

development and success of international athletes. Irish Journal of Psychology. 2006;27(3-4):150-67.

13. Gibbons T, McConnel A, Forster T, Riewald ST, Peterson K. Reflections on success: US olympians describe the success factors and obstacles that most influenced their olympic development, report phase II. 2009.

14. Greenleaf C, Gould D, Diefen K. Factors influencing olympic performance with Atlanta and Nagano US olympians. J Appl Sport Psychol. 2001;13:154–84.

15. van Bottenburg M. Het topsportklimaat in Nederland [The elite sports climate in the Netherlands]. Hertogenbosch, the Netherlands: Diopter-Janssens and van Bottenburg bv; 2000.

16. Wylleman P, Lavallee D. A developmental perspective on transitions faced by athletes. Developmental sport and exercise psychology: a lifespan perspective. Morgantown, WV: Fitness Information Technology; 2003.

17. Clumpner RA. 21st century success in international competition. Sport in the global village. Morgantown, WV: FIT; 1994; p. 298-303.

18. Oakley B, Green M. The production of olympic champions: international perspectives on elite sport development system. Eur J Sport. 2001;8:83-105 [cited in 24 Jan 2014]. Avaliable at: http://scholar.google.com/scholar?hl=en&btnG=Search&q=intitle:The+production+of+Olympic+champions:+international+perspectives+on+elite+sport+development+system#0.

19. Houlihan B. Sport, policy and politics: a comparative analysis. London and New York: Routledge; 1997.

20. Green M, Houlihan B. Elite sport development: policy learning and political priorities. London: Routledge; 2005.

21. Mintzberg H. Organisatiestructuren [Organizational structures]. Schoonhoven: Academic Service; 1994.

22. Slack T, Parent MM. Understanding sport organizations: the application of organization theory. Champaign: Human Kinetics; 1997.

23. Hoye R, Cuskelly G. Sport governance. Oxford: Butterworth-Heinemann; 2007.

24. Thibault L, Babiak K. Organizational changes in Canada's sport system: toward an athlete-centred approach. Eur Sport Manag Q. 2005;5:105–22.

25. Dooms M. Crafting the integrative value proposition for large scale transport infrastructure hubs: a stakeholder management approach. Brussel: VUBPRESS; 2010.

26. Shilbury D, Sotiriadou KP, Green BC. Sport development systems, policies and pathways: an introduction to the special issue. Sport Manag Rev. 2008;11(3):217-23 [cited in 2 Oct 2015]. Avaliable at: http://www.sciencedirect.com/science/article/pii/S1441352308701104.

27. van Bottenburg M. Sport for all and elite sport: do they benefit one another? In: Proceedings of the 9. World Sport for All Congress. Sport for All and Elite Sport: Rivals or Partners? Arnhem: NOC*NSF; 2002; p. 25.

28. van Bottenburg M, Rijnen B, van Sterkenburg J. Sports participation in the European Union: trends and differences. Nieuwegein: Arko Sports Media; 2005.

29. Vaeyens R, Lenoir M, Williams AM, Philippaerts RM. Talent identification and development programmes in sport: current models and future directions. Sport Med. 2008;(38)9:703-14 [cited in 2 Oct 2015]. Avaliable at: http://www.ncbi.nlm.nih.gov/pubmed/18712939.

30. UKSport. The elite coach [cited in 10 Dec 2008]. Avaiable at: http://www.uksport.gov.uk/pages/elite_coach/.

31. De Bosscher V, De Croock S. Effectiviteit van de Topsportscholen in Vlaanderen [Effectiveness of the elite sport schools in Flanders]. Research report for the department CJSM, Flemish government. Brussel; 2010.

32. Aquilina D, Henry I. Elite athletes and universit education in Europe: a review of policy and practice in higher education in the Eureopean Union member states. Int J Sport Policy. 2010;2(1):25-47.

33. Sinclair DA, Hackfort D. The role of the sport organization in the career transition process. In: Lavallee D, Wylleman, P. Career transitions in sport: international perspectives. Morgantown: Fitness Information Technology; 2000; p. 131-42.

34. D'Amico RL. Organization and regulations in national sport bodies: a comparative study in artistic gymnastics [dissertation]. Sydney: Sydney University; 2004.

35. Crespo M, Miley D, Couraud F. An overall vision of player development. In: Crespo M, Reid M, Miley D, editors. Tennis player development. London: ITF; 2001; p. 13-8.

36. Bernard AB, Busse MR. Who wins the Olympic Games? Economic resources and medal totals. Rev Econ Stat. 2004;86:413-7.

37. Johnson KN, Ali A. A tale of two seasons: participation and medal counts at the summer and winter Olympic Games; 2002 [cited in 2 Oct 2015]. Avaliable at: http://papers.ssrn.com/sol3/papers.cfm?abstract_id=297544.

38. Kuper GH, Sterken E. Olympic participation and performance since 1896 [cited in 3 set 2003]. Avaliable at: http://som.eldoc.ub.rug.nl/reports/themeC/2003/03C19.

39. Digel H, Burk V, Fahrner M. High-performance sport: an international comparison. Edition Sports International. 9. ed. Weilheim/Teck: Bräuer; 2006.

40. Russell A. Sports institutes, science and government funding: a key to Australia's sporting success? In: Proceedings of the 9. Annual Symposium of the Association for Kinesiology in Cooperation with the Belgian Association of Sports Medicine and Sport Science, from Science to Medals; 2004; Ghent, Belgium: VKS; 2004. p. 23-5.

41. Deming, W. E. The new economics for industry, government and education. 2. ed. Cambridge (MA): MIT, 2000.

42. Kaplan R, Norton DP. Using the balanced scorecard as a strategic management system. Harv Bus Rev. 1996;74(1):75-85.

43. Neely A, Gregory M, Platts K. Performance measurement system design: a literature review and research agenda. Int J Oper Prod Manag. 2005;25(12):1228-63.

44. Chelladurai P. Managing organizations for sport and physical activity: a systems perspective. 3. ed. Scottsdale: Holcomb Hathaway; 2009.

45. Frisby W. Measuring the organizational effectiveness of national sport governing bodies. Can J Appl Sport Sci. 1986 Jun;11(2):94-9.

46. Yuchtman E, Seashore ES. A Comparison of multiple constituency models of organizational effectiveness. Acad Manag Rev. 1984;9:606-16.

47. Steers RM, Lyman WP, editors. Organizational effectiveness: a behavioral view. Santa Monica: Goodyear; 1977.

48. Pfeffer J. Usefulness of the concept. In: Goodman PS, Pennings JM, editors. New perspectives on organizational efectiveness. San Francisco: Jossey-Bass; 1977.

49. Etzioni A. Modern organizations. Englewood Cliffs: Prentice-Hall; 1964.

50. Price JL. The study of organizational effectiveness. Sociol Q. 1972;13:3-15.

51. Connolly T, Conlon EM, Deutsch SJ. Organizational effectiveness: a multiple constituency approach. Acad Manag Rev. 1980 Apr;5(2):211-8.

52. Papadimitriou D, Taylor P. Organizational effectiveness of Hellenic national sports organizations: a multiple constituency approach. Sport Manag Rev. 2000;3(1):23-46.

53. Sowa JE, Coleman SS, Randfort JR. No longer unmeasurable? A multidimensional integrated model of nonprofit organizational effectiveness. Nonprofit Volunt Sect Q. 2004 Dec;33(4):243-93.

54. van Bottenburg M, Elling E, Hover P, Brinkhof S, Romijn D. De maatschappelijke betekenis van topsport: literatuurstudie in opdracht van het ministerie van VWS. Utrecht: Mulier Instituut & Universiteit Utrecht; 2011.

55. Coalter F. A wider social role for sport. Who's keeping the score? New York: Routledge; 2007.

56. De Bosscher V, Sotiriadou P, van Bottenburg M. Scrutinizing the sport pyramid metaphor: an examination of the relationship between elite success and mass participation in Flanders. Int J Sport Policy Polit. 2013;5(3):319-39 [cited in 6 fev 2014]. Avaiable at: http://www.tandfonline.com/doi/abs/10.1080/1940694 0.2013.806340

57. Friesen ME, Johnson JA. The success paradigm: creating organizational effectiveness through quality and strategy. Westport: Praeger; 1995.

58. De Bosscher V, van Bottenburg M, Shibli S, De Knop P. Managing high performance sport at the national Policy Level. In: Sotiriadou P, De Bosscher V, edi-

tors. Managing High Performance Sport. New York: Routledge; 2013.

59. Bogerd J. Twee kanten van de medaille. Sleutelfiguren uit de schaatssport over de gevolgen van de ontwikkeling van merkenteams voor het topsportklimaat van het langebaanschaatsen en talentontwikkeling in het bijzonder. [Masterthesis]. Utrecht: Departement Bestuurs- en Organisatiewetenschap, Universiteit Utrecht; 2010.

Apêndice ao Capítulo 1: Fatores críticos de sucesso (FCSs) dos pilares do modelo SPLISS utilizados no projeto de pesquisa SPLISS II – com a participação do Brasil[c]

Pilar 1: Suporte financeiro para o esporte e para o esporte de alto rendimento

Há suporte financeiro em nível nacional suficiente para o esporte	
FCS 1.1A	Despesa nacional total com o esporte (em dinheiro) (incluindo esporte de alto rendimento) de loterias, do governo central e do comitê olímpico (total e por habitante).
FCS 1.1B	Despesa nacional total com o esporte por habitante.
FCS 1.2	Despesa nacional total do governo com o esporte proporcionalmente à despesa total do governo.
FCS 1.3	Redução/aumento das despesas nacionais totais com o esporte nos últimos 12 anos (3 ciclos olímpicos).
FCS 1.4	Despesa governamental total com o esporte nos níveis regional e local (estados e municípios).

Há suporte financeiro em nível nacional suficiente para o esporte de alto rendimento	
FCS 1.5A	Despesa nacional total com o esporte de alto rendimento (em dinheiro) de loterias, do governo central e do comitê olímpico.
FCS 1.5B	Despesa nacional com o esporte de alto rendimento por habitante.
FCS 1.6	Proporção da despesa nacional total com o esporte de alto rendimento com relação à despesa total no esporte.
FCS 1.7	Redução/aumento das despesas nacionais totais com o esporte de alto rendimento nos últimos 12 anos (3 ciclos olímpicos), originárias de loterias nacionais e do governo central.
FCS 1.8	Total de despesas do governo com o esporte de alto rendimento, se existir algum de maior importância, nos níveis regional e local (estados e municípios).
FCS 1.9	Despesa total de patrocinadores com esporte de alto rendimento.
FCS 1.10	Despesa total da mídia com esporte de alto rendimento.

Há suporte financeiro suficiente para o esporte nacional de diferentes fontes coletivas (loterias nacionais, governo central e Comitê Olímpico do Brasil – COB) por meio das confederações esportivas nacionais e/ou dos clubes esportivos	
FCS 1.11A	Total de financiamento originário de loterias, do governo central e do COB (em dinheiro) para as confederações nacionais e para os clubes esportivos.

Continua

---

[c] Reimpresso com permissão da VUBPRESS.

Continuação

| FCS 1.11B | Total de financiamento para cada modalidade esportiva no esporte para todos/esporte comunitário por habitante (FCS 1.11A). |
| FCS 1.11C | Financiamento médio para cada modalidade esportiva no esporte de alto rendimento (FCS 1.11A) por confederação ou por esporte reconhecido. |

Há suporte financeiro suficiente de loterias nacionais, governo central e Comitê Olímpico do Brasil (COB) para esportes de alto rendimento específicos por meio das confederações esportivas e/ou dos clubes esportivos	
FCS 1.12A	Total de suporte financeiro para o esporte de alto rendimento originário de loterias, do governo central e do COB, para confederações e/ou clubes esportivos (em dinheiro).
FCS 1.12B	Média de financiamento por esporte de alto rendimento (modalidade) reconhecido, originário de loterias do governo central e do COB.
FCS 1.13	Total de financiamento/suporte financeiro por esporte de alto rendimento (modalidade) como uma proporção do suporte financeiro total para esporte.

Pilar 2: Governança, organização e estrutura de políticas para o esporte – uma abordagem integrada das políticas de desenvolvimento

Há forte coordenação entre todos os órgãos envolvidos no esporte de alto rendimento, com descrições claras de tarefas e sem sobreposição de tarefas diferentes	
FCS 2.1	Coordenação de entradas de recursos financeiros (fluxo horizontal) e atividades: os gastos e as atividades no esporte de alto rendimento em nível nacional são registrados e coordenados centralmente, não havendo sobreposição dessa forma.
FCS 2.2	Coordenação de entradas de recursos financeiros (fluxo vertical) e atividades: alocação de recursos financeiros e gestão de atividades com relação ao esporte de alto rendimento em nível regional/distrital, se há alguma entrada de recursos significante desse tipo e se é registrada e coordenada nacionalmente.
FCS 2.3	Há somente uma organização em nível nacional exclusivamente responsável pelo esporte de alto rendimento.
FCS 2.4	O esporte de alto rendimento é reconhecido como um valioso componente no portfólio de responsabilidades de um político.

Há evidências de planejamento em longo prazo para o desenvolvimento do esporte de alto rendimento, compromissado em subsidiar o esporte de alto rendimento e o desenvolvimento do esporte de alto rendimento profissional	
FCS 2.5	Planos políticos em longo prazo são desenvolvidos (pelo menos de 4 a 8 anos) especificamente para o esporte de alto rendimento e são comunicados publicamente, avaliados regularmente e patrocinados com recursos financeiros.
FCS 2.6	A política é avaliada regularmente por atletas, técnicos e dirigentes, os quais são convidados formalmente para se envolverem no processo de avaliação.
FCS 2.7	As confederações são subsidiadas por um ciclo de (pelo menos) quatro anos.
FCS 2.8	O governo ou a autoridade esportiva nacional implementou uma série de programas e requerimentos organizacionais em confederações/clubes/modalidades com relação ao desenvolvimento do esporte de alto rendimento.
FCS 2.9	Planos políticos em longo prazo são necessários para que as confederações recebam recursos financeiros.
FCS 2.10	Atletas e técnicos são representados nas confederações.

Continua

58 | Esporte de alto rendimento

Continuação

FCS 2.11	O conselho das confederações é composto por profissionais que tomam decisões sobre o esporte de alto rendimento.
FCS 2.12	Há um instrumento formal e objetivo utilizado por uma organização independente para avaliar os critérios de repasses de recursos às confederações.

Os recursos são direcionados para relativamente poucos esportes que têm chances reais de sucesso em nível mundial	
FCS 2.13	Número de confederações que são subsidiadas para propósito do esporte de alto rendimento (questão feita no Pilar 1).

Um membro da equipe de gestão da autoridade nacional esportiva é responsável em tempo integral pelo processo de desenvolvimento do esporte de alto rendimento	
FCS 2.14	Um membro da equipe de gestão da autoridade nacional esportiva é responsável em tempo integral pelo desenvolvimento e suporte dos técnicos e atletas de alto rendimento, da Ciência do Esporte, das confederações, do *marketing* e da comunicação.

Comunicação eficaz: existe uma linha direta por meio de todos os níveis de órgãos esportivos	
FCS 2.15	Há uma estrutura de tomada de decisão eficiente e pontual com relação às políticas para o esporte de alto rendimento em todos os níveis.
FCS 2.16	O conselho é composto por profissionais que tomam decisões sobre o esporte de alto rendimento, com comitês de gestão relativamente pequenos nas confederações ou nas organizações esportivas nacionais, de tal forma que decisões rápidas possam ser tomadas.
FCS 2.17	Atletas e técnicos são representados no processo de tomada de decisão da autoridade esportiva nacional.
FCS 2.18	As confederações recebem informações e serviços de suporte (não financeiros) em diferentes aspectos do desenvolvimento do esporte de alto rendimento.
FCS 2.19	Os atletas e os técnicos são bem informados sobre políticas nacionais, serviços de suporte e outros aspectos.

Há uma estratégia estruturada de cooperação e comunicação com outros países, parceiros comerciais e a mídia	
FCS 2.20	Há uma estratégia estruturada de cooperação e comunicação com parceiros comerciais.
FCS 2.21	Há uma estratégia estruturada de cooperação e comunicação com a mídia.
FCS 2.22	Há uma estratégia estruturada de cooperação internacional com relação ao treinamento e ao uso regular de instalações.

Pilar 3: Participação e esporte de base

As crianças têm a oportunidade de participar de esporte na escola, durante a aula de Educação Física ou em atividades extracurriculares	
FCS 3.1	Existe uma quantidade de tempo mínima estatutária nacional para Educação Física no ensino infantil.
FCS 3.2	Existe uma quantidade de tempo mínima estatutária nacional para Educação Física no ensino fundamental.

Continua

Continuação

FCS 3.3	Existe uma quantidade de tempo mínima estatutária nacional para Educação Física no ensino médio.
FCS 3.4	Existe uma quantidade de tempo média para Educação Física suficientemente alta no ensino infantil (em minutos por semana, pelo menos 100 minutos).
FCS 3.5	Existe uma quantidade de tempo média para Educação Física suficientemente alta no ensino fundamental (em minutos por semana, pelo menos 100 minutos).
FCS 3.6	Existe uma quantidade de tempo média para Educação Física suficientemente alta no ensino médio (em minutos por semana, pelo menos 100 minutos).
FCS 3.7	As aulas de Educação Física são dadas por um professor certificado em todas as séries.
FCS 3.8	Existem competições esportivas escolares extracurriculares regularmente no ensino fundamental (pelo menos 2 vezes por mês).
FCS 3.9	Existem competições esportivas escolares extracurriculares regularmente no ensino médio (pelo menos 2 vezes por mês).
FCS 3.10	Existe uma organização ou pessoal responsável pela coordenação e pela organização regular de competições esportivas escolares extracurriculares.
FCS 3.11	A escola termina cedo, para que as crianças tenham oportunidades de praticar esporte durante o dia (ou o esporte depois da escola está incluído no currículo escolar).

Há uma alta taxa de participação geral no esporte	
FCS 3.12	Há uma alta porcentagem de pessoas que praticam esportes (de forma organizada ou não organizada).
FCS 3.13	Há um alto número de membros (registrados) de clubes esportivos (participação de forma organizada) (geral e por habitante).
FCS 3.14	Há um grande número de clubes esportivos suficientemente espalhados pelo país.
FCS 3.15	Há um alto número de pessoas que participam de competições esportivas.

Há um plano nacional direcionado a promover a implementação dos princípios de gestão da qualidade total nos clubes esportivos, referente à participação em massa e ao desenvolvimento de talentos	
FCS 3.16	Há uma política nacional, implementada pelo governo, comitê olímpico nacional ou autoridade esportiva nacional, direcionada à melhora da qualidade nos clubes esportivos.
FCS 3.17	Há uma ferramenta de medição para avaliar a qualidade dos clubes para o esporte na juventude.
FCS 3.18	As confederações podem receber recursos financeiros pelo aumento de projetos de gestão da qualidade em clubes esportivos.
FCS 3.19	Há uma política nacional direcionada para melhorar a qualidade do desenvolvimento de talentos nos clubes esportivos.
FCS 3.20	Há uma ferramenta de medição para avaliar a qualidade do desenvolvimento de talentos nos clubes esportivos.
FCS 3.21	As confederações podem receber recursos financeiros pelo aumento da gestão da qualidade ligada ao desenvolvimento de talentos em clubes esportivos.

Pilar 4: Sistemas de identificação e desenvolvimento de talentos

Há um sistema eficaz de detecção de jovens talentos, de forma que o número máximo de potenciais atletas de elite é alcançado no momento certo (idade)	
FCS 4.1	Há um processo de seleção do talento sistemático, que tem como objetivo identificar potenciais atletas de alto rendimento de fora de uma base de praticantes de um esporte (sem ser de um esporte específico, por exemplo, pelas escolas) ou por transferência de talento (por meio de outros esportes).
FCS 4.2	As confederações podem receber recursos especificamente para a identificação (reconhecimento e aferição) de jovens atletas talentosos e também podem receber serviços de suporte para planejar e estruturar a organização da busca por talentos em seus esportes (por exemplo, profissionais qualificados).
FCS 4.3	Há um planejamento abrangente para a identificação do talento. As confederações têm um plano de ação escrito que descreve um planejamento em longo prazo para a identificação do talento e um passo a passo de como os talentos em seus esportes são reconhecidos, identificados e selecionados para receberem auxílio financeiro.
FCS 4.4	O sistema de identificação do talento é embasado e coberto por pesquisas científicas (incluindo o desenvolvimento sociopsicológico das crianças e o desenvolvimento em uma abordagem específica por estágios, individualizada e balanceada).
FCS 4.5	As confederações recebem suporte científico esportivo para desenvolverem um sistema de testes (para o reconhecimento de jovens talentos) e de monitoramento com critérios claros para a identificação de jovens talentos em cada esporte.
FCS 4.6	As confederações têm uma bateria de testes para identificar jovens talentos e um sistema de monitoramento para acompanhá-los, com suporte em pesquisas científicas.
FCS 4.7	As confederações recebem informações, conhecimento e serviços de suporte sobre o desenvolvimento de programas de identificação de talento em seus esportes.
FCS 4.8	Os resultados do processo de aferição do talento são preenchidos em bancos de dados e atualizados anualmente (pelo menos).
FCS 4.9	Há uma estrutura conceitual nacional de como o processo de identificação e seleção do talento deve parecer (incluindo, por exemplo, especialização precoce, diversificação, maturação, fator idade relativo e o desenvolvimento de uma abordagem específica por estágios, individualizada e balanceada da identificação do talento e um planejamento em longo prazo da identificação de talento).

Há um planejamento coordenado nacionalmente para as confederações desenvolverem um sistema eficaz para o desenvolvimento de jovens talentos em seus esportes	
FCS 4.10	As confederações e/ou os clubes esportivos podem receber recursos especificamente para o desenvolvimento do talento.
FCS 4.11	Há um planejamento, em curto e longo prazos, coordenado para o desenvolvimento do talento. As confederações têm um plano de ação escrito descrevendo passo a passo como os talentos em seus esportes são desenvolvidos do nível de clube para os níveis regional e nacional, para que recebam recursos.
FCS 4.12	As confederações ou os clubes recebem informações, conhecimento e serviços de suporte (além de financeiros) para desenvolverem seus programas de desenvolvimento de talento.
FCS 4.xx	Há uma estrutura conceitual nacional sobre como o processo de desenvolvimento de talento deve parecer (incluindo, por exemplo, prática deliberada, especialização precoce, diversificação e treino ótimo).

Jovens talentos recebem serviços de suporte multidimensional apropriados para a idade e o nível deles, necessários para desenvolvê-los como jovens atletas do mais alto nível	
FCS 4.13	Jovens talentos recebem serviços de suporte multidimensionais em diferentes níveis, incluindo suporte de treinamento e competição, suporte médico e paramédico e suporte para qualidade de vida.
FCS 4.14	Jovens talentos recebem treinamento apropriado para a idade e suporte para a competição, supervisionados por técnicos experientes com acesso a instalações de alto padrão.

Jovens talentos recebem suporte coordenado nacionalmente para o desenvolvimento da combinação de esportes e do estudo acadêmico durante o ensino médio e, quando relevante, ensino fundamental (para esportes de especialização precoce, para os quais tal sistema é necessário)	
FCS 4.15	Há uma estrutura legal, na qual jovens talentos têm seus *status* de atleta de alto rendimento reconhecidos contratualmente pelo ministério ou pela administração nacional de esporte ou educação, na idade que é apropriada para sua modalidade.
FCS 4.16	Há um sistema nacionalmente coordenado que facilita a combinação de esporte de alto rendimento e estudos durante o ensino médio, de tal forma que estudantes/ atletas não fiquem dependentes de iniciativas locais variáveis.
FCS 4.17	Há um sistema nacionalmente coordenado que facilita a combinação de esporte de alto rendimento e estudos durante o ensino fundamental, de tal forma que estudantes/atletas não fiquem dependentes de iniciativas locais variáveis para esportes (de especialização precoce) em que tal suporte é necessário.
FCS 4.18	O governo ou os órgãos esportivos nacionais reconhecem os custos envolvidos com o sistema de esporte e estudo nos ensinos fundamental e médio e oferecem os suportes financeiro e pessoal especializados, necessários para facilitar esse sistema.

Jovens talentos recebem suporte coordenado nacionalmente para a combinação do desenvolvimento de esportes e do estudo acadêmico durante o ensino superior (faculdade/universidade)	
FCS 4.19	Há uma estrutura legal, na qual jovens talentos têm seus *status* de atleta de alto rendimento reconhecidos contratualmente pelo ministério ou pela administração nacional de esporte ou educação no ensino superior.
FCS 4.20	Há um sistema nacionalmente coordenado que facilita a combinação de esporte de alto rendimento e estudos acadêmicos durante o ensino superior.
FCS 4.21	O governo ou os órgãos esportivos nacionais reconhecem os custos envolvidos com o sistema de esporte e estudo no ensino superior e oferecem os suportes financeiro e pessoal especializados, necessários para facilitar esse sistema.
FCS 4.22	Os resultados de diferentes testes (cognitivo, antropometria, habilidades esportivas) que os jovens talentos têm em escolas de esportes de alto rendimento (ensino médio e ensino superior) são registrados em bancos de dados.

Pilar 5: Suporte para atletas e pós-carreira

Há uma definição nacionalmente aceita de atleta de alto rendimento para todos os esportes	
FCS 5.1	Há uma definição padronizada para todos os esportes que define quais atletas são elegíveis para suporte e, talvez, custeamento direto.

O padrão de vida individual dos atletas é suficiente para que eles se concentrem em seus esportes em tempo integral	
FCS 5.2	A renda mensal dos atletas (renda bruta total) em geral e a renda provinda de suas atividades esportivas é suficiente.
FCS 5.3	Os empregadores apoiam as carreiras dos atletas.
FCS 5.4	O esporte de alto rendimento é a atividade primária integral para atletas de alto rendimento.
FCS 5.5	Os atletas podem receber suporte financeiro que permitam a eles dedicar-se suficientemente a seus esportes e sustentar-se enquanto se preparam para competir e quando competem no esporte de alto rendimento.

Existe um programa de suporte coordenado para atletas de alto rendimento	
FCS 5.6	Há um programa de suporte coordenado para atletas de alto rendimento (além de suporte financeiro) incluindo treinamento da carreira, assessoria jurídica, treinamento de mídia, apoio técnico (técnicos especializados), apoio ao treinamento e à competição (instalações de treinamento, campos de treinamento), apoio da Ciência do Esporte (Força e Condicionamento, Nutrição, Treinamento Mental), apoio da Medicina Esportiva (médicos especialistas, fisioterapeutas etc.).
FCS 5.7	Profissionais específicos são indicados para orientar e ajudar os atletas durante suas carreiras.
FCS 5.8	Existe um programa de suporte coordenado para apoiar a transição do atleta do nível juvenil para o adulto.

Os atletas podem receber suporte pós-carreira e são preparados adequadamente para a vida após a carreira esportiva	
FCS 5.9	O governo ou os órgãos esportivos nacionais oferecem um programa de suporte pós-carreira para preparar e auxiliar os atletas para a vida após o esporte, que inclui: suporte financeiro (em estágios iniciais) após suas carreiras esportivas, suporte para os estudos (para atletas que querem iniciar ou finalizar seus estudos), ofertas de emprego, assistência e consultoria pessoal (em estágios iniciais) para procurar um trabalho adequado para o pós-carreira, suporte para qualidade de vida, preparação para candidatura a empregos e suporte psicológico.
FCS 5.10	A agência esportiva nacional firmou parcerias específicas (agência de recrutamento, agência de empregos etc.) para guiar e ajudar atletas durante e após as suas carreiras.

Pilar 6: Instalações esportivas

Planejamento coordenado nacionalmente: instalações para o esporte e para o esporte de alto rendimento são registradas por todo o país, e as necessidades de atletas e técnicos são conhecidas e claramente mapeadas	
FCS 6.1	Há um banco de dados disponível das instalações para o esporte de participação e o esporte de base no país e suas características com relação à disponibilidade e à qualidade (para o uso no esporte de alto rendimento).
FCS 6.2	Há um banco de dados no país de todas as instalações para o esporte de alto rendimento (infraestrutura) e suas características com relação à disponibilidade e à qualidade.
FCS 6.3	Há dados (de pesquisa) disponíveis sobre as necessidades de atletas e técnicos de alto rendimento em relação a instalações de treinamento.

Continua

A gestão do esporte de alto rendimento em nível nacional: o modelo SPLISS | 63

Continuação

| FCS 6.4 | Há dados (de pesquisa) disponíveis sobre os tempos de viagem de ida e de volta dos atletas e dos técnicos de alto rendimento para as instalações de treinamento. |
| FCS 6.5 | O tempo gasto com as viagens dos atletas e dos técnicos é mantido em um mínimo. |

Há uma rede de centros de esporte de alto rendimento nacional/regional, nos quais os atletas podem treinar em condições apropriadas a qualquer hora do dia	
FCS 6.6	Há um número suficiente (não há falta) de instalações esportivas de alta qualidade que sejam ou somente exclusivas ou com uso prioritário para o esporte de alto rendimento.
FCS 6.7	Há uma rede de centros de esporte de alto rendimento nacional/regional, incluindo: sede administrativa; instalações de hospedagem/acomodação; uma ligação estreita com médicos esportivos; uma ligação estreita com cientistas esportivos/cooperação com universidades; e uma ligação próxima com a educação de atletas mais jovens.
FCS 6.8	Há acordos nacionais específicos para que os atletas possam ter acesso prioritário a determinadas instalações desportivas regulares em qualquer momento do dia.

| **Há alocação de recursos específicos para a construção e para a renovação de instalações esportivas de alto rendimento** | |
| FCS 6.9 | Confederações (ou clubes) podem receber recursos visando à renovação e à construção de instalações para o esporte e para o esporte de alto rendimento para a sua modalidade em particular. |

Pilar 7: Desenvolvimento e suporte para técnicos

Há um número suficiente de técnicos de alto rendimento bem treinados e experientes no país	
FCS 7.1	Há um banco de dados de técnicos e técnicos de alto rendimento que é atualizado anualmente e contém detalhes das qualificações e em qual data elas foram alcançadas.
FCS 7.2	Um número suficiente de técnicos de alto rendimento é qualificado: eles fizeram cursos de treinamento nas confederações ou outros cursos de atualização especificamente para o esporte de alto rendimento e/ou cursos de treinamento em nível internacional (isso será parcialmente capturado pela pesquisa de clima do esporte de alto rendimento).
FCS 7.3	Os técnicos têm experiência no nível de alto rendimento em suas próprias carreiras como atletas.
FCS 7.4	A autoridade esportiva nacional tem uma estratégia para as confederações atraírem os melhores técnicos do mundo e *experts* externos para treinar atletas de alto rendimento e melhorar os conhecimentos de técnicos nacionais trabalhando no nível do alto rendimento.

| **Os técnicos têm oportunidades suficientes para desenvolverem suas carreiras e se tornarem técnicos de nível mundial** | |
| FCS 7.5 | Há uma agência coordenadora nacional (geralmente na autoridade nacional esportiva) responsável pela educação dos técnicos em geral e, em particular, dos técnicos de alto rendimento. Essa organização se alinha com diferentes níveis de cursos das confederações, ajuda as confederações na organização do desenvolvimento dos técnicos e define perfis de treinamento. |

Continuação

FCS 7.6	Há um sistema de educação para técnicos bem desenvolvido, desde o nível mais básico (cursos para o treinador recreativo) até o mais alto (educação de técnicos de alto rendimento).
FCS 7.7	Há diversos serviços (como cursos de atualização regulares, oportunidades de troca de informação) e recursos para oferecer suporte para o contínuo desenvolvimento profissional dos técnicos.
FCS 7.8	Os técnicos podem receber consultoria especializada de outras áreas para ajudá-los a melhorar o padrão de seus atletas (Psicologia, Nutrição, Fisiologia, Biomecânica, Análise de dados).
FCS 7.9	Os técnicos de alto rendimento podem comunicar-se e discutir seus desenvolvimentos pessoais e o desenvolvimento de atletas de alto rendimento com outros técnicos de alto rendimento (sem ser especificamente do mesmo esporte).

O padrão individual de vida dos técnicos é suficiente para que eles se tornem técnicos profissionais	
FCS 7.10	A renda mensal (bruta) dos técnicos mais a renda provinda de suas atividades esportivas é suficientemente alta para fornecer um bom padrão de vida.
FCS 7.11	Ser técnico de alto rendimento é – ou pode ser – uma atividade primária em tempo integral para os melhores técnicos de alto rendimento. Existe um programa de suporte coordenado para os técnicos que os permitem dedicar-se suficientemente aos seus esportes e passar tempo suficiente com seus atletas de alto rendimento e jovens talentos emergentes.
FCS 7.12	Os empregadores oferecem apoio levando em conta as necessidades de formação de treinadores de elite.

O *status* dos técnicos: o trabalho do técnico é valorizado em todo o país	
FCS 7.13	O trabalho de um técnico é reconhecido no país e as perspectivas de carreiras são ótimas.
FCS 7.14	Os técnicos têm um contrato de trabalho escrito para as atividades de treinamento; o trabalho do técnico é contratualmente reconhecido e protegido.
FCS 7.15	Há um sindicato para técnicos e treinadores esportivos.
FCS 7.16	Os técnicos de alto rendimento fazem parte de um programa de pós-carreira para prepará-los e auxiliá-los na vida após o esporte.
FCS 7.17	Uma qualificação para técnicos é obrigatória para se trabalhar em clubes esportivos e com jovens talentos.

Pilar 8: Competições nacionais e internacionais

Há um planejamento coordenado nacionalmente para aumentar o número de eventos internacionais que são organizados no país em uma ampla variedade de esportes	
FCS 8.1	Há uma coordenação nacional e um planejamento em longo prazo para organização e alocação de recursos para eventos.
FCS 8.2	Confederações, municípios ou outros recebem assistência e aconselhamento na organização de grandes eventos esportivos internacionais.
FCS 8.3	Confederações, municípios ou outros recebem recursos para se candidatarem e sediarem grandes eventos esportivos internacionais.
FCS 8.4	Há um grande número de eventos internacionais que têm sido organizados no país nos últimos cinco anos em uma (grande) variedade de esportes para atletas juniores e seniores.

Os atletas podem participar de eventos internacionais (de alto nível) suficientemente	
FCS 8.5	Há oportunidades suficientes para jovens talentos participarem de competições internacionais na idade certa.
FCS 8.6	Há oportunidades suficientes para atletas de alto rendimento participarem de competições internacionais.
FCS 8.7	Jovens talentos, atletas e técnicos podem receber reembolso de seus gastos na participação de competições internacionais.

As competições nacionais têm um padrão relativamente alto quando comparadas aos padrões internacionais	
FCS 8.8	A estrutura de competição nacional em cada esporte oferece um ambiente competitivo em um alto nível internacional em cada idade.

Pilar 9: Pesquisa científica e inovação

Pesquisas científicas são conduzidas, coordenadas e disseminadas entre técnicos e confederações	
FCS 9.1	Há suporte financeiro suficiente para a pesquisa científica e para a inovação no esporte de alto rendimento.
FCS 9.2	Há um centro nacional de pesquisa que conduz pesquisa aplicada para o esporte de alto rendimento e coordena atividades de pesquisa no esporte de alto rendimento nacionalmente.
FCS 9.3	O suporte científico é fornecido em forte cooperação com universidades e centros de pesquisa (esportivos).
FCS 9.4	Há uma responsabilidade específica na autoridade nacional esportiva ou no centro nacional de pesquisas para o desenvolvimento e a coordenação de projetos de pesquisa inovadores para o esporte de alto rendimento.
FCS 9.5	Há um banco de dados de pesquisas científicas atualizado regularmente, que pode ser consultado por técnicos e confederações.
FCS 9.6	Há uma rede para se comunicar e disseminar conteúdo científico para confederações, clubes, atletas e técnicos de alto rendimento. Técnicos recebem informações científicas de confederações e outras organizações e usam a Ciência do Esporte Aplicada em suas atividades de treinamento.
FCS 9.7	Os técnicos fazem uso de informações científicas esportivas no esporte de alto rendimento com relação a seus esportes.
FCS 9.8	A pesquisa científica está incorporada na educação dos técnicos, e eles são instruídos a como pesquisar por informações científicas e a como utilizar os resultados das pesquisas como parte de seu treinamento.

O suporte da Ciência do Esporte é fornecido em cada um dos níveis de desenvolvimento do esporte de alto rendimento	
FCS 9.9	Diferentes áreas do desenvolvimento do esporte de alto rendimento têm suporte da pesquisa científica aplicada e de projetos de inovação: identificação do talento, desenvolvimento do talento, atletas de alto rendimento (incluindo seus equipamentos, suas instalações etc.), políticas para o esporte e técnicos.
FCS 9.10	Há laboratórios de campo e/ou cientistas incorporados que, *in situ*, desenvolvem, testam e/ou aplicam novas tecnologias em cooperação com técnicos e atletas em centros de treinamento de esportes de alto rendimento.

PARTE 2

Avaliação do cenário das políticas esportivas brasileiras de acordo com o modelo SPLISS

3

Suporte financeiro

Flávia da Cunha Bastos
Maria Tereza Silveira Böhme

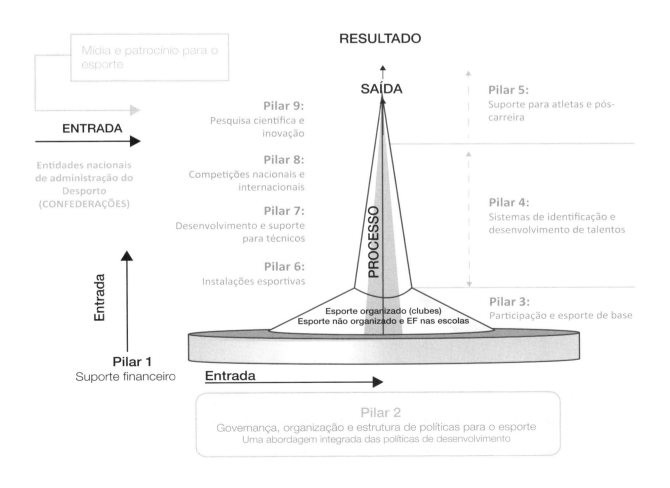

Como vimos no Capítulo 2, o Pilar 1 é considerado um dos *inputs* do modelo. Refere-se ao suporte financeiro para o esporte e o esporte de alto rendimento, nos quais são consideradas especificamente as despesas nacionais, analisadas com base nos recursos públicos (orçamento geral da União, verbas de loterias, leis de incentivo ao esporte e patrocínio de empresas estatais), de comitês olímpicos e de outras fontes.

Os demais níveis de suporte financeiro são o ambiente de mídia e patrocínio, e as entidades federais de administração das modalidades esportivas, no caso do Brasil, as confederações.

Os indicadores relativos ao Pilar 1 são analisados valendo-se de quatro aspectos (Quadro 3.1) e envolvendo, no total, treze fatores críticos de sucesso (FCSs).

Quadro 3.1 – Indicadores referentes ao Pilar 1

Indicadores
Há suporte financeiro em nível nacional suficiente para o esporte.
Há suporte financeiro em nível nacional suficiente para o esporte de alto rendimento.
Há suporte financeiro suficiente para o esporte nacional de diferentes fontes coletivas (loterias nacionais, governo central e Comitê Olímpico do Brasil – COB) por meio das confederações esportivas nacionais e/ou dos clubes esportivos.
Há suporte financeiro suficiente de loterias nacionais, governo central e COB para esportes de alto rendimento específicos por meio das confederações esportivas e/ou dos clubes esportivos.

3.1 Contextualização

No Brasil, a partir de 1988, quando foi promulgada a nova Constituição, ocorreram diversas mudanças nas leis e na própria forma de governo. Os primeiros anos da década de 1990 foram marcados por uma reafirmação nas políticas e nas ações voltadas ao esporte de alto rendimento no âmbito federal. Em 1995, foi criado o Ministério Extraordinário do Esporte, com o ex-atleta Edson Arantes do Nascimento (Pelé) como Ministro. Também nesse ano, a então Secretaria de Desportos

72 | Esporte de alto rendimento

do Ministério da Educação e do Desporto foi transformada em autarquia federal e denominada Instituto de Desenvolvimento do Desporto (Indesp)[1] que, observando as diretrizes da política nacional do desporto, atuaria visando prestar apoio técnico e administrativo ao Ministério de Estado Extraordinário dos Esportes, promover e desenvolver a prática do desporto e, especialmente, implementar as decisões relativas à política e aos programas de desenvolvimento do esporte.

Em 1998, foi promulgada a Lei nº 9.615,[2] conhecida como Lei Pelé, que expressa as manifestações do esporte no País (educacional, de participação e de alto rendimento), reafirmando o desporto como direito de todo cidadão, dando ênfase à prática de atividades não formais e à autonomia do cidadão para organizar-se para a prática, sem fins de rendimento.

Nessa lei, são definidas as fontes de recursos para o esporte, especificamente no Artigo 56:[2]

> Os recursos necessários ao fomento das práticas desportivas formais e não formais, a que se refere o art. 217 da Constituição Federal, serão assegurados em programas de trabalho específicos constantes dos orçamentos da União, dos Estados, do Distrito Federal e dos Municípios, além dos provenientes de:
>
> I – fundos desportivos;
>
> II – receitas oriundas de concursos de prognósticos;
>
> III – doações, patrocínios e legados;
>
> IV – prêmios de concursos prognósticos da Loteria Esportiva Federal, não reclamados nos prazos regulamentares;
>
> V – incentivos fiscais previstos em lei;
>
> VI – dois por cento da arrecadação bruta dos concursos prognósticos e loterias federais e similares cuja realização estiver sujeita a autorização federal, deduzindo-se este valor do montante destinado aos prêmios;
>
> VI – outras fontes.

Em 1999, o esporte muda seu *status* em termos institucionais, passando a ser integrante da pasta do Ministério do Esporte e do Turismo (MET), e o Indesp passa a integrá-lo. Em 2000, o Indesp é substituído pela Secretaria Nacional de Esporte (SNE) com a mesma função de elaborar planos e programas para o esporte no País, pela Lei nº 9.981 que "altera dispositivos da Lei nº 9.615, de 24 de março de 1998, e dá outras providências".[1]

Nova reformulação quanto aos recursos para o esporte de alto rendimento acontece em 2001, com a aprovação da Lei nº 10.264, que "acrescenta inciso e parágrafos ao artigo 56 da Lei nº 9.615, de 24 de março de 1998, que institui normas gerais sobre desporto",[3] sendo conhecida como Lei Piva. Essa Lei instituiu o repasse de recursos de concursos de prognósticos das loterias federais diretamente para o Comitê Olímpico do Brasil (COB) e para o Comitê Paralímpico Brasileiro (CPB). Ela estabelece que o montante de 2% da arrecadação bruta de todas as loterias federais do país sejam repassados, sendo 85% ao COB e 15% ao CPB. Desse montante destinado, 10% devem ser investidos no esporte escolar e 5% no esporte universitário.[3]

No artigo 56, 3º parágrafo, inciso II dessa Lei, é explicitada a destinação para aplicação desses recursos:

> serão exclusiva e integralmente aplicados em programas e projetos de fomento, desenvolvimento e manutenção do desporto, de formação de recursos humanos, de preparação técnica, manutenção e locomoção de atletas, bem como sua participação em eventos desportivos.[3]

Desde então, o COB e o CPB passaram a gerenciar e prestar conta dos recursos repassados.

No ano de 2003, o esporte novamente muda de *status* com a criação do Ministério do Esporte (ME) pela Medida Provisória nº 103, de 1º de janeiro de 2003, que, a partir de sua proposta de ação, passou a ser considerado e valorizado como meio de desenvolvimento social, de acordo com suas competências.[4] Paralelamente, em 2003, foi criado o "Comitê de Gestão das Ações Governamentais nos XV Jogos Pan-Americanos de 2007 – PAN2007, com o objetivo de promover a implementação das medidas necessárias à garantia da coordenação da atuação governamental [...] para a realização do evento" (s.p.).[5]

Ainda em 2003, como elemento orientador das ações do Governo Federal, foi publicado o Plano Plurianual (PPA) 2004-2007, com três objetivos definidos:

- Dimensão Social.
- Dimensões Econômica, Regional e Ambiental
- Dimensão Democrática.

Nesse documento, identificou-se o programa Brasil no Esporte de Alto Rendimento. O programa tinha por finalidade melhorar o desempenho do atleta brasileiro em competições nacionais e internacionais e promover a imagem do País no exterior.

As diretrizes colocadas no PPA e as novas diretrizes para as políticas de esporte foram discutidas em 2004, na 1ª Conferência Nacional do Esporte, envolvendo todos os setores da comunidade esportiva, movimentos sociais e sociedade civil.

74 | Esporte de alto rendimento

Fruto das diretrizes levantadas na Conferência Nacional do Esporte, o Conselho Nacional do Esporte aprovou a Política Nacional do Esporte em 2005,[6] e, em 2006, as Políticas Setoriais, entre elas a Política Setorial do Esporte de Rendimento. Especificamente em relação ao financiamento, o objetivo determinado foi: "Gestionar para instituição de fonte permanente de recursos financeiros aos atletas e para atletas, com a finalidade de proporcionar-lhes tranquilidade financeira" (s.p.).[7] Em termos de apoio financeiro ao esporte de alto rendimento, nova lei foi promulgada em 2004, voltada ao apoio a atletas: a Lei nº 10.891, que institui a bolsa-atleta, "destinada aos atletas praticantes do *desporto de rendimento* em modalidades olímpicas e paralímpicas, bem como naquelas modalidades vinculadas ao Comitê Olímpico Internacional – COI – e ao Comitê Paralímpico Internacional".[8] Em 2005, duas outras leis que envolviam o financiamento do esporte nacional passaram a ser discutidas no País. Uma delas referia-se à criação de uma loteria, o concurso Timemania, com o objetivo de sanar as dívidas dos clubes de futebol com o Estado com arrecadações deste novo concurso das loterias.

Outra, sancionada em dezembro de 2006, é a Lei de Incentivo ao Esporte, de nº 11.438, que determina a possibilidade de dedução

> do imposto de renda devido, apurado na Declaração de Ajuste Anual pelas pessoas físicas ou em cada período de apuração, trimestral ou anual, pela pessoa jurídica a título de patrocínio ou doação, no apoio direto a projetos desportivos e paradesportivos previamente aprovados pelo Ministério do Esporte.[9]

Dessa forma, verifica-se que, ao longo dessa última década, o Estado tem realizado programas e ações para o apoio e para o financiamento do desenvolvimento do sistema esportivo brasileiro.

Uma das avaliações referentes aos resultados da aplicação das leis voltadas ao desenvolvimento do esporte de alto rendimento foi realizada pelo Tribunal de Contas da União (TCU) em relatório operacional sobre o esporte de rendimento no Brasil,[10] que, em suas conclusões, aponta que diretrizes e objetivos da Política Nacional, desde 2005, e Setorial para o esporte de alto rendimento, desde 2006, não foram cumpridos, e que uma das causas seria a falta de um plano estratégico que contivesse ações, responsabilidades, metas e indicadores para o setor.

Portanto, a gestão, em especial no que se refere ao planejamento e à avaliação das ações de fomento, não tem se dado de maneira sistemática. Fica evidenciado que não há um acompanhamento que permita uma avaliação mais abrangente em relação a investimentos no esporte, não somente àqueles realizados pelo Governo Federal. Dado o modelo de gestão adotado, evidenciado pelo apoio de empresas estatais e pela profissionalização do esporte, torna-se necessário que também se considere o papel da indústria do esporte e seus investimentos (pela mídia e por patrocinadores, por exemplo), especialmente no que se refere ao esporte de alto rendimento.[11]

Além desses aspectos, é importante observar que a análise dos investimentos, apenas em termos absolutos nos países, não considera fatores do ambiente externo ao sistema esportivo, como determinantes econômicos, sociológicos e políticos (por exemplo, população e riqueza do país), que não podem ser manipulados na elaboração de políticas de esporte.[12]

No âmbito internacional, as políticas para o esporte de alto rendimento de nações com sucesso nos eventos mundiais têm algo em comum: *performances* de sucesso em relação a melhores atletas e equipes. Logicamente, há a necessidade de se identificar os fatores de política de esporte que levam ao sucesso esportivo internacional.

O apoio financeiro para o esporte e para o esporte de alto rendimento tem sido apontado como fator relevante em países que investem mais e que têm políticas claras para o esporte de alto rendimento, utilizando esse apoio a fim de criar mais oportunidades para os atletas terem condições ideais para se preparar para as competições. Resultados de análises comparativas preliminares indicam, também, que países com os maiores gastos absolutos e maior financiamento para as entidades nacionais de administração do esporte são os mais bem-sucedidos nos Jogos Olímpicos de Verão. Dessa forma, pode-se considerar que um nível mínimo de investimento é necessário para aumentar a capacidade de se obter medalhas pelos atletas. Além disso, países bem-sucedidos na elite internacional do esporte tendem a incorporar um número maior de fatores de sucesso que os países mal-sucedidos, o que indica a probabilidade de que o sucesso no esporte de alto rendimento é, cada vez mais, o resultado de investir em uma mistura de pilares.[13]

No Brasil, os estudos acadêmicos relativos às fontes e à aplicação de recursos voltados ao financiamento do esporte também são escassos e referem-se ao período entre os anos de 1940 a 2003.[14,15] Esses autores verificaram que o aporte financeiro de verbas públicas para o esporte era enfatizado na manifestação do esporte de rendimento, mas não de maneira sistematizada, e relativo a diferentes períodos, com ênfase em determinados governos.

Em relação ao esporte olímpico, os estudos são ainda mais escassos e recentes.[16,17] Os autores verificaram que a relação entre COB e Governo Federal não se restringe ao primeiro recebendo recursos financeiros do segundo (por meio dos recursos da Lei nº 10.264, Lei Piva), mas também que as ações ligadas ao COB foram os principais alvos de investimento do Governo Federal em esporte e lazer. Isso nos leva à conclusão de que os recursos majoritariamente estatais, que sustentaram o COB de 2005 a 2008, foram decorrentes da sua posição como entidade representante do esporte de alto rendimento no Brasil.

Nova destinação e forma de gestão dos recursos para o esporte no País aconteceram em 2013, destacando-se a destinação de parte dos recursos prove-

76 | Esporte de alto rendimento

nientes da Lei Piva para a Confederação Brasileira de Clubes (CBC), que agrega as entidades de prática do esporte formadoras de atletas de alto rendimento.[18] Há, ainda, a menção à elaboração de um Plano Nacional do Desporto (PND):

> Parágrafo único. Enquanto não instituído o PND, o Ministério do Esporte destinará os recursos conforme as leis orçamentárias vigentes.
>
> [...]
>
> Art. 20. A aplicação dos recursos financeiros de que tratam o art. 9º e o inciso VI do caput do art. 56 da Lei nº 9.615, de 1998, destinados ao Comitê Olímpico Brasileiro – COB – e ao Comitê Paralímpico Brasileiro – CPB –, sujeita-se aos princípios gerais da administração pública, mencionados no caput do art. 37 da Constituição.
>
> § 1º A observância dos princípios gerais da administração pública estende-se à aplicação, pela Confederação Brasileira de Clubes – CBC –, dos recursos previstos no art. 56, caput, inciso VIII da Lei nº 9.615, de 1998.
>
> § 2º Os recursos citados no caput e § 1º serão repassados diretamente pela Caixa Econômica Federal ao COB, ao CPB e à CBC.
>
> § 3º Os recursos poderão ser geridos diretamente ou de forma descentralizada, total ou parcialmente, por meio de ajustes com outras entidades, que deverão apresentar plano de trabalho e observar os princípios gerais da administração pública.
>
> § 4º A descentralização prevista no § 3º não poderá beneficiar entidades em situação irregular perante a União, os Estados, o Distrito Federal e os Municípios.

Dessa forma, podemos considerar que a elaboração desse plano será um marco em termos da gestão do esporte de alto rendimento, com desdobramentos em termos de regulamentação e definição de políticas para o esporte como política pública do País.

Para se verificar e analisar as informações acerca do tema do Pilar 1, foram construídos, com base nos quatro indicadores do Pilar 1, treze FCSs. Como relatado no Capítulo 1, além da coleta de informações pelos pesquisadores no inventário, em alguns desses FCSs, foram levantadas e analisadas informações e opiniões de dirigentes, com a pesquisa de campo. Para atenuar os efeitos da inflação sobre a moeda, todos os valores foram corrigidos com o índice IGP-M, relativo ao mês de dezembro de 2012.

3.2 Suporte financeiro para o esporte

Os FCSs referentes aos investimentos no esporte são apresentados no Quadro 3.2. Na realidade brasileira, dos cinco FCSs, três foram observados, um observado em parte e um não foi observado.

Quadro 3.2– FCSs referentes ao indicador "Há suporte financeiro em nível nacional suficiente para o esporte"

FCS 1.1A	Despesa nacional total com o esporte (em dinheiro) (incluindo esporte de alto rendimento) de loterias, do governo central e do comitê olímpico (total e por habitante).	O
FCS 1.1B	Despesa nacional total com o esporte por habitante.	O
FCS 1.2	Despesa nacional total do governo com o esporte proporcionalmente à despesa total do governo.	O
FCS 1.3	Redução/aumento das despesas nacionais totais com o esporte nos últimos 12 anos (3 ciclos olímpicos).	OP
FCS 1.4	Despesa governamental total com o esporte nos níveis regional e local (estados e municípios).*	NO

FCS: fator crítico de sucesso; OP: observado em parte; O: observado.
*FCS que precisa ser medido em outros níveis, além desta pesquisa.

As despesas nacionais totais (em dinheiro) para o esporte, de recursos provenientes de loterias e do orçamento do governo, os dados referentes ao período de 2004 a 2012, em razão da disponibilidade de informações do Governo Federal (Portal da Transparência) e no portal da Caixa Econômica Federal, são apresentados no Gráfico 3.1. Esses dados absolutos apontam uma tendência de elevação entre 2005 e 2007, evidenciando os investimentos do Governo Federal voltados à viabilização da realização dos Jogos Pan-Americanos de 2007. Após esse evento, ocorreu uma elevação dos recursos até 2010, seguida de uma estabilização nos investimentos.

Gráfico 3.1 – Investimentos totais no esporte nas suas três formas de manifestação em milhões de reais (2004-2012)

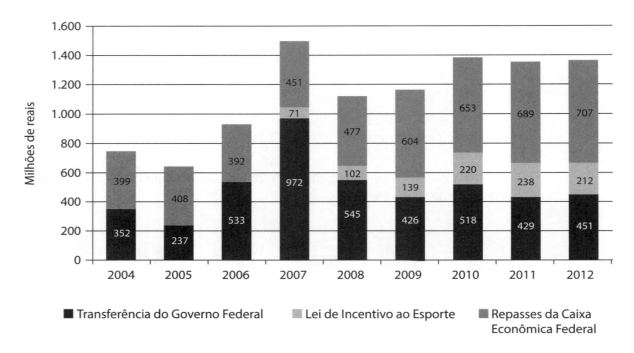

Outro aspecto que demonstra a relevância dos investimentos no esporte de um país é a análise da despesa nacional total para o esporte por habitante, em que se verifica a mesma tendência do investimento geral no esporte (Gráficos 3.1 e 3.2).

Gráfico 3.2 – Investimentos totais no esporte por habitante (2004-2012)

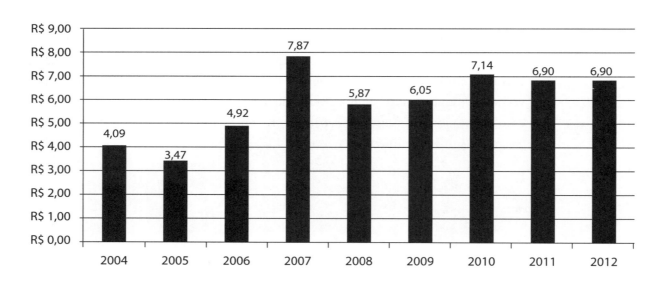

No que se refere à despesa nacional total para o esporte em todas as suas manifestações, proporcionalmente à despesa total do governo, ou seja, a proporção dos recursos financeiros do esporte em relação ao orçamento da União (Gráfico 3.3), verificam-se valores variando entre 0,05% e 0,09%, com destaque para o aumento no ano de 2007, em decorrência dos Jogos Pan-Americanos.

Gráfico 3.3 – Investimentos totais no esporte em relação ao orçamento da União (2007-2012)

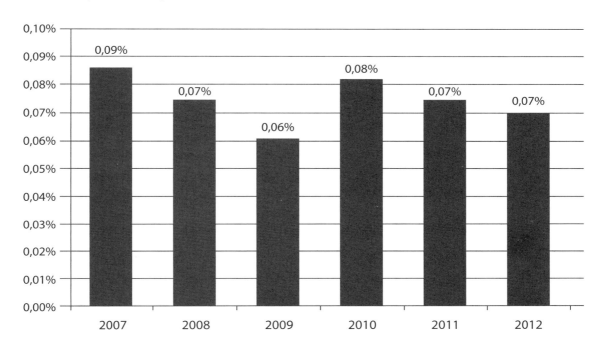

Em termos da despesa governamental para o esporte em nível regional e local (estados e municípios), não foi identificada fonte para coleta de dados, pois o ME não divulga dados sobre o sistema de gerenciamento dos convênios, emendas parlamentares, entre outros repasses de verbas.

Analisando-se esses dados, são observados alguns fenômenos peculiares da realidade brasileira. Em primeiro lugar, o evidente crescimento do investimento do Governo Federal entre 2006 e 2007 (ano da realização dos Jogos Pan-Americanos Rio 2007), embora o projeto inicial do COB não previsse essa magnitude de investimentos. Outro aspecto a ser considerado é o decréscimo de investimentos do Governo Federal, considerando-se, também, a renúncia fiscal da Lei de Incentivo Fiscal ao Esporte, que coincide com repasses crescentes oriundos das loterias (Lei Piva), destinados ao COB, ao CPB e às confederações.

Dessa forma, em razão dos dados apresentados, é possível verificar que os investimentos no esporte no Brasil se mantêm relativamente estabilizados,

80 | Esporte de alto rendimento

especialmente a partir de 2008, o que pode sugerir que essa estabilização em um novo patamar reflita uma valorização do esporte na sociedade brasileira, impulsionada pelo fato de o país ter sido escolhido para sediar eventos mundiais importantes.

3.3 Suporte financeiro para o esporte de alto rendimento

Os FCSs referentes aos investimentos no esporte de alto rendimento são apresentados no Quadro 3.3. Na realidade brasileira, dos sete FCSs, três foram observados, um observado em parte e três sem resposta/informações.

Quadro 3.3 – FCSs referentes ao indicador "Há suporte financeiro em nível nacional suficiente para o esporte de alto rendimento"

FCS 1.5A	Despesa nacional total com o esporte de alto rendimento (em dinheiro) de loterias, do governo central e do comitê olímpico.	O
FCS 1.5B	Despesa nacional com o esporte de alto rendimento por habitante.	O
FCS 1.6	Proporção da despesa nacional total com o esporte de alto rendimento com relação à despesa total no esporte.	O
FCS 1.7	Redução/aumento das despesas nacionais totais com o esporte de alto rendimento nos últimos 12 anos (3 ciclos olímpicos) originárias de loterias nacionais e governo central.	OP
FCS 1.8	Total de despesa do governo com o esporte de alto rendimento, se existir algum de maior importância, nos níveis regional e local (estados e municípios).	SI
FCS 1.9	Despesa total de patrocinadores com esporte de alto rendimento.*	SI
FCS 1.10	Despesa total da mídia com esporte de alto rendimento.*	SI

FCS: fator crítico de sucesso; OP: observado em parte; SI: sem informações; O: observado.
*FCS que precisa ser medido em outros níveis, além desta pesquisa.

A evolução da despesa nacional total para o esporte de alto rendimento (em dinheiro) de loterias (COB), do governo central e da Lei de Incentivo Fiscal para o Esporte (Gráfico 3.4) tem um comportamento semelhante, em termos de evolução, aos dados gerais para o esporte, com o mesmo pico de elevação entre 2006 e 2007, como também observaram outros autores.[16,17]

Suporte financeiro | 81

Gráfico 3.4 – Investimentos totais no esporte de alto rendimento (2004-2012)

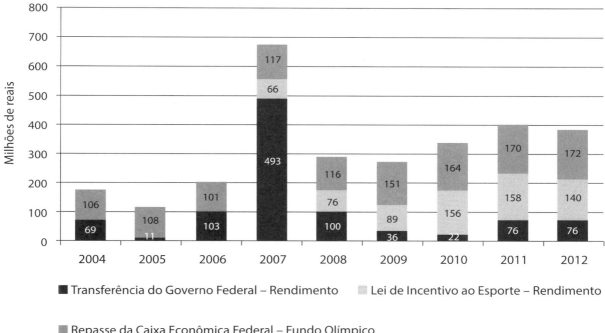

O mesmo comportamento de pico e posterior estabilidade é verificado quando é calculada a proporção entre o investimento total em esporte de alto rendimento em relação ao número de habitantes no País (Gráfico 3.5).

Gráfico 3.5 – Investimentos totais no esporte de alto rendimento por habitante (2004-2012)

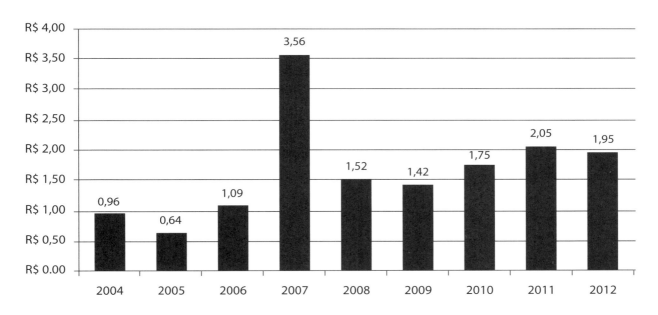

Proporcionalmente à despesa nacional total com o esporte (soma das três manifestações do esporte), os investimentos no esporte de alto rendimento em relação às demais formas de manifestação do esporte variaram entre 18% e 45% no período estudado, com pico em 2007, como visto com os outros parâmetros pesquisados (Gráfico 3.6).

Gráfico 3.6 – Investimentos no esporte de alto rendimento em relação às demais formas de manifestação do esporte (2004-2012)

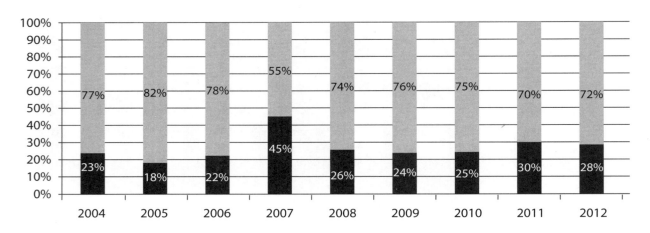

■ Percentual esporte de rendimento   ■ Percentual esporte de participação e educacional

Pelos dados apresentados no Gráfico 3.4, verifica-se uma constante elevação dos valores destinados ao COB a partir de 2008, tendência já verificada por Almeida.[16] A autora afirma que essa fonte de recursos foi a mais significativa para o COB e para as confederações brasileiras das modalidades olímpicas, sendo, para muitas delas, a única fonte de recursos.

Em relação à despesa governamental total para o esporte de alto rendimento em nível regional e local: nos estados e municípios, assim como no tópico anterior, não foram encontrados dados centralizados disponibilizados pelo Governo Federal e/ou COB referentes aos recursos destinados para ambos os níveis, estadual e municipal.

Nos *sites* das confederações olímpicas, não foi possível encontrar dados de balanços oficiais, assim como de dados referentes a patrocínios de empresas estatais ou privadas. Em junho de 2013, foi feita uma consulta, pelo *site* de acesso à informação do Governo Federal, diretamente com cada empresa estatal patrocinadora de esportes (Banco do Brasil, Caixa Econômica Federal, Eletrobras, Correios, Petrobras, Infraero e Casa da Moeda), com a finalidade de obter as informações e poder acompanhar os investimentos nos próximos anos. As informações das empresas que responderam estão reunidas no Gráfico 3.7.

Gráfico 3.7 – Investimentos de empresas estatais em modalidades olímpicas em milhões de reais (2005-2012)

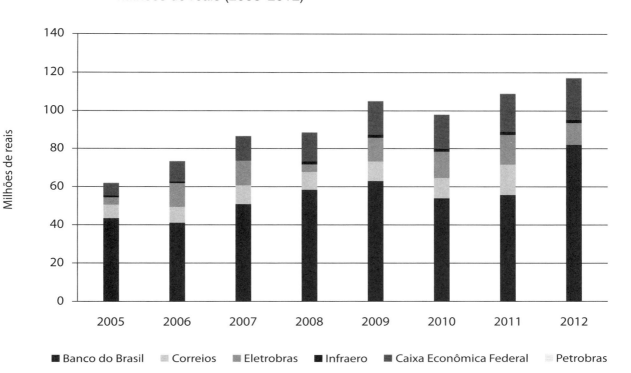

A análise dos dados obtidos revela ainda um novo processo de aumento dos investimentos do governo federal a partir de 2010, que pode indicar uma expectativa, como ocorreu em outros países que sediaram megaeventos, como os Jogos Mundiais Militares, Copa das Confederações, Copa do Mundo e Jogos Olímpicos e Paralímpicos, de que haja um aumento progressivo até 2016.[19,20]

Entretanto, é preocupante a indisponibilidade de informações em relação a alguns investimentos governamentais e a falta de informações sobre os recursos oriundos de outras fontes, como patrocínio e mídia, que poderiam ser extremamente relevantes para o gerenciamento de programas de incentivo.

3.3.1 Esporte paralímpico

Da mesma forma que acontece com o esporte olímpico, o CPB também recebe recursos provenientes das loterias (Lei Piva). No Gráfico 3.8, são apresentados os repasses, que têm valores crescentes a partir de 2006.

Gráfico 3.8 – Repasses da Caixa Econômica Federal para o Comitê Paralímpico Brasileiro (Lei Piva)

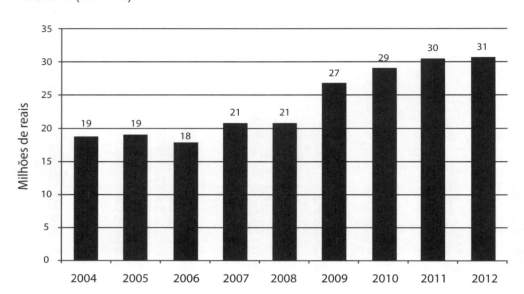

3.3.2 Papel das forças militares, das universidades e da polícia

As Forças Armadas têm um papel histórico no desenvolvimento do esporte no País. Em 2011, 130 atletas de elite de 14 modalidades, 75 homens e 55 mulheres, foram incorporados e apoiados financeiramente para participação nos Jogos Mundiais Militares Rio 2011. O Brasil obteve o primeiro lugar nesses jogos.

Em termos olímpicos, a participação das Forças Armadas nos jogos envolve também a atuação de técnicos. A delegação brasileira nas Olimpíadas de Londres 2012 foi formada por 259 atletas e teve a participação de 51 militares, que competiram em 12 modalidades.

3.3.3 Despesas do esporte de alto rendimento de acordo com os demais pilares/categorias

Como foi caracterizado nos indicadores anteriores, o principal investimento no esporte de alto rendimento no Brasil é proveniente, desde 2002, dos repasses de verbas das loterias (Lei Piva). As diretrizes e as ações para a aplicação dos recursos repassados foram definidas pela Instrução Normativa 039/2001 do TCU,[21] posteriormente, revogada pela Instrução Normativa nº 48.[22,23] Para que cada confederação receba os recursos, é preciso apresentar um plano de ações elaborado para um ciclo de 4 anos de trabalho referentes a: programas e projetos de fomento; manutenção da entidade; formação de recursos humanos; preparação técnica; manutenção de atletas; e organização e participação em eventos esportivos.[1] A evolução da aplicação desses recursos é apresentada no Gráfico 3.9.

Evidencia-se uma forte prevalência de recursos aplicados na realização e participação em eventos e na preparação técnica de atletas. Entretanto, a capacitação técnica de treinadores e equipes de apoio não tem sido apoiada por essa via. Quanto à manutenção de atletas, o decréscimo de investimentos pode ser explicado pela implantação do programa Bolsa-Atleta, que será tratado mais especificamente no Capítulo 7.

Existe, também, o Fundo de Reserva – Projetos Especiais, formado pelo COB –, cujo objetivo é atender a projetos especiais apresentados pelas Confederações Brasileiras Olímpicas. Tais projetos são fundamentalmente orientados para a preparação das equipes e dos atletas com maiores possibilidades de alcançar os melhores resultados nas principais competições do calendário internacional, como os Jogos Olímpicos e os Jogos Pan-Americanos.

Gráfico 3.9 – Aplicação dos recursos em cada uma das rubricas, de 2002 a 2011

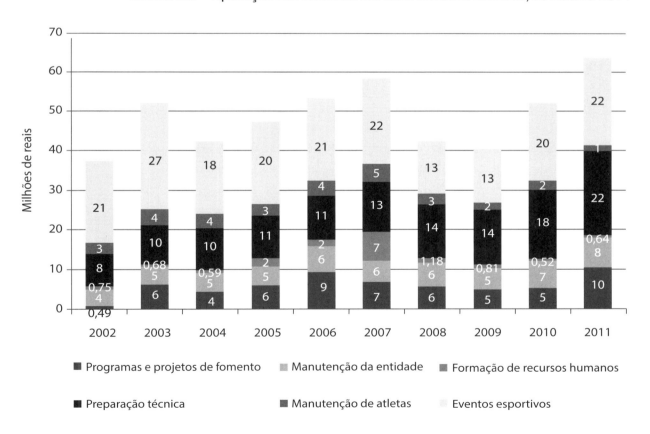

3.3.4 Papel das loterias

Os recursos oriundos das loterias são significativos, tanto em termos absolutos como relativamente a outros investimentos. Como vimos no Capítulo 1, o mesmo acontece em vários países estudados pelo consórcio. No caso do Brasil, um percentual desses recursos ainda é destinado à manutenção de clubes de futebol profissional (Gráfico 3.10).

Gráfico 3.10 – Repasses da Caixa Econômica Federal para o esporte

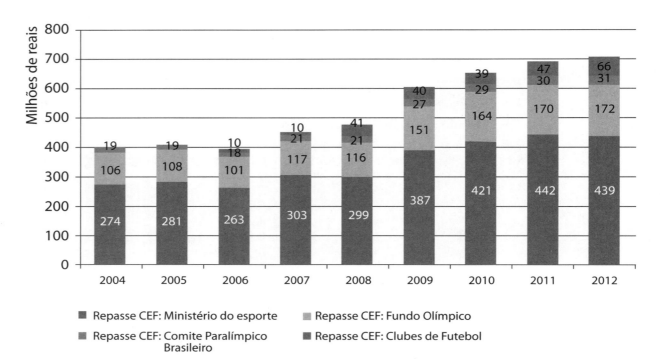

3.4 Suporte financeiro para as confederações e para os clubes esportivos

Os FCSs referentes ao apoio financeiro para o esporte nos clubes e nas confederações para o desenvolvimento do esporte nas suas três formas de manifestação – de participação, educacional e de alto rendimento – são apresentados no Quadro 3.4. Na realidade brasileira, dos três FCSs, um foi observado, um foi observado em parte e um não teve resposta/informações.

Quadro 3.4 – FCSs referentes ao indicador "Há suporte financeiro suficiente para o esporte nacional de diferentes fontes coletivas (loterias nacionais, governo central e Comitê Olímpico do Brasil – COB) por meio das confederações esportivas nacionais e/ou dos clubes esportivos"

FCS 1.11A	Total de financiamento originário de loterias, do governo central e do COB (em dinheiro) para as confederações nacionais e para os clubes esportivos.	O
FCS 1.11B	Total de financiamento para cada modalidade esportiva no esporte para todos/esporte comunitário por habitante (FCS 1.11A).	SI
FCS 1.11C	Financiamento médio para cada modalidade esportiva no esporte de alto rendimento (FCS 1.11A) por confederação ou por esporte reconhecido.	OP

FCS: fator crítico de sucesso; OP: observado em parte; SI: sem informações; O: observado.

A partir de 2002, a principal fonte de recursos das confederações esportivas passou a ser o repasse, pelo COB, de recursos oriundos das loterias (Lei nº 10.264, Lei Piva). Esses repasses são apresentados no Gráfico 3.11, por ciclo olímpico.

Quanto aos clubes esportivos, a Confederação Brasileira de Clubes (CBC) passou a receber um porcentual a partir de 2013.

Gráfico 3.11 – Repasses de recursos das loterias às confederações olímpicas por ciclo olímpico em milhões de reais

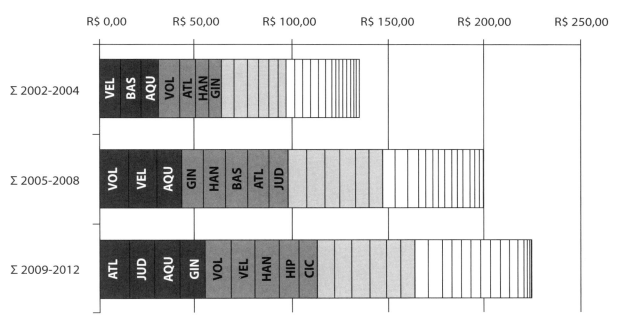

AQU: desportos aquáticos; ATL: atletismo; BAS: basquete; CIC: ciclismo; GIN: ginástica; HAN: handebol; HIP: hipismo; JUD: judô; VEL: vela; VOL: vôlei.

88 | Esporte de alto rendimento

Tabela 3.1 – Valores médios e desvios padrão dos valores recebidos por confederação nos dois últimos ciclos olímpicos – 2005 a 2008 e 2009 a 2012

| | Recursos aplicados nas confederações | | | | | |
| | 2002-2004 | | 2005-2008 | | 2009-2012 | |
Confederação	Média	desvio padrão	Média	desvio padrão	Média	desvio padrão
Atletismo	2.750.035,79	85.473,13	2.800.216,18	417.365,06	3.753.030,74	434.575,39
Judô	2.198.305,04	329.907,99	2.487.412,10	579.890,21	3.394.352,89	179.306,70
Desportos aquáticos	3.389.129,67	338.835,41	3.247.428,20	564.012,41	3.319.782,06	303.111,72
Ginástica	2.227.437,01	416.004,27	2.858.648,45	310.094,04	3.281.119,79	236.995,89
Vôlei	3.176.359,14	675.716,45	3.807.864,39	671.366,12	3.246.103,64	65.565,80
Vela	3.722.217,61	557.710,40	3.635.589,90	798.695,00	3.231.402,21	80.044,74
Handebol	2.339.437,26	675.545,11	2.841.700,11	665.759,65	3.121.228,63	230.631,18
Hipismo	2.151.428,78	305.706,55	2.424.568,58	310.517,93	2.559.630,82	246.259,11
Ciclismo	1.425.415,62	221.831,75	1.783.847,98	364.142,68	2.331.031,45	206.478,32
Tênis de Mesa	1.818.555,72	355.268,11	2.001.971,07	287.042,01	2.308.749,05	360.523,53
Canoagem	1.610.572,63	196.175,23	2.000.122,49	226.688,36	2.282.300,37	208.287,85
Basquete	3.398.082,09	318.329,71	2.839.578,00	498.017,56	2.244.268,16	211.638,39
Remo	2.060.036,69	260.674,30	2.353.144,94	274.306,92	2.213.320,19	66.903,59
Boxe	1.348.020,52	154.253,18	1.588.967,65	244.351,56	1.873.408,00	105.971,79
Triatlo	1.378.777,07	235.651,78	1.435.608,10	197.538,81	1.810.349,71	306.849,36
Tiro esportivo	1.355.739,83	353.312,18	1.692.653,65	359.851,62	1.790.682,95	143.890,74
Tênis	1.379.914,07	302.234,43	1.669.096,80	200.974,93	1.718.287,55	169.344,25
Tae kwon do	619.972,82	23.839,12	816.069,54	185.371,02	1.275.220,41	50.528,71
Levantamento de peso	636.536,85	147.938,32	820.132,73	82.632,17	1.268.212,10	24.268,91
Lutas	671.767,99	95.259,11	792.322,04	94.500,72	1.264.171,59	212.026,74
Pentatlo moderno	688.399,24	110.140,43	783.361,65	189.759,98	1.250.251,31	139.000,59
Hóquei	136.532,70	140.799,00	681.694,17	265.825,84	1.234.412,87	199.061,00
Esgrima	987.904,61	219.254,01	808.188,63	83.150,87	1.225.297,10	72.681,33
Tiro com arco	600.086,20	337.431,68	798.132,07	221.159,67	1.202.667,94	252.850,72
Badminton	664.836,94	129.327,04	836.637,57	111.783,71	1.118.570,33	97.716,18
Desportos na neve	378.229,34	116.052,41	563.261,83	167.184,49	828.464,09	77.499,66
Desportos no gelo	388.922,95	80.199,10	456.072,51	220.549,49	429.935,84	161.661,35
Rugby	-	-	-	-	257.430,40	257.782,43
Golfe	-	-	-	-	256.226,10	256.576,48
Beisebol	1.249.168,66	194.573,61	926.629,75	295.213,60	-	-

3.5 Apoio financeiro para confederações e/ou clubes de esportes de alto rendimento específicos

Os FCSs referentes ao apoio financeiro para o esporte de alto rendimento nos clubes e confederações são apresentados no Quadro 3.5. Na realidade brasileira, dos três FCSs, um foi observado, um foi observado em parte e um não teve resposta/informações.

Quadro 3.5 – FCSs referentes ao indicador "Há suporte financeiro suficiente de loterias nacionais, governo central e Comitê Olímpico do Brasil (COB) para esportes de alto rendimento específicos por meio das confederações esportivas e/ou dos clubes esportivos"

FCS 1.12A	Total de suporte financeiro para o esporte de alto rendimento originário de loterias, do governo central e do COB, para confederações e/ou clubes esportivos (em dinheiro).	O
FCS 1.12B	Média de financiamento por esporte de alto rendimento (modalidade) reconhecido, originário de loterias do governo central e do COB.	SI
FCS 1.13	Total de financiamento/suporte financeiro por esporte de alto rendimento (modalidade) como uma proporção do suporte financeiro total para esporte.	OP

FCS: fator crítico de sucesso; OP: observado em parte; SI: sem informações; O: observado.

Quanto aos recursos financeiros gerenciados pelo COB, eles são destinados às confederações de esportes olímpicos por meio de critérios estabelecidos em 2009, com base, principalmente, nos resultados técnicos durante o último ciclo-olímpico. Cada confederação deve prestar contas sobre a aplicação dos recursos recebidos a cada trimestre, baseando-se nos critérios preestabelecidos. O COB disponibiliza, em seu *site*, os Boletins Olímpicos, documentos nos quais constam as ações realizadas a cada trimestre por cada confederação e por modalidade, demonstrando também a utilização dos recursos financeiros recebidos de acordo com os critérios estipulados, somente por confederação.

Além disso, as prestações de contas auditadas são apresentadas anualmente na Demonstração da Aplicação dos Recursos Provenientes da Lei Agnelo-Piva, em que é apresentado o balanço financeiro de cada confederação ao longo do ano, assim como o balanço financeiro do COB.[21] Nos Gráficos 3.9, 3.10 e 3.11, estão compilados os dados referentes às confederações olímpicas (não por modalidade) no período entre os anos de 2002 e 2012.

Quanto aos clubes, não foi possível levantar dados, uma vez que a CBC, que agrega as entidades de prática do esporte formadoras de atletas de alto rendimento, passou a ser incluída no repasse da Lei Piva em 2011.[24]

Os dados sobre o financiamento total obtido foram por confederação, pois não houve acesso à informação do financiamento por esporte/modalidade. Considerando-se a proporção dos investimentos em relação ao investimento total do País no esporte, é confirmada a constatação dos tópicos anteriores em relação às modalidades com maior aporte de recursos.

Para visualizarmos melhor a análise em relação às diferenças de recursos financeiros entre as confederações, foram construídos três grupos, baseando-se em diferentes patamares de recebimento de recursos no ano de 2011 (Tabela 3.2):

- Confederações que receberam recursos e fizeram investimentos com valores acima de R$ 3.000.000,00 (atletismo, canoagem, desportos aquáticos, ginástica, handebol, hipismo, judô, tênis de mesa, vela e vôlei de quadra) se referem a esportes e modalidades que têm investimentos relativos ao número de habitantes acima de R$ 1,50 e correspondem a uma proporção acima de 0,3% do investimento total no esporte de alto rendimento no País.

- Confederações que apresentam investimentos na faixa entre R$ 2.000.000,00 e 3.000.000,00 (basquete, boxe, ciclismo, tênis, tiro esportivo, tiro com arco e triatlo), com investimentos entre R$ 1,00 e R$ 1,50 por habitante, e correspondem a investimentos entre 0,02% e 0,3% do total.

- As demais (*badminton*, desportos na neve, desportos no gelo, esgrima, hóquei sobre a grama e *indoor*, levantamento de peso, golfe, lutas, pentatlo moderno, *rugby, tae kwon do*) não atingem R$ 2.000.000,00, com R$ 1,00 por habitante, e correspondem a menos de 0,2% do total.

Tabela 3.2 – Comparação de grupos de confederações por investimento anual, por habitante e por investimento total no esporte de alto rendimento em 2011

Grupos de confederações	Investimento anual loterias (Lei Piva)	Investimento por habitante	Proporção investimento total no esporte de alto rendimento
Atletismo, canoagem, desportos aquáticos, ginástica, handebol, hipismo, judô, tênis de mesa, vela, vôlei de quadra	> R$ 3.000.000,00	> R$ 1,50	> 0,3%
Basquete, boxe, ciclismo, remo, tênis, tiro esportivo, tiro com arco, triatlo	Entre R$ 2.000.000,00 e R$ 3.000.000,00	Entre R$ 1,00 e R$ 1,50	Entre 0,2% e 0,3%
Badminton, desportos na neve, desportos no gelo, esgrima, hóquei sobre a grama e *indoor*, levantamento de peso, golfe, lutas, pentatlo moderno, *rugby, tae kwon do*	< R$ 2.000.000,00	< R$ 1,00	< 0,2%
Beisebol e softbol	Não houve investimento não olímpico em 2011	–	–

Apesar de o COB fixar, desde sua aprovação, os critérios de distribuição dos recursos oriundos das loterias (Lei Piva), em 2012, a entidade fez uma avaliação quanto à atuação e ao posicionamento do País em termos de medalhas no cenário internacional:[25]

Desde 2000, o País sempre ganha medalhas em pelo menos sete modalidades. Para figurar entre os TopTen, precisa-se de uma modalidade carro-chefe e garantir medalhas em, pelo menos, 13 modalidades – em Londres 2012, o décimo colocado, a Coreia do Sul, conquistou em 12. Em função dessa realidade, o Brasil, por meio do COB e das Confederações, atua para transformar o cenário do esporte olímpico. (s.p.)

Em 2012, em entrevista coletiva após os Jogos Olímpicos de Londres,[26] o superintendente executivo de esportes do COB, valendo-se da avaliação da atuação brasileira no evento, considera:

> [...] os resultados de alguns países ascendentes no quadro geral de medalhas ocorreram devido ao investimento maciço em poucas modalidades. É o caso, por exemplo, do Irã, Cazaquistão e Coreia do Norte no levantamento de peso, da Hungria na canoagem e da Jamaica nas provas de velocidade do atletismo. (s.p.)[26]

E, ainda, quanto a estratégias para os Jogos Rio 2016, o dirigente apresenta a estratégia de investimentos que a entidade colocaria em prática:

> Vamos investir mais nos esportes individuais, porém, acreditamos que as conquistas de um país devem acontecer em um número diversificado de modalidades. Além de termos tradição nos esportes coletivos, que continuarão a ter peso importante no nosso planejamento, precisamos ampliar o leque de possibilidades e conquistas. Nossos carros-chefes em 2016 serão o judô e o vôlei, porém, é importante desenvolvermos o esporte com um todo, e não apenas uma ou duas modalidades. (s.p.)[26]

Em relação às metas e aos investimentos para alcançá-las, o Governo Federal se posicionou em 13 de setembro de 2012, com o lançamento do Plano Brasil Medalhas 2016, que expressa o objetivo de colocar o Brasil entre os dez primeiros países nos Jogos Olímpicos e entre os cinco primeiros nos Jogos Paralímpicos do Rio de Janeiro, em 2016. Segundo o plano,

> serão investidos R$ 1 bilhão a mais no próximo ciclo olímpico (adicionais em relação ao orçamento já aplicado pelo Ministério do Esporte), entre 2013 e 2016, sendo: dois terços provenientes do Orçamento Geral da União (OGU) e um terço de investimentos de empresas estatais. (s.p.)[27]

A definição das prioridades em termos de modalidades foi declarada como aquelas modalidades com mais chances de obter medalhas. Dessa forma, foram escolhidas

92 | Esporte de alto rendimento

21 categorias olímpicas e 15 paralímpicas. As modalidades olímpicas selecionadas, segundo o plano, terão apoio de oito empresas estatais, em formato diferente do patrocínio que a maioria delas já dá a vários esportes. O novo apoio será focado na preparação de atletas e seleções para os Jogos Olímpicos Rio 2016 (Quadro 3.6):

Quadro 3.6 – Confederações, modalidades prioritárias e empresas patrocinadoras

Banco do Brasil	BNB	BNDES	CEF	Correios	Eletrobras	Infraero	Petrobras
Handebol	Triatlo	Canoagem	Atletismo	Águas abertas	Basquetebol	Judô	
Pentatlo moderno		Hipismo (saltos)	Ciclismo BMX	Handebol			Boxe
Vela			Futebol feminino	Natação			*Tae kwon do*
Vôlei			Ginástica artística	Tênis			
Vôlei de praia			Lutas				
			Tiro esportivo				

Fonte: Brasil (2012).[27]

Tendo em vista o Plano Brasil Medalhas 2016,[27] espera-se que ocorram mudanças nos investimentos das confederações em relação ao observado até 2011, com as confederações de basquete, boxe, ciclismo, pentatlo moderno, *tae kwon do*, tênis, tiro esportivo, triatlo passando a ter maior volume de investimentos das loterias, além dos já citados no plano por meio de empresas estatais. A única modalidade que não recebe regularmente verbas das loterias é o futebol feminino, que deverá ser foco de investimentos da Caixa Econômica Federal.

No entanto, quase um ano após a declaração anterior e o lançamento do Plano Brasil Medalhas 2016, o COB, em audiência na Câmara dos Deputados, em Brasília, no dia 6 de junho de 2013,[28] volta a reafirmar objetivos, mas não especifica quais seriam as modalidades individuais:

> Precisamos aumentar o número de medalhas nas modalidades em que o Brasil já tem tradição, conquistar medalhas em novas modalidades, como ocorreu na ginástica artística, no boxe e no pentatlo moderno já em Londres 2012, e dar atenção especial às modalidades individuais que distribuem um grande número de medalhas. (s.p.)[28]

Finalmente, essa desconexão entre o discurso tardio de ambas as esferas (COB e Governo Federal) reafirma dois aspectos importantes. Um é relativo ao fluxo de investimentos no esporte de alto rendimento no Brasil, que é complexo e envolve diferentes esferas, tanto em termos das fontes dos recursos (orçamento da União, leis de incentivo, loterias, patrocínios de empresas estatais e patrocínios privados) quanto em relação aos níveis de aplicação (municipal, estadual e federal). Outro, é que, no sistema nacional (Figura 3.1), estão envolvidas organizações públicas e privadas e evidencia-se a não existência de coordenação central da política de investimentos em termos do sistema organizacional do esporte de alto rendimento no país.[29]

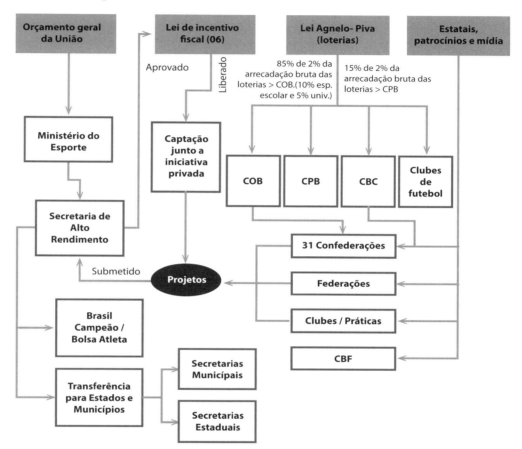

FIGURA 3.1 – Sistema de recursos financeiros para o esporte de alto rendimento.
Fonte: Meira, Bastos e Böhme (2012).[29]

A fim de reverter esse quadro, houve uma recente proposta de gestão integrada no Plano Brasil Medalhas 2016 entre o ME, o COB, o CPB, as confederações e as empresas estatais, além do aprimoramento da gestão das confederações esportivas. Segundo o plano, o ME, os comitês, as confederações e os entes públicos elaborarão, em conjunto, um plano esportivo e de investimento.

O Decreto nº 7.984 de 2013,[18] que normatiza, entre outros, a centralização da prestação de contas de verbas públicas destinadas ao COB, ao CPB e à CBC, no Artigo 20:

> § 3º Os recursos poderão ser geridos diretamente ou de forma descentralizada, total ou parcialmente, *por meio de ajustes com outras entidades, que deverão apresentar plano de*

> *trabalho* e observar os princípios gerais da administração pública. (grifo nosso)

E dá diretrizes para a formalização dos repasses de recursos da Lei nº10.264 (Lei Piva), no Artigo 31,

> É condição para o recebimento dos recursos públicos federais que o COB, o CPB e as entidades nacionais de administração do desporto celebrem *contrato de desempenho* com o Ministério do Esporte. (grifo nosso)[3]

Dessa forma, vislumbra-se a intenção de uma coordenação e um controle dos investimentos diante de um plano, o que certamente contribuirá para a transparência da contas públicas do país.

3.6 Comentários gerais e perspectivas

Os recursos financeiros destinados ao esporte de alto rendimento no Brasil têm sido historicamente alocados especialmente para o esporte olímpico. As informações obtidas relativas aos últimos três ciclos olímpicos demonstram que o País buscou, por meio de diferentes programas e planos emanados pelo Governo Federal, desenvolver alguns aspectos envolvidos nessa manifestação do esporte.

Gráfico 3.12 – Síntese das observações dos 13 fatores críticos de sucesso relativos ao Pilar 1

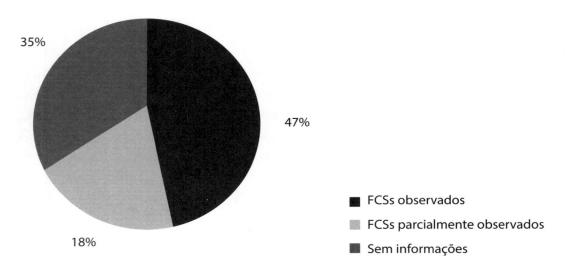

Várias são as fontes de recursos, entre elas verbas públicas, destinadas por meio de arrecadação de impostos, de loterias, de empresas estatais, de patrocínios. Contudo, não é possível identificar uma política centralizada em relação a esses investimentos. Dessa forma, evidencia-se que não há um gerenciamento da aplicação dos recursos em razão de uma política.

Quanto às expectativas e às ações voltadas ao desempenho do País nos Jogos Olímpicos de 2016, um aspecto relevante é a constatação de que somente para esse ciclo olímpico há manifestações das esferas envolvidas, mas, mais uma vez, sem demonstrar conexão entre elas.

Em termos do futuro do esporte de alto rendimento na realidade brasileira, entendemos que acontecerão mudanças na gestão e nas políticas de controle da aplicação dos recursos, minimizando a desconexão apontada anteriormente entre os segmentos público e privado na condução das políticas de esporte de alto rendimento no Brasil. Esses aspectos serão apresentados e discutidos com mais profundidade no Capítulo 4, referente ao Pilar 2.

Os recursos financeiros para o esporte e o esporte de alto rendimento foram analisados neste capítulo em termos gerais, como entrada do sistema. Aspectos mais específicos sobre o impacto dos investimentos serão discutidos nos capítulos referentes aos demais pilares.

Referências

1. Ministério do Esporte. Histórico; 2013 [acesso em 05 out 2015]. Disponível em: http://portal.esporte.gov.br/institucional/historico.jsp.

2. Brasil. Lei nº 9.615, de 24 de março de 1998. Institui normas gerais sobre desporto e dá outras providências. Diário Oficial da União. 25 mar 1998; Seção 1:1.

3. Brasil. Lei nº 10.264, de 16 julho de 2001. Acrescenta inciso e parágrafos ao art. 56 da Lei nº 9.615, de 24 de março de 1998, que institui normas gerais sobre desporto [acesso em 05 out 2015]. Disponível em: http://www.planalto.gov.br/ccivil_03/leis/LEIS_2001/L10264.htm.

4. Brasil. Lei nº 10.683, de 28 de maio de 2003. Dispõe sobre a organização da Presidência da República e dos Ministérios, e dá outras providências [acesso em 05 out 2015]. Disponível em: http://www.planalto.gov.br/ccivil_03/LEIS/2003/L10.683.htm.

5. Brasil. Decreto de 18 de julho de 2003. Institui o Comitê de Gestão das Ações Governamentais nos XV Jogos Pan-Americanos de 2007 – PAN2007, estabe-

lece diretrizes para seu funcionamento e dá outras providências [acesso em 05 out 2015]. Disponível em: http://www.planalto.gov.br/ccivil_03/dnn/2003/Dnn9935compilado.htm.

6. Brasil. Ministério do Esporte. Política nacional do esporte. 2005 [acesso em 05 out 2015]. Disponível em: http://portal.esporte.gov.br/destaques/politicaNacionalEsporte.jsp.

7. Brasil. Política setorial para o esporte de alto rendimento. 2006. Diário Oficial da União. 3 abril 2006; Seção 1:101 [acesso em: 05 out 2015]. Disponível em: http://www.esporte.gov.br/arquivos/conselhoEsporte/resolucoes/resolucaoN10.pdf.

8. Brasil. Lei nº 10.891, de 9 de julho de 2004. Institui o Bolsa-Atleta [acesso em 05 out 2015]. Disponível em: http://www.planalto.gov.br/ccivil_03/_ato2004-2006/2004/lei/l10.891.htm.

9. Brasil. Lei nº 11.438, de 29 de dezembro de 2006. Dispõe sobre incentivos e benefícios para fomentar as atividades de caráter desportivo e dá outras providências

[acesso em 05 out 2015]. Disponível em: http://www.planalto.gov.br/ccivil_03/_ato2004-2006/2006/lei/l11438.htm.

10. Brasil. Tribunal de Contas da União (TCU). Relatório de auditoria operacional: esporte de alto rendimento. Brasília; 2011.

11. Meira TB, Bastos FC. Estruturas de organização e de promoção esportiva. In: Böhme MTS, organizadora. Esporte infantojuvenil: treinamento a longo prazo e talento esportivo. São Paulo: Phorte; 2011. p. 211-56.

12. De Bosscher V, De Knop P, Heyndels B. Comparing relative sporting success among countries: create equal opportunities in sport. J Comp Phys Educ Sport. 2003;3(3):109-120.

13. De Bosscher V, De Knop P, van Bottenburg M, Shibli S. A conceptual framework for analysing sports policy factors leading to international sporting success. Eur Sport Manag Q. 2006 Jun,6(2):185-215. [cited in 20 Oct 2013]. Avaiable at: http://www.tandfonline.com/doi/abs/10.1080/16184740600955087.

14. Dias HP, Bastos FC. Analysis of the brazilian sports incentive program. In: Maennig W, editor. Sport stand ekonomik – sport urban economics. Schorndorf: Hofmann; 2010. v. 12, p. 35-42.

15. Veronez LFC. Quando o Estado joga a favor do privado: as políticas de esporte após a Constituição de 1988 [tese de doutorado]. Campinas: Faculdade em Educação Física da Universidade Estadual de Campinas; 2005.

16. Almeida BS. Financiamento do esporte olímpico e suas relações com a política no Brasil. Universidade Federal do Paraná [dissertação de mestrado]. Curitiba: Setor de Ciências Biológicas da Universidade Federal do Paraná; 2010.

17. Almeida BS, Marchi Junior W. Comitê olímpico brasileiro e o financiamento das confederações brasileiras. Rev Bras Ciênc Esporte. 2011;33(1):163-79.

18. Brasil. Decreto nº 7.984, de 8 de abril de 2013. Regulamenta a Lei nº 9.615, de 24 de março de 1998, que institui normas gerais sobre desporto. 2013 [acesso em 05 out 2015]. Disponível em: https://www.planalto.gov.br/ccivil_03/_ato2011-2014/2013/decreto/d7984.htm.

19. Digel H. A comparison of competitive sport systems. New Stud Athl. 2002;17(1):37-50.

20. Houlihan B, Green M. Comparative elite sport development: systems, structures and public policy. Oxford: Elsevier; 2008. p. 302.

21. Comitê Olímpico Brasileiro. Lei Agnelo/Piva: prestação de contas técnica e financeira. 2002 [acesso em 19 nov 2015]. Disponível em: http://www.cob.org.br/Handlers/RecuperaDocumento.ashx?codigo=1299.

22. Brasil. Instrução Normativa nº 39, de 11 de dezembro de 2001. Dispõe sobre os procedimentos para fiscalização da aplicação dos recursos repassados ao Comitê Olímpico Brasileiro e ao Comitê Paraolímpico Brasileiro, por força da Lei nº 10.264, de 16 de julho de 2001. Diário Oficial da União. 25 jan 2002; Seção 1:268.

23. Brasil. Instrução Normativa nº 48, de 15 de dezembro de 2004. Dispõe sobre os procedimentos para fiscalização da aplicação dos recursos repassados ao Comitê Olímpico Brasileiro e ao Comitê Paraolímpico Brasileiro, por força da Lei nº 9.615, de 24 de março de 1998, alterada pela Lei nº 10.264, de 16 de julho de 2001. Diário Oficial da União. 17 dez 2004; Seção 1:139.

24. Brasil. Lei nº 12.395, de 16 de março de 2011. Altera a Lei nº 9.615, de 24 de março de 1998, que institui normas gerais sobre desporto, e a Lei nº 10.891, de 9 de julho de 2004, que institui o Bolsa-Atleta; cria os Programas Atleta Pódio e Cidade Esportiva; 2011 [acesso em 05 out 2015]. Disponível em: http://www.planalto.gov.br/CCiVil_03/_Ato2011-2014/2011/Lei/L12395.htm.

25. Comitê Olímpico Brasileiro (COB). Como chegar ao top 10 [acesso em 2 fev 2014]. Disponível em: http://www.cob.org.br/comite-olimpico-brasileiro/como--chegar-la.

26. Comitê Olímpico Brasileiro (COB). Desafio para 2016: com marca de medalhas superada em Londres, COB mira Brasil entre os dez primeiros no Rio; 2012 [acesso em 19 nov 2015]. Disponível em: http://www.cob.org.br/pt/noticia/desafio-para-2016.

27. Brasil. Ministério do Esporte. Plano Brasil Medalhas 2016; 2012 [acesso em 05 out 2015]. Disponível em: http://portal.esporte.gov.br/snear/brasilMedalhas/default.jsp.

28. Comitê Olímpico Brasileiro (COB) Notícias. Em audiência na Câmara, COB apresenta planejamento de trabalho para 2016 [acesso em 10 fev 2014]. Disponível em: http://www.cob.org.br/noticias-cob/em-audincia-na-cmara-cob-apresenta-planejamento-de-trabalho-para-2016-035033.

29. Meira TB, Bastos FC, Böhme MTS. Análise da estrutura organizacional do esporte de rendimento no Brasil: um estudo preliminar. Rev. bras. Educ. Fís. Esporte. 2012 Jun;26:(2)251-62 [acesso em 05 out 2015]. Disponível em: http://www.scielo.br/pdf/rbefe/v26n2/08.pdf.

4

Governança, organização e estrutura de políticas para o esporte

Tatiana de Barros Meira
Flávia da Cunha Bastos

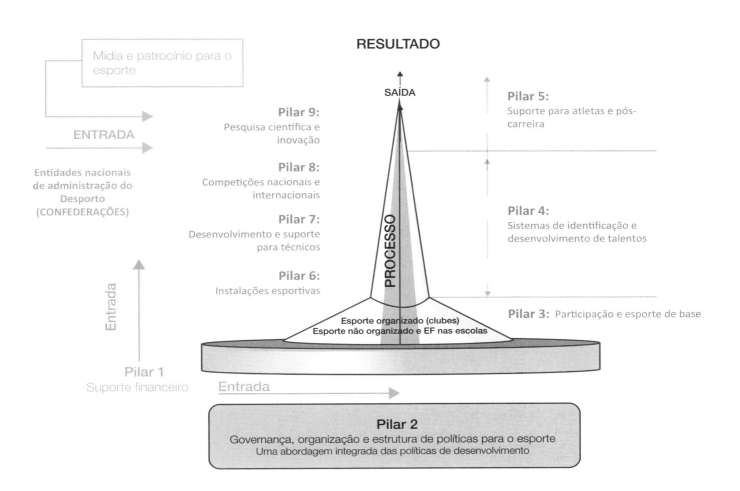

O Pilar 2 diz respeito à governança, à estrutura e à organização de políticas para o esporte, com uma abordagem integrada para o desenvolvimento de políticas em um país. Ele representa a base do modelo, e é nesse nível que o sistema se estrutura, para que, com a entrada de recursos financeiros (Pilar 1), as entidades de administração do esporte planejem, gerenciem, apliquem e avaliem as ações relativas aos outros pilares (de 3 a 9).

Neste capítulo, o objetivo é apresentar e analisar a estrutura organizacional esportiva brasileira voltada para o desenvolvimento do esporte de alto rendimento, com base nos 6 indicadores e nos 22 fatores críticos de sucesso (FCSs) descritos no inventário do modelo SPLISS.

Quadro 4.1 – Indicadores referentes ao Pilar 2

Indicadores
Há forte coordenação entre todos os órgãos envolvidos no esporte de alto rendimento, com descrições claras de tarefas e sem sobreposição de tarefas diferentes.
Há evidências de planejamento em longo prazo para o desenvolvimento do esporte de alto rendimento, compromissado em subsidiar o esporte de alto rendimento e o desenvolvimento do esporte de alto rendimento profissional.
Os recursos são direcionados para relativamente poucos esportes que têm chances reais de sucesso em nível mundial.
Um membro da equipe de gestão da autoridade nacional esportiva é responsável em tempo integral pelo processo de desenvolvimento do esporte de alto rendimento.
Comunicação eficaz: existe uma linha direta por meio de todos os níveis de órgãos esportivos.
Há uma estratégia estruturada de cooperação e comunicação com outros países, parceiros comerciais e a mídia.

4.1 Contextualização

Os países que alcançam sucesso internacional no esporte de alto rendimento têm planos de ações nacionais gerenciados pelo governo, por entidades esportivas, ligas nacionais ou institutos nacionais de esporte. Esses planos são elaborados de maneira central e aplicados em todo o território nacional.[1]

Uma sistematização voltada para o esporte de maneira organizada e centralizada permite que a coordenação nacional atue na direção e no acompanhamento da operacionalização das políticas esportivas pelas instâncias subordinadas.[2,3]

Além disso, é necessário que cada uma das entidades de administração do esporte tenha claro quais são as suas responsabilidades no sistema esportivo, para garantir que aconteça uma comunicação eficaz entre elas e para simplificar a administração. Dessa forma, o sistema esportivo estruturado e gerenciado de maneira central pode ser aplicado e supervisionado nacionalmente.

Na última década, foram publicados trabalhos de pesquisa que analisaram a estrutura organizacional de programas nacionais de esporte por meio de diferentes formas de investigação, mas focados em compreender o funcionamento de programas esportivos em diferentes países, principalmente naqueles com destaque em competições internacionais.[4-10]

Esses trabalhos demonstram os diferentes aspectos que envolvem a estrutura e a governança dos sistemas esportivos de vários países. Foram identificadas particularidades de acordo com cada país estudado e observadas ações semelhantes entre eles, indicando a existência de pontos comuns relevantes no desenvolvimento do esporte de alto rendimento, que devem ser destacados e valorizados.

Uma delas diz respeito à liderança adequada dos governos, para que as nações tenham chances reais de sucesso no esporte de alto rendimento. Outra aponta que uma estrutura adequada é essencial para que se tenha um uso eficiente dos recursos disponíveis para o seu desenvolvimento. Para que isso aconteça, é especialmente importante que as responsabilidades das entidades de administração estejam claramente definidas e que haja uma comunicação eficaz entre elas, visando à simplificação da administração.[3]

A seguir, são apresentadas as informações levantadas sobre o Pilar 2, denominado *Governança, organização e estrutura de políticas para o esporte – uma abordagem integrada das políticas de desenvolvimento*. Informações levantadas no inventário sobre o pilar foram apresentadas e analisadas no artigo *Análise da estrutura organizacional do esporte de rendimento no Brasil: um estudo preliminar*.[1] Outros aspectos referentes aos indicadores e fatores críticos de sucesso (FCSs) serão abordados a seguir, complementados pelos resultados obtidos nas respostas de dirigentes, técnicos e atletas aos questionários aplicados.

4.2 Coordenação entre todas as entidades de administração do esporte de alto rendimento

Os FCSs referentes à coordenação entre as entidades são apresentados no Quadro 4.2. Na realidade brasileira, dos quatro FCSs, três foram observados em parte e um não foi observado.

Quadro 4.2 – FCSs referentes ao indicador "Há forte coordenação entre todos os órgãos envolvidos no esporte de alto rendimento, com descrições claras de tarefas e sem sobreposição de tarefas diferentes"

FCS 2.1	Coordenação de entradas de recursos financeiros (fluxo horizontal) e atividades: os gastos e as atividades no esporte de alto rendimento em nível nacional são registrados e coordenados centralmente, não havendo sobreposição dessa forma.	OP
FCS 2.2	Coordenação de entradas de recursos financeiros (fluxo vertical) e atividades: alocação de recursos financeiros e gestão de atividades com relação ao esporte de alto rendimento em nível regional/distrital, se há alguma entrada de recursos significante desse tipo e se é registrada e coordenada nacionalmente.	OP
FCS 2.3	Há somente uma organização em nível nacional exclusivamente responsável pelo esporte de alto rendimento.	NO
FCS 2.4	O esporte de alto rendimento é reconhecido como um valioso componente no portfólio de responsabilidades de um político.	OP

FCS: fator crítico de sucesso; NO: não observado; OP: observado em parte.

Verifica-se que, no Brasil, na atualidade, não existe uma única organização em nível nacional com responsabilidades específicas em relação ao esporte de alto rendimento. As entidades responsáveis especificamente pelo desenvolvimento do esporte de alto nível são: o Comitê Olímpico do Brasil (COB) e o Ministério do Esporte (ME), por meio da Secretaria Nacional de Esporte de Alto Rendimento (SNEAR). Todas, com o Conselho Nacional de Esporte, fazem parte do Sistema Nacional de Esporte, e são responsáveis pela elaboração das políticas para o esporte de alto rendimento (Figura 4.1).

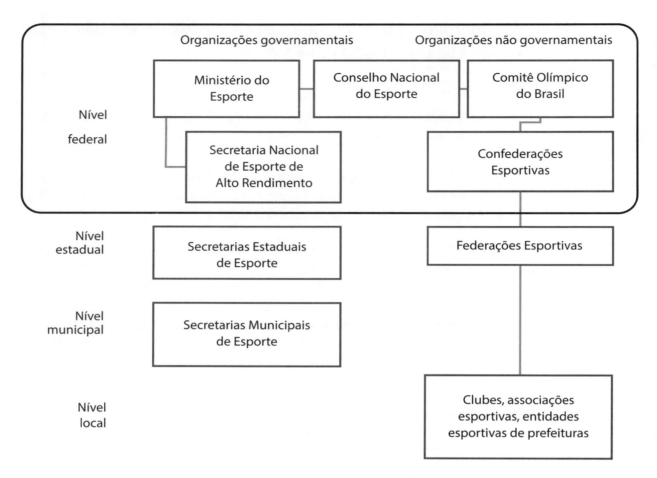

FIGURA 4.1 – Entidades de administração do esporte de alto rendimento no país.

O ME, criado em 2003,

> é responsável por construir uma Política Nacional de Esporte. Além de desenvolver o Esporte de alto rendimento, o Ministério trabalha ações de inclusão social por meio do esporte, garantindo à população brasileira o acesso gratuito à prática esportiva, qualidade de vida e desenvolvimento humano. (s.p.)[11]

Em termos institucionais, é representado pelo Ministro do Esporte.

O ME é composto por quatro secretarias: Secretaria Executiva; Secretaria Nacional de Esporte, Educação, Lazer e Inclusão Social (Snelis); SNEAR; e Secretaria Nacional de Futebol e Defesa dos Direitos do Torcedor.

A SNEAR tem por objetivo desenvolver o esporte de alto rendimento nacionalmente por meio da implementação, supervisão e gerenciamento de programas e projetos. É composta por dois departamentos: o de Esporte de Base e de Alto Rendimento e o de Excelência Esportiva e Promoção de Eventos.[11]

O COB é responsável por desenvolver e representar com excelência o esporte olímpico de alto rendimento do Brasil e atua com a participação das confederações e federações esportivas.[12]

Em relação às interações entre essas entidades nacionais – ME e COB –, pode-se afirmar que existe coordenação horizontal em termos de repasse de verbas (Pilar 1). Entretanto, pode ocorrer sobreposição de tarefas e conflito de interesses entre as duas entidades, tendo em vista que desenvolvem programas e projetos isolados, realizados paralelamente, sem interação entre si.

Já entre o COB e as 51 confederações brasileiras a ele vinculadas[a] ocorre uma coordenação vertical. Especificamente em relação às 30 confederações de modalidades olímpicas, essa coordenação acontece em termos do desenvolvimento de projetos de ação e de destinação e monitoramento de verbas.

As confederações brasileiras, por sua vez, têm interação vertical com as federações esportivas dos estados brasileiros, que ocorre por meio de filiação dessas últimas para a participação em campeonatos, mas não existe repasse financeiro de verbas federais para elas.

Vale lembrar que nem todas as confederações têm a mesma dimensão. A Confederação Brasileira de Atletismo e a Confederação Brasileira de Desportos Aquáticos, entre outras, têm 27 federações filiadas. Já outras confederações, como as de tiro com arco, triatlo e *badminton*, têm vinculação com um número reduzido de federações.[12-17]

Resumindo, no Brasil existem duas entidades nacionais responsáveis pelo desenvolvimento do esporte de alto rendimento, assim como ocorre em outros países, por exemplo, no Reino Unido e na Noruega.[2] Todavia, a análise sobre a estrutura e a governança do esporte de alto rendimento realizada no Brasil, com base nas informações levantadas até 2012, indica que as responsabilidades das entidades de administração não estão claramente definidas e que a comunicação entre elas, em relação a programas e projetos, não acontece.

4.3 Planejamento em longo prazo, subsídio e desenvolvimento profissional do esporte de alto rendimento

Os FCSs referentes ao planejamento em longo prazo e desenvolvimento do esporte de alto rendimento são apresentados no Quadro 4.3. Na realidade brasileira, dos oito FCSs, um é observado, três são observados em parte, três não são observados e um não tem respostas/informações.

---

[a] São 30 confederações de modalidades esportivas que integram o programa dos Jogos Olímpicos de Inverno e de Verão, mais 18 confederações vinculadas e 3 confederações reconhecidas.[12]

106 | Esporte de alto rendimento

Quadro 4.3 – FCSs referentes ao indicador "Há evidências de planejamento em longo prazo para o desenvolvimento do esporte de alto rendimento, compromissado em subsidiar o esporte de alto rendimento e o desenvolvimento do esporte de alto rendimento profissional"

FCS 2.5	Planos políticos em longo prazo são desenvolvidos (pelo menos de 4 a 8 anos) especificamente para o esporte de alto rendimento e são comunicados publicamente, avaliados regularmente e patrocinados com recursos financeiros.	NO
FCS 2.6	A política é avaliada regularmente por atletas, técnicos e dirigentes, os quais são convidados formalmente para se envolverem no processo de avaliação.	NO
FCS 2.7	As confederações são subsidiadas por um ciclo de (pelo menos) quatro anos.	O
FCS 2.8	O governo ou a autoridade esportiva nacional implementou uma série de programas e requerimentos organizacionais em confederações/clubes/modalidades com relação ao desenvolvimento do esporte de alto rendimento.	OP
FCS 2.9	Planos políticos em longo prazo são necessários para que as confederações recebam recursos financeiros.	NO
FCS 2.10	Atletas e técnicos são representados nas confederações.	OP
FCS 2.11	O conselho das confederações é composto por profissionais que fazem decisões sobre o esporte de alto rendimento.	SI
FCS 2.12	Há um instrumento formal e objetivo utilizado por uma organização independente para avaliar os critérios de repasses de recursos às confederações.	OP

FCS: fator crítico de sucesso; NO: não observado; OP: observado em parte; SI: sem informações; O: observado.

Existe no País uma Política Nacional do Esporte[18] e uma Política Setorial para o Esporte de Alto Rendimento.[19] Além disso, nos anos de 2004, 2006 e 2010, foram realizadas conferências nacionais de esporte, nas quais a temática esporte de alto rendimento esteve incluída. Essas políticas e os resultados das conferências mencionam diretrizes e apontam metas, mas sem o estabelecimento de objetivos concretos.

O fomento ao esporte de alto rendimento teve um impulso no País com a entrada em vigor da Lei nº 10.264 em 2001 (Lei Piva).[20] As diretrizes e as ações para a aplicação dos recursos repassados foram definidas, segundo o COB, por meio da Instrução Normativa 039/2001 do Tribunal de Contas da União (TCU), posteriormente revogada pela Normativa TCU 48/2004.[21-24] Para que cada confederação receba os recursos, é necessário apresentar um plano de ações elaborado para um ciclo de quatro anos de trabalho referentes a:

- programas e projetos de fomento;
- manutenção da entidade;
- formação de recursos humanos;
- preparação técnica;
- manutenção de atletas;
- organização e participação em eventos esportivos.[b]

---

b Os itens constam do inciso II do § 3º do artigo 56 da Lei nº 9.615/98: "serão exclusiva e integralmente aplicados em programas e projetos de fomento, desenvolvimento e manutenção do desporto, de formação de recursos humanos, de preparação técnica, manutenção e locomoção de atletas, bem como sua participação em eventos desportivos" (Inciso incluído pela Lei nº 10.264, de 16 de julho de 2001). Esses itens foram alterados pelo Decreto nº 7.984 de 08 de abril de 2013.

A evolução da aplicação desses recursos é apresentada no Gráfico 4.1. Evidencia-se uma forte prevalência de recursos aplicados na realização e na participação em eventos e na preparação técnica de atletas. Entretanto, a capacitação técnica de treinadores e equipes de apoio não tem sido apoiada por essa via. Quanto à manutenção de atletas, o decréscimo de investimentos pode ser explicado pela implantação do Programa Bolsa-Atleta, que será tratado mais especificamente no Capítulo 7.

Gráfico 4.1 – Evolução da aplicação dos recursos em cada uma das rubricas, de 2004 a 2011

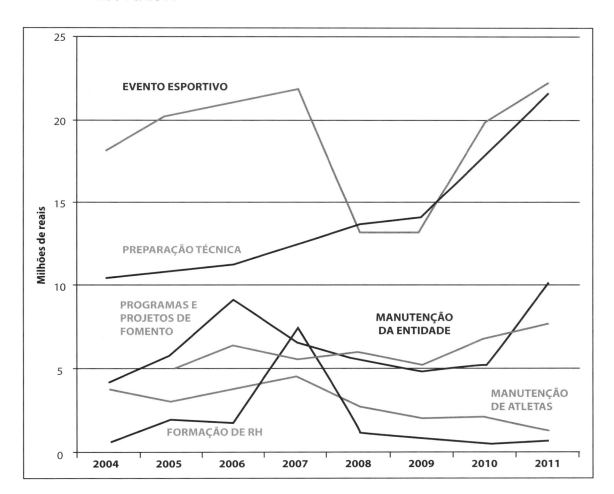

Existe também o Fundo de Reserva – Projetos Especiais, formado pelo COB, cujo objetivo é atender a projetos especiais apresentados pelas confederações brasileiras olímpicas. Tais projetos são fundamentalmente orientados para a preparação das equipes e dos atletas com maiores possibilidades de alcançar os melhores resultados nas principais competições do calendário internacional, como Jogos Olímpicos e Jogos Pan-Americanos.

São vinculadas ao COB 51 confederações esportivas, e todas têm possibilidade de obtenção de patrocínio de origem estatal ou privada, inclusive o próprio COB. Os dados apresentados no Capítulo 3 mostram que 29 confederações responsáveis por modalidades olímpicas (exceto futebol) recebem repasse da verba proveniente da Lei nº 10.264.

Segundo o COB, como critérios para o repasse em 2011, foram considerados: os resultados de cada confederação em 2010; a possibilidade de medalhas em campeonatos mundiais, Jogos Pan-Americanos Guadalajara 2011 e Jogos Olímpicos Londres 2012; o número de atletas das confederações que estejam entre os *top* 10 do mundo; os patrocínios recebidos pelas confederações; e a liberação do uso do uniforme de competição em eventos como Jogos Sul-Americanos, Jogos Pan-Americanos e Jogos Olímpicos. Já para a definição dos valores às confederações em 2013, os critérios foram a quantidade de medalhas olímpicas em disputa em cada modalidade; as perspectivas de resultados para os Jogos Olímpicos Rio 2016; a análise da gestão das entidades em 2012; o processo de classificação para os Jogos Olímpicos de Inverno de Sóchi 2014; e os resultados de cada confederação neste ano em campeonatos mundiais e copas do mundo. Como em 2011, o número de atletas das confederações que estavam entre os *top* 10 do mundo e os patrocínios que as confederações receberam foram considerados.[25,26]

Os dirigentes foram questionados se o financiamento das confederações para o esporte de alto rendimento deve ser baseado primeiramente no desempenho esportivo internacional do esporte (e, em segundo lugar, em outros critérios, como a qualidade do programa). Também foram questionados se as confederações deveriam obter maiores financiamentos caso atingissem as metas estabelecidas nos níveis de desempenho após um ciclo olímpico. E, finalmente, os dirigentes foram questionados se as confederações deveriam perder o financiamento caso não atingissem as metas estabelecidas nos níveis de desempenho após um ciclo olímpico (Gráficos 4.2, 4.3 e 4.4):

Gráfico 4.2 – Opinião dos dirigentes em relação à questão "O financiamento das confederações para o esporte de alto rendimento deve ser baseado primeiramente no desempenho internacional do esporte de alto rendimento?"

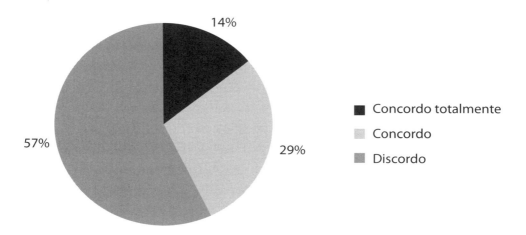

Gráfico 4.3 – Opinião dos dirigentes em relação à questão "As confederações deveriam receber maiores financiamentos caso atingissem as metas estabelecidas nos níveis de desempenho após um ciclo olímpico?"

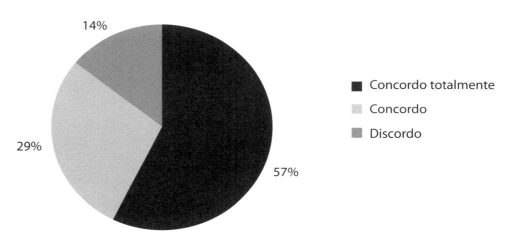

Gráfico 4.4 – Opinião dos dirigentes em relação à questão "As confederações deveriam perder o financiamento caso não atingissem as metas estabelecidas nos níveis de desempenho após um ciclo olímpico?"

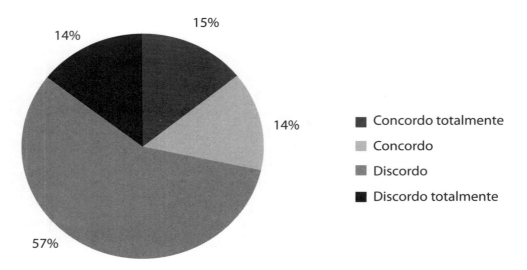

As respostas dos dirigentes quanto ao suporte financeiro que recebem revelam que eles não têm a visão gerencial, em especial, em relação à definição e ao cumprimento de metas. Os dirigentes que responderam às questões concordam com os critérios estabelecidos, entretanto, a maioria não quer perder seu subsídio se a modalidade não alcançar um desempenho satisfatório; em contrapartida, se atingirem um grau maior de desempenho, consideram que devem receber uma quantia maior.

Em 2013, o Governo Federal define novas orientações pelo Decreto nº 7.984, estabelecendo os itens do plano de trabalho para aplicação dos recursos e fixando diretrizes para seu acompanhamento, observando-se os princípios gerais da administração pública.[27]

No Artigo 21, são especificadas as possibilidades de aplicação em ações, programas e projetos de:

> I – fomento, desenvolvimento e manutenção do desporto;
> II – formação de recursos humanos;
> III – preparação técnica, manutenção e locomoção de atletas; e
> IV – participação em eventos esportivos.[27]

Quanto ao acompanhamento e à aplicação dos recursos, no Artigo 23 é determinado que serão publicados no Diário Oficial da União atos disciplinando os:

I – procedimentos para a descentralização dos recursos e a respectiva prestação de contas;

II – critérios e limites para despesas administrativas necessárias ao cumprimento do objeto pactuado a serem realizadas com recursos descentralizados pelas entidades beneficiadas e daqueles referentes a passagens, hospedagem, transporte e alimentação dos dirigentes e funcionários das entidades.

É definido, ainda, que não poderão ser beneficiadas as entidades em situação irregular perante a União, os Estados, o Distrito Federal e os Municípios.

Quanto ao planejamento em longo prazo para se desenvolver o esporte de alto rendimento, o cenário indica que há um foco na participação do país nos Jogos Olímpicos. Como vimos no Capítulo 3, foi possível identificar que o COB divulgou, em 2012, um plano estratégico para a entidade, e o Governo Federal, em que pesem as diretrizes das políticas nacional e setorial e as conferências anteriormente citadas, lançou em 2012 um plano específico, denominado *Plano Brasil Medalhas*, com vistas aos Jogos Olímpicos de 2016.

Em relação à governança, no Decreto de 2013[27] é proposta a gestão integrada de recursos pelo ME e COB, e este último tem realizado ações voltadas ao aprimoramento da gestão das confederações, especificamente quanto à capacitação dos gestores.

Analisando esses dois primeiros indicadores, pode-se observar que há, por parte do ME e do COB, um prenúncio de ações a fim de coordená-las, em especial, por parte do ME, por meio da reorganização dos programas e dos projetos e do controle da aplicação dos recursos.

Outro aspecto relativo analisado diz respeito à participação dos envolvidos no processo de tomada de decisões sobre políticas de esporte de alto rendimento. Em relação aos atletas, o Conselho Nacional do Esporte, inserido no Sistema Brasileiro do Desporto, conta com a representação individual ou representativa de atletas desde 1993. No âmbito das confederações, são raras aquelas que preveem a participação de atletas com poder de voto nas decisões sobre as atividades das entidades. Quanto à representação de atletas no COB, em 2009, foi instituída a primeira Comissão de Atletas Olímpicos no País.

Em relação a essa temática, dirigentes, técnicos e atletas foram questionados se havia uma comissão de atletas em cada confederação. Os resultados são apresentados nos Gráficos 4.5, 4.6 e 4.7:

Gráfico 4.5 – Opinião dos dirigentes em relação à questão "Existe uma comissão de atletas em sua confederação?"

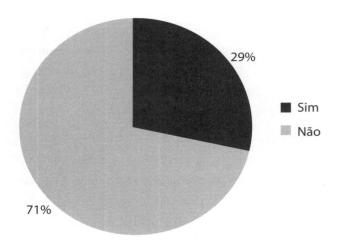

Gráfico 4.6 – Opinião dos técnicos em relação à questão "Existe uma comissão de atletas em sua confederação?"

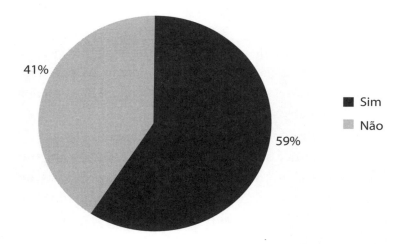

Gráfico 4.7 – Opinião dos atletas em relação à questão "Existe uma comissão de atletas em sua confederação?"

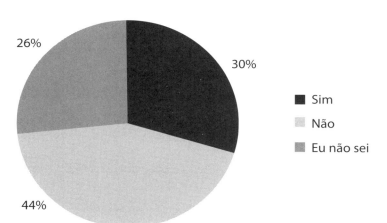

Assim, de acordo com os dados apresentados, segundo aqueles que responderam a pesquisa, existe uma minoria de confederações que têm comissões de atletas. Outro ponto importante é que muitos atletas não sabem sobre a existência delas, demonstrando que não conhecem se têm direito à representatividade nas tomadas de decisões sobre as modalidades que praticam.

Os dirigentes foram questionados sobre a eficiência da organização do processo de tomada de decisões para políticas de esporte de alto rendimento (Gráfico 4.8).

Gráfico 4.8 – Opinião dos dirigentes em relação à afirmação "Na minha confederação, o processo de tomada de decisões para políticas de alto rendimento é organizado de forma eficiente?"

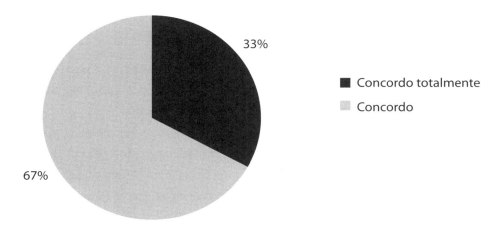

Portanto, de acordo com o exposto, os dirigentes que participaram da pesquisa consideram o processo de decisões eficiente no formato em que ocorre atualmente.

Quanto ao envolvimento dos atletas na tomada de decisões sobre as políticas (discussão e elaboração) no seu esporte e após elas terem sido implementadas (resultados), de acordo com as repostas, os atletas não participam. Já em relação aos técnicos, eles participam da tomada de decisões, mas não da avaliação dos resultados após sua implementação (Tabela 4.1 e 4.2):

Tabela 4.1 – Envolvimento dos atletas nas decisões políticas, na opinião de dirigentes e atletas

Envolvimento dos atletas nas decisões políticas	Dirigentes		Atletas	
Antes	Não envolvidos	60%	Não envolvidos ou insuficientemente envolvidos	51%
Depois	Não envolvidos ou insuficientemente envolvidos	86%	Não envolvidos ou insuficientemente envolvidos	52%

Tabela 4.2 – Envolvimento dos técnicos nas decisões políticas, na opinião de dirigentes e técnicos

Envolvimento dos técnicos nas decisões políticas	Dirigentes		Técnicos	
Antes	Muito envolvidos ou suficientemente envolvidos	57,2%	Muito envolvidos ou suficientemente envolvidos com a confederação	38,4%
			Razoavelmente envolvidos ou insuficientemente envolvidos com o Ministério	57,7%
Depois	Razoavelmente envolvidos ou insuficientemente envolvidos	57,2%	Razoavelmente envolvidos ou insuficientemente envolvidos com a confederação	50%
			Não envolvidos ou insuficientemente envolvidos com o Ministério	51%

Em relação à participação de atletas, mesmo onde existem as comissões de atletas (COB e ME), eles participam pouco. Já os técnicos, por meio das comissões técnicas, têm representatividade apenas nas confederações.

Finalmente, em relação ao subsídio ao esporte de alto rendimento profissional, os atletas do esporte de alto rendimento têm sido apoiados pelo programa Bolsa-Atleta, desenvolvido pelo ME, por meio da Secretaria Nacional de Esporte de Alto Rendimento, desde 2005. Os contemplados são atletas e para-atletas de alto rendimento que obtêm bons resultados em competições nacionais e internacionais de sua modalidade. Desde 2011, é permitido que o atleta pleiteante à bolsa tenha outros patrocínios, concedendo a esses atletas a possibilidade de contar com mais uma fonte de recursos para suas atividades.[28]

Como vimos, esse indicador se refere a fatores críticos com três pontos principais, quais sejam: critérios para repasse dos recursos financeiros para confederações, existência de comissões de atletas e suas representatividades e, finalmente, o subsídio para o atleta de alto rendimento.

De maneira geral, tanto em relação aos critérios para repasse dos recursos financeiros para confederações pelo COB, como em relação ao subsídio para o atleta de alto rendimento do programa do ME, pode-se afirmar que são preestabelecidos e estão documentados e acessíveis.

Porém, não são públicos os documentos de avaliação sobre a implantação do projeto de repasse dos recursos financeiros para confederações. A transparência desse tipo de documento está prevista na Lei nº 12.527 de 2011, que regula o acesso a informações.[29] Em relação ao Programa Bolsa-Atleta, a avaliação do TCU demonstrou que o programa aponta algumas falhas como: falta de foco nas modalidades olímpicas e paralímpicas, lentidão no processo de concessão do benefício para os atletas e baixa vinculação do programa ao esporte de base.[30] Também no caso do foco em determinadas modalidades, como vimos no Capítulo 3, o Plano Brasil Medalhas propõe prioridades para 2016.

Em relação às comissões de técnicos e atletas e suas representatividades, observa-se que, por mais que existam comissões de atletas estabelecidas, sua representatividade é baixa no ME e no COB, e, nas confederações, é bem pequena. Em relação aos técnicos, observa-se que as comissões são mais ativas nas confederações, antes da tomada de decisões; já no ME e no COB, essa participação é praticamente inexistente.

Esse panorama tende a se modificar considerando nova mudança na legislação do esporte no país em 2013. A Lei nº 12.868, de 15 de outubro,[31] no seu Artigo 19, define condições para as entidades de administração do esporte receberem recursos da administração pública federal direta e indiretamente. As relacionadas a esse tópico são a limitação do mandato de dirigente máximo (presidente) a 4 anos, com uma única recondução; a transparência na gestão, a garantia de representação da categoria de atletas das respectivas modalidades nas decisões sobre regulamentos das competições e nos colegiados de direção e eleição para os cargos da entidade; a garantia de acesso irrestrito a documentos e informações relativos à prestação de contas e relacionados à gestão, que deverão ser publicados na íntegra no *site* eletrônico, a todos os associados e filiados.

4.4 Recursos focados em modalidades com chances reais de sucesso internacional

O FCS referente ao foco na aplicação de recursos em algumas modalidades é apresentado no Quadro 4.4. Na realidade brasileira, esse FCS é observado a partir de 2012.

Quadro 4.4 – FCS referente ao indicador "Os recursos são direcionados para relativamente poucos esportes que têm chances reais de sucesso em nível mundial"

FCS 2.13	Número de confederações que são subsidiadas para propósito do esporte de alto rendimento (questão feita no Pilar 1).	O

FCS: fator crítico de sucesso; O: observado.

Como vimos no Capítulo 3, os recursos oriundos do COB são distribuídos entre 29 confederações de modalidades olímpicas. Na Holanda, são 63 federações nacionais olímpicas e não olímpicas (no Brasil, confederações) que recebem recursos financeiros do governo, sendo considerado um número alto de modalidades. Já a comunidade de Flandres (Bélgica) repassa recursos financeiros a 26; a comunidade de Valônia, para 36; a Noruega, para 30; e o Reino Unido, para 40.

No entanto, a literatura da área tem apontado que países que têm se destacado no cenário internacional planejam estrategicamente o investimento de um número relativamente pequeno de modalidades.[2]

No Brasil, O COB aponta que

> desde 2000, o país sempre ganha medalhas em pelo menos sete modalidades. Para figurar entre os Top Ten, precisa-se de uma modalidade carro-chefe e garantir medalhas em, pelo menos, 13 modalidades – em Londres 2012, o décimo colocado, a Coreia do Sul, conquistou em 12. Em função dessa realidade, o Brasil, por meio do COB e das confederações, atua para transformar o cenário do esporte olímpico. (s.p.)[32]

No Plano Brasil Medalhas 2016,[33] as estratégias definidas foram voltadas ao *crescimento intensivo*, ou seja, visavam obter mais medalhas nas modalidades em que já as conquistamos, e ao *crescimento extensivo*, visando obter medalhas em modalidades em que ainda não conquistamos, com foco nas modalidades com maior probabilidade de conquista de medalhas.

A definição das prioridades em termos de modalidades levou em conta aquelas modalidades com mais chances de obter medalhas. Dessa forma, foram escolhidas 21 categorias olímpicas e 15 paralímpicas. As modalidades olímpicas selecionadas e as fontes de recursos de empresas estatais foram apresentadas no Capítulo 3 (águas abertas, natação, atletismo, basquete, boxe, canoagem, ciclismo BMX, futebol feminino, ginástica artística, handebol, hipismo (saltos), judô, lutas, pentatlo moderno, *tae kwon do*, tênis, tiro esportivo, triatlo, vela, vôlei e vôlei de praia).

Assim, o Brasil passa a definir estratégias para focar a aplicação de recursos em modalidades com chances reais de medalhas, a fim de potencializar resultados internacionais expressivos somente a partir de 2012. Os resultados dessa política poderão ser avaliados e revistos conforme o que ocorrer a partir de 2016.

4.5 Gestores responsáveis pelo processo de desenvolvimento do esporte de alto rendimento

O FCS referente à dedicação de profissional na entidade nacional do esporte no País é apresentado no Quadro 4.5. Na realidade brasileira, o FCS é parcialmente observado.

Quadro 4.5 – FCS referente ao indicador "Um membro da equipe de gestão da autoridade nacional esportiva é responsável em tempo integral pelo processo de desenvolvimento do esporte de alto rendimento"

FCS 2.14	Um membro da equipe de gestão da autoridade nacional esportiva é responsável em tempo integral pelo desenvolvimento e suporte dos técnicos e atletas de alto rendimento, da Ciência do Esporte, das confederações, do *marketing* e da comunicação.	OP

FCS: fator crítico de sucesso; OP: observado em parte.

A estrutura para o esporte de alto rendimento do ME apresenta, no seu vértice estratégico, o Ministro;[34] a linha hierárquica é composta pela Secretaria Nacional de Esporte de Alto Rendimento. O núcleo operacional é composto pelos Departamentos de Esporte de Base e de Alto Rendimento e de Excelência Esportiva e Promoção de Eventos.

Além do Ministro e do secretário, no Departamento de Esporte de Base e de Alto Rendimento, há um diretor e dois coordenadores gerais, um atuando no Esporte de Base e Atletas de Alto Rendimento e outro no Esporte de Paratletas de Alto Rendimento. No Departamento de Excelência Esportiva e Promoção de Eventos, além do diretor, dois coordenadores gerais, de Excelência Esportiva e de Apoio, Capacitação e Eventos Esportivos. Os recursos humanos que compõem as equipes desses departamentos totalizam 29 profissionais.

4.6 Comunicação eficaz entre os diferentes níveis das entidades esportivas

Os FCSs referentes à comunicação entre as entidades de administração do esporte são apresentados no Quadro 4.6. Na realidade brasileira, dos cinco FCSs, um é observado, dois são parcialmente observados e um não é observado.

Quadro 4.6 – FCSs referentes ao indicador "Comunicação eficaz: existe uma linha direta por meio de todos os níveis de órgãos esportivos"

FCS 2.15	Há uma estrutura de tomada de decisão eficiente e pontual com relação às políticas para o esporte de alto rendimento em todos os níveis.	NO
FCS 2.16	O conselho é composto por profissionais que tomam decisões sobre o esporte de alto rendimento, com comitês de gestão relativamente pequenos nas confederações ou nas organizações esportivas nacionais, de tal forma que decisões rápidas possam ser tomadas.	OP
FCS 2.17	Atletas e técnicos são representados no processo de tomada de decisão da autoridade esportiva nacional.	O
FCS 2.18	As confederações recebem informações e serviços de suporte (não financeiros) em diferentes aspectos do desenvolvimento do esporte de alto rendimento.	OP
FCS 2.19	Os atletas e os técnicos são bem informados sobre políticas nacionais, serviços de suporte e outros aspectos.	NO

FCS: fator crítico de sucesso; NO: não observado; OP: observado em parte; O: observado.

Quanto às informações recebidas por atletas e técnicos, a área de controle de *doping* do COB publica regularmente uma cartilha com dados e orientações a atletas e a toda comunidade olímpica sobre o uso de medicamentos no esporte. O COB também edita, desde 2007, o boletim técnico-científico do Laboratório Olímpico, com temas relacionados a treinamento esportivo.

Especificamente quanto à comunicação, dirigentes avaliaram a eficiência da comunicação entre a sua confederação e o ME entre razoável e boa, e com o COB entre razoável e excelente. Cabe ressaltar o número restrito de dirigentes que responderam a questão, bem como considerar que nem todas as confederações têm convênios firmados com o ME (Gráficos 4.9 e 4.10).

Gráfico 4.9 – Avaliação dos dirigentes sobre a eficiência da comunicação entre a confederação e o Ministério do Esporte em relação ao esporte de alto rendimento

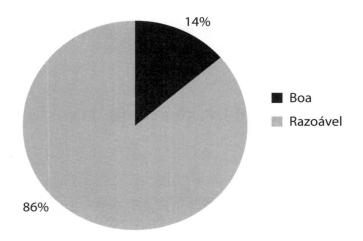

Gráfico 4.10 – Avaliação dos dirigentes sobre a eficiência da comunicação entre a confederação e o Comitê Olímpico do Brasil em relação ao esporte de alto rendimento

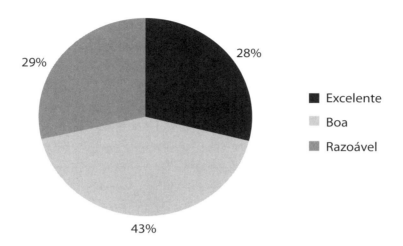

Técnicos e atletas também foram consultados sobre como avaliariam a comunicação entre eles e as entidades (clubes, confederações, Governo, COB e ME). Os resultados são apresentados nos Gráficos 4.11 e 4.12:

Gráfico 4.11 – Opinião dos técnicos em relação à questão "Como você avalia a comunicação entre técnicos e clubes, confederações, governo, Comitê Olímpico do Brasil e Ministério do Esporte?"

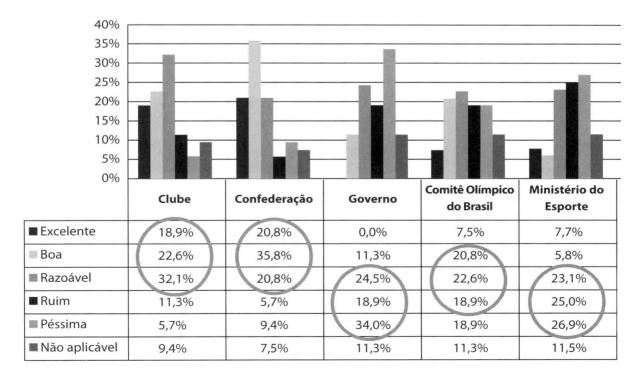

A melhor comunicação é avaliada em relação às entidades (clubes, confederações e COB), reafirmando a análise feita quanto à participação nas decisões e na análise dos resultados das ações feitas anteriormente neste capítulo.

Gráfico 4.12 – Opinião dos atletas em relação à questão "Como você avalia a comunicação entre atletas e clubes, confederações, governo, Comitê Olímpico do Brasil e Ministério do Esporte?"

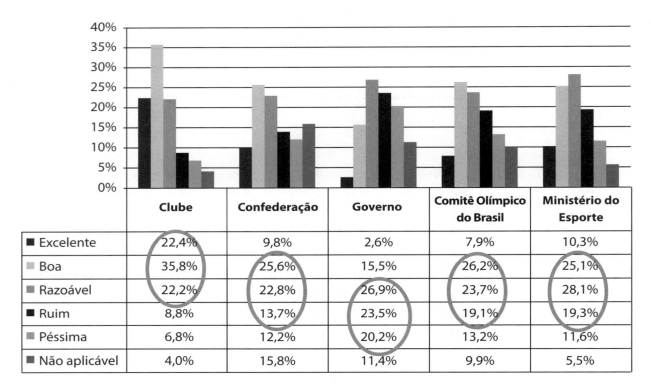

Já para os atletas, as avaliações são semelhantes, excetuando-se em relação ao ME, cuja avaliação é mais positiva, provavelmente em razão do contato com a entidade para o Programa Bolsa-Atleta.

Portanto, pode-se afirmar que, ainda que recentes, existem ações de apoio a gestores, técnicos e atletas oriundas do COB, especificamente do Instituto Olímpico Brasileiro. Porém, essas ações ainda ocorrem em pequena escala.

Em outros países, como Reino Unido e Holanda, as entidades nacionais voltadas ao esporte de alto rendimento têm profissionais que auxiliam confederações e federações em relação a gerenciamento de projetos, contabilidade, aplicação de recursos financeiros e planos de desenvolvimento de talentos em longo prazo.[2]

Na realidade brasileira, as ações se dão pela busca da capacitação dos profissionais das áreas técnica, financeira, administrativa, eventos, *marketing* e relações internacionais que atuam nas confederações brasileiras olímpicas.[35]

Em relação às informações e aos serviços de apoio (além do financeiro) que as confederações recebem, a capacitação de dirigentes e técnicos tem sido desenvolvida pelo COB desde 2009, valendo-se da publicação Managing Olympic Sport Organizations (MOSO), produzida pela Solidariedade Olímpica em cooperação com o Master Exécutif en Management des Organisations Sportives (MEMOS), que norteia a programação dos cursos.

Cursos oferecidos pelo Instituto Olímpico Brasileiro:

- Curso Avançado de Gestão Esportiva, sobre gestão de organizações esportivas olímpicas, estratégica, de recursos humanos, financeira, e de organização de grandes eventos. É voltado para profissionais das confederações brasileiras olímpicas.
- Curso Fundamentos da Administração Esportiva (FAE), voltado para os representantes do COB, do Comitê Paralímpico Brasileiro (CPB), das confederações, dos três níveis do Governo, de atletas e ex-atletas olímpicos e pan-americanos, de clubes e de instituições esportivas ligadas ao movimento olímpico.
- Academia Brasileira de Treinadores, voltada para técnicos de alto rendimento, com o intuito de complementar, por meio de atividades de cunho educacional de qualidade, a formação profissional de treinadores, na dimensão do esporte de alto rendimento. O Curso de Esporte de Alto Rendimento é dividido em duas áreas de concentração: Desenvolvimento Esportivo e Aperfeiçoamento Esportivo.[36]

Outra ação, desenvolvida em 2010, foi o estabelecimento de termos de cooperação entre o COB e o Exército Brasileiro para a realização de cursos e seminários com o objetivo de desenvolver o esporte no Brasil e aumentar o número de profissionais especializados em diversas áreas.[35]

Além do suporte de gerenciamento para as confederações e as federações, a análise internacional sobre o suporte das confederações oferecido a técnicos e atletas[2] mostra que, na Holanda, no Reino Unido, na Noruega e no Canadá, as confederações oferecem a técnicos e atletas informações sobre nutrição, critérios de seleção, *doping*, treinamento, planos de competição, planos de viagens e pesquisas científicas, e, também, que técnicos e atletas se sintam satisfeitos com o nível e com a qualidade desse suporte. Esse aspecto ainda se encontra incipiente no Brasil, seja por iniciativa do ME ou do COB.

Em relação aos canais de comunicação, existe uma linha eficiente de comunicação entre gestores de confederações e COB; no entanto, isso não acontece com o ME. Já em relação a técnicos e atletas, a linha de comunicação é mais restrita ainda.

4.7 Cooperação estruturada e estratégia de comunicação com outros países, parceiros comerciais e a mídia

Os FCSs referentes à cooperação com outras instâncias são apresentados no Quadro 4.7. Na realidade brasileira, dos três FCSs, um é observado parcialmente e não há informação sobre os outros dois.

Quadro 4.7 – FCSs referentes ao indicador "Há uma estratégia estruturada de cooperação e comunicação com outros países, parceiros comerciais e a mídia"

FCS 2.20	Há uma estratégia estruturada de cooperação e comunicação com parceiros comerciais.	SI
FCS 2.21	Há uma estratégia estruturada de cooperação e comunicação com a mídia.	SI
FCS 2.22	Há uma estratégia estruturada de cooperação internacional com relação ao treinamento e ao uso regular de instalações.	OP

FCS: fator crítico de sucesso; OP: observado em parte; SI: sem informações.

O Governo Federal, historicamente, tem buscado manter convênios e parcerias de cooperação técnica para o esporte de alto rendimento com países de diferentes continentes e níveis de excelência.

Em 2004, um acordo de cooperação foi firmado com a China pelo prazo de três anos, para o incentivo e a cooperação em termos de um intercâmbio de programas, experiências, habilidades, técnicas, informações, documentação e conhecimentos destinados à capacitação e à atualização de professores de Educação Física, atletas, treinadores, especialistas em Medicina Esportiva e outras ciências afins, entre elas, o esporte de alto rendimento:

- Ciência, Tecnologia e Infraestrutura do Esporte.
- Informação e Documentação Esportiva.
- Medicina Esportiva.
- Luta contra o *Doping*.
- A mulher no Esporte.
- Administração Esportiva.
- Informática Aplicada ao Esporte.

As ações previstas foram:

- realização de cursos, seminários, simpósios e conferências;
- programas de apoio e fomento ao esporte;
- consultorias de duração diversa;

- intercâmbio;
- visitas técnicas.

Tendo em vista a realização dos Jogos Olímpicos Rio 2016, foi assinado, em 2012, o Memorando de Entendimento sobre Cooperação Olímpica e Paralímpica, visando estimular a cooperação entre os governos do Reino Unido e Brasil nos Jogos de Londres e do Rio. Foi prevista a realização de uma reunião de alto nível e um painel consultivo em andamento com mais de 20 oficiais de alto nível do governo do Reino Unido, responsáveis pelos Jogos de 2012. As áreas de interesse especificadas incluem segurança, transporte, infraestrutura, construção, sustentabilidade, acessibilidade e cultura.

Em 2013, Brasil e Cuba assinaram, em Havana, um acordo que visa ampliar a cooperação esportiva com o estabelecimento do grupo de trabalho de acompanhamento do programa de atividades para o período 2013 a 2016. Com esse acordo, poderão ser aumentadas as colaborações de treinadores, a capacitação, as bases de treino e a solidificação do trabalho científico vinculado ao esporte. A intenção é enviar para o Brasil atletas e técnicos cubanos de modalidades como atletismo e boxe. Em troca, o Brasil pretende oferecer experiência em esportes que ainda estão em processo de evolução em Cuba, como o futebol. O Brasil pretende mandar a Cuba atletas de basquete, ciclismo, lutas associadas, tiro esportivo, judô, *tae kwon do* e halterofilismo. Cuba pretende enviar atletas a território brasileiro para incrementar seu basquete, handebol, judô, vôlei e vôlei de praia.

Já o COB assinou, em 2011, em Londres, um acordo de cooperação esportiva com a Federação Internacional de Hóquei (FIH). A FIH proverá suporte técnico e administrativo para criar uma estrutura profissional do esporte no País. A intenção é inserir o hóquei sobre grama do Brasil nas principais competições internacionais, a fim de proporcionar maior experiência para a modalidade.

O COB mantém, ainda, convênio com comitês olímpicos e outros países. Em 2011, formalizou parceria com o Comitê Olímpico da Bélgica para estreitar o intercâmbio esportivo entre atletas dos dois países. A duração prevista para o convênio é de quatro anos, podendo ser prorrogada por igual período. Pelo acordo, os dois comitês estimularão a troca de experiência entre atletas e treinadores, de forma a contribuir para o desenvolvimento esportivo dos dois países. Nesse mesmo sentido, e no mesmo ano, os Comitês Olímpicos Nacionais de Brasil e Suécia assinaram um acordo de cooperação entre os dois países, visando ao desenvolvimento dos esportes olímpicos. Pelo acordo, Brasil e Suécia trabalharão em conjunto para facilitar o estabelecimento de parcerias estratégicas para os dois Comitês Olímpicos Nacionais, por exemplo, na preparação e na organização de *campings* de treinamento, e incentivarão o desenvolvimento de intercâmbios entre atletas dos dois países para a participação em competições bilaterais e multilaterais e de formação, bem como o intercâmbio de funcionários, treinadores, árbitros e cientistas para a participação em seminários, cursos e consultoria, juntamente com as reuniões sobre assuntos de interesse mútuo.

No ano de 2013, foi firmado convênio entre o COB e o Conselho de Esporte do Japão visando à cooperação para o desenvolvimento do esporte de alto rendimento nos dois países. Segundo o acordo, as entidades se comprometem a realizar periodicamente *campings* de treinamento e competições entre atletas brasileiros e japoneses. Além disso, a parceria prevê a troca de conhecimento e experiências em programas de identificação de talentos, assim como no desenvolvimento de centros de treinamento.

O COB ainda mantém outros convênios, voltados à obtenção de recursos a partir de patrocinadores privados, de doações e de convênio com os três níveis de governo, viabilizando alguns dos projetos de desenvolvimento esportivo.

Em relação à mídia, não foram encontrados registros de cooperação com o COB ou com o ME.

4.8 Comentários gerais e perspectivas

No Gráfico 4.13, é apresentada uma visão geral dos FCSs do Pilar 2.

Gráfico 4.13 – Síntese das observações dos 22 FCSs relativos ao Pilar 2

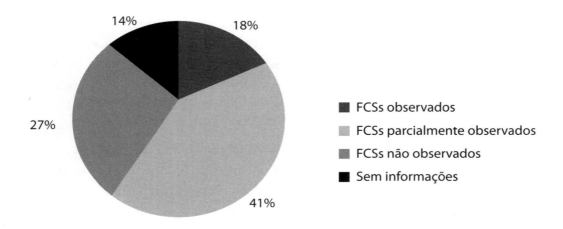

A análise da governança, da organização e da estrutura de políticas para o esporte, com uma abordagem integrada para o desenvolvimento da política do País, revelou uma série de aspectos importantes que podemos destacar.

O Brasil tem uma estrutura para o esporte de alto rendimento alocada em duas entidades nacionais, uma governamental e outra não governamental, sejam elas o ME e o COB, respectivamente. As ações realizadas por essas entidades até 2012 se revelaram isoladas, com algumas delas se sobrepondo, sem uma diretriz central norteadora para elas.

Em termos dos recursos, as estratégias para a aplicação em modalidades com chances reais de medalhas e que tenham tradição em jogos mundiais e olímpicos são muito recentes, pretendendo alcançar resultados em um ciclo olímpico e contrariando tendências internacionais que demonstram a necessidade de um plano em longo prazo para que os efeitos sejam consistentes.

As entidades de administração do esporte no Brasil não elaboram material institucional consistente e não existe divulgação ampla das atividades desenvolvidas, assim como as ações administrativas e políticas para a área esportiva não têm sido objeto de pesquisa científica pela academia.

Um ponto positivo observado em relação às ações do ME e do COB é o estabelecimento de critérios para repasse de recursos financeiros para as confederações. Além disso, as confederações são obrigadas a apresentar relatórios sobre a utilização desses recursos financeiros.

Alguns avanços recentes foram constatados em termos da capacitação de dirigentes e técnicos, bem como em relação à participação de atletas nas instituições nacionais de esporte. Novos instrumentos legais passam a emanar regulamentações que permitirão controle e transparência para ações, especialmente quanto ao fomento ao esporte de alto rendimento.

Em relação ao que pesquisas comparativas internacionais apontaram sobre o tema, entende-se que o esporte de alto rendimento brasileiro necessita de coordenação e estruturação esportiva em nível nacional para que programas e projetos possam ser replicados regionalmente, mas de modo integrado às diretrizes propostas, de modo que estas possam ser acompanhadas e avaliadas de maneira central.

Referências

1. Meira TB, Bastos FC, Böhme MTS. Análise da estrutura organizacional do esporte de rendimento no Brasil: um estudo preliminar. Rev Bras Educ Fís Esporte. 2012; 26:251-62 [acesso em 06 out 2015]. Disponível em: http://www.scielo.br/pdf/rbefe/v26n2/08.pdf.

2. De Bosscher V, Bingham J, Shibli S. Sports Policy Factors Leading to International Sporting Success. London: Meyer & Meyer; 2008.

3. Green M, Oakley B. Elite sport development systems and playing to win: uniformity and diversity in international approaches. Leis Stud. 2001;20(4):247-67.

4. Digel H. A comparison of competitive sport systems. New Stud Athl. 2002;17(1):37-50.

5. Digel H. The context of talent identification and promotion: a comparison of nations. New Stud Athl. 2002;17(3/4):13-26.

6. De Bosscher V, De Knop P, van Bottenburg M, Shibli S, Bingham J. Explaining international sporting success: an international comparison of elite sport systems and policies in six countries. Sport Manag. Rev. 2009;12(3):113-36 [cited in 06 Oct 2015]. Avaliable at: http://shura.shu.ac.uk/5046/.

7. De Bosscher V, Shibli S, van Bottenburg M, De Knop P, Truyens J. Developing a method for comparing the elite sport systems and policies of nations: a mixed research methods approach. J. Sport Manag. 2010;24(5):567-600 [cited in 06 Oct 2015]. Avaliable at: http://shura.shu.ac.uk/5044/.

8. Houlihan B, Green M. Comparative elite sport development: systems, structures and public policy. London: Elsevier; 2008.

9. Thumm HP. Talent identification in Indonesia: a model for other countries? New Stud Athl. 2006;21(2):29-39.

10. De Bosscher V, De Knop P, van Bottenburg M, Shibli S. A conceptual framework for analysing Sports Policy Factors Leading to International Sporting Success. Eur Sport Manag Q. 2006 Jun;6(2):185-215 [cited in 06 Oct 2015]. Avaiable at: http://www.tandfonline.com/doi/abs/10.1080/16184740600955087.

11. Brasil. Ministério do Esporte. O Ministério; 2005 [acesso em 10 fev 2014]. Disponível em: http://www.esporte.gov.br/index.php/institucional/o-ministerio.

12. Comitê Olímpico Brasileiro. Confederações [acesso em 12 fev 2014]. Disponível em: http://www.cob.org.br/pt/Confederacoes.

13. Confederação Brasileira de Atletismo. Federações [acesso em 12 fev 2014]. Disponível em: http://www.cbat.org.br/federacoes/default.asp.

14. Confederação Brasileira de Desportos Aquáticos. Federações filiadas [acesso em 12 fev 2014]. Disponível em: http://www.cbda.org.br/cbda/federacoes.

15. Confederação Brasileira de Tiro com Arco. Listagem de federações; [acesso em 12 fev 2014]. Disponível em: http://www.cbtarco.org.br/index.php?pg=federacao.

16. Confederação Brasileira de Triathlon. Federações [acesso em 10 fev 2014]. Disponível em: http://www.cbtri.org.br/federacoes.asp.

17. Confederação Brasileira de Badminton. Informações sobre as federações [acesso em 10 fev 2014]. Disponível em: http://www.badminton.org.br/mapa_federacao.php.

18. Brasil. Política Nacional do Esporte. 2005 [acesso em 12 fev 2015]. Disponível em: http://www.portal.esporte.gov.br/destaques/politicaNacionalEsporte.jsp.

19. Brasil. Ministério do Esporte. Política setorial para o esporte de alto rendimento. 2006 [acesso em 06 out 2015]. Disponível em: http://www.esporte.gov.br/arquivos/conselhoEsporte/resolucoes/resolucaoN10.pdf.

20. Brasil. Lei nº 10.264, de 16 de julho de 2001. Acrescenta inciso e parágrafos ao art. 56 da Lei nº 9.615, de 24 de março de 1998, que institui normas gerais sobre desporto [acesso em 06 out 2015]. Disponível em: http://www.planalto.gov.br/ccivil_03/leis/LEIS_2001/L10264.htm.

21. Brasil. Instrução Normativa nº 39, de 11 de dezembro de 2001. Dispõe sobre os procedimentos para fiscalização da aplicação dos recursos repassados ao Comitê Olímpico Brasileiro e ao Comitê Paraolímpico Brasileiro, por força da Lei nº 10.264, de 16 de julho de 2001. Diário Oficial da União. 25 jan 2002; Seção 1:268.

22. Brasil. Instrução Normativa nº 48, de 15 de dezembro de 2004. Dispõe sobre os procedimentos para fiscalização da aplicação dos recursos repassados ao Comitê Olímpico Brasileiro e ao Comitê Paraolímpico Brasileiro, por força da Lei nº 9.615, de 24 de março de 1998, alterada pela Lei nº 10.264, de 16 de julho de 2001. Diário Oficial da União. 17 dez 2004; Seção 1:139.

23. Brasil. Lei nº 9.615, de 24 de Março de 1998. Institui normas gerais sobre desporto e dá outras providências. Diário Oficial da União. 25 mar 1998. Seção 1:57.

24. Brasil. Decreto Lei nº 10.264, de 16 de julho de 2001. Acrescenta inciso e parágrafos ao artigo 56 da Lei 9.615, de 24 de março de 1998, que institui normas gerais sobre desporto. Diário Oficial da União, 17 jul. 2001. Seção 1:1.

25. Comitê Olímpico Brasileiro (COB). COB aumenta recursos da Lei Agnelo/Piva para as Confederações em 2011; 2010 [acesso em 12 fev 2014]. Disponível em: http://www.cob.org.br/noticias-cob/cob-aumenta-recursos-da-lei-agnelopiva-para-as-confederaes--em-2011-022188.

26. Comitê Olímpico Brasileiro (COB). Confederações receberão R$ 90 milhões dos recursos da Lei Agnelo/Piva em 2013; 2012 [acesso em 12 fev 2014]. Disponível em: http://www.cob.org.br/noticias-cob/confederaes-recebero-r-90-milhes-dos-recursos-da-lei-agnelopiva-em-2013-034551.

27. Brasil. Presidência da República. Decreto nº 7.984, de 8 de abril de 2013. Regulamenta a Lei nº 9.615, de 24 de março de 1998, que institui normas gerais sobre desporto [acesso em 06 out 2015]. Disponível em: https://www.planalto.gov.br/ccivil_03/_ato2011-2014/2013/decreto/d7984.htm.

28. Brasil. Medida provisória nº 502, de 20 de setembro de 2010. Dá nova redação à Lei nº 9.615, de 24 de março de 1998, que institui normas gerais sobre desporto, e à Lei nº 10.891, de 9 de julho de 2004, que institui o Bolsa-Atleta; cria os Programas Atleta Pódio e Cidade Esportiva, e dá outras providências [acesso em 06 out 2015]. Disponível em: http://www.esporte.gov.br/arquivos/snear/bolsaAtleta/medida-Provisoria502.pdf.

29. Brasil. Regula o acesso a informações previsto no inciso XXXIII do art. 5o, no inciso II do § 3º do art. 37 e no § 2º do art. 216 da Constituição Federal; altera a Lei nº 8.112, de 11 de dezembro de 1990; revoga a Lei nº11.111, de 5 de maio de 2005, e dispositivos da Lei nº 8.159, de 8 de janeiro de 1991; e dá outras providências [acesso em 06 out 2015]. Disponível em: http://www.planalto.gov.br/ccivil_03/_ato2011-2014/2011/lei/l12527.htm

30. Brasil. Tribunal de Contas da União (TCU). Relatório de auditoria operacional: esporte de alto rendimento. Brasília; 2010.

31. Brasil. Presidência da República. Lei nº 12.868, de 15 de outubro de 2013. Altera a Lei nº 12.793, de 2 de abril de 2013, para dispor sobre o financiamento de bens de consumo duráveis a beneficiários do Programa Minha Casa, Minha Vida (PMCMV); constitui fonte adicional de recursos para a Caixa Econômica Federal; altera a Lei nº 12.741, de 8 de dezembro de 2012, que dispõe sobre as medidas de esclarecimento ao consumidor, para prever prazo de aplicação das sanções previstas na Lei nº 8.078, de 11 de setembro de 1990; altera as Leis nº 12.761, de 27 de dezembro de 2012, nº 12.101, de 27 de novembro de 2009, nº 9.532, de 10 de dezembro de 1997, e nº 9.615, de 24 de março de 1998; e dá outras providências [acesso em 06 out 2015]. Disponível em: http://www.planalto.gov.br/ccivil_03/_Ato2011-2014/2013/Lei/L12868.htm.

32. Comitê Olímpico Brasileiro (COB). Rumo ao grupo de elite; 2012 [acesso em 06 nov 2015]. Disponível em: http://www.cob.org.br/pt/time-brasil/como-chegar-ao-top10-metas.

33. Brasil. Ministério do Esporte. Brasil Medalhas 2016; 2012 [acesso em 06 out 2015]. Disponível em: http://www2.esporte.gov.br/arquivos/londres2012/plano BrasilMedalhas.pdf.

34. Slack T, Parent M. Understanding sport organizations: the application of organization theory. 2. ed. Champaign, IL: Human Kinetics; 2006.

35. Comitê Olímpico Brasileiro (COB). COB e Exército firmam parceria para a formação de gestores esportivos; 2010 [acesso em 12 fev 2014]. Disponível em: http://www.cob.org.br/noticias-cob/cob-e-exrcitofirmam-parceria-para-a-formao-de gestores-esportivos-024454.

36. Comitê Olímpico Brasileiro (COB). Instituto Olímpico Brasileiro: formação profissional de alta qualidade; 2013 [acesso em 12 fev 2014]. Disponível em: http://www.cob.org.br/cultura-e-educacao/instituto-olimpico-brasileiro.

5

Participação esportiva

Florio Joaquim Silva Filho
Valniria Maria Lopes de Sousa
Carla Nascimento Luguetti
Luiz Eduardo Pinto Bastos Tourinho Dantas

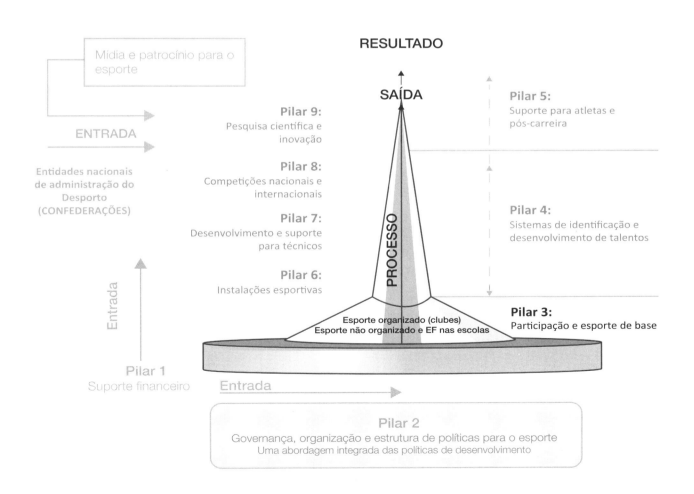

Existe um consenso de que o "cultivo" de uma base ampla de jovens envolvidos com esporte em um país está correlacionado positivamente com a quantidade de resultados obtidos em competições internacionais.[1-3] Por isso, muitos países têm investido em programas e projetos que fomentam a massificação da participação de jovens no esporte de base, seja nas escolas ou nos clubes esportivos. Apesar do reconhecimento da importância da massificação da prática esportiva como um suporte fundamental para o crescimento na quantidade de atletas de alto nível, o avanço na qualidade dos atletas (consequentemente, melhores resultados em competições internacionais) depende de políticas adequadas que suportem e orientem a experiência esportiva em diferentes contexto/espaços sociais. O modelo SPLISS é proposto para inventariar e analisar as condições de prática esportiva de um país em relação ao seu potencial para produzir resultados/desempenhos esportivos de nível internacional. Em outras palavras, o modelo SPLISS permite inventariar e analisar os fatores de política de esporte que levam ao sucesso esportivo internacional.

O Pilar 3 do modelo SPLISS tem como foco levantar alguns aspectos e informações a respeito de três contextos/espaços de prática esportiva: prática esportiva na escola (curricular e extracurricular), prática esportiva formal/organizada (fora da escola) e participação esportiva informal/não organizada (fora da escola). Nesses três contextos/espaços, por exemplo, o modelo SPLISS busca informações relativas à quantidade de horas e aulas de Educação Física Escolar, participações em jogos escolares, quantidade de jovens envolvidos com atividades esportivas em clubes e envolvimento da população em atividades esportivas.

O Pilar 3 está dividido em três questões norteadoras (indicadores), conforme descrito no Quadro 5.1, e cada um desses indicadores é inferido com base na presença ou não de 21 fatores críticos de sucesso (FCSs).

Quadro 5.1 – Indicadores referentes ao Pilar 3

Indicadores
As crianças têm a oportunidade de participar de esporte na escola, durante a aula de Educação Física ou em atividades extracurriculares.
Há uma alta taxa de participação geral no esporte.
Há um plano nacional direcionado a promover a implementação dos princípios de gestão da qualidade total nos clubes esportivos, em relação à participação em massa e ao desenvolvimento de talentos.

Com base nesses indicadores e respectivos FCSs, buscou-se informações do desenvolvimento esportivo no Brasil no âmbito federal. Os tópicos a seguir serão apresentados de acordo com os respectivos indicadores.

5.1 As crianças têm a oportunidade de participar de atividades esportivas na escola, nas aulas de Educação Física ou em atividades esportivas extracurriculares?

A Educação Física Escolar, ao longo dessa primeira década do século XXI, tem consolidado, nos diversos programas curriculares estaduais, uma orientação cultural, isto é, uma orientação em que se planifica e explicita seus objetivos, tendo como objeto de ensino a cultura corporal. Em 2005, o Coletivo de Professores de Educação Física da Rede Municipal do Recife produziu um documento que sintetiza a consolidação da citada orientação cultural da Educação Física Escolar:

> reconhecemos a Educação Física como uma prática pedagógica que possibilita sintetizar e sistematizar representações do mundo no que concerne à produção histórica e social de algumas das dimensões, elaborações, manifestações da cultura humana, em contextos específicos, tais como jogos, esportes, ginásticas, lutas e danças. Dispondo de sua intencionalidade, o ser humano, em interação com os outros e com a natureza, produz, expressa e incorpora essa cultura em forma de signos, ideias, conceitos e ações nas quais interpenetram dialeticamente as intenções dos próprios homens e a realidade social. (p. 223)[4]

Essa concepção, nos seus primórdios, opunha-se ao que foi nomeado "esportivação" da Educação Física (uma simplificação da Educação Física ao ensino de modalidades esportivas), mas traz em seu bojo o esporte como um dos objetos da cultura corporal que devem ser estudados na disciplina. No entanto, não mais como um treinamento voltado para aprender o jogo e melhorar o desempenho dos alunos, mas o esporte como um fenômeno a ser estudado em suas múltiplas dimensões.

Apesar de o esporte na escola (mesmo no espaço extracurricular) não ter o objetivo de formar atletas de alto rendimento, a escola poderia ser um local de massificação esportiva, em razão de seu caráter obrigatório na educação básica de 12 anos no Brasil. Especificamente, as atividades esportivas extracurriculares (treinamento e competições) podem ser administradas sem prejuízo de sua finalidade pedagógica, de forma a ampliar a base de jovens envolvidos no esporte e, concomitantemente, oportunizar para aqueles que desejam um envolvimento mais intenso uma possibilidade de prática esportiva de qualidade e um encaminhamento para instituições esportivas, que, além do foco formativo, desenvolvam programas voltados para o desenvolvimento esportivo.

A obrigatoriedade das aulas de Educação Física Escolar na educação básica está prevista na Lei nº 10.328,[5] contudo essa obrigatoriedade não equivale à garantia de aulas regulares de Educação Física, nem à garantia de que essas aulas sejam ministradas por profissionais de Educação Física. Primeiro, porque a carga horária não é indicada no texto da lei, assim, compete à escola e aos seus professores, com base em seu projeto político pedagógico, a decisão da carga horária. Segundo, consta na Resolução nº 7, de 14 de dezembro de 2010, Artigo 31, do Conselho Nacional de Educação (CNE) que

> Do 1º ao 5º ano do Ensino Fundamental, os componentes curriculares Educação Física e Arte poderão estar a cargo do professor de referência da turma, aquele com o qual os alunos permanecem a maior parte do período escolar, ou de professores licenciados nos respectivos componentes.[6]

Dessa forma, não há garantia de que as aulas sejam ministradas por professores de Educação Física nesses cinco primeiros anos de escolarização.

Na educação infantil, que também faz parte da educação básica, também não há garantia de aulas de Educação Física Escolar, nem de professor licenciado em Educação Física. Por exemplo, em pesquisa realizada na cidade de São Paulo (amostragem passível de generalização para as escolas municipais da cidade), verificou-se que no ano de 2012 não existiam professores formados em Educação Física atuando na educação infantil. Na mesma pesquisa, os professores generalistas disseram não se sentir aptos para trabalhar o eixo relacionado ao que nomeamos nesse trabalho como Educação Física. A Resolução nº 5, de 17 de dezembro de 2009, do Conselho Nacional de Educação, Câmara de Educação Básica, que fixa as Diretrizes Curriculares Nacionais para a Educação Infantil, no seu Art. 9º, afirma:

As práticas pedagógicas que compõem a proposta curricular da Educação Infantil devem ter como eixos norteadores as interações e a brincadeira, garantindo experiências que:

I – promovam o conhecimento de si e do mundo por meio da ampliação de experiências sensoriais, expressivas, corporais que possibilitem movimentação ampla, expressão da individualidade e respeito pelos ritmos e desejos da criança;

II – favoreçam a imersão das crianças nas diferentes linguagens e o progressivo domínio por elas de vários gêneros e formas de expressão: gestual, verbal, plástica, dramática e musical;[7]

Apesar das menções feitas nessa diretriz ao movimento, destacadas na expressão e no termo grifados, não foram encontradas orientações curriculares nacionais derivadas dessa diretriz que possam antever a forma como ela deve ser/foi operacionalizada na Educação Infantil. Assim, não fica garantido, por exemplo, que o "progressivo domínio [...] gestual" signifique um valor pelo desenvolvimento/aprendizagem de habilidades motoras, exercício de capacidades físicas e motoras na educação infantil, sem, é claro, abandonar a dimensão lúdica característica dessa fase escolar.

Em resumo, embora a obrigatoriedade de Educação Física esteja prevista na Lei de Diretrizes e Bases da Educação Nacional (LDB) para todo o ensino básico,[8] não está prevista na legislação a carga horária semanal da disciplina. Além disso, como já destacado, na Educação Física Infantil e nos cinco primeiros anos do ensino fundamental, não está sequer prevista a presença de um professor de Educação Física para desenvolver essa disciplina escolar. A LDB confere autonomia aos estados e aos municípios para organizarem a Educação Física no sistema de ensino.

Para somar aos problemas já destacados, em uma pesquisa sobre as aulas de Educação Física em 450 escolas públicas do Brasil (216 escolas municipais e 234 escolas estaduais), observou-se que, dos 50 minutos de aula de Educação Física, apenas em 29 minutos os alunos estão propriamente em atividades educacionais, e o outro tempo da aula é destinado a atividades não educacionais, por exemplo, mobilização dos alunos e explicação da aula.[9] Assim, pode-se sugerir que o Brasil apresenta uma carga horária muito abaixo do esperado para oportunizar uma vivência de movimento necessária para um possível futuro envolvimento com o esporte. O Quadro 5.2 resume algumas das informações da Educação Física Escolar brasileira.

Quadro 5.2 – Nível escolar, obrigatoriedade, quantidade de aulas na semana e de alunos matriculados em escolas públicas no país e duração das aulas de Educação Física

Nível escolar	Obrigatoriedade	Aulas na semana	Duração da aula	Quantidade de alunos
Ensino infantil	Não	–	–	3.579.074
Ensino fundamental	Sim	2*	50 min	25.431.566
Ensino médio	Sim	2*	50 min	7.310.689

*Normalmente, as escolas adotam duas aulas de Educação Física por semana.
Fonte: Inep (2012).[9]

Além das aulas de Educação Física, existem alguns programas nacionais voltados para a prática de atividades físicas no contraturno escolar, as chamadas atividades esportivas extracurriculares. O aumento das escolas em tempo integral em todo Brasil também tem favorecido essas atividades nas escolas públicas. Entre os programas elaborados pelo Ministério do Esporte (ME) em parceria com outros ministérios estão o Programa Segundo Tempo,[10] o Programa Mais Educação,[11] o Programa Segundo Tempo na Escola[12] e o Programa de Formação Esportiva Escolar – Atleta na Escola,[13] além das competições escolares.

O Programa Segundo Tempo é desenvolvido pela Secretaria Nacional de Esporte, Educação, Lazer e Inclusão Social, prioritariamente em áreas de vulnerabilidade social. Tem como objetivo a democratização ao acesso à prática e à cultura do Esporte, o desenvolvimento integral de crianças, adolescentes e jovens em uma perspectiva cidadã e a melhoria da qualidade de vida. Segundo dados do ME, o Programa Segundo Tempo tem aproximadamente 1,2 milhões de beneficiados em todo o Brasil,[10] o que representa menos de 3,3% do total de alunos regularmente matriculados nas escolas públicas brasileiras.

O Programa Mais Educação objetiva a ampliação do tempo de permanência de crianças, adolescentes e jovens matriculados em escolas públicas, mediante oferta de educação básica em tempo integral.[11] Os alunos interessados na participação no programa optam por desenvolver diversas atividades, como educação ambiental, direitos humanos, artes e, também, esporte.[11] O Programa Segundo Tempo na Escola[12] foi elaborado pelo ME em parceria com o Ministério da Educação. Essa integração entre os dois programas, Mais Educação e Segundo Tempo, otimiza a utilização dos recursos financeiros.[14] Embora o aumento do oferecimento de escolas públicas em tempo integral seja descrita na LDB, aproximadamente cinco mil escolas no Brasil oferecem o programa Mais Educação, o que corresponde a 2,79% das escolas.

O Programa de Formação Esportiva Escolar – Atleta na Escola é uma parceria dos Ministérios da Defesa, do Esporte e da Educação, implantado no ano de

2013. O programa tem os objetivos de incentivar a prática esportiva nas escolas por meio de duas ações: competições que identificam talentos na modalidade de atletismo (jogos escolares) e acolhimento dos talentos identificados nos jogos escolares (Núcleo de Esporte Escolar). Aderiram ao programa 22.938 escolas de 4.592 municípios brasileiros, sendo 22.872 públicas e 66 privadas. Das escolas públicas, 17.813 são escolas municipais, 5.044, estaduais, e 15, federais.[13]

Em relação a competições escolares, o Comitê Olímpico do Brasil (COB), em parceria com o ME, desenvolve atualmente o programa chamado Jogos Escolares da Juventude.[15] Reformuladas em 2005, as competições passaram a ser realizadas em duas fases. A primeira para adolescentes de 12 a 14 anos, e a segunda para estudantes com idades entre 15 e 17 anos, todos regularmente matriculados nos ensinos fundamental e médio, público ou privado. Em 2012, o programa ofereceu competições em 13 modalidades esportivas. Para escolares da faixa etária de 12 a 14 anos, as modalidades foram as seguintes: atletismo, *badminton*, basquete, ciclismo, futsal, ginástica rítmica, handebol, judô, natação, tênis de mesa, vôlei de quadra, xadrez e lutas. Para escolares de 15 a 17 anos, as modalidades são as mesmas, com exceção do *badminton*, que é substituído pelo vôlei de praia.[16] Durante o decorrer do ano, os estados realizam suas etapas estaduais, que são gerenciadas pelos Comitês Organizadores Estaduais, formados pelas Secretarias da Educação ou do Esporte de cada estado da federação. Classificados nas etapas estaduais, os estudantes de todo o Brasil se reúnem para disputar os Jogos Escolares da Juventude. Nas fases classificatórias (municipal, regional e estadual), participam aproximadamente dois milhões de alunos, enquanto na fase nacional participam cerca de 3,7 mil jovens.[16] Observa-se um baixo envolvimento das escolas e dos municípios brasileiros na participação nos jogos escolares. Por exemplo, em 2011, a etapa de 15 a 17 anos contou com a presença de 1.129 instituições de ensino (710 públicas e 419 particulares) e 3.641 alunos-atletas, o que corresponde a menos de 14% dos matriculados nas escolas no ensino médio.[17]

O desinteresse na participação nas competições escolares, tanto das escolas públicas como nas particulares, pode estar relacionado a diferentes razões, como sugeriu o Tribunal de Contas da União (TCU):[14] uma vez que não há prática desportiva nas escolas, há falta de equipes para disputar competições; esforço insuficiente para envolver os responsáveis pelo esporte municipal e local; falta de divulgação do evento; falta de recursos financeiros para arcar com diárias e passagens dos alunos. Acredita-se que a organização de competições seja fundamental para a massificação do esporte, contudo, as escolas precisam oferecer programa de qualidade e em diferentes modalidades. O Brasil é um país com grande potencial esportivo, pois apresenta um número elevado de habitantes e de alunos matriculados em escolas do ensino infantil até o ensino médio. Em compensação, os programas de Educação Física Escolar e atividades esportivas extracurriculares atendem a uma pequena parcela da população de crianças e jovens.

Em conclusão, os resultados apontam que a maior parte dos FCSs referentes ao indicador "As crianças têm a oportunidade de participar de atividades esportivas na escola, nas aulas de Educação Física ou em atividades esportivas extracurriculares" não foram observados ou foram observados parcialmente, como pode ser observado no Quadro 5.3. De um total de onze fatores críticos de sucesso, quatro não puderam ser observados. Cabe salientar que todo o levantamento se deu em âmbito federal e que as Secretarias da Educação dos estados e dos municípios têm autonomia para a organização da grade e conteúdo disciplinar, bem como para o oferecimento ou não de atividades esportivas extracurriculares.

Quadro 5.3 – FCSs referentes ao indicador "As crianças têm a oportunidade de participar de esporte na escola, durante a aula de Educação Física ou em atividades extracurriculares"

FCS 3.1	Existe uma quantidade de tempo mínima estatutária nacional para Educação Física no ensino infantil.	NO
FCS 3.2	Existe uma quantidade de tempo mínima estatutária nacional para Educação Física no ensino fundamental.	NO
FCS 3.3	Existe uma quantidade de tempo mínima estatutária nacional para Educação Física no ensino médio.	NO
FCS 3.4	Existe uma quantidade de tempo média para Educação Física suficientemente alta no ensino infantil (em minutos por semana, pelo menos 100 minutos).	NO
FCS 3.5	Existe uma quantidade de tempo média para Educação Física suficientemente alta no ensino fundamental (em minutos por semana, pelo menos 100 minutos).	OP
FCS 3.6	Existe uma quantidade de tempo média para Educação Física suficientemente alta no ensino médio (em minutos por semana, pelo menos 100 minutos).	OP
FCS 3.7	As aulas de Educação Física são dadas por um professor certificado em todas as séries.	OP
FCS 3.8	Existem competições esportivas escolares extracurriculares regularmente no ensino fundamental (pelo menos 2 vezes por mês).	OP
FCS 3.9	Existem competições esportivas escolares extracurriculares regularmente no ensino médio (pelo menos 2 vezes por mês).	OP
FCS 3.10	Existe uma organização ou pessoal responsável pela coordenação e pela organização regular de competições esportivas escolares extracurriculares.	OP
FCS 3.11	A escola termina cedo, para que as crianças tenham oportunidades de praticar esporte durante o dia (ou o esporte depois da escola está incluído no currículo escolar).	OP

FCS: fator crítico de sucesso; OP: observado parcialmente; NO: não observado.

O esporte escolar, que contempla as aulas de Educação Física e as atividades esportivas extracurriculares, poderia ser um ambiente favorável para oportunizar a prática esportiva de um número elevado de alunos. Todavia, os programas e os projetos nacionais existentes para fomentar o esporte escolar

5.2 Existe um alto índice de participação no esporte?

Quanto ao esporte de participação, historicamente, os principais responsáveis pelo maior número de pessoas envolvidas no esporte no Brasil são os clubes esportivos/recreativos públicos e privados. Nesses clubes, o esporte pode ser praticado de maneira organizada/formal ou não organizada/informal. Segundo o *site* da Confederação Brasileira de Clubes (CBC), existem 13.826 clubes no Brasil e cerca de 55.304.000 associados aos clubes esportivos, o que representaria quase 25% da população brasileira.[14] Essa quantidade de associados está baseada em uma estimativa de que cada clube tenha mil títulos de sócio familiar e cada título tenha quatro dependentes.[19] No entanto, essa estimativa pode ser questionada quanto à sua confiabilidade, pois esses associados nem sempre participam de atividades esportivas, já que se tratam de clubes sociais. Nos últimos anos, tem se observado uma gradual redução dos benefícios fiscais e subsídios do governo para os clubes, fazendo que muitos clubes esportivos passem por um período de decadência financeira.[18] Na perspectiva da prática esportiva, esse quadro se revela ainda mais preocupante, porque o número de praticantes de esporte nos clubes (em virtude de seu caráter social) não equivale ao número de associados. Entretanto, mesmo com esse perfil abrangente de clube esportivo/social, eles desempenham um papel importante na promoção do esporte de alto rendimento, pois ainda são as principais instituições que desenvolvem os atletas no País.[18]

Do total de clubes existentes, há uma concentração dos clubes nas regiões Sudeste (49%) e Sul (30%). Se considerarmos apenas seis estados brasileiros (São Paulo, Minas Gerais, Rio Grande do Sul, Paraná, Santa Catarina e Rio de Janeiro), a concentração é de 75% do total de clubes do Brasil.[18] A concentração dos clubes nas regiões Sul e Sudeste e a queda na oferta de espaços para a prática esportiva são alguns dos fatores restritivos à disseminação de uma cultura esportiva no país, além de contribuir para a exclusão de grande número de possíveis talentos dos sistemas de detecção para o esporte de alto rendimento. Em âmbito nacional, o ME, por intermédio da Secretaria Nacional de Esporte, Educação, Lazer e Inclusão Social (Snelis), desenvolve um programa denominado Projeto Esporte e Lazer da Cidade (PELC), que, em parceria com as entidades públicas (prefeituras municipais), tem como eixos centrais:[19]

- Implantação e desenvolvimento de Núcleos de Esporte Recreativo e de Lazer: tem o objetivo de garantir o direito ao acesso de qualidade a políticas públicas de lazer e de esporte, em sua dimensão recreativa e inclusiva, para as diversas faixas etárias.

- Formação continuada: é uma ação educativa de gestores, agentes sociais, lideranças comunitárias, pesquisadores, legisladores e demais parceiros atuantes na esfera pública com vistas à formação e à implementação de políticas de lazer e de inclusão social e cultural. Apesar da existência do projeto, apenas 72 municípios foram classificados para a implementação do PELC no ano de 2012. Além do número baixo de municípios envolvidos, não existem dados oficiais quanto ao número de pessoas contempladas por esse projeto.

Uma particularidade do Brasil na atualidade para ampliar a participação no esporte são as organizações não governamentais (ONGs), o sistema S – Serviço Social da Indústria (Sesi), Serviço Social do Comércio (Sesc), Serviço Nacional de Aprendizagem Industrial (Senai) e Serviço Nacional de Aprendizagem Comercial (Senac) – e as prefeituras. De acordo com o Instituto Brasileiro de Geografia e Estatística (IBGE),[18] até 2010, o Brasil tinha 24.926 ONGs relacionadas ao esporte e à recreação. Todavia, a estimativa da quantidade de jovens atendidos pelas ONGs é de 1.936.030 e teve sua última atualização em 2005.[19] Outras importantes entidades que fomentam a participação esportiva de base são mantidas pelo setor da indústria, do comércio, da agricultura, entre outros que formam o sistema S. A Lei de Incentivo ao Esporte[20] surgiu como uma alternativa para a descentralização da responsabilidade do poder público em fomentar o esporte nacional em suas diferentes formas de manifestações. Essa lei incentiva as pessoas e as empresas a apoiar e fazer doações para projetos esportivos e paradesportivos, em troca de incentivos fiscais, com um desconto de até 6% para pessoa física sobre o imposto de renda e de até 1% no imposto de pessoa jurídica sobre o lucro real[21] (Capítulo 2).

Outras entidades que fomentam a prática esportiva no Brasil são as prefeituras dos diversos municípios brasileiros. Geralmente, são ações e projetos elaborados pelas respectivas Secretarias de Esporte e Lazer. Contudo, isso não foi avaliado no presente estudo.

A oportunidade da participação esportiva é fundamental tanto para as crianças e para os adolescentes quanto para a população adulta. A seguir, o Quadro 5.5 apresenta dados da participação esportiva no Brasil fora do ambiente escolar.

Quadro 5.5 – FCSs referentes ao indicador "Há uma alta taxa de participação geral no esporte"

FCS 3.12	Há uma alta porcentagem de pessoas que praticam de esportes (de forma organizada ou não organizada).	NO
FCS 3.13	Há um alto número de membros (registrados) de clubes esportivos (participação de forma organizada) (geral e por habitante).	OP
FCS 3.14	Há um grande número de clubes esportivos suficientemente espalhados pelo país.	NO
FCS 3.15	Há um alto número de pessoas que participam de competições esportivas.	SI

FCS: fator crítico de sucesso; OP: observado parcialmente; NO: não observado; SI: sem informações.

140 | Esporte de alto rendimento

De acordo com a pesquisa realizada para este indicador nos *sites* do COB, do TCU, da Confederação Brasileira de Clubes (CBC), do ME, e do IBGE, poucas informações referentes aos FCSs foram encontradas como a porcentagem de pessoas que estão envolvidas no esporte formal ou informal no Brasil. Além disso, também não foram encontradas informações sobre a quantidade de pessoas que participam de competições esportivas no País.

Em suma, atualmente, observa-se a diminuição da contribuição dos clubes esportivos para a massificação do esporte de base, formação e desenvolvimento de atletas para o alto rendimento, pois sua principal ação está no atendimento aos associados. Além disso, os clubes estão concentrados nas regiões Sul e Sudeste do Brasil. Dessa forma, outras entidades, como ONGs e empresas, também assumem a responsabilidade de fomentar o esporte no País.

5.3 Há um plano nacional direcionado a promover a implementação dos princípios de gestão da qualidade total nos clubes esportivos, em relação à participação em massa e ao desenvolvimento de talentos?

Em termos de política nacional, a Carta Internacional da Educação Física e do Esporte foi um marco importante para o esporte contemporâneo no Brasil e no mundo.[19] Nesse documento, afirma-se que a prática esportiva é um direito de todos, independentemente das diferenças sociais, étnicas, físicas ou da faixa etária. Esse momento foi o início do movimento chamado Esporte para Todos, que defende o acesso ao esporte a todas as pessoas.

Anteriormente à Carta Internacional da Educação Física e do Esporte, a primeira lei direcionada para o Esporte no Brasil foi a Lei nº 3.199,[21] no governo do presidente Getúlio Vargas (de 1930 a 1945), que conferia ao Estado o poder de intervenção no esporte e suas organizações (clubes, federações e confederações). Entretanto, foi somente após 10 anos da publicação pela Organização das Nações Unidas para a Educação, a Ciência e a Cultura (Unesco) da Carta Internacional da Educação Física e do Esporte,[22] na reformulação da Constituição Federal brasileira, em 1988,[23] que o esporte foi incluído no texto constitucional Artigo 217 e estabelecido como direito do cidadão e dever do Estado, responsável por fomentar a prática esportiva formal e informal para todos, observando:

- a autonomia das entidades desportivas dirigentes e associações quanto à sua organização e ao seu funcionamento;
- a destinação de recursos públicos para a promoção prioritária do esporte de alto rendimento;

- o tratamento diferenciado para o esporte profissional e o não profissional;
- a proteção e o incentivo às manifestações desportivas de criação nacional.

Assim, o direito à prática esportiva passa a ser assegurado por lei ao cidadão brasileiro, sendo dever do Estado a destinação de recursos públicos para fomentar as práticas esportivas no País. Posteriormente à Constituição, algumas leis foram elaboradas para definir as diferentes formas de manifestações do esporte. A Lei nº 8.672,[24] conhecida como Lei Zico, conceituou e determinou os princípios do esporte no Brasil. A Lei nº 9.615,[25] também conhecida como Lei Pelé, retificou os conceitos da Lei Zico, diferenciando o esporte em três manifestações: esporte-participação-lazer; esporte-educação e esporte-rendimento/desempenho (Quadro 5.6).

Quadro 5.6 – As manifestações esportivas e os princípios do esporte no Brasil, segundo o Artigo 3º da Lei nº 9.615/1998 (Lei Pelé)

Esporte educacional	Esporte lazer/participação	Esporte rendimento/desempenho
Praticado nos sistemas de ensino e em formas assistemáticas de educação, evitando-se a seletividade, a hipercompetitividade de seus praticantes, com a finalidade de alcançar o desenvolvimento integral do indivíduo e a sua formação para o exercício da cidadania e a prática do lazer.	Praticado de modo voluntário, compreendendo as modalidades desportivas praticadas com a finalidade de contribuir para a integração dos praticantes na plenitude da vida social, na promoção da saúde e da educação e na preservação do meio ambiente.	Praticado segundo normas gerais dessa lei e regras de prática desportiva, nacionais e internacionais, com a finalidade de obter resultados e integrar pessoas e comunidades do país entre si e com as de outras nações.

A partir dessa regulamentação, além de o esporte ser considerado direito de todos, ele deixa de ser entendido unicamente na perspectiva do rendimento e passa a ser percebido, também, na perspectiva social, interferindo na saúde, na educação e no lazer das pessoas. Cabe salientar que o esporte educacional passa a ser tratado como prioridade na destinação de recursos públicos. O esporte educacional está relacionado principalmente com as práticas esportivas nas aulas de Educação Física e em atividades esportivas extracurriculares.

No Brasil, não está clara a política nacional para promover a massificação do esporte para a população. Assim, observaram-se poucas ações que contribuem de forma indireta para a participação esportiva no país, por exemplo, a Lei de Incentivo ao Esporte, o Programa Esporte e Lazer da Cidade (PELC) e os programas desenvolvidos em parcerias com o ME. Além do problema das políticas específicas para aumentar a participação em massa, também não foi possível observar uma política nacional para melhorar a qualidade dos clubes esportivos, a qualidade de desenvolvimento de talento nos clubes, assim como não foram encontradas ferramentas para avaliar os jovens talentos e as qualidades dos clubes no Brasil.

A inexistência de ações para a melhoria da qualidade dos clubes esportivos no Brasil pode ser especulada por meio de sete respostas dos dez dirigentes das Confederações de Atletismo, Tiro, Triatlo, Levantamento Olímpico, Pentatlo Moderno e Tênis de Mesa que participaram da pesquisa, em que 71% disseram que sua confederação não trabalha para melhorar a qualidade dos clubes (Gráfico 5.1).

Gráfico 5.1 – Porcentagem de respostas sobre o papel da confederação na melhoria da qualidade dos clubes ("A sua confederação trabalha para melhorar a qualidade dos clubes?")

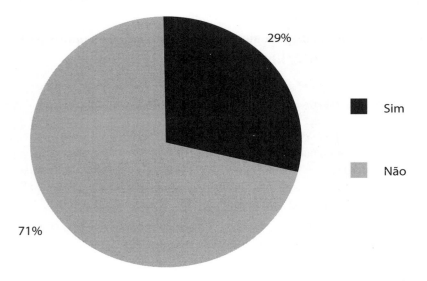

Os FCSs referentes às políticas públicas para a massificação do esporte no Brasil estão apresentados no Quadro 5.7. Apenas um fator foi observado em parte.

Quadro 5.7 – FCSs referentes ao indicador "Há um plano nacional direcionado a promover a implementação dos princípios de gestão da qualidade total nos clubes esportivos, referente à participação em massa e ao desenvolvimento de talentos"

FCS 3.16	Há uma política nacional, implementada pelo governo, comitê olímpico nacional ou autoridade esportiva nacional, direcionada à melhora da qualidade nos clubes esportivos.	NO
FCS 3.17	Há uma ferramenta de medição para avaliar a qualidade dos clubes para o esporte na juventude.	NO
FCS 3.18	As confederações podem receber recursos financeiros pelo aumento de projetos de gestão da qualidade em clubes esportivos.	NO

Continua

Continuação

FCS 3.19	Há uma política nacional direcionada para melhorar a qualidade do desenvolvimento de talentos nos clubes esportivos.	NO
FCS 3.20	Há uma ferramenta de medição para avaliar a qualidade do desenvolvimento de talentos nos clubes esportivos.	NO
FCS 3.21	As confederações podem receber recursos financeiros pelo aumento da gestão da qualidade ligada a desenvolvimento de talentos em clubes esportivos.	OP

FCS: fator crítico de sucesso; OP: observado parcialmente; NO: não observado.

Como pode ser observado no Quadro 5.7, há uma carência de políticas públicas para incentivar a massificação da prática esportiva e o desenvolvimento do talento no Brasil. O ME é a principal entidade para elaboração de ações para o esporte no país, mas parece não desenvolver programas que objetivam a massificação da participação esportiva, contendo apenas alguns programas que, de forma indireta, contribuem para o aumento da quantidade de jovens no esporte. Além disso, existem poucas ações para aumentar a quantidade de adultos participantes de atividades esportivas.

5.4 Comentários gerais e perspectivas

O Brasil é um país com grande potencial esportivo, pois apresenta um número elevado de habitantes. Além disso, o país tem uma população com grande diversidade étnica e cultural. No entanto, observou-se uma carência de informações sobre políticas públicas nacionais que fomentem a participação esportiva da população como um todo, e, em especial, a participação de crianças e de adolescentes.

O ambiente escolar, que poderia ser o principal local para prática esportiva na infância e na adolescência, parece ser pouco explorado em nosso País. As aulas de Educação Física e as atividades esportivas extracurriculares parecem não ser suficientes para oportunizar a prática do esporte para um número elevado de alunos.

Os clubes esportivos, que tiveram um papel importante na massificação do esporte de base, assim como na formação e no desenvolvimento de atletas para o alto rendimento, na atualidade, trabalham com o objetivo de atender aos associados. Os clubes estão concentrados em seis estados do Brasil, assim, não atendem a todo o contingente populacional. Além disso, não foi possível observar políticas nacionais para melhorar a qualidade dos programas de massificação do esporte de base e do desenvolvimento dos talentos esportivos nos clubes do Brasil.

Um desafio para a elaboração de políticas nacionais é a dimensão territorial do Brasil, com distintas regiões sob o ponto de vista econômico e social. Desse modo, existe a necessidade de se coordenar e integrar ações nacionais, estaduais e municipais.

Diante de um cenário em que as escolas e os clubes apresentam poucas medidas para ampliar a oferta da prática esportiva, outras entidades, por exemplo, ONGs para o esporte, as entidades do sistema S (Sesi, Sesc, Senac e Senai) e os municípios, surgiram como alternativa para suprir essa carência no País e parecem estar desempenhando algum papel na formação de atletas no Brasil.

De acordo com as informações pesquisadas no Pilar 3, o Brasil precisa investir para que haja aumento na participação esportiva e no esporte de base, pois 11 dos 21 FCSs não foram observados, conforme apresentado no Gráfico 5.2.

Gráfico 5.2 – Síntese das observações dos 21 FCSs relativos ao Pilar 3

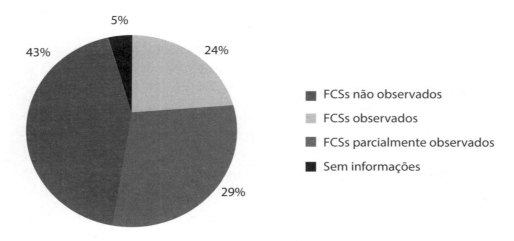

Referências

1. Digel H. The context of talent identification and promotion: a comparison of nations. New Stud Athl. 2002;17(3/4):13-26.

2. Green M, Oakley B. Elite sport development systems and playing to win: uniformity and diversity in international approaches. Leis Stud. 2001;20(4):247-67.

3. Rütten A, Ziemainz H. Analisys of talent identification and development systems in different countries. IV Int Forum Elit Sport. 2003;1(1):9-11.

4. Coletivo de professores de Educação Física da rede municipal do Recife. Educação Física: uma proposta pedagógica. In: Souza Júnior M, organizador. Educação Física Escolar: teoria e política curricular, saberes escolares e proposta pedagógica. Recife: EDUPE; 2005. p. 217-31.

5. Brasil. Lei nº 10.328, de 12 de dezembro de 2001. Introduz a palavra "obrigatório" após a expressão "curricular", constante do § 3º do art. 26 da Lei nº 9.394, de 20 de dezembro de 1996, que estabelece as diretrizes e bases da educação nacional [acesso em 19 out 2015]. Disponível em: http://www.planalto.gov.br/ccivil_03/leis/LEIS_2001/L10328.htm.

6. Brasil. Resolução nº 7, de 14 de dezembro de 2010. Fixa Diretrizes Curriculares Nacionais para o Ensino Fundamental de 9 (nove) anos [acesso em 12 nov 2015]. Disponível em: http://portal.mec.gov.br/dmdocuments/rceb007_10.pdf.

7. Brasil. Ministério da Educação. Secretaria de Educação Básica. Orientações curriculares nacionais para a Educação Infantil; 2010 [acesso em 12 nov 2015].

Disponível em: http://potal.mec.gov.br/index.php?option=com_docman&view=download&alias=4858-orientacoes-curriculares-ed&Itemid=30192.

8. Brasil. Lei nº 9.394, de 20 de dezembro de 1996. Estabelece as diretrizes e bases da educação nacional. Diário Oficial da União. 23 dez 1996; Seção 1:27833-41.

9. Instituto Brasileiro de Opinião Pública e Estatística (IBOPE). Relatório de pesquisa educação física nas escolas públicas brasileiras. São Paulo; 2012 [acesso em 12 nov 2015]. Disponível em: http://cev.org.br/arquivo/biblioteca/educacao-fisica-nas-escolas-publicas-brasileiras-relatorio-pesquisa.pdf.

10. Brasil. Ministério do Esporte. Segundo Tempo; 2009. [acesso em 21 out 2013]. Disponível em: http://portal.esporte.gov.br/snee/segundotempo/.

11. Brasil. Ministério da Educação. Programa Mais Educação; 2010 [acesso em 3 out 2013]. Disponível em: http://portal.mec.gov.br/index.php?option=com_content&view=article&id=16690&Itemid=1113.

12. Brasil. Programa Segundo Tempo na Escola; 2012 [acesso em 3 out 2013]. Disponível em: http://portal.esporte.gov.br/snee/segundotempo/.

13. Brasil. Atleta na Escola: Programa Formação Esportiva na Escola; 2013 [acesso em 20 out 2013]. Disponível em: http://atletanaescola.mec.gov.br/.

14. Brasil. Tribunal de Contas da União (TCU). Relatório de auditoria operacional: esporte de alto rendimento. Brasília: TCU, Secretaria de Fiscalização e Avaliação de Programas de Governo; 2011. Disponível em: http://portal2.tcu.gov.br/portal/page/portal/TCU/comunidades/programas_governo/areas_atuacao/esportes/Relat%C3%B3rio_Esporte%20Alto%20Rendimento_Miolo.pdf.

15. Comitê Olímpico Brasileiro (COB). Jogos Escolares da Juventude; 2013 [acesso em 20 out 2013]. Disponível em: http://jogosescolares.cob.org.br/.

16. Congresso Brasileiro de Clubes (CBC). Portfólio virtual; 2012 [acesso em 12 nov 2015]. Disponível em: http://www.cbc-clubes.com.br/site/institucional/portfolio2012.html.

17. Brasil. Ministério do Esporte. Projeto Esporte e Lazer da Cidade; 2013 [acesso em 1 dez 2013]. Disponível em: http://www.esporte.gov.br/index.php/institucional/esporte-educacao-lazer-e-inclusao-social/esporte-e-lazer-da-cidade/programa-esporte-e-lazer-da-cidade-pelc.

18. Instituto Brasileiro de Geografia e Estatística (IBGE). As fundações privadas e associações sem fins lucrativos no Brasil – 2010; 2010 [acesso em 12 nov 2015]. Disponível em: http://www.ibge.gov.br/home/estatistica/economia/fasfil/2010/default.shtm.

19. Gomes MC, Constantino MT. Projetos esportivos de inclusão social: PIS crianças e jovens. In: Costa LP. Atlas do esporte no Brasil: atlas do esporte, educação física e atividades físicas de saúde e lazer no Brasil. Rio de Janeiro: Shape; 2005. p. 602-12.

20. Brasil. Ministério do Esporte. Lei de Incentivo ao Esporte; 2006 [acesso em 12 nov 2015]. Disponível em: http://www.esporte.gov.br/index.php/institucional/secretaria-executiva/lei-de-incentivo-ao-esporte

21. Brasil. Lei nº 3.199, de 14 de abril de 1941. Estabelece as bases de organização dos desportos em todo o país. Brasil; Diário Oficial da União. 16 abril 1941; Seção 1:7453.

22. Organização das Nações Unidas (Unesco). Carta Internacional da Educação Física e Esporte da Unesco. Christiano Robalinho Lima, tradutor. Brasília; 21 nov 1978.

23. Brasil. Presidência da República. Constituição da República Federativa do Brasil de 1988 [acesso em 13 jan 2016]. Disponível em: www.planalto.gov.br/ccivil_03/constituicao/constituicao.htm.

24. Brasil. Lei nº 8.672, de 6 de julho de 1993. Institui normas gerais sobre desportos e dá outras providências. Diário Oficial da União. 7 jul 1993; Seção 1:9379.

25. Brasil. Lei nº 9.615, de 24 de março de 1998. Institui normas gerais sobre desporto e dá outras providências. 1998. Diário Oficial da União. 25 mar 1998; Seção 1:57.

6

Sistemas de identificação e desenvolvimento de talentos

Maria Tereza Silveira Böhme
Luciana Perez Bojikian
Marcelo Massa
Marcelo Rodrigues de Lima

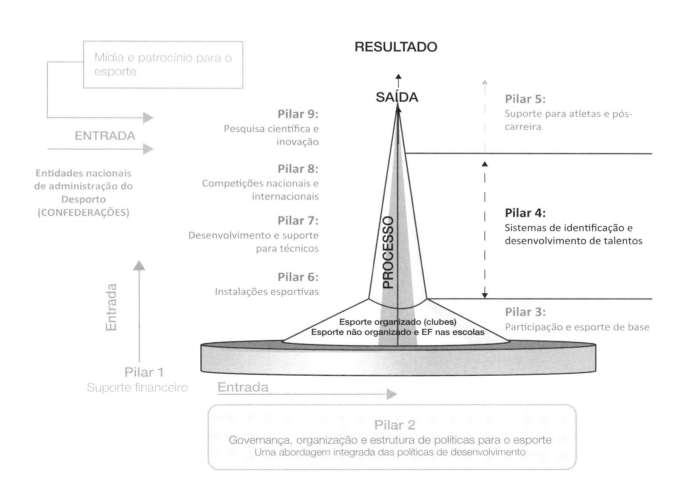

Para o alcance do alto rendimento, é importante que o atleta tenha um bom treinamento na primeira parte de sua carreira. Esse período de treinamento em longo prazo (TLP), normalmente, dura cerca de 6 a 10 anos, dependendo da modalidade esportiva, e tem como objetivos a identificação de jovens atletas com muito talento, o desenvolvimento das capacidades e das habilidades desses atletas, e o desenvolvimento sustentável e consciente de suas carreiras esportivas.

O Pilar 4 está voltado para os processos de detecção, seleção e promoção de talentos esportivos, os quais, no futuro, poderão tornar-se atletas que representarão o país nas principais competições internacionais, como os Jogos Olímpicos e os campeonatos mundiais.

De acordo com o modelo SPLISS, o Pilar 4 – Sistemas de identificação e desenvolvimento de talentos – é composto por 5 indicadores (Quadro 6.1) e 23 fatores críticos de sucesso (FCSs).

Quadro 6.1 – Indicadores referentes ao Pilar 4

Indicadores
Há um sistema eficaz de detecção de jovens talentos, de forma que o número máximo de potenciais atletas de elite é alcançado no momento certo (idade).
Há um planejamento coordenado nacionalmente para as confederações desenvolverem um sistema eficaz para o desenvolvimento de jovens talentos em seus esportes.
Jovens talentos recebem serviços de suporte multidimensional apropriados para a idade e o nível deles, necessários para desenvolvê-los como jovens atletas no mais alto nível.
Jovens talentos recebem suporte coordenado nacionalmente para o desenvolvimento da combinação e esportes e do estudo acadêmico durante o ensino médio e, quando relevante, ensino fundamental (para esportes de especialização precoce, para os quais tal sistema é necessário).
Jovens talentos recebem suporte coordenado nacionalmente para a combinação do desenvolvimento de esportes e do estudo acadêmico durante o ensino superior (faculdade/universidade).

6.1 Contextualização

Após terem passado por um processo de formação e iniciação esportiva generalizada, as crianças e os adolescentes têm condições de serem encaminhados para o treinamento específico em determinada modalidade esportiva. Paralelamente a isso, é fundamental garantir que os jovens talentos possam ser identificados e desenvolvidos por um processo de planejamento de TLP.

Uma vez que o jovem escolheu participar de um esporte de forma regular, tem lugar, como importante parte do processo, o planejamento das entidades nacionais de organização esportiva. No contexto internacional, compete à confederação esportiva da modalidade garantir que os jovens talentos possam ser identificados e desenvolvidos posteriormente, pois a entidade é responsável pela organização e pelo desenvolvimento das modalidades esportivas sob sua coordenação, em nível nacional, no país.

Durante essa fase, o desempenho esportivo ganha importância crescente, com destaque para o engajamento no esporte competitivo formal, sobretudo com o objetivo de melhorar o desempenho em direção ao alto nível de excelência esportiva em longo prazo.

As estruturas desenvolvidas por países que acumulam resultados esportivos internacionais expressivos envolvem programas que objetivam desenvolver uma base ampla de praticantes, para que, no futuro, possam ser identificados atletas de alto rendimento por meio de processos de identificação e desenvolvimento de talentos esportivos.[1-5]

O primeiro passo para a sistematização desse processo é a existência de programas de esporte de base que possibilitem a identificação de talentos e, posteriormente, o desenvolvimento de atletas talentosos.[6]

Portanto, o Pilar 4 é constituído por duas fases distintas: a identificação de talentos e o desenvolvimento de talentos.

6.1.1 Identificação do talento

A identificação do talento inclui seu reconhecimento (sistemas de monitoramento e os critérios necessários para reconhecer jovens atletas como talentosos), a detecção de talentos (identificação de talentos em uma base de não participantes do esporte), a determinação de talentos (o processo utilizado para identificar jovens talentos) e processos de seleção (selecionar jovens talentos para propósitos específicos, como competições e atividades de treinamento em níveis cada vez mais elevados, para o esporte de alto rendimento). Assim, a identificação do talento esportivo refere-se ao processo de encontrar, por meio de fatores antropométricos, físicos, fisiológicos e psicológicos, características inatas e/ou adquiridas com efeito do desenvolvimento e do treinamento. Cabe ressaltar que a identificação do talento esportivo depende fortemente da utilização de medidas e meios que permitam encontrar um número suficientemente grande de crianças e jovens dispostos a participar de um programa de formação esportiva geral básica – considerado como primeira etapa do processo de TLP.

A maioria dos problemas de identificação de talentos precisa ser analisada de forma específica por esporte. Em muitas nações, os talentos são geralmente identificados valendo-se da base de participação esportiva existente, conforme visto no Capítulo 5, referente ao Pilar 3.

Entretanto, alguns países têm coordenado projetos para recrutar atletas por meio de um processo de seleção científico-sistêmico (valendo-se de uma base não participante, por exemplo, nas escolas) ou por transferência de esporte (atletas trocando de um esporte para outro).

6.1.2 Desenvolvimento do talento

Durante a fase de desenvolvimento de talentos, os jovens atletas devem tornar-se altamente comprometidos com o esporte, aumentando a frequência aos treinamentos, bem como a especificidade. Nesse período, os atletas enfrentam uma série de transições, tanto no contexto escolar, como no desempenho esportivo, com mudanças importantes nos fatores psicológicos e sociais. Cada transição requer uma atenção especial.

No nível esportivo nacional e geral, é importante que atletas, treinadores e entidades nacionais que regem o esporte possam obter informações, orientações e, sobretudo, apoio financeiro, a fim de construir uma abordagem ideal para o planejamento dos processos de identificação e desenvolvimento de talentos.

Além disso, a dualidade de ser estudante e jovem atleta pode ser reconhecida e legalizada por um sistema coordenado nacionalmente nos diferentes níveis de escolaridade.

Portanto, a fase de desenvolvimento do talento esportivo deve envolver condições de treinamento adequadas, com treinadores capacitados para trabalharem no processo de TLP, assim como condições sociais adequadas, desde o microssistema familiar, a escola e as possibilidades de prática e treinamento esportivo oferecidas pela sociedade em que o jovem talento está inserido.[7,8]

A seguir, serão apresentados os resultados referentes a cada indicador do Pilar 4 na realidade brasileira. Primeiramente, com relação aos indicadores referentes à identificação de talentos, seguidos dos indicadores relativos ao desenvolvimento de talentos.

6.2 Identificação de talentos: sistema científico relacionado ao processo de seleção de talentos

Um processo sistemático de seleção de talentos tem por objetivo identificar potenciais atletas de elite em uma base de praticantes de esporte de participação de modalidades não específicas. Esse era um procedimento típico nos antigos países comunistas e é utilizado atualmente em alguns países, como Austrália, para dar condições às crianças de escolherem o esporte que mais é adequado às suas capacidades.[6] Além disso, algumas nações procuram refinar os seus processos de identificação pela transferência de talentos de uma modalidade esportiva para outra.

Os FCSs referentes à existência de um sistema científico relacionado à detecção de jovens talentos esportivos são apresentados no Quadro 6.2, no qual é verificado, na realidade brasileira, que, do total de nove FCSs, quatro não são observados e cinco são observados em parte.

Quadro 6.2 – FCSs referentes ao indicador "Há um sistema eficaz de detecção de jovens talentos, de forma que o número máximo de potenciais atletas de elite seja alcançado no momento certo (idade)"

FCS 4.1	Há um processo de seleção do talento sistemático, que tem como objetivo identificar potenciais atletas de alto rendimento de fora de uma base de praticantes de um esporte (sem ser de um esporte específico, por exemplo, pelas escolas) ou por transferência do talento (por meio de outros esportes).	NO
FCS 4.2	As confederações podem receber recursos especificamente para a identificação (reconhecimento e aferição) de jovens atletas talentosos e também podem receber serviços de suporte para planejar e estruturar a organização da busca por talentos em seus esportes (por exemplo, profissionais qualificados).	OP
FCS 4.3	Há um planejamento abrangente para a identificação do talento. As confederações têm um plano de ação escrito que descreve um planejamento em longo prazo para a identificação do talento e um passo a passo de como os talentos em seus esportes são reconhecidos, identificados e selecionados para receberem auxílio financeiro.	NO
FCS 4.4	O sistema de identificação do talento é embasado e coberto por pesquisas científicas (incluindo o desenvolvimento sociopsicológico das crianças e o desenvolvimento em uma abordagem específica por estágios, individualizada e balanceada).	NO
FCS 4.5	As confederações recebem suporte científico esportivo para desenvolverem um sistema de testes (para o reconhecimento de jovens talentos) e de monitoramento com critérios claros para a identificação de jovens talentos em cada esporte.	OP
FCS 4.6	As confederações têm uma bateria de testes para identificar jovens talentos e um sistema de monitoramento para acompanhá-los, com suporte em pesquisas científicas.	OP

Continua

Continuação

FCS 4.7	As confederações recebem informações, conhecimento e serviços de suporte sobre o desenvolvimento de programas de identificação de talento em seus esportes.	OP
FCS 4.8	Os resultados do processo de aferição do talento são preenchidos em bancos de dados e atualizados anualmente (pelo menos).	NO
FCS 4.9	Há uma estrutura conceitual nacional de como o processo de identificação e seleção do talento deve parecer (incluindo, por exemplo, especialização precoce, diversificação, maturação, fator idade relativo e o desenvolvimento de uma abordagem específica por estágios, individualizada e balanceada da identificação do talento e um planejamento em longo prazo da identificação de talento).	OP

FCS: fator crítico de sucesso; NO: não observado; OP: observado em parte.

Os países que alcançam sucesso internacional têm suporte, programas e planos de ações nacionais (gerenciados pelo governo, por entidades esportivas, ligas nacionais ou institutos nacionais de esporte), geralmente elaborados para serem gerenciados de maneira central e aplicados em todo o território nacional.[3,4,6,9,10]

Em relação ao estabelecimento de um sistema de suporte que possa subsidiar a identificação do talento esportivo e o processo de TLP, o procedimento chamado "pirâmide esportiva", em que há muitos praticantes nas fases iniciais, pode ser verificado em países que apresentam uma estrutura esportiva sistemática e que visam aos resultados obtidos pelo TLP. Esses países podem ser divididos de acordo com dois tipos de sistemas: o sistemático estatal e o sistemático não estatal. Países comunistas, como Cuba, China, e as antigas URSS e Alemanha Oriental, utilizavam ou utilizaram o programa sistemático estatal, no qual o Estado é responsável direto pela monitorização do talento esportivo. Já os Estados Unidos, a Austrália e o Japão utilizam o programa sistemático não estatal, em que as universidades e as empresas são responsáveis pela formação do talento esportivo.[4]

No *site* do Ministério do Esporte (ME) brasileiro, é divulgado um programa denominado *Descoberta do Talento Esportivo*, instituído em 2003 com o objetivo identificar alunos da rede escolar que apresentassem "níveis de desempenho motor compatíveis com a prática do esporte de competição e de alto rendimento" (s.p.)[28] e encaminhá-los para locais de formação esportiva. No entanto, a última atualização do referido programa aconteceu no ano de 2005, indicando a sua desativação. Nesse programa, a identificação dos possíveis talentos era realizada por meio da aplicação de uma bateria de testes motores e antropométricos, cujos resultados podiam ser comparados num banco de dados alimentado pelos professores da rede escolar. Os resultados da bateria de testes inseridos na página do projeto classificavam os escolares como talentos quando apresentavam valores dos testes acima dos demais, de acordo com o sexo e a idade. Uma limitação do projeto em questão era o caráter restrito das avaliações realizadas, relativas apenas ao desempenho motor e a poucos aspectos antropométricos, desconsiderando outros aspectos relevantes como, os maturacionais, psicossociais e cognitivos, tão importantes na identificação de talentos esportivos.[11] De qualquer forma, é importante salientar que, mesmo quando em operação, esse sistema não poderia ser considerado um instrumento sistemático e de larga escala para a detecção de talentos esportivos, dado que não era aplicado em todo território brasileiro.

Ainda que o programa tivesse solucionado os problemas apontados, sabe-se que não basta identificar potenciais talentos, mas é preciso dar condições de desenvolvimento até que alcancem o alto desempenho. Algumas crianças obtiveram destaque nos testes realizados, mas não foram admitidas nos clubes que, na sua maioria, não apoiaram o projeto.

No Brasil, o programa vigente é o assistemático, no qual, Estado, empresas, clubes e a própria família dividem a responsabilidade de subsidiar a estrutura esportiva para o desenvolvimento do talento esportivo.[8] Assim, até o presente momento, não há no Brasil uma política esportiva nacional consistente, que ofereça suporte e, consequentemente, uma estrutura esportiva que propicie a identificação de talentos e o TLP. Dessa forma, de maneira limitada, o desempenho esportivo é monitorado por uma visão imediatista, ou seja, o que interessa é o resultado naquele momento. Poucos atletas têm a oportunidade de chegar ao alto nível na mesma instituição em que iniciaram a prática. Em muitos casos, a trajetória de um atleta de alto nível acaba sendo equivocadamente árdua, pois ele tem de passar pelas chamadas *peneiras* nos poucos clubes que as oferecem, que, em sua maioria, carecem de recursos humanos e financeiros e utilizam apenas o técnico como norteador do processo.

Ao assumir uma visão imediatista de desempenho esportivo, emerge de maneira discrepante um sistema de identificação de talentos fundamentado somente na elaboração de perfis (com a intenção de utilizá-lo como prognóstico de desempenho esportivo). Dessa maneira, não existem condições estruturais para um acompanhamento contínuo do processo, e, assim, somente os melhores atletas, naquele momento, são identificados e selecionados. Creditar-se-ia a esses atletas atributos momentâneos que seriam suficientes para qualificá-los como futuros talentos esportivos. Essa visão de talento distorcida relaciona-se, predominantemente, com a herança genética, em detrimento das influências do meio ambiente, que estariam sendo desconsideradas e subestimadas.[8]

A sistematização da estrutura organizacional de diferentes países se reflete diretamente em bons resultados esportivos internacionais. Dois exemplos são o Reino Unido e o Canadá. O Reino Unido sistematizou a estrutura esportiva em 1997, após o fracasso nos Jogos Olímpicos de Atlanta, em 1996, conseguindo passar da 36ª colocação para a 10ª colocação nos Jogos de Sydney e Atenas, alcançando o 4º lugar nas Olimpíadas de Pequim 2008 e o 3º no quadro de medalhas em Londres 2012. O Canadá, com um plano de TLP implementado nacionalmente, conquistou a primeira colocação nos Jogos Olímpicos de Inverno em Vancouver, no ano de 2010.

Para favorecer o sistema de identificação e desenvolvimento de talentos, destacam-se ações como:[12-14]

- Proporcionar a oportunidade para a participação do esporte: ampliar a participação esportiva de crianças e jovens, valorizando principalmente o papel da escola no acesso desse público ao esporte (Capítulo 5).

- Financiamento às confederações: dar autonomia às confederações, oferecendo mecanismos de acesso e obtenção de recursos financeiros (Capítulo 3).

- A preparação dos técnicos: a qualidade do trabalho dos técnicos está diretamente relacionada ao desempenho. É importante que os técnicos tenham o suporte necessário para a sua capacitação e constante atualização (Capítulo 9).

- Suporte à carreira esportiva e pós-carreira do atleta: desde que o jovem entra numa fase de especialização e decide tornar-se um atleta, o apoio para o planejamento da sua carreira, com ações direcionadas para programar, inclusive, o seu encerramento, pode ser decisivo para o sucesso e a permanência do atleta no esporte (Capítulo 7).

- Instalações esportivas: devem ser adequadas para que permitam aos atletas alcançarem o máximo de seu potencial, além de evitar certos tipos de lesões (Capítulo 8).

- Disponibilidade de técnicos especializados em trabalhar com o atleta em desenvolvimento (Capítulo 9).

- Existência de um processo de competições bem organizado, que possibilite o desenvolvimento adequado do jovem atleta nos diferentes níveis do TLP, com calendários predefinidos, em que possam conciliar a escola com o treinamento e a competição nos diferentes níveis, regional, municipal, estadual, nacional e internacional (Capítulo 10).

- Suporte de pesquisa da Ciência do Esporte durante o desenvolvimento do jovem talento (Capítulo 11).

- Elaboração e execução de um programa de TLP, resultando numa preparação planejada e sistematizada em diferentes etapas, realizadas ao longo dos anos.

Ter um programa de identificação e desenvolvimento de talentos pode não garantir o sucesso no esporte. Entretanto, países com resultados expressivos no cenário internacional, como a Austrália, implementaram programas nacionais de identificação de talentos esportivos e são conhecidos pela eficiência em promover atletas campeões mundiais e olímpicos.[15] Países como a China e o Reino Unido têm excelentes programas de identificação e de promoção de talentos esportivos, baseados em um sistema local e regional de desenvolvimento de atletas, coordenados por um órgão nacional.[1]

Dessa forma, enquanto não existirem estudos com resultados satisfatórios sobre a precisão e a autossuficiência da identificação de talentos, o processo de desenvolvimento esportivo deve ser enfatizado, promovendo o acesso à prática e ao monitoramento constante de crianças e jovens.[16] Assim, um processo de TLP, que visa desenvolver crianças e jovens atletas de maneira cíclica, progressiva e estruturada, parece ser a melhor maneira de estimular talentos esportivos, sendo a formação e a promoção desses o foco principal. Além disso, nesse processo, os talentos podem ser identificados naturalmente por meio da observação e do acompanhamento constante durante os anos de treinamento.[5,7,8,17,18]

6.3 Sistemas de desenvolvimento de talentos: papel das confederações esportivas brasileiras para a identificação do talento

Os FCSs referentes ao papel das confederações esportivas brasileiras para a identificação do talento são apresentados no Quadro 6.3, em que é verificado, na realidade brasileira, que, do total de quatro FCSs, três não são observados e um é observado em parte.

Quadro 6.3 – FCSs referentes ao indicador "Há um planejamento coordenado nacionalmente para as confederações desenvolverem um sistema eficaz para o desenvolvimento de jovens talentos em seus esportes"

FCS 4.10	As confederações e/ou os clubes esportivos podem receber recursos especificamente para o desenvolvimento do talento.	OP
FCS 4.11	Há um planejamento em curto e longo prazos, coordenado para o desenvolvimento do talento. As confederações têm um plano de ação escrito descrevendo passo a passo como os talentos em seus esportes são desenvolvidos do nível de clube para os níveis regional e nacional, para que recebam recursos.	NO
FCS 4.12	As confederações ou os clubes recebem informações, conhecimento e serviços de suporte (além de financeiros) para desenvolverem seus programas de desenvolvimento de talento.	NO
FCS 4.xx	Há uma estrutura conceitual nacional sobre como o processo de desenvolvimento do talento deve parecer (incluindo, por exemplo, prática deliberada, especialização precoce, diversificação e treino ótimo).	NO

FCS: fator crítico de sucesso; NO: não observado; OP: observado em parte.

Identificar e selecionar talentos são apenas duas das etapas de um processo contínuo que envolve suporte, estruturação e execução de programas esportivos por meio dos quais possam ser proporcionadas as melhores condições para o desenvolvimento do talento, bem como das potencialidades detectadas, buscando garantir, no futuro, o aprofundamento máximo das suas capacidades e, consequentemente, o melhor desempenho.[7,8,19-21]

Nesse contexto, envolvendo a promoção e o desenvolvimento de talentos, entre outros fatores, ocorrem interações relevantes entre o sistema esportivo e o ambiente. Assim, como elementos-chave dessa interação, devem-se considerar aspectos como política, economia, sistemas de educação, a função do conhecimento científico em relação ao sucesso no esporte, as forças militares, o setor privado como parceiro e patrocinador do esporte, a mídia como promotora dos interesses do esporte e a audiência como base para o desempenho esportivo em nível mundial.[22] Logo, de acordo com os resultados encontrados por Digel,[22] detalhadamente, teríamos:

- Papel da política e do Estado: o esporte de alto rendimento necessita de apoio governamental para alcançar sucesso internacional. Esse apoio pode ocorrer de diversas maneiras, direta ou indiretamente, ou seja, por meio do Governo, de órgãos governamentais, de instituições mantidas pelo governo e de entidades esportivas centrais.

- Papel da economia: o papel da economia para o desenvolvimento do esporte de alto rendimento ocorre de maneira indireta. No entanto, é considerada extremamente importante na estrutura esportiva de cada país, pois, muitas vezes, é a responsável por patrocinar o esporte de alto rendimento. O papel do setor privado como patrocinador do esporte de alto rendimento tem relação direta com a economia de cada país, ou seja, de acordo com o sistema econômico adotado por cada nação, o apoio financeiro proveniente do patrocínio do setor privado tem maior ou menor importância.

- Papel da mídia: a mídia é considerada como um reforço do sistema de desenvolvimento do esporte de alto rendimento. Além disso, o esporte exposto pela mídia é um importante refinanciador do esporte de alto rendimento.

- Papel da educação: o sistema escolar é considerado como base de suporte para o desenvolvimento do esporte de alto rendimento em todos os países analisados. Em algumas nações, além da estrutura escolar, os clubes também fazem parte dessa base de atletas.

- Papel da ciência: o sistema esportivo de alto rendimento tem suporte científico em todos os países analisados. Todos eles têm instituições nacionais de pesquisa e órgãos subordinados que auxiliam o sistema de treinamento, oferecendo suporte direto ao treinamento esportivo.

- Papel das forças armadas: este é um item considerado extremamente importante em alguns países e, ao mesmo tempo, sem nenhuma importância em outros. Contudo, nos países em que as Forças Armadas auxiliam o desenvolvimento de esporte de alto rendimento, como Alemanha, França, Itália e Rússia, existem instituições nacionais responsáveis pelo esporte nas Forças Armadas e há uma ligação eficiente entre esse sistema e outros sistemas de treinamento esportivo de alto rendimento.

158 | Esporte de alto rendimento

O Quadro 6.4 trata da importância dos itens relacionados em diferentes países.

Quadro 6.4 – Fatores sociopolíticos que causam impacto no esporte de alto rendimento, numa comparação entre oito países

Fator	Austrália	China	Alemanha	França	Reino Unido	Itália	Rússia	EUA
Política e ação do Estado	Alto	Muito alto	M-alto	Alto	Médio	Baixo	Alto	Muito baixo
Economia	Alto	Baixo	M-baixo	Médio	Alto	Médio	Baixo	Muito alto
Mídia	M-alto	Médio	M-alto	Alto	M-Alto	Muito alto	Médio	Alto
Educação	Alto	Alto	M-alto	M-Alto	Baixo	Baixo	Alto	Alto
Ciência	Alto	M-alto	Alto	M-Alto	Baixo	Baixo	Alto	M-alto
Forças Armadas	Não tem	–	Alto	Alto	Não tem	Alto	Alto	Não tem

M-alto: moderadamente alto; M-Baixo: moderadamente baixo.
Fonte: adaptado de Digel (2002).[22]

Observa-se, portanto, que muitos países possuem programas nacionais de esporte para formar atletas de alto rendimento de forma sistematizada. Entre esses programas, destaca-se o programa australiano.[5] A Austrália, após o insucesso nas Olimpíadas de 1988, constituiu, por meio do Instituto Australiano de Esporte (IAE), um sistema diferenciado de desenvolvimento de atletas de alto rendimento, baseado nos pilares estruturais do programa esportivo da antiga República Democrática Alemã.[3,23]

O modelo australiano foi desenvolvido pelo IAE e foi implementado no início da década de 1990 com dois objetivos: melhorar os resultados em relação às Olimpíadas de 1988 e preparar atletas para as Olimpíadas que ocorreriam em Sydney, em 2000.[3] O IAE é responsável por desenvolver o esporte de alto rendimento por meio de diferentes ações: integrar o esporte à ciência, prover serviços médicos, administrar o esporte, angariar fundos para o esporte, dar suporte aos atletas e realizar medidas técnicas necessárias para o êxito desportivo.[24] Atualmente, esse programa foi modificado, sendo das confederações esportivas a responsabilidade de programas de identificação e desenvolvimento de talentos esportivos.[5]

Por sua vez, o modelo dos EUA é diferente de países centralizadores, como Austrália, China e Alemanha, pois não apresenta envolvimento com o Governo Federal e fundamenta-se em três organizações principais: Associação Atlética Nacional de Universidades, Comitê Olímpico dos Estados Unidos e o Major Team Sports (organização que abrange as ligas profissionais americanas de esportes coletivos), sendo o Comitê Olímpico o órgão que controla o esporte olímpico por meio de 15 federações esportivas.[1,24]

Nos EUA, o esporte e a competição esportiva de alto rendimento são desenvolvidos nas universidades e nas ligas profissionais, contando com as melhores instalações esportivas e os técnicos mais qualificados. Os atletas profissionais vinculados às ligas recebem suporte financeiro de patrocinadores e aqueles que estão no esporte universitário recebem bolsas de estudo das universidades.[10,24] Contudo, o sistema americano não enfatiza tanto o desenvolvimento científico em relação à identificação e à promoção de talentos quanto se espera de uma nação que obtém resultados tão significativos nas competições internacionais.[25] É possível que a falta desse tipo de ação seja compensada pela prática massiva, ou seja, em virtude da grande quantidade de jovens que têm acesso à prática esportiva, e, numa seleção natural, os melhores em cada modalidade vão se destacando.

No Reino Unido, a Confederação Britânica de Esporte (CBE) foi criada na década de 1970 com o objetivo de massificar o esporte e utilizá-lo como ferramenta social. Entretanto, a partir dos anos 1990, com o governo de John Major, iniciou-se uma série de mudanças na política esportiva do Reino Unido.[9] A UK Sports, organização responsável pelo desenvolvimento do esporte de alto rendimento no Reino Unido, tem como um dos projetos o World Class Performance Program, que leva em consideração os resultados olímpicos e mundiais para fornecer auxílio financeiro e educacional aos atletas que se destacam, procedimento adotado em parte como critério da Bolsa-Atleta no Brasil (Capítulo 7).[9,26] Os fundos governamentais e provenientes das loterias são administrados e distribuídos pelo instituto, que tem uma estrutura eficiente voltada para o esporte de alto rendimento.[5]

É importante salientar que, por meio da análise das pesquisas que compararam a estrutura esportiva direcionada para o desenvolvimento de talentos esportivos dos países com o sucesso esportivo internacional, observou-se uma semelhança entre os programas de esporte das diferentes nações pesquisadas.[1,3,5,6,10,22] Essa semelhança reside no fato de que a maioria dos programas tem o sistema esportivo atrelado ao sistema educacional. O esporte praticado na escola amplia consideravelmente o número de praticantes e possibilita a massificação da prática de diferentes modalidades esportivas.

Destaca-se que a maioria dos países com sucesso esportivo internacional apresenta uma estrutura centralizada para o esporte, na qual as ações são controladas por instituições governamentais ou não governamentais. Entretanto, independentemente de as ações serem centralizadas ou não, o que se observa em muitos países que têm sucesso esportivo internacional são canais de comunicação eficientes com e entre as diferentes entidades responsáveis pela gestão do esporte. Uma rede de comunicação entre essas entidades responsáveis por ações de fomento esportivo proporciona que crianças e jovens pratiquem esporte com a perspectiva de ascender a diferentes níveis de desempenho, com critérios e suportes que orientem a promoção esportiva desde o esporte educacional e recreativo até o de rendimento e alto rendimento.[5]

Também é possível afirmar que todos os países analisados têm o sistema escolar como base para o desenvolvimento do esporte de alto rendimento, e, em alguns deles, esse sistema se integra com clubes e escolas especializadas de esporte, o que forma uma base ampla de praticantes de diversas modalidades.[5]

Valendo-se dessa base, existe uma estrutura de recursos materiais e humanos para o encaminhamento dos que se destacam, assim como treinamento especializado em diferentes níveis, até chegarem a equipes nacionais. Como vimos, em determinados países, esse encaminhamento é feito com base em critérios bem definidos, alguns deles com base em avaliações científicas e com programas de detecção e promoção integrados (como a Austrália).[5] A estrutura organizacional desses países é exemplificada na Figura 6.1.

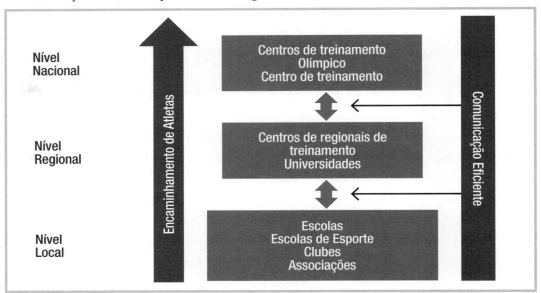

FIGURA 6.1 – Estrutura de desenvolvimento do esporte de alto rendimento nos estudos analisados.

Fonte: adaptado de Meira, Mazzei e Böhme (2012).[5]

Portanto, para implantação de um programa nacional de treinamento integrado aos processos de detecção e de seleção de talentos esportivos (por exemplo, o sistema australiano), é necessária uma estrutura organizada e complexa. Essa estrutura é fundamentada em: escolas, clubes, academias especializadas em diferentes modalidades, técnicos e professores qualificados, federações, ligas, confederações, cientistas do esporte, auxílio de outras áreas da ciência, órgão centralizador e gerenciador de ações, suporte financeiro por parte do governo, entre outras entidades e estratégias.[5]

Existem iniciativas governamentais no Brasil que buscam o desenvolvimento do esporte como o direcionamento de recursos financeiros por meio da Lei de Incentivo ao Esporte ou do Programa Bolsa-Atleta do ME,[27] ou outros programas do Comitê Olímpico Brasileiro (COB), ou das Secretarias de Esporte estaduais ou municipais. No entanto, não existem ações coordenadas, bem como uma boa comunicação entre as organizações envolvidas, o que poderia contribuir de modo mais efetivo para o desenvolvimento do esporte nacional como parte de um todo, ou seja, uma política nacional para o esporte.

Há programas implantados pontualmente, aos quais não são dadas condições de maior estruturação ou continuidade, como o Programa Descoberta do Talento. E, em razão das Olimpíadas no Rio, em 2016, surgem programas emergenciais, que, provavelmente, não mudarão definitivamente a estrutura e a organização esportiva no País, haja vista o exemplo dos legados dos Jogos Pan-Americanos, em 2007, em que muitos recursos foram aplicados sem nenhum ganho permanente para o esporte nacional.

Entre os programas para 2016 está o Programa Brasil Medalhas (Capítulo 3), que busca elevar o número de medalhas do Brasil nas Olimpíadas.

Desde a definição da cidade do Rio de Janeiro como sede dos Jogos Olímpicos de 2016 no Brasil, o COB estabeleceu como meta para essa edição figurar entre os dez primeiros colocados do mundo no número total de medalhas. Nos Jogos Olímpicos de Londres, em 2012, o Brasil obteve a 22ª colocação com 17 medalhas no total (3 ouros, 5 pratas e 9 bronzes). Isso representa estar entre as maiores potências no esporte, subindo 12 posições conforme último quadro de medalhas.

Para o alcance do objetivo determinado para 2016, o planejamento apresentado pelo COB e pelas confederações brasileiras olímpicas prevê a ampliação em cerca de treze modalidades com conquistas de medalhas. Para o COB, será preciso aprimorar as condições de atletas e equipes com chances reais de conquistar medalhas em 2016, ter a anuência das confederações e o apoio do ME, pelo aumento de disponibilidade de recursos financeiros.

Mais uma vez, um aporte substancial de recursos é aplicado num programa que busca resultados imediatos.

Uma política esportiva centralizada, com um montante de recursos bem inferior, aplicado há dez anos, provavelmente possibilitaria melhores resultados competitivos para o atual ciclo olímpico.

É importante lembrar que um atleta leva cerca de dez anos de treinamento e competições (de qualidade) para chegar ao alto rendimento. Por mais recursos que se aplique a atletas já formados, há aspectos que não podem mais ser alterados. Em muitas áreas, como no esporte, o planejamento deve ser realizado em longo prazo, caso contrário, a aplicação de recursos pode transformar-se em desperdício de recursos.

Países que obtiveram sucesso no esporte de alto rendimento investem nos atletas desde a sua iniciação, ainda que não de forma específica e direcionada, mas ampliando e proporcionando a prática esportiva a muitas crianças e jovens, seja na escola ou fora dela.

6.4 Apoio e suporte para os jovens talentos

Os FCSs referentes ao apoio e ao suporte para os jovens talentos são apresentados no Quadro 6.5, no qual é verificado que os seus dois FCSs são observados em parte na realidade brasileira.

Quadro 6.5 – FCSs referentes ao indicador "Jovens talentos recebem serviços de suporte multidimensional apropriados para a idade e o nível deles, necessários para desenvolvê-los como jovens atletas do mais alto nível"

FCS 4.13	Jovens talentos recebem serviços de suporte multidimensionais em diferentes níveis, incluindo suporte de treinamento e competição, suporte médico e paramédico, e suporte para qualidade de vida.	OP
FCS 4.14	Jovens talentos recebem treinamento apropriado para a idade e suporte para a competição, supervisionados por técnicos experientes com acesso a instalações de alto padrão.	OP

FCS: fator crítico de sucesso; OP: observado em parte.

Os resultados referentes à opinião dos atletas quanto ao apoio recebido de seu clube, seu técnico, sua federação, sua confederação ou outros órgãos, são apresentados no Gráfico 6.1. A maioria dos atletas afirma receber grande parte dos benefícios considerados, com exceção de *Melhores instalações para treinamento* e *Reembolso de despesas*.

Todavia, a opinião dos técnicos com referência aos benefícios recebidos pelos jovens atletas foi diferente dos atletas, avaliando a maioria dos itens de forma negativa. Mais da metade dos técnicos concorda com a opinião dos atletas a respeito dos itens *Treinamentos mais frequentes e intensivos* e *Calendário de competição e treinamento* (Gráfico 6.2).

Na opinião dos atletas e dos técnicos de alto rendimento pesquisados, faltam melhores instalações para treinamento e reembolso das despesas com o esporte para os jovens atletas brasileiros em desenvolvimento.

Gráfico 6.1 – Opinião dos atletas a respeito dos benefícios recebidos do clube ou técnico pessoal, federação, confederação ou outros órgãos

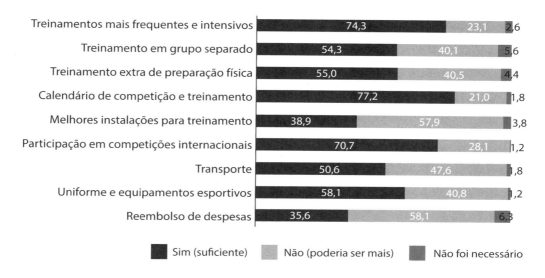

Gráfico 6.2 – Opinião dos técnicos sobre os benefícios recebidos pelos jovens atletas do clube ou técnico pessoal, federação, confederação ou outros órgãos

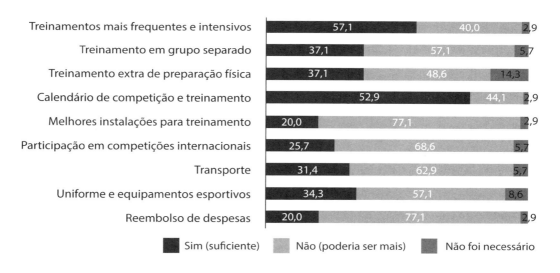

Os resultados referentes ao treinamento e à atenção extras que os jovens atletas brasileiros recebem durante o período em que eles se desenvolvem como um talento esportivo são apresentados nos Gráficos 6.3 e 6.4.

As respostas dos atletas (Gráfico 6.3) e dos técnicos (Gráfico 6.4) foram semelhantes: a maioria dos itens considerados foram avaliados de modo negativo,

164 | Esporte de alto rendimento

e os percentuais de respostas negativas foram maiores por parte dos técnicos. O único item avaliado positivamente pela maioria dos atletas foi *Fisioterapia/ massagem* (54% de respostas positivas).

De acordo com os resultados verificados, as condições de treinamento e a atenção extra como treinamento mental, acompanhamento nutricional, serviços médicos, suporte biomecânico, orientação profissional/planejamento de carreira e apoio da educação escolar precisam ser melhoradas no processo de desenvolvimento dos jovens atletas talentosos brasileiros.

Gráfico 6.3 – Opinião dos atletas sobre o treinamento e a atenção extra recebidos do clube ou técnico pessoal, federação, confederação ou outros órgãos

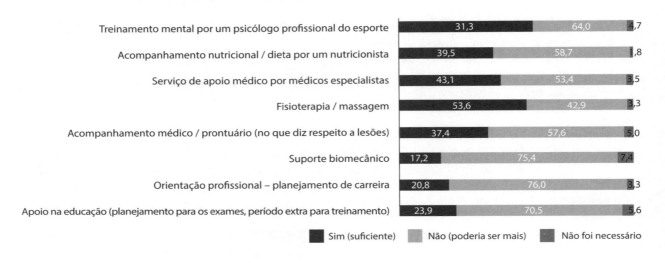

Gráfico 6.4 – Opinião dos técnicos a respeito do treinamento e da atenção extra recebidos pelos jovens atletas do clube ou técnico pessoal, federação, confederação ou outros órgãos

Segundo os gestores participantes da pesquisa, os jovens atletas podem contar com a maioria de serviços considerados no estudo em nível nacional (confederação), quando são selecionados para representar o país em competições internacionais (Gráfico 6.5). Isso não é verificado no nível regional (clubes e federações), em que somente os itens *Calendário de competições e treinamento*, *Treinamento em grupo separado* e *Treinamentos mais frequentes e intensivos* obtiveram a maioria de respostas positivas (Gráfico 6.6).

Dois aspectos muito importantes verificados foram o pouco apoio à educação e a inexistência de orientação profissional e planejamento de carreira dos jovens atletas em níveis regional e nacional na realidade brasileira, segundo a maioria das respostas dos gestores esportivos.

Gráfico 6.5 – Serviços que jovens talentos podem usar em nível nacional, de acordo com os gestores

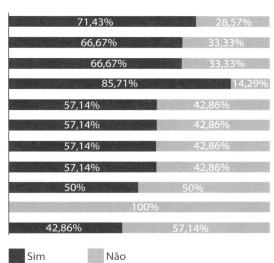

Gráfico 6.6 – Serviços que jovens talentos podem usar em nível regional, de acordo com os gestores

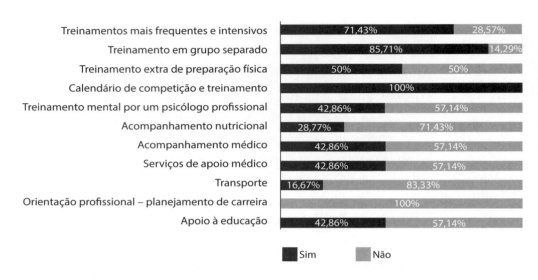

Os resultados referentes à adequação do apoio recebido das federações e das confederações, segundo a opinião dos atletas, são apresentados no Gráfico 6.7, no qual se verifica que não existe unanimidade de opinião: 30% dos atletas consideram que o apoio foi recebido *na faixa etária adequada*, ao passo que 39% consideram *muito tarde*.

Gráfico 6.7 – Opinião dos atletas se o apoio e a atenção especial da confederação e da federação nessa idade é adequado, acontece muito cedo ou muito tarde

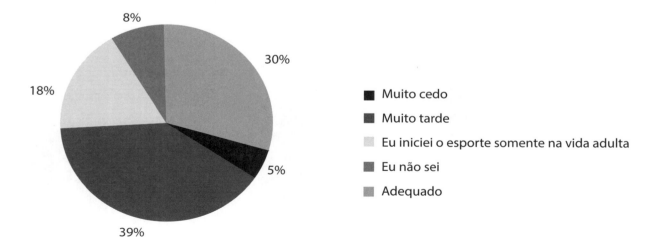

Já a quantidade de apoio oferecido durante o desenvolvimento ao jovem atleta talentoso é considerado como *insuficiente* e *muito insuficiente*, de acordo com 57% dos técnicos, conforme ilustrado no Gráfico 6.8.

Esses resultados indicam que, segundo os atletas e os técnicos participantes da pesquisa, as federações e as confederações esportivas brasileiras deveriam rever o papel que desempenham no processo de desenvolvimento de talentos em suas modalidade esportivas.

De acordo com a literatura,[7] a detecção, a seleção e a promoção de talentos esportivos estão diretamente relacionadas ao processo de TLP, o qual, realizado de forma planejada e sistemática, desempenha um papel fundamental na formação de futuras gerações de atletas talentosos para o esporte de alto rendimento nos diversos níveis e modalidades de competição esportiva.

Segundo as autoras, a realização do TLP deve ocorrer como resultado da integração, da coordenação e da cooperação de vários setores da sociedade, como escolas, clubes, organizações não governamentais, ligas, federações e confederações esportivas. Está também relacionada às políticas governamentais nos níveis municipal, estadual e federal para a área esportiva em termos locais, regionais e nacionais. Nesse sentido, depende da qualidade da administração esportiva nesses diferentes níveis de organização social e política do país.

Cabe às confederações esportivas a competência de organizar um sistema de TLP com as respectivas diretrizes nacionais para a modalidade esportiva sob sua responsabilidade. Essas diretrizes devem servir de referência para os profissionais/técnicos/treinadores elaborarem o planejamento de TLP no seu local de trabalho, de acordo com as suas condições materiais e humanas para a sua realização. A detecção, a seleção e a promoção de talentos esportivos para a modalidade devem fazer parte do sistema de TLP.

Gráfico 6.8 – Opinião dos técnicos sobre a quantidade de apoio oferecido ao jovem atleta talentoso durante o seu desenvolvimento

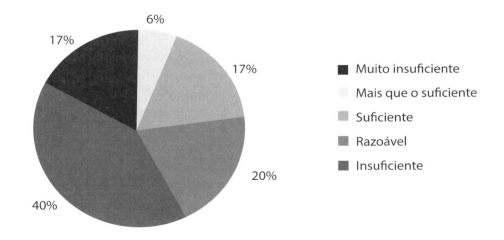

6.5 Conciliação de esporte e estudo

O processo de TLP, realizado de forma conjunta com a detecção, a seleção e o desenvolvimento de talentos esportivos, é fundamental para que um atleta tenha sucesso esportivo em alto nível.[7] Esse processo pode ser dividido, basicamente, em três etapas: iniciação esportiva, especialização esportiva e alto rendimento.

A etapa de especialização esportiva compreende o período em que os atletas frequentam o ensino médio e os anos finais do ensino fundamental. Já a etapa de alto rendimento, caso consigam conciliar carreira esportiva e estudos, compreende o período em que os atletas frequentam o ensino superior.

Os indicadores 4 e 5 do Pilar 4, "Jovens talentos recebem suporte coordenado nacionalmente para o desenvolvimento da combinação de esportes e do estudo acadêmico durante o ensino médio e, quando relevante, ensino fundamental (para esportes de especialização precoce, para os quais tal sistema é necessário)" e "Jovens talentos recebem suporte coordenado nacionalmente para o desenvolvimento da combinação de esportes e do estudo acadêmico durante o ensino superior (faculdade/universidade)" compreendem as duas últimas etapas do TLP.

Os FCSs referentes à conciliação do esporte com os estudos dos jovens atletas são apresentados nos Quadros 6.6 e 6.7, nos quais é verificado que, na realidade brasileira, de um total de oito FCSs dos dois indicadores referentes ao tema, cinco não são observados e três são observados em parte.

Quadro 6.6 – FCSs referentes ao indicador "Jovens talentos recebem suporte coordenado nacionalmente para o desenvolvimento da combinação de esportes e do estudo acadêmico durante o ensino médio e, quando relevante, ensino fundamental (para esportes de especialização precoce, para os quais tal sistema é necessário)"

FCS 4.15	Há uma estrutura legal, na qual jovens talentos têm seus *status* de atleta de alto rendimento reconhecidos contratualmente pelo Ministério ou pela administração nacional de esporte ou educação, na idade que é apropriada para sua modalidade.	NO
FCS 4.16	Há um sistema nacionalmente coordenado que facilita a combinação de esporte de alto rendimento e estudos durante o ensino *médio*, de tal forma que estudantes/atletas não fiquem dependentes de iniciativas locais variáveis.	NO
FCS 4.17	Há um sistema nacionalmente coordenado que facilita a combinação de esporte de alto rendimento e estudos durante o ensino *fundamental*, de tal forma que estudantes/atletas não fiquem dependentes de iniciativas locais variáveis para esportes (de especialização precoce) em que tal suporte é necessário.	NO

Continua

Continuação

| FCS 4.18 | O governo ou os órgãos esportivos nacionais reconhecem os custos envolvidos com o sistema de esporte e estudo nos ensinos fundamental e médio e oferecem os suportes financeiro e pessoal especializados, necessários para facilitar esse sistema. | OP |

FCS: fator crítico de sucesso; NO: não observado; OP: observado em parte.

Quadro 6.7 – FCSs referentes ao indicador "Jovens talentos recebem suporte coordenado nacionalmente para a combinação do desenvolvimento de esportes e do estudo acadêmico durante o ensino superior (faculdade/universidade)"

FCS 4.19	Há uma estrutura legal, na qual jovens talentos têm seus *status* de atleta de alto rendimento reconhecidos contratualmente pelo Ministério ou pela administração nacional de esporte ou educação no ensino superior.	NO
FCS 4.20	Há um sistema nacionalmente coordenado que facilita a combinação de esporte de alto rendimento e estudos acadêmicos durante o ensino superior.	NO
FCS 4.21	O governo ou os órgãos esportivos nacionais reconhecem os custos envolvidos com o sistema de esporte e estudo no ensino superior e oferecem os suportes financeiro e pessoal especializados, necessários para facilitar esse sistema.	OP
FCS 4.22	Os resultados de diferentes testes (cognitivo, antropometria, habilidades esportivas) que os jovens talentos têm em escolas de esportes de alto rendimento (ensino médio e ensino superior) são registrados em bancos de dados.	OP

FCS: fator crítico de sucesso; NO: não observado; OP: observado em parte.

A Lei Federal nº 8.069, de 13 de julho de 1990,[28] também conhecida como Estatuto da Criança e Adolescente (ECA), considera "criança, para os efeitos desta Lei, a pessoa até doze anos de idade incompletos, e adolescente aquela entre doze e dezoito anos de idade".

De acordo com essa lei, toda criança e todo adolescente tem o direito à educação, visando ao pleno desenvolvimento de sua pessoa, ao preparo para o exercício da cidadania para qualificá-lo para o trabalho, assegurando-lhes, entre outros direitos, o acesso à escola pública e gratuita próxima à sua residência. Também segundo essa lei, cabe aos pais ou aos responsáveis legais a obrigação de matricular seus filhos ou pupilos na rede regular de ensino.

Especificamente no caso do futebol, no Estado de São Paulo, existe a Lei Estadual nº 13.478, de 8 de outubro de 2009,[29] que determina aos clubes de futebol oficiais do estado de São Paulo, ou seja, filiados e reconhecidos pela Federação Paulista de Futebol, assegurar matrícula em instituição de ensino, pública ou particular, a todos os seus futebolistas menores de 18 anos, e, ainda, zelar pela frequência e pelo rendimento escolar deles. Em caso de não cumprimento da lei, os clubes poderão ser penalizados com multa, impedimento de participação em torneios e competições oficiais, cabendo à Federação Paulista de Futebol a responsabilidade de receber dos clubes as relações dos comprovantes de matrícula e de frequência escolar dos futebolistas filiados, e encaminhá-los à Secretaria de Estado da Educação e à Comissão de Educação da Assembleia Legislativa do Estado. A não entrega por parte dos clubes presumirá o não cumprimento dessa lei, acarretando a aplicação das penalidades descritas.

A Lei Federal nº 9.615, de 24 de março de 1998, conhecida como Lei Pelé,[30] com última alteração pela Lei de nº 12.395,[31] que institui normas gerais acerca do desporto, considera como formadora de atleta a entidade de prática desportiva que cumpra alguns quesitos, como:

- fornecer programas de treinamento nas categorias de base e complementação educacional;
- garantir assistência educacional, psicológica, médica e odontológica, assim como alimentação, transporte e convivência familiar;
- ajustar o tempo destinado à efetiva atividade de formação do atleta não superior a quatro horas por dia, aos horários do currículo escolar ou de curso profissionalizante, além de propiciar-lhe a matrícula escolar, com exigência de frequência e satisfatório aproveitamento;
- garantir que o período de seleção não coincida com os horários escolares.

Segundo 51% dos atletas, não houve suporte/tratamento especial para conciliação dos estudos com o esporte escola ou faculdade (ensino fundamental, médio e superior).

De acordo com os 49% dos atletas que afirmaram ter recebido suporte para conciliar esporte e estudo, esse suporte foi relativo somente ao quesito *datas de provas flexíveis*; desses, responderam de modo positivo 68% no ensino fundamental e médio, e 58% no ensino superior. Com relação aos demais aspectos, como *assistência financeira*, *professor particular*, *estudos escalonados*, *presença obrigatória reduzida em aula* e *flexibilidade de horários de aula*, a maioria respondeu que não teve auxílio nesses quesitos em nenhum dos níveis de escolaridade.

Tanto no ensino médio como no superior, somente 18% e 22% dos atletas, respectivamente, afirmaram ter estudado em escola especializada que oferece instalações específicas para apoiar o esporte de alto rendimento com os estudos acadêmicos.

De forma geral, isso indica que, no Brasil, não existe a preocupação da sociedade em procurar a conciliação dos estudos e a formação esportiva de seus atletas de alto rendimento durante o seu processo de desenvolvimento. No entanto, quando questionados sobre a avaliação do apoio geral recebido para conciliar as atividades esportivas de alto rendimento com os estudos, 53% dos atletas e 65% dos técnicos avaliaram o apoio entre razoável e bom para o ensino médio, assim como 46% e 54%, respectivamente, para o ensino superior.

6.6 Comentários gerais e perspectivas

Conforme é possível observar no Gráfico 6.9, a maioria dos FCSs referentes à identificação e ao desenvolvimento de talentos esportivos não são observados e os demais são parcialmente observados, indicando que esse pilar é o mais crítico na realidade brasileira, de acordo com o modelo SPLISS.

Gráfico 6.9 – Síntese das observações dos 22 FCSs relativos ao Pilar 4

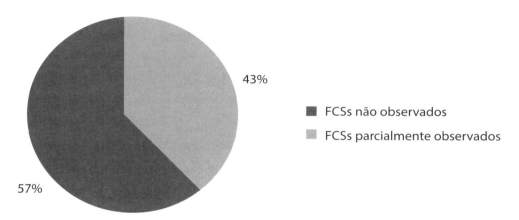

Apesar disso, em algumas modalidades, embora de maneira não sistematizada, a formação de atletas ocorre de modo a possibilitar o alcance do sucesso esportivo internacional.

A imensa extensão do território nacional, por vezes, impede que todas as crianças e todos os jovens possam participar de um processo de iniciação esportiva.

Entretanto, mesmo na presença de recursos humanos e financeiros, as questões relacionadas à formação esportiva, ao esporte escolar e participativo são relegadas a segundo plano, dando-se prioridade, às vezes, ao investimento em poucos atletas de alto rendimento, numa visão totalmente imediatista de retorno competitivo e financeiro.

No Brasil, as ações relacionadas à formação de atletas ocorrem de forma isolada, mas sem um mecanismo de controle e organização. Dessa forma, estamos sujeitos à "sorte" do surgimento de grandes talentos, quando esse trabalho deveria estar baseado na ciência.

O caminho para o alcance do sucesso internacional esportivo passa pelo trabalho de qualidade na identificação e no desenvolvimento de talentos esportivos, ou seja, é um processo em longo prazo.

Referências

1. Digel H. The context of talent identification and promotion: a comparison of nations. New Stud Athl. 2002;17(3/4):13-26.

2. De Bosscher V, De Knop P, Van Bottenburg M, Shibli S, Bingham J. Explaining international sporting success: an international comparison of elite sport systems and policies in six countries. Sport Manag Rev. 2009;12(3):113-3 [cited in 08 Oct 2015]. Avaliable at: http://shura.shu.ac.uk/5046/

3. Green M, Oakley B. Elite sport development systems and playing to win: uniformity and diversity in international approaches. Leis Stud. 2001;20(4):247-67.

4. Meira TB, Bastos FC, Böhme MTS. Análise da estrutura organizacional do esporte de rendimento no Brasil: um estudo preliminar. Rev Bras Educ Fís Esporte. 2012;26(2):251-62.

5. Meira TB, Mazzei LC, Bastos FC, Böhme MTS. Programas de desenvolvimento de talentos esportivos nas pesquisas comparativas internacionais sobre esporte de alto rendimento e na realidade brasileira. R Min Educ Fís. 2012;20(2):37-72.

6. De Bosscher V, Bingham J, Shibli S, van Bottenburg M, De Knop P. The global sporting arms race. An international comparative study on sports policy factors leading to international sporting success. Aachen: Meyer & Meyer; 2008.

7. Böhme MTS. Esporte infantojuvenil: treinamento a longo prazo e talento esportivo. São Paulo: Phorte; 2011.

8. Massa M. Desenvolvimento de judocas brasileiros talentosos [tese de doutorado]. São Paulo: Escola de Educação Física e Esporte da Universidade de São Paulo; 2006.

9. Green M. Changing policy priorities for sport in England: the emergence of elite sport development as a key policy concern. Leis Stud. 2004;23(4):365-85.

10. Houlihan B, Green M. Comparative elite sport development. Systems, structures and public policy. London: Elsevier; 2008.

11. Böhme MTS. Talento Esportivo II: determinação de talentos esportivos. Rev Paul Educ Física.

1995;9(2):138-46 [acesso em 08 out 2015]. Disponível em: http://citrus.uspnet.usp.br/lateca/web/image/gepetij/talentoesportivoiideterminacaodetalentos esportivos.pdf.

12. Böhme MTS. O treinamento a longo prazo e o processo de detecção, seleção e promoção de talentos esportivos. Rev Bras Ciên Esporte. 2000;21(2-3):4-10.

13. Bompa TO. Total Training for young champions: proven conditioning programs for athletes ages 6 to 18. Champaign (IL): Human Kinetics; 2000.

14. Shilbury D, Sotiriadou KP, Green BC. Sport development. Systems, policies and pathways: an introduction to the special issue. Sport Manag Rev. 2008;11(3):217-23 [cited in 08 Oct 2015]. Avaliable at: http://www.sciencedirect.com/science/article/pii/S1441352308701104.

15. Sotiriadu K, Shilbury D. Australian elite athlete development: an organizational perspective. Sport Manag Rev. 2009;12(3):137-48.

16. Abbott A, Collins D. Eliminating the dichotomy between theory and practice in talent identification and development: considering the role of psychology. J Sports Sci. 2004;22(5):395-408 [cited in 08 Oct 2015]. Avaiable at: http://www.ncbi.nlm.nih.gov/pubmed/15160593.

17. Hohmann A, Seidel L. Scientific aspects of talent development. Int J Phys Educ. 2003;40(1):9-20.

18. Martindale RJJ, Collins D, Daubney J. Talent development: a guide for practice and research within sport. Quest. 2005;57(4):353-75 [cited in 17 Sept 2012]. Avaliable at: http://www.tandfonline.com/doi/abs/10.1080/00336297.2005.10491862.

19. Bloom BS. Developing talent in young people. New York: Ballantine Books; 1985.

20. Csikszentmihalyi M, Rathunde K, Whalen S. Talented teenagers: the roots of success & failure. Cambridge: Cambridge University; 1997.

21. Ericsson KA, Krampe RT, Tesch-Romer C. The role of deliberate practice in the acquisition of expert performance. Psychol Rev. 1993;100(3):363-406.

22. Digel H. A comparison of competitive sport systems. New Stud Athl. 2002;17(1):37-50.

23. Rütten A, Ziemainz H. Analisys of talent identification and development systems in different countries. In: Proceedings of the 3. International Forum on Elite Sport; 2003 Sept 9-Nov 9; Loughborough, United Kingdom. Barcelona: ASPC; 2003.

24. Ferreira R. Políticas para o esporte de alto rendimento: estudo comparativo de alguns sistemas esportivos nacionais visando um contributo para o Brasil [tese de doutorado]. Porto: Faculdade de Desporto da Universidade do Porto; 2007.

25. Digel H. The context of talent identification and promotion: a comparison of nations. New Stud Athl. 2002;17(3/4):13-26.

26. UK Sport. World class performance programme. 2012 [cited in 27 Mar 2013]. Avaliable at: https://www.uksport.gov.uk/pages/wc-performance-programme.

27. Ministério do Esporte. Bolsa-Atleta. 2013 [acesso em 05 set 2013]. Disponível em: http://www2.esporte.gov.br/snear/bolsaAtleta/.

28. Brasil. Lei nº 8.069 , de 13 de julho de 1990. Dispõe sobre o Estatuto da Criança e do Adolescente, e dá outras providências. Diário Oficial da União. 16 jul de 1990;Seção 1:13563.

29. São Paulo (Estado). Lei nº 13.748, de 8 de outubro de 2009. Determina aos clubes de futebol que assegurem matrícula em instituição de ensino aos jogadores menores de 18 (dezoito) anos a eles vinculados. Diário Oficial do Estado de São Paulo. 9 out 2009;Seção 1:1.

30. Brasil. Lei nº 9.615, de 24 de março de 1998. Institui normas gerais sobre desporto e dá outras providências [acesso em 08 out 2015]. Disponível em: www.planalto.gov.br/ccivil_03/leis/l9615consol.htm.

31. Brasil. Lei nº 12.395, de 16 de março de 2011. Altera as Leis nᵒˢ 9.615, de 24 de março de 1998, que institui normas gerais sobre desporto, e 10.891, de 9 de julho de 2004, que institui a Bolsa-Atleta; cria os Programas Atleta Pódio e Cidade Esportiva. Disponível em: http://www.planalto.gov.br/CCiVil_03/_Ato2011-2014/2011/Lei/L12395.htm.

Suporte para atletas e pós-carreira

Maressa D'Paula Gonçalves Rosa Nogueira
Luciana Perez Bojikian
Ana Lúcia Padrão dos Santos
Victor Pignotti Maielo

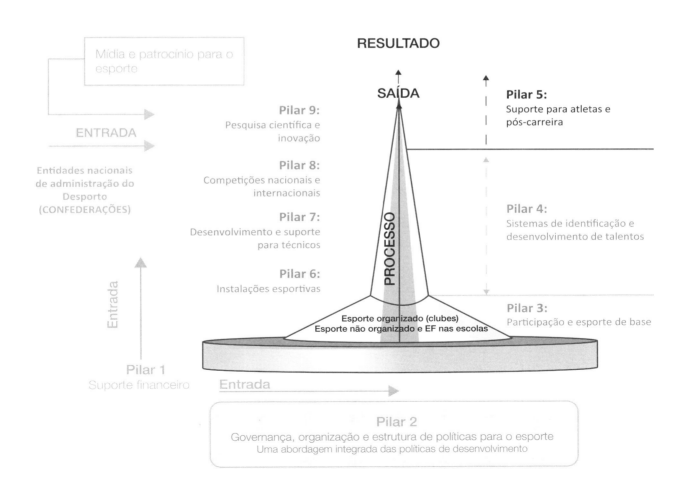

O atleta percorre um longo caminho desde a sua iniciação esportiva, passando pelo período de desenvolvimento de talento até chegar, efetivamente, ao alto rendimento. No entanto, muitos deles não conseguem completar esse ciclo, pois, para que isso ocorra, todo um sistema de suporte deve ser fornecido, a fim de que os atletas possam progredir sistematicamente de um nível para outro mais elevado, construindo sua carreira esportiva.

Além da importância da promoção do atleta talentoso ao alto rendimento, levanta-se a questão do término da carreira esportiva. Muitos anos são dedicados à carreira esportiva, muitas vezes de forma exclusiva ao treinamento e à competição, o que, em algumas ocasiões, pode impedir o desenvolvimento desses atletas em outras áreas ou a dedicação à formação acadêmica, que os habilitaria a exercerem uma atividade profissional com o término da carreira esportiva. Tanto quanto há a necessidade de fornecer apoio à formação do atleta, deve existir a preocupação com o encerramento da carreira e a continuidade da vida pessoal.

O Pilar 5 do modelo SPLISS, intitulado *Suporte para atletas e pós-carreira*, será apresentado neste capítulo por meio de seus quatro indicadores e dez fatores críticos de sucesso (FCSs), conforme ilustrado pelo Quadro 7.1.

Quadro 7.1 – Indicadores referentes ao Pilar 5

Indicadores
Há uma definição nacionalmente aceita de atleta de alto rendimento para todos os esportes.
O padrão de vida individual dos atletas é suficiente para que eles se concentrem em seus esportes em tempo integral.
Existe um programa de suporte coordenado para atletas de alto rendimento.
Os atletas podem receber suporte pós-carreira e são preparados adequadamente para a vida após a carreira esportiva.

7.1 Contextualização

O termo *carreira esportiva* se refere a uma multiplicidade de atividades esportivas do indivíduo que almeja o aperfeiçoamento e o reconhecimento no esporte.[1] A carreira esportiva é composta de transições, que significam a passagem do atleta de uma fase de desenvolvimento no esporte para outra, definidas pela idade ou pelo grau de especialização esportiva.[1] As situações de transição despertam no atleta diversos sentimentos e estratégias de enfrentamento e possibilitam vivências que serão úteis em outras circunstâncias, tanto na fase de declínio ou abandono do esporte quanto no término da carreira esportiva. As transições podem ser positivas, quando existem boas condições para a adaptação, permitindo um rápido desenlace; ou negativas, quando há muito esforço para se adaptar com sucesso às novas exigências, ou até mesmo falta de habilidade de adaptação.[2]

Quando se trata do término da carreira esportiva, muitos são os fatores envolvidos, seja o encerramento voluntário (decisão por livre escolha) ou involuntário (sem livre escolha). Entre eles estão: a idade, os novos interesses emergentes, a fadiga psicológica, as dificuldades com a equipe técnica, os resultados esportivos em declínio,[3] os problemas de contusão ou de saúde, e o não selecionamento para as competições.[4]

As incertezas do atleta sobre como será o seu futuro após o esporte de alto rendimento, sem dúvida, afetarão o seu desempenho ao longo da carreira. Em muitos casos, essa incerteza é responsável pelo abandono do esporte (*dropout*), mesmo por atletas de talento. Portanto, o suporte e o planejamento da carreira do atleta devem ser temas abordados com a máxima atenção pelos programas que visam à obtenção de bons resultados esportivos em nível internacional.

Algumas pesquisas buscaram analisar a relação entre o desenvolvimento do esporte de alto rendimento em diversos países e as políticas públicas que resultam no sucesso esportivo em competições internacionais (Capítulo 1). Essas pesquisas apontam que o planejamento das fases de desenvolvimento até o encerramento da carreira esportiva é um fator indispensável para o sucesso esportivo.[5-9]

Dessa maneira, alguns dos aspectos observados como importantes para o desenvolvimento do esporte de rendimento nos países estudados mostraram a importância do apoio à vida social e profissional do atleta, assim como a existência de programas de preparação do atleta para a vida após o esporte.[5]

Diante disso, o presente capítulo trata de um tema relevante para a gestão de esporte de alto rendimento no Brasil, na tentativa de subsidiar a elaboração de programas que atendam e deem suporte aos atletas durante o desenvolvimento de sua carreira esportiva e no encerramento dela.

7.2 O que é um atleta de alto rendimento?

Os FCSs referentes à definição de atleta de alto rendimento são apresentados no Quadro 7.2. Na realidade brasileira, foi observado o único FCS referente a esse indicador.

Quadro 7.2 – FCSs referentes ao indicador "Existe uma definição nacionalmente aceita de atleta de alto rendimento para todos os esportes"

FCS 5.1	Há uma definição padronizada para todos os esportes que define quais atletas são elegíveis para suporte e, talvez, custeamento direto.	O

FCS: fator crítico de sucesso; O: observado.

O atleta de alto rendimento tem como objetivo a busca da superação, do recorde e da vitória. Esse alto grau de exigência implica o profissionalismo dos agentes envolvidos (atletas) e de estruturas de suporte organizadas: confederações, federações e ligas (federais, estaduais e municipais). O atleta de alto rendimento, na maioria dos países, está, de maneira direta ou indireta, vinculado a organizações governamentais responsáveis pelo seu desenvolvimento.[10]

O Ministério do Esporte (ME), representado pela Secretaria Nacional de Esporte de Alto Rendimento (SNEAR), determina quais são os critérios que definem o atleta de alto rendimento de acordo com as categorias: pódio, olímpica/paralímpica, internacional, nacional, estudantil e atleta de base. Esses critérios fazem parte da legislação que rege o Programa Bolsa-Atleta.[11-17]

7.3 As condições financeiras oferecidas aos atletas permitem que eles se dediquem ao esporte em tempo integral?

Os FCSs referentes às condições financeiras oferecidas aos atletas são apresentados no Quadro 7.3. Na realidade brasileira, dos quatro FCSs, um foi observado e os outros três foram observados em parte.

Quadro 7.3 – FCSs referentes ao indicador "O padrão de vida individual dos atletas é suficiente para que eles se concentrem em seus esportes em tempo integral"

FCS 5.2	A renda mensal dos atletas (renda bruta total) em geral e a renda provinda de suas atividades esportivas é suficiente.	OP
FCS 5.3	Os empregadores apoiam as carreiras dos atletas.	OP
FCS 5.4	O esporte de alto rendimento é a atividade primária integral para atletas de alto rendimento.	OP
FCS 5.5	Os atletas podem receber suporte financeiro que permitam a eles dedicar-se suficientemente a seus esportes e sustentar-se enquanto se preparam para competir e quando competem no esporte de alto rendimento.	O

FCS: fator crítico de sucesso; OP: observado em parte; O: observado.

O aspecto financeiro está diretamente relacionado a várias etapas da carreira do atleta. Na fase de iniciação esportiva, o apoio financeiro é dado fundamentalmente pelos pais, que viabilizam as condições mínimas de material, condução e alimentação.[18]

Dependendo da modalidade praticada, são necessários mais ou menos recursos financeiros para o desenvolvimento dos atletas e para a participação em treinamentos e competições. A exemplo disso, o custo com o esporte de alto rendimento pode envolver gastos com aquisição e manutenção de equipamentos, espaço físico para treinamento específico e preparação física, treinamento com uma equipe multiprofissional especializada, viagens para participação de competições e viagens relacionadas com períodos de treinamentos específicos.[19] Desse modo, algumas modalidades, como vela ou hipismo, podem ser impeditivas para atletas provenientes de classes sociais menos favorecidas e que têm apenas o apoio financeiro familiar.

Diante desses custos, em alguns casos, é preciso um investimento em recursos econômicos durante muito tempo, para que haja evolução na carreira e alguma chance de êxito. É apenas uma minoria que consegue reduzir gastos ou receber algum apoio financeiro que permita subsidiar suas atividades no esporte.

O aspecto financeiro está contemplado na pesquisa SPLISS em questões que levantam informações a respeito do rendimento dos atletas de maneira objetiva, e, também, sobre a percepção dos atletas no que se refere aos recursos recebidos permitirem ou não que eles se dediquem integralmente a atividades esportivas. Os resultados obtidos são apresentados nos Gráficos 7.1 e 7.2.

Gráfico 7.1 – Relato dos atletas em relação a seu rendimento considerando a renda bruta e anual em geral, no período entre 2009 e 2010

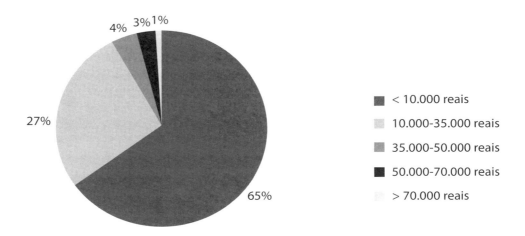

Gráfico 7.2 – Relato dos atletas quanto ao rendimento financeiro em relação às atividades esportivas serem ou não suficientes para dedicação ao esporte

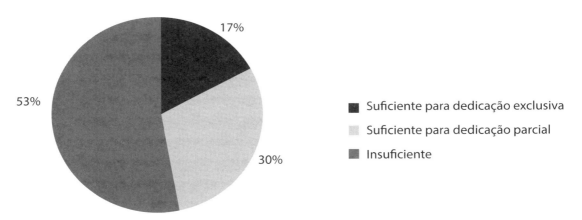

As informações obtidas pelo relato dos atletas apontam que 30% deles não recebem qualquer tipo de apoio financeiro. Esses resultados corroboram com um estudo recente que avaliou a qualidade de vida de atletas brasileiros. Entre os domínios que compõem a qualidade de vida, os valores mais baixos foram encontrados nos fatores relacionados a aspectos socioeconômicos. É interessante notar que, nesse estudo, a maioria dos atletas se considerava profissional, ou seja, o atleta relatava ter um contrato com a instituição que representava e recebia um salário dessa instituição. Ao mesmo tempo, tais atletas expressaram a insatisfação por não terem um trabalho e nem independência financeira.[20]

A falta de recursos pode ser uma barreira crítica para o desenvolvimento da carreira de atletas provenientes de classes de baixa renda, tanto no que se refere à modalidade escolhida quanto ao nível de sucesso que se quer alcançar.[19] O custo com o esporte de alto rendimento pode envolver gastos com aquisição e manutenção de equipamentos, espaço físico para treinamento específico e preparação física, treinamento com uma equipe multiprofissional especializada, viagens para participação em competições e viagens relacionadas com períodos de treinamentos específicos. A solução para a falta de recursos talvez possam ser encontradas no apoio de patrocinadores, poder público ou mesmo de organizações não governamentais.

Apesar de diferenças nos sistemas esportivos existentes em cada país, há normas sociais e tradições culturais que podem influenciar o desenvolvimento da carreira do atleta. É natural imaginar que quanto maior o apoio que ele recebe dos indivíduos no seu entorno, o que inclui seus empregadores, menos problemáticas serão as transições que o atleta deve superar. Uma transição bem-sucedida ocorre quando o atleta é capaz de utilizar de forma eficaz todos os recursos necessários para enfrentar as barreiras que surgem em cada transição.

Com relação à administração do tempo, no que se refere ao estudo e ao trabalho, pode ser considerada um problema no desenvolvimento da carreira dos atletas e pode ser uma explicação bastante plausível para os resultados obtidos,[21] que revelam que o tempo de dedicação dos atletas ao esporte é muito diverso, variando de 0 a 70 horas semanais, com uma média de 21 horas semanais e desvio padrão de 11 horas e 35 minutos.

Existem muitas diferenças entre as modalidades, desde recursos de infraestrutura para treino e competição até recursos financeiros. Ao passo que alguns atletas oriundos de modalidades mais populares contam com patrocínios de grandes empresas, além de auxílio governamental, como o Bolsa-Atleta, outros não dispõem de patrocínio e precisam de outro trabalho para complementar sua renda; portanto, dedicam menos tempo, ou seja, menos horas semanais, ao esporte.

Outro obstáculo comumente presente no desenvolvimento da carreira esportiva, apontado por atletas em geral, e que os faz, inclusive, abandonar o esporte, é a dificuldade de dedicar-se aos estudos.[21-23] Por falta de um planejamento melhor nesse aspecto, por parte de técnicos e dirigentes, muitos atletas com real potencial de sucesso acabam por abandonar o esporte para poder dedicar-se aos estudos. Em alguns países, como os Estados Unidos, essa relação estudo-esporte ocorre naturalmente, visto que o esporte escolar e universitário tem grande força e é, em grande parte, responsável pelo sucesso esportivo do país.

Diante desses fatores, o apoio financeiro mostra-se como primordial para que o atleta possa manter um bom nível competitivo. Contudo, esse apoio geralmente chega ao atleta após ele ter alcançado o alto rendimento, e não para auxiliá-lo no desenvolvimento da sua carreira.

O atleta brasileiro pode obter esse tipo de apoio de diversas fontes. Há atletas que contam apenas com seus recursos pessoais; outros que, oriundos de modalidades populares e com grande exposição na mídia, contam com excelente suporte financeiro fornecido por empresas privadas ou públicas; e, ainda, aqueles que contam somente com os recursos do Programa Bolsa-Atleta do ME.

Não há informações disponíveis organizadas sobre o número de atletas que atendem aos critérios do Bolsa-Atleta. Os únicos dados disponíveis podem ser encontrados no *site* do ME, que engloba esportes olímpicos, paralímpicos e não olímpicos. O nível indicado pela categoria do programa, o critério utilizado e o número de atletas que atendem a esse critério no período de 2009 a 2013 estão descritos no Quadro 7.4.

Quadro 7.4 – Descrição das categorias, critérios e número de atletas atendidos pelo Programa Bolsa-Atleta

Nível	Critério utilizado	Número de atletas que atendem ao critério
1 – Atleta pódio	O atleta deve estar em plena atividade esportiva, ser filiado a uma entidade esportiva ou qualquer entidade de administração esportiva nacional, declarar que recebe qualquer tipo de patrocínio de empresas, públicas ou privadas, o valor efetivamente recebido e o período do contrato, ser classificado no respectivo evento internacional entre os *top* 20 do mundo em sua modalidade esportiva ou evento e ser indicado pela respectiva entidade nacional de administração do desporto em conjunto com o Comitê Olímpico do Brasil (COB) ou o Comitê Paralímpico Brasileiro (CPB) e o Ministério do Esporte (ME).	Não há informações disponíveis sobre o número de atletas que cumprem esse critério.
2 – Atleta olímpico e paralímpico	O atleta deve ter mais de 16 anos, estar vinculado a uma entidade de prática desportiva (clube), ser filiado à entidade de administração de sua modalidade, tanto em nível estadual (federação) como nacional (confederação), ter integrado na qualidade de atleta a delegação brasileira (como titular em modalidades individuais) ou ter seu nome nas súmulas de modalidades coletivas na última edição dos Jogos Olímpicos ou Paralímpicos, nos três anos subsequentes aos Jogos Olímpicos ou Paralímpicos, e continuar participando de competições internacionais indicadas pelo respectivo comitê.	Foram contemplados: • Em 2009: 251 atletas. • Em 2010: 26 atletas. • Em 2011: 276 atletas. • Em 2012: 287 atletas. • Em 2013: 389 atletas.

Continua

Continuação

3 – Atleta internacional	O atleta deve ter mais de 14 anos, estar vinculado a uma entidade de prática desportiva (clube), ser filiado à entidade de administração de sua modalidade, tanto estadual (federação) como nacional (confederação), ter participado de competição internacional, indicada pela entidade nacional, no ano anterior, ter obtido até o 3º lugar em campeonatos mundiais, jogos ou campeonatos pan-americanos e parapan-americanos ou jogos ou campeonatos sul-americanos.	Foram contemplados: • Em 2009: 9.496 atletas. • Em 2010: 574 atletas. • Em 2011: 816 atletas. • Em 2012: 1.070 atletas. • Em 2013: 943 atletas.
4 – Atleta nacional	O atleta deve ter mais de 14 anos, estar vinculado a uma entidade de prática desportiva (clube), ser filiado à entidade de administração de sua modalidade, tanto estadual (federação) como nacional (confederação), ter participado de competição no ano anterior, ter obtido até o 3º lugar no evento máximo nacional organizado e indicado pela entidade nacional de administração de sua modalidade ou até o 3º lugar no *ranking* nacional por ela organizado e indicado.	Foram contemplados: • Em 2009: 1.261 atletas. • Em 2010: 2.163 atletas. • Em 2011: 2.712 atletas. • Em 2012: 3.246 atletas. • Em 2013: 3.857 atletas.
5 – Estudantil	O atleta dever ter idade mínima de 14 anos e máxima de 20 anos, estar regularmente matriculado em instituição de ensino pública ou privada, ter participado de competição no ano anterior, ter obtido até o 3º lugar nos jogos estudantis nacionais organizados e homologados pelo Ministério do Esporte nas modalidades individuais ou estar entre os seis melhores atletas em cada modalidade coletiva.	Foram contemplados: • Em 2009: 138 atletas. • Em 2010: 245 atletas. • Em 2011: 233 atletas. • Em 2012: 210 atletas. • Em 2013: 233 atletas.
6 – Atleta de base	O atleta deve ter idade mínima de 14 anos e máxima de 19 anos, estar vinculado a uma entidade de prática desportiva (clube), ser filiado à entidade de administração de sua modalidade, tanto estadual (federação) como nacional (confederação), ter participado de competição no ano anterior, ter obtido até a terceira colocação nas modalidades individuais de categorias e eventos previamente indicados pela respectiva entidade nacional de administração do desporto ou ter sido eleito entre os dez melhores atletas do ano anterior em cada modalidade coletiva, na categoria indicada pela respectiva entidade, e continuar treinando e participando de competições nacionais oficiais.	Foram contemplados: • Em 2011: 206 atletas. • Em 2012: 175 atletas. • Em 2013: 265 atletas.

O governo também trabalha com o reembolso das despesas dos atletas. No entanto, 61% dos atletas afirmaram que o valor de reembolso não é suficiente para cobrir suas despesas com treinamento e competição, e, para 39% dos atletas, o reembolso é suficiente.[24] As despesas são de natureza variada, conforme é possível observar no Gráfico 7.3.

Gráfico 7.3 – Natureza e percentual de reembolso das despesas dos atletas com treinamento e competição

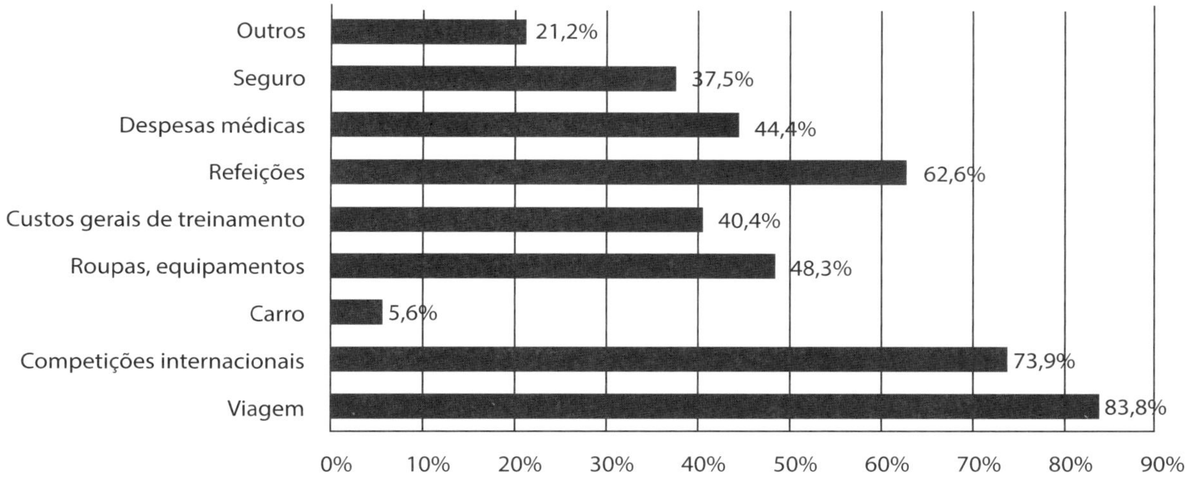

Outros 21,2%
Seguro 37,5%
Despesas médicas 44,4%
Refeições 62,6%
Custos gerais de treinamento 40,4%
Roupas, equipamentos 48,3%
Carro 5,6%
Competições internacionais 73,9%
Viagem 83,8%

(0% 10% 20% 30% 40% 50% 60% 70% 80% 90%)

De acordo com os resultados, é preocupante notar que há atletas de alto rendimento que não podem contar sequer com reembolso de despesas médicas ou de alimentação. Por conta disso, o apoio financeiro ao atleta pode ser determinante para a evolução ou para o término da sua carreira, principalmente nas etapas de transição.

7.4 Programas de apoio além do financeiro

Os FCSs referentes à coordenação de programas de suporte são apresentados no Quadro 7.5. Na realidade brasileira, dos três FCSs, dois foram observados em parte e um não foi observado.

Quadro 7.5 – FCSs referentes ao indicador "Existe um programa de suporte coordenado para atletas de alto rendimento"

FCS 5.6	Há um programa de suporte coordenado para atletas de alto rendimento (além de suporte financeiro) incluindo treinamento da carreira, assessoria jurídica, treinamento de mídia, apoio técnico (técnicos especializados), apoio ao treinamento e à competição (instalações de treinamento, campos de treinamento), apoio da Ciência do Esporte (Força e Condicionamento, Nutrição, Treinamento Mental), apoio da Medicina Esportiva (médicos especialistas, fisioterapeutas etc.).	OP
FCS 5.7	Profissionais específicos são indicados para orientar e ajudar os atletas durante suas carreiras.	OP
FCS 5.8	Existe um programa de suporte coordenado para apoiar a transição do atleta do nível juvenil para o adulto.	NO

FCS: fator crítico de sucesso; NO: não observado; OP: observado em parte.

186 | Esporte de alto rendimento

Em alguns países,[7] há uma centralização das ações no esporte em que a formação esportiva é programada desde a iniciação até o alto rendimento. Governos e organizações esportivas que se preocupam com o alcance de altos resultados esportivos devem incluir em seus programas esportivos o planejamento da carreira de seus atletas, desde a iniciação esportiva até a vida pós-carreira.

O suporte científico deve fazer parte do processo como um todo, desde a iniciação esportiva até o trabalho da busca por resultados de destaque, pois muitos dos problemas enfrentados por atletas que desistem da prática esportiva, inclusive os relacionados a contusões, são causados por ações que já se provaram prejudiciais, e que, no entanto, ainda continuam a ser aplicadas por profissionais desavisados ou antiéticos. O conhecimento no esporte deve ser sempre fundamentado em bases científicas. Nesse sentido, a pesquisa auxilia o profissional da prática a melhorar a qualidade do seu trabalho.

No Brasil, houve uma iniciativa para estabelecer essa ligação entre a pesquisa nas universidades e o esporte com a criação dos centros de excelência esportiva. Todavia, alguns programas não tiveram sequência (Capítulo 11). A estrutura oferecida para o treinamento é um dos pilares do esporte de alto rendimento.[9] Para algumas modalidades, essa estrutura é vital para o alcance de melhores resultados, sobretudo nas modalidades em que há influência da tecnologia na construção dos implementos ou dos aparelhos, como ginástica artística, esgrima, salto com vara, ciclismo, vela, tiro, entre outros.

Algumas confederações esportivas, como a Confederação Brasileira de Voleibol, são mais estruturadas e organizadas, dando total apoio às seleções nacionais desde a base. Esse apoio inclui um moderno centro de treinamento e uma equipe de profissionais, como técnicos, assistentes técnicos, preparadores físicos, fisioterapeutas, psicólogos esportivos, nutricionistas e assessores de mídia. Enquanto estão nas seleções, os atletas têm esse respaldo, mas são poucos os clubes que oferecem esse apoio.

A Confederação Brasileira de Ginástica começou a construir, em 1997, na cidade de Curitiba, um centro de treinamento, com toda a infraestrutura para implantar, nos moldes russos, um modelo de treinamento intensivo, baseado em concentração total de uma seleção permanente. Esse modelo, reforçado pela contratação de técnicos estrangeiros, trouxe os melhores resultados competitivos para o Brasil nos dois ciclos olímpicos seguintes. Há, também, uma infraestrutura humana disponível aos atletas das seleções, que conta com uma equipe multidisciplinar (médicos, fisioterapeutas, psicólogos, nutricionistas e administradores do centro de treinamento), que, sem dúvida, contribuíram para o alcance dos resultados.[25]

De acordo com o *Athlete's Handbook*,[26] as mudanças emocionais, sociais e financeiras que atletas de alto rendimento podem experimentar ao participar de competições de alto nível demandam suporte e preparação. Como exemplo, pode-se notar que, para muitos atletas, a vitória nos Jogos Olímpicos pode ser o objetivo máximo da carreira, e, para alcançar tal meta, esses atletas não medem esforços. Nesse momento decisivo, para alguns, pode ser que as expectativas sejam frustradas e, para outros, pode ser que o atleta obtenha efetivamente a vitória. Passada a euforia da conquista, muitas vezes, o atleta descobre que a vitória não resolve todos os problemas da vida, ou que essa conquista não significa realização eterna. Em ambos os casos, o sentimento de frustração pode ser o resultado final e, para que o atleta realmente esteja preparado para esse momento, é necessário um suporte emocional.

Subjetivamente, tais mudanças são acompanhadas por estresse ou incertezas sobre acontecimentos futuros. Objetivamente, essas mudanças são acompanhadas por demandas específicas relacionadas à prática esportiva, às competições e ao estilo de vida, com os quais os atletas devem lidar, de modo a obter êxito na sua carreira e, também, após o término da vida esportiva. Esses pressupostos também se aplicam à vida fora do cenário esportivo, no qual o atleta passa por etapas e transições relacionadas ao desenvolvimento psicológico, social, acadêmico e vocacional.

Além disso, é premissa do treinamento esportivo a busca por desempenhos cada vez melhores por meio da aplicação de cargas externas que provoquem mudanças e adaptações internas no indivíduo. Essas mudanças devem ocorrer num equilíbrio entre carga e recuperação. O desequilíbrio desses indicadores pode apresentar como resposta o *overtraining*, que pode levar ao *burnout*.[27]

A síndrome de *burnout* é definida como um esgotamento causado por esforços intensos e, por vezes, ineficazes no treinamento e na competição, que se refletem em respostas físicas e psicossociais.[28] Esse esgotamento pode levar o atleta ao abandono da carreira. O *overtraining* não gera apenas sintomas físicos, mas, também, sintomas de natureza psicossocial: problemas sociais (família, namorado(a), técnico, amigos); sentimentos negativos (falta de interesse no treino e na competição); diminuição da autoconfiança e da habilidade de concentração; irritabilidade; depressão; tristeza; e aumento da percepção de estresse.[27]

Para tanto, o apoio de um psicólogo do esporte pode ser fundamental no enfrentamento desses problemas e na sua prevenção. Pouquíssimos clubes e seleções contam com esse profissional nos quadros de suas comissões técnicas (Gráfico 7.4). Na maioria das vezes, quem faz esse papel é o técnico, que nem sempre está suficientemente preparado para tal atuação.

Gráfico 7.4 – Disponibilidade de serviços de apoio psicológico oferecido a atletas, segundo a opinião de atletas e técnicos

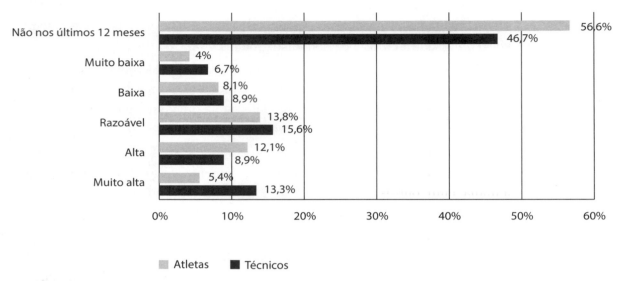

Fonte: Böhme (2012).[24]

Em resposta às questões propostas pelo SPLISS, os dirigentes apresentaram opiniões bem diferentes de técnicos e atletas sobre as condições oferecidas para o desenvolvimento da carreira do atleta. Setenta e quatro por cento dos dirigentes consideraram os serviços de apoio oferecidos, como o de fisiologista, médico, fisioterapeuta, nutricionista e psicólogo, como bons, suficientes e razoáveis. A opinião dos técnicos e dos atletas quanto aos mesmos serviços foi divergente. O percentual de técnicos e atletas que considerou os serviços de apoio como de qualidade razoável a muito alta foi de: 20% a 35% com relação à preparação física; 10% a 20% na nutrição; 5% a 15% na psicologia; 15% a 30% na fisioterapia.

Além disso, apoio ou orientações sobre aspectos legais e jurídicos são raramente oferecidos. Algumas confederações e clubes orientam o atleta a esse respeito, mas, de modo geral, o atleta normalmente procura esse tipo de orientação por conta própria quando necessita.

A assessoria para como lidar com a mídia e com a imagem pessoal e profissional do atleta é oferecida nas seleções brasileiras ou por grandes clubes, principalmente os clubes de futebol, que, no Brasil, sofrem uma grande exposição. No futebol, por exemplo, a pouca escolaridade dos jogadores, de modo geral, pode deixá-los mais expostos ao clube ou ao contato com os jornalistas interessados em sensacionalismo. Portanto, esse apoio é mais que necessário.

No Brasil, há predomínio do modelo clubístico de formação esportiva, embora os clubes tenham características diferentes entre si.[29] Porém, raros são os clubes brasileiros que têm todas as etapas da formação esportiva e que traçam um plano de desenvolvimento da carreira do atleta. Na maioria dos casos, o atleta muda de clube inúmeras vezes no decorrer da sua carreira, e em cada local por onde passa, há um plano de trabalho diferente, que, na maioria das vezes, busca resultados competitivos imediatos, sem se preocupar com o futuro esportivo do atleta. Há clubes que só trabalham com categorias de base e outros (poucos) que trabalham com o desenvolvimento dos atletas desde a iniciação até o alto rendimento.

Algumas confederações com mais recursos e mais estrutura mantêm um serviço de apoio para os atletas de seleções nesse sentido, em que uma comissão técnica discute esse planejamento de carreira. Em algumas modalidades figuram, também nesse aspecto, os agentes esportivos, que atuam como consultores financeiros e fazem o aconselhamento relacionado à carreira e aos contatos com a mídia, entre outros.

Uma orientação quanto à administração dos recursos financeiros, em determinados casos, é fundamental. Pode ser que o atleta consiga estabelecer uma boa condição econômica ao longo da carreira, e essa situação gradual pode ser favorável para a formação de sua educação financeira. Entretanto, em alguns casos, o atleta experimenta uma liberdade financeira de maneira repentina, sem estar preparado para lidar com tais recursos. Assim, o auxílio de um consultor competente e confiável é fundamental para auxiliar o atleta a administrar esses recursos, tanto no momento do auge da carreira quanto nos investimentos que possam assegurar um futuro economicamente estável para as novas etapas da vida.[26]

A carreira do atleta é composta de transições normativas e não normativas.[1,22] As transições normativas são as esperadas, por exemplo: a transição da iniciação esportiva para o início de treinamentos e competições mais intensos e importantes; do nível intermediário para o alto nível; e do alto nível para o encerramento da carreira. As transições não normativas ocorrem quando mudanças não esperadas acontecem, por exemplo, uma lesão séria, afastamento ou desentendimento com o técnico, encerramento da equipe ou perda de patrocínio.

Esses dois tipos de transições podem ocorrer em diferentes níveis: atlético, psicológico, psicossocial, acadêmico ou vocacional. Os profissionais que trabalham com o atleta na construção de suas carreiras devem proporcionar o suporte necessário para o enfrentamento de cada fase de transição da melhor maneira possível. Para entender o desenvolvimento da carreira do atleta não basta apenas entender o que ocorre em cada nível, mas, também, na interação entre eles, observando-se o todo de forma holística.

Os recursos de transição são definidos ainda como fatores internos e externos que facilitam o processo e nos quais estão o apoio social e financeiro.[1] A falta de recursos pode ser um pesado fardo para o atleta. Embora ainda faltem dados científicos em relação a esse aspecto, é plausível supor que a transição entre amadorismo e profissionalismo influencia a qualidade de participação do atleta no esporte competitivo.[22]

Considerando que um atleta de alto rendimento não é formado da noite para o dia e que são necessários de 6 a 10 anos de treinamento para que um atleta alcance resultados de destaque, é baixo o percentual dos jovens que iniciam a prática esportiva e chegam a alcançar o alto nível. Essa diminuição drástica no número de atletas decorre de diversos fatores, por exemplo, falta de motivação para a prática, falta de talento, falta de oportunidades para o treinamento e para a competição, falta de planejamento da carreira e falta de apoio de técnicos e entidades organizacionais, como federações e confederações.

Outro fator primordial é a qualidade do treinamento na construção da carreira. De acordo com a Lei nº 9.696,[30] todos os técnicos esportivos devem ser formados em curso de graduação em Educação Física, embora, na prática, ainda haja leigos, sobretudo ex-atletas, trabalhando como treinadores. No entanto, não há nenhuma exigência obrigatória quanto à especialização. A exigência de especialização fica a cargo do clube ou da federação.

Na Confederação Brasileira de Voleibol, por exemplo, exige-se que o técnico seja especializado em mais alto grau, quanto mais elevada a categoria de competição. É importante ressaltar que o aprimoramento do nível de formação do treinador proporciona ao atleta uma melhor qualidade de trabalho. Treinadores que não estudam e não se atualizam tendem a reproduzir práticas ultrapassadas e até mesmo arriscadas. A falta de preparo dos treinadores, no que diz respeito ao acompanhamento do efeito da carga de treinamento e do tempo de recuperação adequado para cada atleta, pode trazer consequências graves, como lesões.

Em estudo recente, técnicos entrevistados afirmaram haver falta de apoio à capacitação dos técnicos, e a falta de comunicação entre o comando técnico da seleção brasileira e os demais técnicos do país. Clubes e federações deveriam assumir a responsabilidade pela qualidade do treinamento aplicado aos seus atletas, preocupando-se e participando da capacitação dos profissionais envolvidos com o treinamento de seus atletas.[25]

Diante da multiplicidade de fatores envolvidos, é praticamente inviável traçar um modelo único que descreva como se desenvolve a carreira dos atletas no Brasil, pois as diferenças são muito grandes de uma região para outra e de uma modalidade para outra. Entretanto, entre os modelos teóricos que investigam o desenvolvimento da carreira de atletas, um elemento fundamental refere-se aos recursos de que o atleta dispõe para elaborar processos e estratégias que permitem lidar com as exigências de cada transição de maneira bem-sucedida.

Geralmente, a orientação para o planejamento da carreira do atleta, o estabelecimento de objetivos e sobre os caminhos necessários para alcançá-los é realizada pelos técnicos dos diversos clubes, ou, então, de uma seleção brasileira. Assim, além dos fatores motivacionais, boa relação com o técnico, treinamento de qualidade, acesso a estruturas adequadas de treino e competição, oportunidades de competição com atletas de outros locais, alimentação adequada, treinamento de qualidade e apoio financeiro são aspectos importantes para o desenvolvimento de atletas.[31]

Sobretudo em um cenário como o do atleta brasileiro em geral, que passou por diversos clubes e seleções, e por diferentes processos de treinamento, é preciso que os técnicos estejam capacitados para fazer um levantamento do histórico desse atleta e planejar o trabalho desse momento em diante, estabelecendo metas em curto, médio e longo prazos.

7.5 Programas de orientação e apoio da carreira esportiva e pós-carreira

Os FCSs referentes aos programas de suporte pós-carreira são apresentados no Quadro 7.6. Na realidade brasileira, dos dois FCSs, um foi observado em parte e um não foi observado.

Quadro 7.6 – FCSs referentes ao indicador: "Os atletas podem receber suporte pós--carreira e são preparados adequadamente para a vida após a carreira esportiva"

FCS 5.9	O governo ou os órgãos esportivos nacionais oferecem um programa de suporte pós-carreira para preparar e auxiliar os atletas para a vida após o esporte, que inclui: suporte financeiro (em estágios iniciais) após suas carreiras esportivas, suporte para os estudos (para atletas que querem iniciar ou finalizar seus estudos), ofertas de emprego, assistência e consultoria pessoal (em estágios iniciais) para procurar um trabalho adequado para o pós-carreira, suporte para qualidade de vida, preparação para candidatura a empregos e suporte psicológico.	OP
FCS 5.10	A agência esportiva nacional firmou parcerias específicas (agência de recrutamento, agência de empregos etc.) para guiar e ajudar atletas durante e após as suas carreiras.	NO

FCS: fator crítico de sucesso; NO: não observado; OP: observado em parte.

Para a Comissão de Atletas do Comitê Olímpico Internacional (COI), é preciso que haja uma sensibilização de todas as instituições esportivas visando promover o desenvolvimento da carreira do atleta de uma maneira equilibrada, o que resultaria em desempenhos em níveis mais elevados, maior produtividade, carreiras esportivas prolongadas e transições mais suaves, no que se refere ao término da carreira esportiva.

Os atletas devem ser conscientizados da importância da educação e da gestão de carreira por meio de programas promovidos pelas próprias organizações esportivas. No que se refere à educação, ressalta-se a necessidade de compartilhamento do conhecimento e das melhores práticas que tenham como propósito o apoio à vida do atleta, valendo-se de uma abordagem mais abrangente da carreira e da aposentadoria do atleta.[32]

Uma das principais razões para que um atleta termine sua carreira esportiva ainda é a necessidade da formação profissional e a busca por um emprego que torne possível obter o sustento financeiro necessário para suprir as necessidades cotidianas, o que nem sempre é compatível com o desenvolvimento da carreira esportiva.[22]

Socialmente, também há desafios a serem superados. Em razão dos sacrifícios que a carreira esportiva demanda e de todo esforço necessário, muitos atletas de alto nível são relativamente isolados da sociedade. Enquanto a maioria dos jovens é exposta a situações nas quais aprimoram suas habilidades sociais e desenvolvem seus conhecimentos em instituições educacionais, o atleta fica imerso em uma vida dedicada a treinamentos e competições esportivas. Após uma vida inteira com uma rotina diferenciada, quando o atleta se aposenta, muitas vezes sente dificuldades em se integrar à vida normal.

Em termos de ação governamental, o Comitê Olímpico do Brasil (COB) tem um departamento referente à gestão da carreira esportiva e pós-carreira esportiva, o Instituto Olímpico Brasileiro (IOB), que oferece programas de capacitação para atletas pelo Programa de Apoio ao Atleta (PAA):

> O programa pretende, futuramente, oferecer condições e ferramentas para que os atletas possam se planejar e se preparar de maneira adequada, desde a iniciação da carreira esportiva de alto rendimento até a fase de transição de atleta profissional para o mercado de trabalho. (p. 31)[33]

Esse departamento, lançado oficialmente em 2009, é responsável pela cultura e educação voltadas ao esporte olímpico. Conforme será abordado no Capítulo 8, esse departamento tem como objetivo "gerar e difundir conhecimento ao promover uma formação profissional de alta qualidade por meio de programas de capacitação e desenvolvimento" (s.p.).[34]

Nesse sentido, o COB oferece apoio à carreira esportiva e ao pós-carreira esportiva, porém, de acordo com os pré-requisitos do PAA, esse tipo de apoio é oferecido apenas quando o atleta atinge o alto rendimento. Até então, duas edições foram realizadas beneficiando um número restrito desses atletas. No entanto, este é o único programa organizado para tal finalidade.

Diante dos resultados do SPLISS (Gráfico 7.5), cabe salientar que os atletas precisam de suporte e aconselhamento para enfrentar os desafios da carreira para que possam equilibrar a prática do esporte de alto nível com educação, vocação e vida pessoal, de forma que possam dedicar-se ao esporte e alcançar seu melhor desempenho, mantendo o seu bem-estar mesmo no pós-carreira.[35]

Gráfico 7.5 – Como os atletas classificam a qualidade do aconselhamento pós--carreira recebido

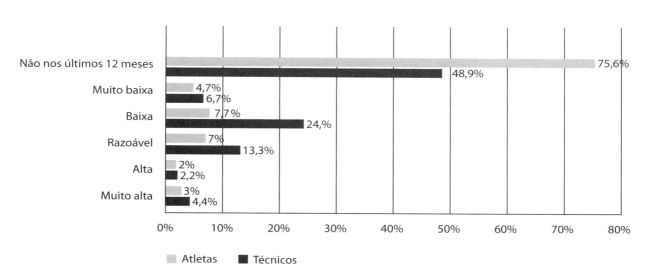

De modo geral, considerando que muitos daqueles atletas atendem aos critérios de atleta de alto rendimento para a categoria olímpica/paralímpica, mais programas de apoio ao pós-carreira esportiva necessitam ser desenvolvidos a fim de atender um maior número de atletas com essas características.

7.6 Comentários gerais e perspectivas

No Gráfico 7.6, é apresentada uma síntese da distribuição percentual dos FCSs observados, não observados e parcialmente observados, assim como no Quadro 7.7, um panorama dos aspectos positivos e negativos referentes ao Pilar 5 "Suporte para atletas e pós-carreira", na realidade brasileira.

Gráfico 7.6 – Síntese das observações dos nove FCSs relativos ao Pilar 5

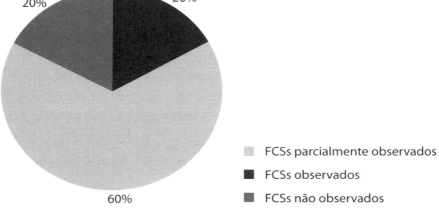

Quadro 7.7 – Pontos positivos e negativos referentes ao Pilar 5 no Brasil

Pontos positivos	Pontos negativos
Ajuda financeira a atletas de diferentes níveis de desempenho.	Não é possível oferecer auxílio financeiro a todos os atletas em virtude dos critérios de seleção realizados da concessão do benefício, embora o financiamento do programa não tenha sido utilizado totalmente.
Avaliações periódicas conduzidas pelos laboratórios das principais universidades do país.	Ausência de apoio financeiro pós-carreira esportiva nas disciplinas não olímpicas, cujos atletas são considerados amadores.

O acompanhamento e a gestão da carreira esportiva, assim como o planejamento da carreira pós-esportiva, são aspectos importantes para o desenvolvimento do esporte de alto rendimento, contribuindo para o sucesso esportivo no cenário internacional. O modo pelo qual a carreira ocorre pode facilitar o processo de adaptação entre as fases de transição da vida do atleta.

Além disso, é importante ressaltar que, em competições internacionais, atletas oriundos de várias regiões do mundo competem de acordo com um regulamento único de competição e regras válidas mundialmente; contudo, existe grande variação nas condições e na qualidade de vida dos atletas, o que pode ser decisivo no ambiente competitivo.

Para tanto, programas que tenham como objetivo principal preparar os atletas para as transições existentes na carreira e, principalmente, para a chegada do momento de encerrar a carreira esportiva e dar início a outra fase, minimizando os fatores negativos sobre o futuro ainda desconhecido, mostram-se bastante relevantes no contexto abordado pelo modelo SPLISS.

Na realidade brasileira, é possível destacar o apoio financeiro oferecido pelo Programa Bolsa-Atleta, mas, de acordo com dados coletados no próprio ano olímpico, percebe-se que atletas de alto rendimento no país não estão sendo devidamente assistidos em diversos aspectos importantes para o alcance de bons resultados nas Olimpíadas, e que atletas considerados amadores, ou seja, que não atendem aos critérios de atleta de alto rendimento, ou que pertençam a modalidades não olímpicas, não têm apoio financeiro pós-carreira.

Entretanto, acredita-se que existe a necessidade de elaboração de novos programas, assim como o aperfeiçoamento dos já existentes, que atendam às necessidades do atleta, seja para o desenvolvimento de atletas de alto rendimento, como para o encerramento da carreira esportiva. Os órgãos de gestão do esporte e familiares, conjuntamente, apontam para uma estratégia da ação governamental a fim de oferecer suporte ao atleta, além do apoio financeiro (Capítulo 3).

Referências

1. Stambulova N, Alfermann D, Statler T, Côté J. ISSP position stand: career development and transitions of athletes. IJSEP. 2009;7:395-412.

2. Brandão MRF, Akel MC, Andrade SA, Guiselini MAN, Martini LA, Nastás MA. Causas e conseqüências da transição de carreira esportiva: uma revisão de literatura. RBCM. 2000;8(1):49-58.

3. Agresta MC, Brandão MRF, Neto TLB. Causas e consequências físicas e emocionais do término de carreira esportiva. Rev Bras Med Esporte. Nov/dez 2008;14(6):504-8.

4. Warriner K, Lavallee D. The retirement experiences of elite female gymnasts: self identity and the physical self. Journal of Applied Sport Psychology, Jul 2008;20(3):301-17.

5. Green M, Oakley B. Elite sport development systems and playing to win: uniformity and diversity in international approaches. Leisure Studies. 2001;20(4):247-67.

6. Digel H. A comparison of competitive sport systems. New Studies in Athletics, 2002a;17(1):37-50.

7. Digel H. The context of talent identification and promotion: a comparison of nations. New Studies in Athletics. 2002b;17(3/4):13-26.

8. Houlihan B, Green M. Comparative elite sport development: systems, structures and public policy. Burlington: Elsevier; 2008.

9. De Bosscher V, De Knop P, van Bottenburg M, Shibli S, Bingham J. Explaining international sporting success: an international comparison of elite sport systems and policies in six countries. Sport Management Review, 2009;12(3):113-36.

10. Bueno L. Políticas públicas do esporte no Brasil: razões para o predomínio do alto rendimento. [tese de doutorado]. São Paulo: Escola de Administração de Empresas de São Paulo da Fundação Getúlio Vargas, 2008.

11. Brasil. Lei nº 10.891, de 09 de julho de 2004. Institui a Bolsa-Atleta. Diário Oficial da União. 12 jul 2004; Seção 1:1.

12. Brasil. Decreto nº 5.342, de 14 de janeiro de 2005. Regulamenta a Lei nº 10.891, de 9 de julho de 2004, que institui a Bolsa-Atleta. Diário Oficial da União. 17 jan 2005; Seção 1:2.

13. Brasil. Lei nº 11.096 de 13 de janeiro, 2005. Institui o Programa Universidade para Todos – Prouni, regula a atuação de entidades beneficentes de assistência social no ensino superior; altera a Lei nº 10.891, de 9 de julho de 2004, e dá outras providências. Diário Oficial da União. 10 jan 2005; Seção 1:7.

14. Brasil. Portaria nº 24, de 12 de fevereiro de 2015. Altera dispositivos da Portaria nº 164, de 06 de outubro de 2011, que estabelece as fases do pleito, os procedimentos de inscrição, os critérios para indicação de eventos esportivos e os critérios objetivos para concessão da Bolsa-Atleta e dá providências. Diário Oficial da União. 13 fev 2015; Seção 1:66.

15. Brasil. Portaria nº 29, de 14 de fevereiro de 2013. Diário Oficial da União. 18 fev 2013; Seção 1:97.

16. Brasil. Portaria nº 248, de 18 de outubro de 2012. Diário Oficial da União. 19 out 2012; Seção 1:92.

17. Brasil. Portaria nº 164, de 06 de outubro de 2011. Estabelece as fases do pleito, os procedimentos de inscrição, os critérios para indicação de eventos esportivos e os critérios objetivos para concessão da Bolsa-Atleta e dá outras providências. Diário Oficial da União. 7 out 2011; Seção 1:90.

18. Côté J. The influence of the family in the development of talent in sport. The Sport Psychologist. 1999;13(4):395-417.

19. Woods RB. Social issues in sport. Champaign (IL): Human Kinetics; 2011.

20. Santos ALP. Quality of life in professional, semiprofessional, and amateur athletes: an exploratory analysis in Brazil. SAGE Open. Jul/Sept 2013;1-8 [cited in 08 Oct 2015]. Avaliable at: http://sgo.sagepub.com/content/3/3/2158244013497723.

21. Bara Filho MG, Garcia FG. Motivos do abandono no esporte competitivo um estudo retrospectivo. Rev Bras Educ Fís Esp, out/dez 2008;22(4):293-300.

22. Wylleman P, Lavallee D. A developmental perspective on transitions faced by athletes. In: M. Weiss, editor. Developmental sport and exercise psychology: a lifespan perspective. Morgantown (WV): Fitness Information Technology; 2004. p. 507-27.

23. Samulski DM, Morais LCCA, Ferreira RM, Marques MP, Silva LA, Lôbo ILB, Matos FO, Santiago MLM, Ferreira CHS. Análise das transições das carreiras de ex-atletas de alto nível. Motriz, Rio Claro. Abr/jun 2009;15(2):310-17.

24. Böhme MTS. Análise descritiva dos resultados brasileiros SPLISS. São Paulo; 2012. Disponível em: http://citrus.uspnet.usp.br/lateca/web/index.php/pt/gepetij/relatorios-de-pesquisas/143-analise-descritiva-dos-resultados-brasileiros-spliss.

25. Nunomura M, Oliveira MS. Centro de excelência e ginástica artística feminina: a perspectiva dos técnicos brasileiros. Motriz, Rio Claro. Abr/jun 2012;18(2):378-392.

26. International Olympic Committee. Athlete's handbook. 2010 [cited in 08 Oct 2015]. Avaiable at: http://assets.olympic.org/athletes_handbook/en/index.html.

27. Matos N,Winsley RJ. Trainability of young athletes and overtraining. JSSM. 2007;6:353-67.

28. Weinberg RS, Gould D. Fundamentos da psicologia do esporte e do exercício. 4. ed. Porto Alegre: Artmed; 2008.

29. Maroni FC, Mendes DR, Bastos FC. Gestão de equipes de voleibol do Brasil: o caso das equipes participantes da Superliga 2007-2008. Rev bras Educ Fís Esporte, 2010;24(2):239-48.

30. Brasil. Lei nº 9.696, de 1º de setembro de 1998. Diário Oficial da União. 02 set 1998; Seção 1:1.

31. Silva PVC, Fleith DS. Fatores familiares associados ao desenvolvimento do talento no esporte. Revista Brasileira de Psicologia do Esporte, São Paulo, Jan/jun 2010;3(4):19-41.

32. International Olympic Committee. 3rd IOC International Athletes Forum: Final Programme. Dubai, October; 2007 [cited in 08 oct 2015]. Avaliable at: http://www.olympic.org/Documents/Reports/EN/en_report_1248.pdf

33. Comitê Olímpico Brasileiro (COB). Relatório anual de atividades 2013; 2013 [acesso em 06 nov 2015]. Disponível em: http://www.cob.org.br/Handlers/RecuperaDocumento.ashx?codigo=1955.

34. Comitê Olímpico Brasileiro (COB). Instituto Olímpico Brasileiro: formação profissional de alta qualidade; 2014 [acesso em 06 nov. 2015]. Disponível em: http://www.cob.org.br/pt/cob/cultura-e-educacao/iob.

35. Wylleman P, Reints A. A lifespan perspective on the career of talented and elite athletes: perspectives on high-intensity sports. Scand J Med Sci Sports. 2010 Oct;20 Suppl 2:88-94.

8

Estruturas para treinamento e competições (instalações esportivas)

Leandro Carlos Mazzei
Cacilda Mendes dos Santos Amaral

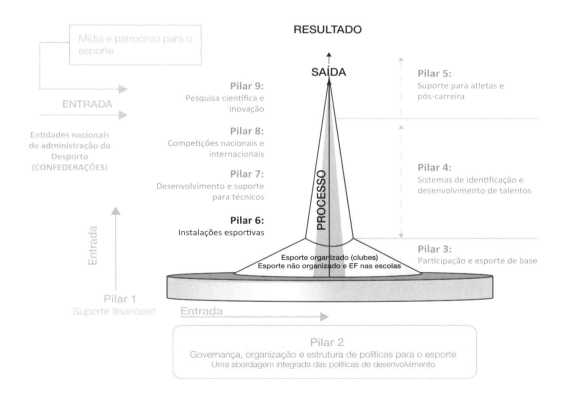

Como apresentado, no modelo SPLISS, o Pilar 6 está relacionado com estruturas (instalações) esportivas. Em qualquer país, existem instalações esportivas destinadas ao lazer, aos objetivos educacionais e ao treinamento esportivo. Contudo, especificamente no Pilar 6, as estruturas consideradas são centros de treinamento destinados tanto para atletas de elite como para jovens talentos esportivos, e que atendam uma ou mais modalidades esportivas.

A importância das instalações esportivas já foi apontada como fator primordial na preparação de atletas de elite e é uma prática realizada por diferentes países.[1] Em análise das oitos nações com maior sucesso nos Jogos de Atlanta de 1996 (Austrália, China, Alemanha, França, Grã-Bretanha, Itália, Rússia e Estados Unidos)[2] verificou-se que os atletas desses países dispunham de instalações esportivas especiais para treinamento e para competições, assim como tinham o privilégio do acesso a outras estruturas destinadas à preparação esportiva de alto rendimento.

Assim, as instalações esportivas para treinamento necessitam ter estruturas de qualidade e que atendam às necessidades de atletas e treinadores, como, por exemplo: recinto esportivo; infraestrutura de hotelaria; serviços (como suporte médico, fisioterápico, nutricional, psicológico, fisiológico, biomecânico etc.); estrutura para a vida social e cultural; estarem próximas de ou inseridas em centros educacionais; terem uma gestão própria e localização estratégica a fim de exigir menores deslocamentos. Uma instalação esportiva com essas características – mono ou multidisciplinar – pode ser classificada como centro de treinamento de alto rendimento.[3,4]

Em 2008, o estudo SPLISS sugeriu que nações geograficamente menores poderiam ter vantagem competitiva com relação ao gerenciamento de instalações esportivas destinadas ao treinamento de atletas. A principal vantagem seria o pouco tempo de deslocamento que atletas e treinadores teriam entre suas residências e os locais de treinamento, mesmo que esses estivessem em diferentes partes do país.[4] Contudo, há bons exemplos de países que, mesmo com dimensões continentais (Austrália e China), souberam organizar seus centros de treinamento em formato de rede, partindo de instalações maiores, localizadas em grandes centros, para instalações menores, espalhadas regionalmente.[5]

Tendo em vista a importância das instalações esportivas no processo de desenvolvimento do esporte de alto rendimento, os principais objetivos do Pilar 6 são: verificar a existência de instalações esportivas (nacionais e regionais) destinadas ao treinamento de atletas, bem como de uma rede que coordena e planeja essas instalações, e verificar se há um fundo financeiro específico destinado à construção e reforma de instalações desse tipo. No Pilar 6, também objetiva-se avaliar a quantidade, a qualidade e a disponibilidade das instalações esportivas destinadas ao treinamento e às competições perante a opinião de atletas, treinadores e dirigentes.

O Quadro 8.1 apresenta os indicadores e fatores críticos de sucesso (FCSs) do Pilar 6:

Quadro 8.1 – Indicadores referentes ao Pilar 6

Indicadores
Planejamento coordenado nacionalmente: instalações para o esporte e para o esporte de alto rendimento são registradas por todo o país, e as necessidades de atletas e técnicos são conhecidas e claramente mapeadas.
Há uma rede de centros de esporte de alto rendimento nacional/regional de alto rendimento, nos quais os atletas podem treinar em condições apropriadas a qualquer hora do dia.
Há alocação de recursos específicos para a construção e para a renovação de instalações esportivas de alto rendimento.

8.1 Contextualização

O Brasil apresenta um quadro propício para a potencialização do uso de instalações esportivas destinadas ao treinamento de atletas de elite em razão de dois fatos. Primeiro, por uma série de premissas existentes na legislação brasileira que permitem a aplicação de recursos nas instalações esportivas. Segundo, pelo fato de o País ter assumido a organização de uma série de eventos esportivos internacionais (em 2002, o Brasil sediou os Jogos Sul-Americanos; em 2007, os Jogos Pan-Americanos; em 2011, os Jogos Mundiais Militares; em 2014, a Copa do Mundo de Futebol; em 2016, a XXXI edição dos Jogos Olímpicos de Verão).

Em termos de legislação e aplicação de orçamento, segundo a Lei nº 9.615, de março de 1998,[6] os recursos do Ministério do Esporte (ME) podem ser destinados a diversos investimentos, entre eles para: "Artigo 2º, VI – construção, ampliação e recuperação de instalações esportivas".

Ainda sobre a destinação de recursos, pela Lei nº 10.264, de 16 de julho de 2001,[7] o país tem destinado sistematicamente a arrecadação proveniente de loterias federais para o desenvolvimento de modalidades esportivas olímpicas, esporte escolar, esporte universitário e esporte paralímpico. Entre as indicações sobre a aplicação dos recursos da Lei nº 10.264,[a] estão itens relacionados com o desenvolvimento de instalações esportivas e infraestrutura, como:

> Item 1.1: Programas e Projetos de Fomento – Desenvolvimento de candidaturas para sediar eventos esportivos internacionais no Brasil; Aquisição de equipamentos e materiais esportivos e administrativos para o COB e para as Confederações Brasileiras Olímpicas; Criação, adaptação, construção, instalação, administração e manutenção de unidades como: Centro Olímpico de Desenvolvimento de Talentos, Museu Olímpico, Academia Olímpica, Centro Olímpico de Alto Rendimento e Centro de Treinamento.[8]

Com relação à realização e à organização dos grandes eventos esportivos no País, criou-se uma expectativa de aumento quantitativo e qualitativo desse tipo de estrutura no Brasil. A implantação de instalações esportivas e de centros de treinamento não são os únicos fatores ou pilares a serem priorizados ou nos quais se devem investir em uma política esportiva, mas, em razão dos objetivos traçados em termos esportivos, e também em razão dos diversos projetos estruturais mencionados pelos responsáveis no momento das candidaturas, espera-se algum tipo de legado ligado às instalações esportivas, não só as destinadas para o espetáculo, mas, principalmente, as destinadas ao treinamento e à preparação de atletas brasileiros.

Nesse sentido, a Lei nº 12.395, de 16 de março de 2011,[9] menciona no seu 16º artigo:

> Fica criada a Rede Nacional de Treinamento, vinculada ao Ministério do Esporte, composta por centros de treinamento de alto rendimento, nacionais, regionais ou locais, articulada para o treinamento de modalidades dos programas olímpico e paraolímpico, desde a base até a elite esportiva.

Dessa forma, espera-se que haja um quadro positivo e consistente sobre as instalações e os centros esportivos destinados ao treinamento e à preparação de atletas no Brasil.

A seguir, são apresentados os resultados do Pilar 6 obtidos na pesquisa realizada no Brasil no período de 2009 a 2012.

---

[a] Antes de 2013, as normas para aplicação dos recursos da Lei nº 10.264 de 2001 eram regidas pela Instrução Normativa nº 039 do Tribunal de Contas da União (TCU).[10] A partir de 2013, as normas para aplicação dos recursos da Lei nº 10.264 de 2001 são regidas pelo Decreto nº 7.984.[11]

8.2 Plano nacional (catálogo) de infraestruturas esportivas

Os FCSs referentes ao registro das instalações esportivas e das instalações para o esporte de alto rendimento do país e das necessidades de atletas e técnicos são apresentados no Quadro 8.2. Na realidade brasileira, os cinco FCSs não foram observados.

Quadro 8.2 – FCSs referentes ao indicador "Planejamento coordenado nacionalmente: instalações para o esporte e para o esporte de alto rendimento são registradas por todo o país, e as necessidades de atletas e técnicos são conhecidas e claramente mapeadas"

FCS 6.1	Há um banco de dados disponível das instalações para o esporte de participação e o esporte de base no país e suas características com relação à disponibilidade e à qualidade (para o uso no esporte de alto rendimento).	NO
FCS 6.2	Há um banco de dados no país de todas as instalações para o esporte de alto rendimento (infraestrutura) e suas características com relação à disponibilidade e à qualidade.	NO
FCS 6.3	Há dados (de pesquisa) disponíveis sobre as necessidades de atletas e técnicos de alto rendimento em relação a instalações de treinamento.	NO
FCS 6.4	Há dados (de pesquisa) disponíveis sobre os tempos de viagem de ida e de volta dos atletas e dos técnicos de alto rendimento para as instalações de treinamento.	NO
FCS 6.5	O tempo gasto com as viagens dos atletas e dos técnicos é mantido em um mínimo.	NO

FCS: fator crítico de sucesso; NO: não observado

Após a análise documental realizada nas fontes oficiais dos órgãos gestores do esporte de alto rendimento no Brasil e nos demais documentos relacionados à temática, constatou-se que não existe, pelo menos em termos práticos, um plano nacional com instalações e centros esportivos catalogados, assim como não existem pesquisas que buscaram identificar as necessidades de atletas e treinadores quanto ao acesso, ao deslocamento e às instalações esportivas para treinamento.

Apesar de iniciativas voltadas para a identificação e para a quantificação de instalações esportivas no Brasil (como *Recenseamento relacionado à construção esportiva em 1971*, do autor Lamartine Pereira da Costa;[12] *Atlas do Esporte no Brasil*, publicado com base em dados obtidos no levantamento do *Inventário da Infra-estrutura Desportiva Brasileira*, de 2000 e no recolhimento de informações com os conselhos regionais de Educação Física, e em alguns dados provenientes de eventuais coletas em campo, apresenta as instalações esportivas por estados divididos por tipo de instalação;[13] *Pesquisa do Esporte 2003*,[14] além da Lei nº 12.395, de março de 2011[9]), não existem informações consistentes sobre características, localizações e gerenciamentos dessas instalações. Mesmo que elas existam, o fato de as informações a seu respeito não serem disponibilizadas efetivamente compromete o seu acesso por parte de atletas e treinadores.

No *site* do ME, também foi identificada a Rede Cenesp, composta por centros de desenvolvimento de pesquisa científica e tecnológica na área do Esporte, treinamento e aperfeiçoamento de atletas. Apesar de poder ser caracterizada como uma iniciativa de plano nacional de centros de treinamento, a Rede Cenesp não é efetiva, pois não houve continuidade nos objetivos traçados por ela, que, em boa parte, estavam ligados à pesquisa e à avaliação de atletas brasileiros. Como o próprio *site* do ME menciona: "Estas portarias [da Rede Cenesp] estão sendo reformuladas tendo em vista as propostas da câmara setorial de esportes e outras necessidades verificadas pelo setor".[15]

Outro programa que contempla instalações esportivas para treinamento de atletas é o projeto Centro de Iniciação ao Esporte (CIE), que está atrelado à segunda etapa do Programa de Aceleração do Crescimento (PAC 2). O objetivo dos CIEs é ampliar a oferta de infraestrutura, incentivando a iniciação e a prática de esporte voltado ao alto rendimento.[16] Apesar de serem previstos aproximadamente 300 CIEs nos municípios brasileiros, estes ainda são apenas projetos que compõem um programa de governo.

Ainda foram identificados nas análises outros projetos que envolvem o desenvolvimento nacional de instalações esportivas para treinamento nos documentos referentes à Política Setorial de Esporte de Alto Rendimento[17] e nos documentos elaborados após a finalização das Conferências Nacionais de Esporte.[18-20] As expectativas presentes nos documentos foram expressas por diversas metas e ações a serem implementadas, e algumas se referem à criação de centros de treinamento de excelência e de centros de formação e aperfeiçoamento esportivo. No entanto, as metas e as ações provenientes de uma política setorial e das conferências nacionais do esporte ainda são expectativas.

Outros dois projetos federais foram identificados, o Praças da Juventude e o Praças do PAC, ambos presentes no Programa de Aceleração do Crescimento.[21] Esses projetos, porém, são destinados ao esporte educacional, de participação, lazer e inclusão social. Projetos com esse tipo de enfoque (esporte-educação--lazer) podem contribuir para o fomento do esporte de alto rendimento em um país, uma vez que proporcionam a prática esportiva.[22,23] Entretanto, eles geralmente não estão diretamente associados com as instalações necessárias para o treinamento de atletas de alto rendimento.

Em 2003, houve uma iniciativa por parte do Instituto Brasileiro de Geografia e Estatística (IBGE) que se aproxima a um possível diagnóstico/catálogo das instalações esportivas no Brasil. A pesquisa, denominada *Pesquisa de Esporte 2003*,[14] apresentou resultados quantitativos sobre as instalações esportivas existentes nos 26 Estados e no Distrito Federal. O IBGE apontou, entre outras conclusões, que, no geral, os números de equipamentos esportivos[b] eram relativamente reduzidos.

204 | Esporte de alto rendimento

Outra conclusão que merece destaque na Pesquisa do Esporte 2003 está relacionada com o número de escolas que apresentam algum tipo de instalação esportiva: 58,1% do total de escola públicas possuem este tipo de estrutura. Essa constatação gerou a recomendação por parte do IBGE sobre a necessidade de políticas públicas mais incisivas com relação às instalações e aos equipamentos esportivos no país.

Mesmo com a falta de um catálogo e diagnóstico de centros de treinamento no Brasil, é possível afirmar que existem instalações desse tipo e com essa finalidade no país. Em análise de conteúdo dos *sites* das secretarias e das fundações que gerenciam o esporte nos 26 estados e no Distrito Federal, foram encontradas duas instalações esportivas com características de Centros Esportivos. Uma delas é o Conjunto Desportivo Constâncio Vaz Guimarães (no bairro do Ibirapuera, São Paulo), que é parte do projeto Centro de Excelência (Projeto Futuro) da Secretaria de Esporte, Lazer e Juventude do Estado de São Paulo, e a outra é a Vila Olímpica Humberto Calderaro Filho (Vila Olímpica de Manaus), gerenciada pela fundação Vila Olímpica Danilo Duarte de Mattos Areosa, em parceria com o Governo do Estado do Amazonas.[24]

Por meio das demonstrações técnica e financeira da aplicação dos recursos da Lei nº 10.264, de 16 de julho de 2001,[7] o Comitê Olímpico do Brasil (COB) confirmou, no ano de 2012, a existência de 23 centros de treinamento pertencentes a 18 Confederações Nacionais de Esportes Olímpicos.[8]

Em levantamento de informações quanto à existência dos Centros de Treinamento no Brasil, entre os anos de 2009 e 2010, foi identificado que 15 Confederações[c] (48,30%) têm esse tipo instalação esportiva (Atletismo, *Badminton*, Beisebol/Softbol, Boxe, Esgrima, Futebol, Hóquei sobre Grama/*Indoor*, Judô, Levantamento de Peso, Lutas Associadas, Pentatlo Moderno, Tênis de Mesa, Tiro ao Arco, Tiro Esportivo e Vôlei/Vôlei de Areia).[24] As Confederações Brasileiras de Canoagem, de Desportos Aquáticos e a de Ginástica possuem centro de treinamento (3% a 9,60%), mas esse tipo de instalação contempla apenas uma das modalidades que controlam. Não confirmaram a existência de centro de treinamento as confederações de Basquete, Ciclismo, Desportos do Gelo, Desportos da Neve, Handebol, Golfe, Hipismo, Remo, *Rugby*, *Tae kwon do*, Tênis, Triatlo e Vela e Motor (13% a 42,10%).

Independentemente da quantidade, o problema é a ausência de informações sobre as características estruturais, localização e gestão dos centros de treinamento identificados, informações que são essenciais para um plano nacional e é um dos fatores críticos do Pilar 6. Sem esse conhecimento, as necessidades das equipes e dos treinadores dificilmente serão atendidas.[4]

---

[b] Para o IBGE, equipamentos esportivos são o conjunto de instalações implantadas em uma área contínua ou em áreas descontínuas, em que, além das instalações esportivas, podem existir instalações destinadas a serviços e apoio à prática do esporte (ambulatório, depósitos, áreas administrativas, refeitórios, alojamentos, restaurantes/lanchonetes, auditórios etc.).

[c] Todas as trinta Confederações Nacionais de Esporte Olímpicos, mais a Confederação Brasileira de Softbol e Beisebol.

Estruturas para treinamento e competições (instalações esportivas) | 205

Todas as informações apresentadas até o momento sobre a ausência, em termos práticos, de um plano nacional de instalações, são confirmadas pela opinião de atletas e treinadores. Nos Gráficos 8.1, 8.2 e 8.3 são apresentadas as opiniões de atletas quanto ao acesso a centros de treinamento, assim como as opiniões de atletas e treinadores sobre qualidade e disponibilidade/acessibilidade das instalações esportivas existentes no Brasil.[d] Percebe-se que boa parte das respostas é negativa ou está na faixa entre razoável e muito baixo.

Gráfico 8.1 – Acesso a centro nacional de treinamento para o esporte de alto rendimento, segundo atletas

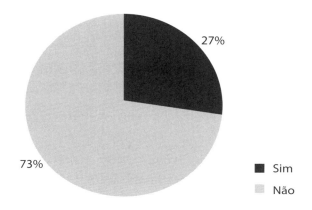

Gráfico 8.2 – Opinião sobre a qualidade das instalações, segundo atletas e técnicos

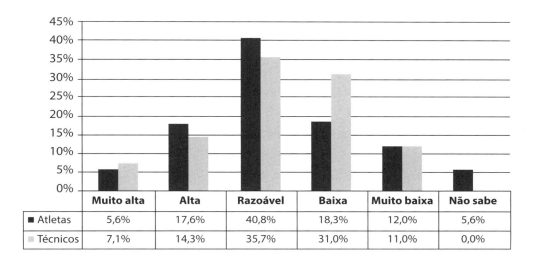

---
[d] Informações mais detalhadas da amostra no capítulo de apresentação deste livro.

Gráfico 8.3 – Opinião sobre a disponibilidade e a acessibilidade das instalações, segundo atletas e técnicos

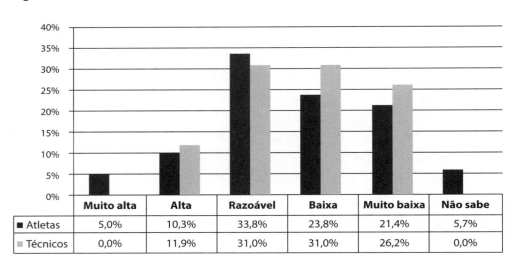

Com relação aos grandes eventos, identificou-se a construção de estádios, arenas e outras instalações esportivas. Contudo, essas instalações são destinadas somente ou geralmente apenas para realização do evento, ou seja, para o espetáculo, sendo, consequentemente, pouco aproveitadas para o treinamento de atletas. Os projetos dessas instalações citam a perspectiva de legado, mas não expõem as características ou muitos detalhes de como serão aproveitadas para o fomento esportivo ou treinamento de atletas.

Essas informações são confirmadas pelo Relatório do Esporte de Alto Rendimento realizado pelo Tribunal de Contas da União (TCU) em 2011: "O Complexo Maria Lenk, composto pelo Parque Aquático Maria Lenk e o Velódromo, faz parte da herança dos Jogos Pan-Americanos ocorridos na cidade do Rio de Janeiro em 2007. Três anos após os jogos, essas instalações, no entanto, acrescentaram pouco para o desenvolvimento do esporte no país".[25]

O relatório também aponta que os locais para treinamento existentes são instalações construídas sem um planejamento, sem o controle de quem serão seus usuários, que tipos de serviços serão oferecidos, como serão mantidos e sem uma definição do seu papel em um sistema de esporte de alto rendimento. O relatório ainda constata que instalações destinadas ao alto rendimento construídas por alguns municípios estavam fora dos padrões esportivos e medidas internacionais ou previam, em suas estruturas, espaços para a prestação de serviços necessários ao esporte de alto rendimento, por exemplo, apoio técnico-científico.

Também é importante ser levada em consideração a predominância de centros de qualidade de organizações não governamentais (privadas), por exemplo, clubes: Esporte Clube Pinheiros (SP), Minas Tênis Clube (SP), Sogipa (RS) e Confederação Brasileira de Voleibol (Centro de Treinamento de Saquarema, RJ).

A estrutura do Centro de Treinamento de Saquarema é composta por quatro quadras *indoor*, quadras de areia, quadras de tênis, sala de musculação, campo de futebol, auditório, sala de fisioterapia, restaurante, salão de jogos, sala de TV, hotelaria com 30 suítes e alojamentos. Há também um laboratório para exame biométrico, sala de ergometria, churrasqueira, lavanderia e almoxarifado. Sua manutenção é custeada com recursos repassados à Confederação Brasileira de Voleibol (CBV), oriundos da Lei nº 10.264, de 2001, patrocinadores e também há isenção tributária pela Prefeitura Municipal de Saquarema. Durante a visita realizada pela equipe do TCU, em 2010, encontravam-se treinando no Centro de Treinamento cerca de 120 atletas. À disposição dos atletas existia um contingente de profissionais das áreas de Medicina, Fisioterapia, Nutrição, Psicologia, Preparação Física, Fisiologia e Estatística.[25]

Concluindo, existem centros de treinamento no Brasil, mas eles não fazem parte de um plano nacional, não são catalogados e, em grande parte, não têm um modelo de gestão padronizado.

8.3 Rede nacional/regional de centros esportivos

Os FCSs referentes à existência de rede de centros e instalações esportivas nacionais e regionais são apresentados no Quadro 8.3. Na realidade brasileira, dos três FCSs, dois não foram observados e um não há informações.

Quadro 8.3 – FCSs referentes ao indicador "Há uma rede de centros de esporte de alto rendimento nacional/regional, nos quais os atletas podem treinar em condições apropriadas a qualquer hora do dia"

FCS 6.6	Há um número suficiente (não há falta) de instalações esportivas de alta qualidade que sejam ou somente exclusivas ou com uso prioritário para o esporte de alto rendimento.	NO
FCS 6.7	Há uma rede de centros de esporte de alto rendimento nacional/regional, incluindo: sede administrativa; instalações de hospedagem/acomodação; uma ligação estreita com médicos esportivos; uma ligação estreita com cientistas esportivos/cooperação com universidades; e uma ligação próxima com a educação de atletas mais jovens.	NO
FCS 6.8	Há acordos nacionais específicos para que os atletas possam ter acesso prioritário a determinadas instalações desportivas regulares em qualquer momento do dia.	SI

FCS: fator crítico de sucesso; NO: não observado; SI: sem informações.

A consequência direta da ausência de informações sobre os centros de treinamento existentes e os devidos diagnósticos desse tipo de instalações é a inexistência de uma rede de locais de treinamento. Países geograficamente menores têm vantagem com relação ao gerenciamento de instalações esportivas destinadas ao treinamento de atletas.[4] A organização de uma rede de centros de treinamento pode ser observada em países como Finlândia,[26] Reino Unido,[27] Cuba, Espanha,[28] entre outros.

Ainda assim, países continentais têm possibilidade de ter uma rede organizada de centros de treinamento. Existem diferentes possibilidades para que isso seja feito de forma eficiente e de acordo com as características de cada país. Austrália,[29] China e EUA[5] são exemplos concretos.

Para que uma rede dessas instalações seja possível em países com grandes dimensões, a alternativa é a configuração de centros locais, regionais e nacionais, além da formação de parcerias com organizações públicas (prefeituras e estados), instituições educacionais (geralmente universidades), grandes clubes e Forças Armadas.

Nos EUA, os centros de treinamento apresentam uma configuração de certa forma pulverizada, em que as universidades, as Forças Armadas, o comitê olímpico e o governo são responsáveis pela sua existência. Na China, o governo é o responsável pelas instalações de treinamento, aliando esporte e educação e, de certa forma, tomando como exemplo os modelos dos países do antigo bloco comunista, como Rússia e Alemanha Oriental. Já na Austrália, a estratégia é uma configuração em rede formada em parceria com governo central, regional (estados) e local (municípios).

As Forças Armadas auxiliam na preparação dos atletas, principalmente com as suas instalações, que se configuram como opções em um plano nacional para o desenvolvimento do esporte de alto rendimento, como, por exemplo, na Alemanha, na França e na Itália.[30]

Independentemente do modelo da rede, é essencial que existam modelos concretos com relação à tipologia dos centros. Essas instalações devem ter uma estrutura correspondente ao seu público-alvo: especificações esportivas internacionais; serviços de apoio técnico-científico; estrutura hoteleira e social de qualidade. Também devem ter um modelo de gestão no qual esteja claro o papel de cada centro, incluindo seus objetivos (desenvolvimento ou preparação de atletas) e sua abrangência (nacional, regional, local).

No caso brasileiro, a formação de parcerias entre governos municipais e estaduais pode ser uma alternativa, ou parcerias com clubes e universidades (públicas e privadas), além das Forças Armadas e do sistema S (Sesi, Sesc, Senac e Senai).

Já existem bons exemplos, apesar de não contemplarem muitas modalidades esportivas ou terem uma rede de abrangência nacional. O estado de São Paulo tem uma rede de Centros de Excelência distribuídos por aproximadamente 15 municípios, com ênfase principalmente no atletismo, judô, voleibol feminino e ciclismo.[31] É um programa pioneiro do estado paulista, que já teve como atletas os medalhistas olímpicos Maurren Maggi, no atletismo; Tiago Camilo e Rafael Silva, no judô; e muitos outros atletas.

Propostas para a implementação de redes de centros de treinamento no Brasil não são inéditas. No programa *Rio 2016: Desenvolvimento do Esporte Brasileiro*, o ME colocou a constituição de uma rede nacional de treinamento dividida em quatro níveis:

- centro de iniciação esportiva;
- centros locais (clubes e sistema S);
- centros regionais destinados a talentos e atletas de elite;
- centros destinados às seleções nacionais.

Como ponto de partida para os centros nacionais, foi apresentado o Complexo Militar de Deodoro e o Parque Olímpico na Barra, tomando como modelo o Centro de Vôlei em Saquarema (RJ).[25]

Poderiam ser citados outros exemplos, como a tipologia do COB, Rede Time Brasil[e] e Rede de Centros de Treinamento e Desenvolvimento,[32,33] ou as propostas de ação e metas provenientes da III Conferência Nacional do Esporte de 2010.[20]

Contudo, dois fatos devem ser destacados com relação às propostas:

- São propostas que, na maioria das vezes, não foram colocadas em prática, ou que não têm abrangência nacional, ou, ainda, que não contemplam todas as modalidades olímpicas. Por outro lado, não há problemas em uma priorização de algumas modalidades, desde que existam critérios lógicos para isso (desempenho ou afinidade cultural, esportiva e geográfica, de acordo com a região a ser instalado o centro).[f]
- Se implementadas, constata-se uma descontinuidade no funcionamento dos centros instalados, não se configurando, assim, uma rede efetiva. Um exemplo é o caso do centro de treinamento de lutas associadas em Taguatinga (DF), uma parceria do ME, do Sesi e da Confederação Brasileira de Lutas Associadas, que foi encerrado após 18 meses de funcionamento.[25]

Para a existência de uma rede de centros de treinamento, o Brasil deveria:

- catalogar e certificar as instalações existentes com uma tipologia padronizada (objetivos e abrangência: centro nacional, regional, local etc.);

---

[e] Que finalmente utilizará o Parque Aquático Maria Lenk e o Velódromo, construídos para os Jogos Pan-Americanos de 2007, como centros de treinamento. No entanto, os locais citados não têm todas as exigências para serem considerados centros de treinamento e passarão por reforma até os Jogos Olímpicos de 2016.

[f] Está em construção um centro Pan-Americano de Judô na região metropolitana de Salvador.[34] O centro pode ser considerado uma aposta, pois será implementado em um Estado que não possui tradição na modalidade se comparado a outros, mas que pode ser um catalisador para o maior desenvolvimento da modalidade no Norte e no Nordeste do País.

210 | Esporte de alto rendimento

- identificar as necessidades das modalidades, definindo se haverá ou não priorização para cada esporte;
- definir a localização e operacionalizar parcerias com a participação dos interessados (confederações, atletas e treinadores);
- orientar a gestão dos centros para sustentabilidade financeira e manutenção da estrutura;
- definir um sistema de repasse de recursos e financiamento dos centros de acordo com a certificação.

8.4 Fundo específico para construção e renovação de instalações esportivas

O FCS referente à existência de um fundo específico para construção e reforma de instalações esportivas é apresentado no Quadro 8.4. Na realidade brasileira, o FCS foi observado.

Quadro 8.4 – FCSs referentes ao indicador "Há alocação de recursos específicos para a construção e para a renovação de instalações esportivas de alto rendimento"

FCS 6.9	Confederações (ou clubes) podem receber recursos visando à renovação e à construção de instalações para o esporte e para o esporte de alto rendimento para a sua modalidade em particular.	O

FCS: fator crítico de sucesso; O: observado.

No início deste capítulo, foram mencionadas diferentes leis existentes no Brasil que tangem o investimento em instalações esportivas para o treinamento de atletas de alto rendimento. Nas duas principais legislações a respeito do esporte, tanto a Lei nº 9.615, de 1998,[6] quanto a Lei nº 10.264, de 2001,[7] estão previstos investimentos em construção, manutenção e reforma de centros de treinamento. Também, em diversos projetos governamentais, como os inseridos nos Programas de Aceleração do Crescimento, são frequentemente mencionados os investimentos em instalações esportivas, mesmo que essas não estejam diretamente relacionadas com o treinamento de atletas. As Praças da Juventude e as Praças do PAC poderiam ser o início de um aumento de espaços públicos para a prática esportiva, já que os documentos do IBGE[14] e do TCU[25] apresentaram um quadro precário na oferta dessas instalações à população nacional.

Outro ponto relevante está na opção de fundo de investimento para centros esportivos nas Leis de Incentivo, principalmente da Lei Federal nº 11.438, de 29 de dezembro de 2006,[35] que concede incentivo fiscal para projetos que têm como objetivo o fomento ao esporte. Além disso, diferentes estados do Brasil, como Bahia,

Goiás, Minas Gerais, Paraíba, Rio de Janeiro e São Paulo, têm legislações prevendo o incentivo fiscal em contrapartida do apoio a projetos esportivos.

Nos projetos orçamentários para a organização da Copa do Mundo de Futebol, em 2014, e para a realização dos Jogos Olímpicos de 2016, foi prevista a construção de uma série de instalações esportivas, não só para o evento e para o espetáculo, mas para apoio de treinamento a equipes e atletas de outros países participantes desses eventos.

Assim, a resposta sobre a existência de fundo para construção ou renovação de instalações esportivas de treinamento é positiva. Por meio de diferentes opções, seja por investimento ou repasse federal e leis de incentivo fiscal, é possível afirmar a existência de recursos para o desenvolvimento e o investimento em centros de treinamento.

Contudo, são necessárias algumas ressalvas quanto a essas considerações. A primeira é a não especificidade das leis sobre a obrigatoriedade de investimento em instalações esportivas, ou seja, não há especificação quanto a valores ou porcentagens mínimas para investimento em instalações esportivas, inclusive na Lei nº 10.264, de 2001,[7] que repassa recursos para o COB e para as confederações esportivas olímpicas. Dessa forma, não há como afirmar que os recursos serão investidos em instalações esportivas e centros de treinamento, pois, nos relatórios das aplicações dos recursos da Lei nº 10.264, de 2001, não se encontram discriminados os destinos dos montantes de cada item disponibilizado como alvo de investimento.

A segunda é a falta de planejamento com relação ao destino dos investimentos, como destacado pelo TCU:

> no Orçamento Geral da União, a ação "Implantação e Modernização de Infraestrutura para o Esporte de Alto Rendimento" possuía, em junho de 2010, R$ 65 milhões em créditos orçamentários. Desses, R$ 17 milhões referem-se à construção de um CT em Iranduba/AM, município vizinho à capital Manaus, onde já existe um centro de treinamento e há subaproveitamento. Outros R$ 45 milhões foram alocados para erguer um CT em Belém/PA, sem uma análise prévia de viabilidade e condições de sustentabilidade e sem definição do público-alvo. (p. 67)[25]

A terceira ressalva é que somente em 2013 foi regulamentado o repasse de recursos para os clubes, já que são esses os formadores e os principais mantenedores de atletas olímpicos no Brasil. Esse processo foi iniciado em 2009, quando um grupo de clubes lançou o Conselho de Clubes Formadores de Atletas Olímpicos e Paralímpicos (Confao) para reivindicar fundamentalmente o repasse estatal, que, até então, era destinado somente ao COB e ao Comitê Paralímpico Brasileiro (CPB).[36]

A quarta, é que se espera que após os eventos de 2014 e 2016 não aconteçam fatos como os verificados após os Jogos Pan-Americanos de 2007: os legados em relação às estruturas esportivas foram mínimos, principalmente para locais destinados ao treinamento de atletas.

Concluindo, existe não só um fundo, mas, também, diferentes opções para financiamento de construção ou renovação de instalações esportivas de treinamento. Todavia, a não obrigatoriedade de investimento nesse tipo de estrutura, a falta de um plano nacional bem estruturado e algumas lacunas e falhas quanto à destinação dos recursos levam a consideração de que o(s) fundo(s) existente(s) é(são) ineficaz(es) em se tratando de instalações esportivas e centros de treinamento no país.

8.5 Comentários gerais e perspectivas

Neste capítulo sobre a infraestrutura para o esporte de alto rendimento, foi possível realizar uma análise sobre a rede existente de instalações nacionais e regionais de esporte de alto rendimento, bem como a coordenação e o planejamento para construir e reformar instalações e a criação de um ambiente propício para o desenvolvimento de atletas de alto rendimento.

Para tanto, foram considerados FCSs que levam em consideração alguns pontos para avaliar esse fator de desenvolvimento do esporte de alto rendimento, as instalações esportivas. Levando em conta as limitações encontradas quanto ao acesso a informações, destaca-se, na análise do Pilar 6 dentro da realidade brasileira, o pequeno percentual de FCSs observados (Gráfico 8.4).

Gráfico 8.4 – Síntese das observações dos dez FCSs relativos ao Pilar 6

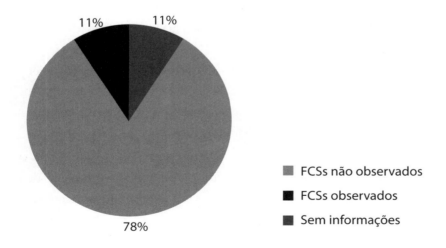

Entretanto, algumas perspectivas positivas podem ser traçadas quanto ao Pilar 6 no Brasil.

O COB iniciou o reaproveitamento das instalações do Parque Aquático Maria Lenk com enfoque na avaliação e no acompanhamento do treinamento físico de atletas. Na Base Militar de Deodoro, embora não exista um instrumento formal definindo as atribuições de responsabilidade desse local, é praticado tiro esportivo, hipismo e pentatlo moderno (modalidades utilizadas basicamente por atletas das Forças Armadas).[g] O governo de São Paulo pretende aumentar sua rede com novos Centros de Excelência distribuídos pelo interior do estado, mantendo a tradição do antigo Projeto Futuro, referência no desenvolvimento de atletas do atletismo e do judô no Brasil.

O Centro de Treinamento de Saquarema, da CBV, é outro ótimo exemplo, considerado como o mais completo do país. Suas instalações atendem o vôlei, o vôlei de praia e o remo. A existência desses centros somada às novas instalações consequentes dos eventos que o País sediará são pontos positivos que podemos apontar nesta análise.

Infelizmente, atletas e técnicos avaliam entre razoável e muito baixa a qualidade, a disponibilidade e a acessibilidade das infraestruturas de treinamento. Talvez, essa percepção se deva também ao fato de não existir um plano nacional desenvolvido ou uma rede de centros de treinamento. Mesmo os centros existentes, não há informações suficientes a respeito das suas características.

Ainda sobre as instalações que podem advir dos eventos esportivos que o País sediará, é importante ressaltar que estas são destinadas inicialmente para o espetáculo e, se não forem devidamente reformuladas após os jogos e geridas da forma adequada, poderão entrar em desuso para o treinamento após os eventos. Também vale destacar que a ausência de dados específicos por modalidades dificulta um diagnóstico mais preciso a respeito dos centros de treinamento e das reais necessidades de cada uma das modalidades esportivas.

---

[g] O Complexo de Deodoro também necessitaria de investimentos para qualificá-lo como centro de treinamento, uma vez que não dispõe de alojamentos, instalações para serviços e refeitórios.[25]

Referências

1. Green M, Oakley B. Elite sport development systems and playing to win: uniformity and diversity in international approaches. Leis. Stud. 2001;20:247-67.

2. Digel H. Comparison of successful sport systems. New Stud. Athl. 2005;20(2):7-18.

3. Consejo Superior de Deportes de Espana. Clasificación del las instalaciones deportivas para el desarrollo del deporte de alto nivel y de competición, resolución de 17 de Junio de 2002. Boletim Oficial Espanhol (BOE). N. 166/13930, de 12 de Julio de 2002. Madrid, Espana; 2002.

4. De Bosscher V, Bingham J, Shibli S, van Bottenburg M, De Knop P. The global sporting arms race: an international comparative study on Sports Policy Factors Leading to International Sporting Success. Aachen: Meyer & Meyer; 2008.

5. Houlihan B, Green M. Comparative elite sport development. Systems, structures and public policy. London: Elsevier; 2008.

6. Brasil. Lei nº 9.615, de 24 de março de 1998. Institui normas gerais sobre desporto e dá outras providências [acesso em 09 out 2015]. Disponível em: http://www.planalto.gov.br/ccivil_03/leis/l9615consol.htm.

7. Brasil. Lei nº 10.264, de 16 de julho de 2001. Acrescenta inciso e parágrafos ao art. 56 da Lei nº 9.615, de 24 de março de 1998, que institui normas gerais sobre desporto [acesso em 31 out 2012]. Disponível em: http://www.planalto.gov.br/ccivil_03/Leis/LEIS_2001/L10264.htm.

8. Comitê Olímpico Brasileiro. Origem dos recursos: Lei Agnelo Piva/Transparência [acesso em 8 dez 2013]. Disponível em: http://www.cob.org.br/comite-olimpico-brasileiro/lei-agnelo-piva.

9. Brasil. Lei nº 12.395, de 16 de março de 2011, altera a Leis nº 9.615, de 24 de março de 1998, que institui normas gerais sobre desporto, e a Lei nº 10.891, de 9 de julho de 2004, que institui a bolsa-atleta; cria os programas atleta pódio e cidade esportiva; revoga a Lei nº 6.354, de 2 de setembro de 1976; e dá outras providências [acesso em 8 dez 2013]. Disponível em: http://www.planalto.gov.br/ccivil_03/_ato2011-2014/2011/lei/l12395.htm.

10. Brasil. Tribunal de Contas da União (TCU). Instrução Normativa nº 039, de 11 de dezembro de 2001. Dispõe sobre os procedimentos para a fiscalização da aplicação dos recursos repassados ao Comitê Olímpico Brasileiro – COB e ao Comitê Paraolímpico Brasileiro, por força da Lei nº 10.264, de 16 de julho de 2001 [acesso em 09 out 2015]. Disponível em: http://www.tcu.gov.br/Consultas/Juris/Docs/judoc\IN\20090122\INT2001-039.doc.

11. Brasil. Decreto nº 7.984, de 8 de abril de 2013. Regulamenta a Lei nº 9.615, de 24 de março de 1998, que institui normas gerais sobre desporto [acesso em 09 out 2015]. Disponível em: https://www.planalto.gov.br/ccivil_03/_Ato2011-2014/2013/Decreto/D7984.htm#art68.

12. Ribeiro FT. Instalações esportivas: planejamento e desenvolvimento. In: da Costa LP, editor. Atlas do esporte no Brasil. Rio de Janeiro: CONFEF; 2006.

13. da Costa L. Atlas do esporte no Brasil. Rio Janeiro: Shape; 2005.

14. Instituto Brasileiro de Geografia e Estatística (IBGE). Pesquisa do esporte 2003. Rio de Janeiro; 2006.

15. Brasil. Ministério do Esporte. Rede CENESP: instituições [acesso em 23 set 2013]. Disponível em: http://www.esporte.gov.br/snear/cenesp/instituicao.jsp.

16. Brasil. Ministério do Esporte. Centro de Iniciação ao Esporte [acesso em 27 set 2013]. Disponível em: http://www.esporte.gov.br/cie.

17. Brasil. Resolução CNE nº 10, de 7 de março de 2006. Aprova as Políticas Setoriais de Esporte de Alto Rendimento, de Esporte Educacional e de Esporte Recreativo e de Lazer. Diário Oficial da União. 3 abril 2006; Seção 1:101 [acesso 31 out 2010]. Disponível em: http://www.esporte.gov.br/arquivos/conselhoEsporte/resolucoes/resolucaoN10.pdf.

18. Brasil. Ministério do Esporte. 1ª Conferência Nacional do Esporte [acesso em 30 jun 2010]. Disponível em: http://portal.esporte.gov.br/conferencianacional/conferencia1.jsp.

19. Brasil. Ministério do Esporte. II Conferência Nacional do Esporte [acesso em 30 jun 2010]. Disponível

em: http://portal.esporte.gov.br/conferencianacional/conferencia2.jsp.

20. Brasil. Ministério do Esporte. III Conferência Nacional do Esporte [acesso em 30 jun 2010]. Disponível em: http://portal.esporte.gov.br/conferencianacional/conferencia3.jsp.

21. Brasil. Programa de Aceleração do Crescimento. Praças da Juventude e Praças do PAC [acesso em 27 set 2010]. Disponível em: http://portal.esporte.gov.br/institucional/secretariaExecutiva/programasSecretaria.jsp.

22. Gratton C. COMPASS 1999: a project seeking the coordinated monitoring of participation in sports in Europe. London: UK Sport and Italian Olympic Committee; 1999.

23. van Bottenburg M. Het topsportklimaat in Nederland [The elite sports climate in the Netherlands]. ´s-Hertogenbosch: Diopter-Janssens and van Bottenburg bv; 2000.

24. Mazzei LC, Bastos FC, Ferreira RL, Böhme MTS. Centros de treinamento esportivo para o esporte de alto rendimento no Brasil: um estudo preliminar. Rev. Min. Educ. Física. 2012; 1(7):1575-84.

25. Brasil. Tribunal de Contas da União. Relatório de auditoria operacional: esporte de alto rendimento. Brasília: TCU, Secretaria de Fiscalização e Avaliação de Programas de Governo; 2011 [acesso em 8 dez 2013]. Disponível em: http://portal2.tcu.gov.br/portal/page/portal/TCU/comunidades/programas_governo/areas_atuacao/esportes/Relat%C3%B3rio_Esporte%20Alto%20Rendimento_Miolo.pdf.

26. Lämsä J. Elite sport infrastructure in rural and urban Finland. In: Proceendings of the 21. Conference of the European Association of Sport Management (EASM); 2013; Istambul: Marmara University; 2013 [cited in 31 Jan 2014]. Avaliable at: http://www.easm.net/download/2013/ELITE%20SPORT%20INFRASTRUCTURE%20IN%20RURAL%20AND%20URBAN%20FINLAND.pdf.

27. UK Sport. Sports Policy Factors Leading to International Sporting Success. London: Vrije Universiteit Brussel (Belgium), WJH Mulier Instituut (Netherlands), Sheffield Hallam University (UK), UK Sport (UK); 2006.

28. Ferreira R. L. Políticas para o esporte de alto rendimento: estudo comparativo de alguns sistemas esportivos nacionais visando um contributo para o Brasil. In: Anais do 15. Congresso Brasileiro de Ciências do Esporte e 2. Congresso Internacional de Ciências do Esporte; 2008; Recife: Colégio Brasileiro de Ciências do Esporte; 2008 [acesso em 31 jan 2014]. Disponível em: http://www.cbce.org.br/docs/cd/lista_area_10.htm.

29. Sotiriadu K, Shilbury D. Australian elite athlete development: an organizational perspective. Sport Manag Rev. 2009;12:137-48.

30. Silva C, Pinheiro J, Moraes J, Correia R, Pereira S. Atletas de alto rendimento nas Forças Armadas: um estudo analítico de práticas internacionais bem sucedidas. Rio de Janeiro: COB; 2009.

31. Governo do Estado de São Paulo. Secretaria de Esporte, Lazer e Juventude. Centro de Excelência [acesso em 2 out 2013]. Disponível em: http://www.selj.sp.gov.br/programa_excelencia.php.

32. Comitê Olímpico Brasileiro (COB). Centros de treinamento e desenvolvimento impulsionam os esportes olímpicos. Boletim de evolução do esporte a partir da Lei nº 10.264 – Agnelo/Piva. 2006; IV(15).

33. Comitê Olímpico Brasileiro (COB). Centro de treinamento [acesso em 2 out 2013]. Disponível em: http://timebrasil.cob.org.br/instalacoes.

34. Brasil. Ministério do Esporte. Bahia vai contar com Centro Pan-Americano de Judô [acesso em 2 out 2013]. Disponível em: http://www.brasil.gov.br/infraestrutura/2013/08/bahia-vai-contar-com-centro-pan-americano-de-judo.

35. Brasil. Lei nº 11.438, de 29 de dezembro de 2006. Dispõe sobre incentivos e benefícios para fomentar as atividades de caráter desportivo e dá outras providências. Diário Oficial da União. 29 dez 2006; Seção 1:1 [acesso em 09 out 2015]. Disponível em: http://www.esporte.gov.br/arquivos/ministerio/legislacao/lei1143829122006.pdf.

36. Zukeran V. Clubes criam entidade para ter verba da Lei Agnelo/Piva. O Estado de S. Paulo, 2009 fev 3 [acesso em 3 out 2013]. Disponível em: http://www.estadao.com.br/noticias/esportes,clubes-criam-entidade-para-ter-verba-da-lei-agnelopiva,317804,0.htm.

9

Desenvolvimento e suporte para técnicos

Catalina Naomi Kaneta
Marcelo Alves Kanasiro
Ana Lúcia Padrão dos Santos

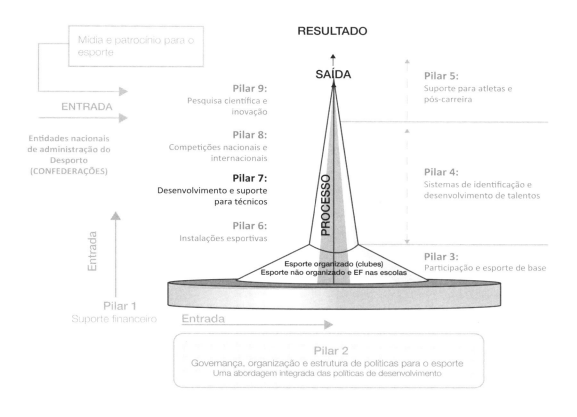

Atualmente, a função do técnico esportivo não se restringe mais apenas à preparação física e técnica dos atletas, requerendo dos treinadores o domínio de conceitos de diferentes áreas que auxiliem na formação do atleta, administrando inúmeras tarefas que envolvem diferentes dimensões do contexto esportivo.[1]

Moreno e Del Villar[2] e Pascual et al.,[3] apontam que esse profissional deve ter tanto a formação acadêmica como a experiência prática, acumulando um caráter crítico sobre sua atuação, validando o seu trabalho e adequando-o ao conhecimento científico sobre técnicas e treinamento esportivo.

Na literatura consultada por Egerland, Nascimento e Both,[4] constituída na maioria por trabalhos publicados em Portugal, os autores constatam que uma das etapas mais importantes da construção da carreira de treinador esportivo é quando ele manifesta a preocupação com sua eficácia profissional, apresentando a necessidade de aprimorar a sua formação.

Com base nisso, Egerland, Nascimento e Both[4] realizaram um estudo acerca das competências profissionais percebidas por treinadores que atuam em modalidades coletivas e individuais no estado de Santa Catarina e quais as carências apontadas por eles em sua formação profissional. Os resultados indicam que conhecimentos de Teoria e Metodologia do Treinamento Esportivo, Comunicação e Integração do Esporte, e de Planejamento e Gestão do Esporte são apontados como forças pelos técnicos esportivos, ao passo que os conhecimentos de Biodinâmica do Esporte, Gestão e Legislação do Esporte, Habilidades de Autorreflexão, Atualização Profissionais no Esporte e Avaliação do Esporte compreendem algumas necessidades profissionais que eles consideram como fraquezas em suas formações. Observa-se que, hoje em dia, a preocupação sobre a formação do técnico esportivo não é apenas em termos de conhecimento técnico ou de treinamento.

Nesse cenário, o Pilar 7 tem como objetivo abordar as diferentes áreas do desenvolvimento da carreira dos técnicos e verificar se existem ou não boas oportunidades para que eles se desenvolvam como técnicos de elite.

Foram questionados fatores relacionados à qualidade e ao controle do serviço prestado, às oportunidades de crescimento, ao reconhecimento, às condições de vida, aos serviços de segurança social e a outras iniciativas que possibilitaram atraí-los para essa profissão.

Os aspectos referentes ao Pilar 7 foram levantados com base em quatro indicadores divididos em desessete fatores críticos de sucesso (FCSs), cujos resultados e análise serão apresentados no Quadro 9.1.

Quadro 9.1 – Indicadores referentes ao Pilar 7

Indicadores
Há um número suficiente de técnicos de alto rendimento bem treinados e experientes no país.
Os técnicos têm oportunidades suficientes para desenvolverem suas carreiras e se tornarem técnicos de nível mundial.
O padrão individual de vida dos técnicos é suficiente para que eles se tornem técnicos profissionais.
O *status* dos técnicos: o trabalho do técnico é valorizado em todo o país.

9.1 Contextualização

A Declaração de Magglingen, resultante da assembleia especial do International Council for Coach Education,[5] reconhece que a educação e a formação de técnicos em âmbito mundial enfrenta vários desafios, como:

- estabelecer e educar técnicos e organizações esportivas sob padrões de comportamento éticos e desenvolver mecanismos para monitorar esse comportamento;
- identificar, desenvolver e avaliar as competências de técnicos em todos os níveis de atuação;
- oferecer capacitação aos treinadores de modo a capacitá-los a aplicar teorias que sustentem sua prática e atendam às necessidades dos seus atletas;
- garantir que os governos, o esporte e a comunidade em geral reconheçam e compreendam o papel fundamental dos treinadores em todos os níveis do esporte;
- adotar uma filosofia que promova e apoie o treinamento focado no atleta na educação e no desenvolvimento profissional do técnico;
- habilitar treinadores para acessar e manter a comunicação com o corpo de conhecimentos que diz respeito ao treinamento e às melhores práticas, de forma a promover e apoiar a aprendizagem e desenvolvimento contínuos;
- ampliar o acesso à educação e às oportunidades de desenvolvimento profissional do treinador, mantendo a qualidade da oferta e dos resultados;

- desenvolver sistemas que incentivarão e apoiarão o aprendizado contínuo e o desenvolvimento profissional dos treinadores com base na identificação das necessidades do indivíduo e nas respostas desejadas;
- trabalhar para desenvolver e assegurar o reconhecimento do trabalho do técnico como uma profissão;
- desenvolver sistemas de formação de treinadores que possibilitem o ensino aberto, de modo que os treinadores escolham o horário, o local e a frequência que desejam estudar.

Verifica-se que, nas últimas décadas, é crescente a preocupação tanto com a formação dos técnicos esportivos como com a discussão sobre as suas carreiras profissionais, mas os critérios que definem essa atividade profissional representam ainda um desafio para muitos.[6]

A regulamentação da profissão de treinador no Brasil vem sendo debatida há anos e, nesse processo, estão envolvidas entidades que representam os profissionais de Educação Física, em especial o Conselho Federal de Educação Física (Confef), os Conselhos Regionais de Educação Física (CREFs) e, também, as instituições sindicais representativas dos treinadores.

Em termos de ocupação, a Classificação Brasileira de Ocupações inclui o treinador e semelhantes sob o código 2241, relativo aos profissionais da Educação Física. Entre elas, estão as de Preparador de atleta, Preparador físico, Técnico de desporto individual e coletivo (exceto futebol) e Treinador profissional de futebol.

No que se refere à evolução histórica da legislação, o primeiro registro encontrado foi em 1939, pelo Decreto-Lei nº 1.212, que criou a Escola Nacional de Educação Física e Desporto, na Universidade do Brasil, e determinou a presença de um profissional qualificado para trabalhar como treinador, e que este indivíduo deveria ser formado por esta instituição:[7]

> Art. 38. As instituições desportivas, que funcionarem nas cidades de população superior a 100.000 habitantes, em todo o país, não poderão, a partir de 1 de janeiro de 1941 admitir ao provimento das funções de técnico desportivo e de treinador e massagista desportivo, para os desportos mencionados no art. 26 desta lei, sinão os portadores dos competentes diplomas, conferidos na forma desta lei.

Trinta e sete anos mais tarde, a Lei nº 6.354, de 1976 (revogada pela Lei nº 12.935, em 2011) apresentou em seu Artigo 27, especificamente em relação ao futebol, que "Todo ex-atleta profissional de futebol que tenha exercido a profissão durante 3 (três) anos consecutivos ou 5 (cinco) anos alternados será considerado, para efeito de trabalho, monitor de futebol".[8]

Ainda com o enfoque no futebol, há a Lei nº 8.650, de 1993, que regulamenta a ocupação de treinador profissional de futebol com legislações do trabalho e da previdência social.[9]

Observa-se que, em termos de legislação, há tempos a ocupação dos técnicos esportivos tem seu reconhecimento, no entanto, foi apenas com a regulamentação da profissão de educador físico, pela Lei nº 9.696/98, que a exigência de uma formação específica começou a ser cobrada para o exercício da função de técnico esportivo. O Artigo 3º dessa lei determina que:[10]

> Compete ao Profissional de Educação Física coordenar, planejar, programar, supervisionar, dinamizar, dirigir, organizar, avaliar e executar trabalhos, programas, planos e projetos, bem como prestar serviços de auditoria, consultoria e assessoria, realizar treinamentos especializados, participar de equipes multidisciplinares e interdisciplinares e elaborar informes técnicos, científicos e pedagógicos, todos nas áreas de atividades físicas e do desporto.

Essa lei estabelece que somente indivíduos que têm diploma de Educação Física em instituições de ensino superior oficialmente autorizadas, reconhecidas pelo Ministério da Educação (MEC) e que realizam seu registro no CREF e Confef podem atuar na área de Educação Física, o que inclui as atividades de técnico esportivo.

Entretanto, como muitos técnicos esportivos atuantes na época da homologação dessa Lei eram ex-atletas sem formação acadêmica, elaborou-se uma alternativa provisória para regularizar os profissionais. Dessa forma, por resolução do Confef 045/2002, criou-se uma categoria nomeada de técnicos provisionados, e aqueles não graduados em Educação Física poderiam requerer inscrição ao apresentar comprovação oficial da atividade exercida, até a data do início da vigência da Lei nº 9696, de 1998, por prazo não inferior a três anos.[11]

Cabe ressaltar que essa condição de provisionado teve um prazo limite para o registro e este já se encerrou, pois a categoria provisionada beneficia somente os indivíduos que atuavam na profissão antes de sua regulamentação.

Com relação a conhecimento necessário para a formação e qualificação profissional dos técnicos esportivos, embora houvesse o Decreto-Lei desde 1939, a fiscalização para que os técnicos esportivos tivessem algum tipo de formação acadêmica nunca foi efetiva, muito menos a determinação das competências necessárias que deveriam ter para desempenhar essa profissão não foram claramente definidas. Pode-se mencionar brevemente a Resolução CFE nº 03, de 1987, que determinava o conteúdo e a carga horária mínima que deveria ser cumprida em um curso de Educação Física.[12]

Após o surgimento da Lei nº 9.696, de 1998, houve um grande aumento na oferta de cursos de Educação Física no país, passando de 166 cursos oferecidos, em 1998, para 469 cursos, em 2004.[13] Foi justamente nessa época que surgiu uma nova legislação referente às Diretrizes Curriculares Nacionais (DCNs) para os cursos de graduação em Educação Física em nível superior, que determina a distinção entre cursos voltados à licenciatura e cursos que seriam popularmente conhecidos como bacharelado, os quais incluem a prática profissional de técnicos esportivos.[14]

As competências e as habilidades que o profissional de Educação Física deve adquirir durante sua formação no ensino superior, expressas na Resolução nº 7, são:[15]

• Dominar os conhecimentos conceituais, procedimentais e atitudinais específicos da Educação Física e aqueles advindos das ciências afins, orientados por valores sociais, morais, éticos e estéticos próprios de uma sociedade plural e democrática.

• Pesquisar, conhecer, compreender, analisar, avaliar a realidade social para nela intervir acadêmica e profissionalmente, por meio das manifestações e expressões do movimento humano, com foco nas diferentes formas e modalidades do exercício físico, da ginástica, do jogo, do esporte, da luta/arte marcial, da dança, visando à formação, à ampliação e ao enriquecimento cultural da sociedade, para aumentar as possibilidades de adoção de um estilo de vida fisicamente ativo e saudável.

• Intervir acadêmica e profissionalmente de forma deliberada, adequada e eticamente balizada nos campos da prevenção, promoção, proteção e reabilitação da saúde, da formação cultural, da educação e reeducação motora, do rendimento físico-esportivo, do lazer, da gestão de empreendimentos relacionados às atividades físicas, recreativas e esportivas, além de outros campos que oportunizem ou venham a oportunizar a prática de atividades físicas, recreativas e esportivas.

• Participar, assessorar, coordenar, liderar e gerenciar equipes multiprofissionais de discussão, de definição e de operacionalização de políticas públicas e institucionais nos campos da saúde, do lazer, do esporte, da educação, da segurança, do urbanismo, do ambiente, da cultura, do trabalho, entre outros.

• Diagnosticar os interesses, as expectativas e as necessidades das pessoas (crianças, jovens, adultos, idosos, pessoas portadoras de deficiência, de grupos e comunidades especiais) de modo a planejar, prescrever, ensinar, orientar, assessorar, supervisionar, controlar e avaliar projetos e programas de atividades físicas, recreativas e esportivas nas perspectivas da prevenção, da promoção, da proteção e da reabilitação da saúde, da formação cultural, da educação e da reeducação motora, do rendimento físico-esportivo, do lazer e de outros campos que oportunizem ou venham a oportunizar a prática de atividades físicas, recreativas e esportivas.

• Conhecer, dominar, produzir, selecionar, e avaliar os efeitos da aplicação de diferentes técnicas, instrumentos, equipamentos, procedimentos e metodologias para a produção e a intervenção acadêmico-profissional em Educação Física nos campos da prevenção, promoção, proteção e reabilitação da saúde, da formação cultural, da educação e reeducação motora, do rendimento físico-esportivo, do lazer, da gestão de empreendimentos relacionados às atividades físicas, recreativas e esportivas, além de outros campos que oportunizem ou venham a oportunizar a prática de atividades físicas, recreativas e esportivas.

• Acompanhar as transformações acadêmico-científicas da Educação Física e de áreas afins mediante a análise crítica da literatura especializada com o propósito de contínua atualização e produção acadêmico-profissional.

• Utilizar recursos da tecnologia da informação e da comunicação de forma a ampliar e diversificar as formas de interagir com as fontes de produção e de difusão de conhecimentos específicos da Educação Física e de áreas afins, com o propósito de contínua atualização e produção acadêmico-profissional.

A existência dessa legislação específica pode ser considerada um avanço para a formação inicial dos técnicos esportivos e a construção da identidade profissional: segundo Hoffmann e Harris,[16] um profissional é um trabalhador com características muito específicas, que tem habilidades complexas que são fundamentadas e orientadas por pesquisas e teorias. Profissionais devem ser capazes de realizar determinadas atividades de acordo com princípios éticos estabelecidos de maneira formal e informal, de modo a beneficiar os indivíduos a quem prestam seus serviços. A capacidade de trabalho eficaz e a de alcançar os resultados esperados fazem um indivíduo ser considerado profissional. Nesse sentido, é importante ressaltar que a experiência na área esportiva, a formação acadêmica e a prática profissional são dimensões essenciais e que, combinadas, podem contribuir para a melhora da qualidade no exercício profissional dos técnicos esportivos.

Com a legislação específica a respeito da formação de técnicos esportivos, da grande oferta de cursos de graduação em Educação Física e do interesse de jovens estudantes nessa área, surge um problema bastante complexo a ser resolvido, que é o equilíbrio entre a quantidade de profissionais formados e a qualidade dessa formação.

Uma das ferramentas que controla a qualidade da formação profissional pode ser considerado o Sistema Nacional de Avaliação da Educação Superior (Sinaes), que visa avaliar o ensino superior brasileiro, inclusive os cursos de Educação Física.[17] Uma das ações promovidas pelo Instituto Nacional de Estudos e Pesquisas Educacionais Anísio Teixeira (Inep), nesse sentido, é a avaliação da formação dos alunos pelo Exame Nacional de Desempenho de Estudantes (Enade), que tem por meta aferir o rendimento dos estudantes em relação às competências, às habilidades e aos conteúdos desenvolvidos nos cursos com base na legislação mencionada anteriormente. Essa avaliação é feita por uma prova realizada periodicamente. A Tabela 9.1 apresenta os resultados obtidos no Enade pelos alunos graduados em Educação Física ao longo dos anos em que a prova foi realizada.

Tabela 9.1 – Dados referentes às notas dos alunos concluintes dos cursos de Educação Física no ENADE por ano

	Dados referentes a 2004	Dados referentes a 2007	Dados referentes a 2010
Número de concluintes que realizaram a prova	17.574	31.820	13.260
Média	34,1	50,4	40,4
Desvio padrão	14,9	15,8	13,5
Nota mínima	0,0	0,0	0,0
Mediana	34,1	51,8	40,9
Nota máxima	87,8	92,4	80,9

Fonte: adaptado de INEP (2005, 2008, 2011).[18,19,20]

Essa avaliação poderia ser considerada como referência inicial para o desenvolvimento da carreira dos técnicos esportivos, ou seja, as notas dos alunos no Enade poderiam ser utilizadas como indicadores para o desenvolvimento de ações que visem à melhora da formação inicial dos técnicos no país, especialmente porque aferem conhecimentos gerais e específicos da área de atuação, além de traçarem um perfil demográfico e socioeconômico dos ingressantes e concluintes de Educação Física, ou seja, dos futuros profissionais da área.[18,19,20]

Em termos gerais, observa-se no País a existência de uma legislação que regula tanto a formação inicial dos técnicos como o exercício profissional em si, o que pode ser considerado favorável, uma vez que essas determinações existem, mas esse contexto ainda parece não ser suficientemente explorado, como será apresentado a seguir nos dados referentes à pesquisa realizada entre os anos de 2011 e 2013.

9.2 Controle e qualidade dos técnicos no país

Os FCSs referentes ao controle e à qualidade dos técnicos no país são apresentados no Quadro 9.2. Na realidade brasileira, dos quatro FCSs, dois foram observados em parte, um não foi observado e para um não foram encontradas informações.

Quadro 9.2 – FCSs referentes ao indicador "Há um número suficiente de técnicos de alto rendimento bem treinados e experientes no país"

FCS 7.1	Há um banco de dados de técnicos e técnicos de alto rendimento que é atualizado anualmente e contém detalhes das qualificações e em qual data elas foram alcançadas.	NO
FCS 7.2	Um número suficiente de técnicos de alto rendimento é qualificado: eles fizeram cursos de treinamento nas confederações ou outros cursos de atualização especificamente para o esporte de alto rendimento e/ou cursos de treinamento em nível internacional (isso será parcialmente capturado pela pesquisa de clima do esporte de alto rendimento).	OP
FCS 7.3	Os técnicos têm experiência no nível de alto rendimento em suas próprias carreiras como atletas.	SI
FCS 7.4	A autoridade esportiva nacional tem uma estratégia para as confederações atraírem os melhores técnicos do mundo e *experts* externos para treinar atletas de alto rendimento e melhorar os conhecimentos de técnicos nacionais trabalhando no nível do alto rendimento.	OP

FCS: fator crítico de sucesso; OP: observado parcialmente; NO: não observado; SI: sem informações.

O controle e a avaliação do desempenho profissional, em qualquer área de atuação, é um processo de extrema importância para a gestão da qualidade organizacional. A avaliação de desempenho tem como objetivo diagnosticar e analisar o desempenho individual e grupal dos profissionais, promovendo o crescimento pessoal, bem como melhora de desempenho.

A pesquisa realizada a respeito do incentivo à avaliação da qualidade profissional promovida pelos órgãos Federais e Nacionais do Esporte, Ministério do Esporte (ME) e Comitê Olímpico do Brasil (COB), aponta que não existe registro/política (banco de dados único) nacional de controle, organização e qualidade dos técnicos.

No entanto, já existe uma mobilização nesse sentido. O COB conta com a Academia Brasileira de Treinadores (ABT), que é uma iniciativa do Instituto Olímpico Brasileiro (departamento de educação do COB), que tem como objetivo melhorar o sistema de preparação esportiva no país, preenchendo a carência na formação do treinador esportivo de alto rendimento visando aos Jogos Olímpicos Rio 2016 e ao futuro do esporte nacional. A ABT visa, ainda, complementar, por meio de atividades de cunho educacional de qualidade, a formação profissional de treinadores com foco no esporte de alto rendimento, contribuindo de forma relevante para a conquista de resultados positivos no esporte olímpico.[21]

Além disso, existe, nas confederações e nas federações de algumas modalidades, a possibilidade de o profissional se cadastrar em um banco de dados, mas, em geral, essas informações ficam restritas a um público específico. Contudo, existem, também, os casos do tênis e do triatlo, nos quais está disponível ao público a qualificação dos técnicos.

Quadro 9.3 – Confederações que têm em seus *sites* um cadastro para banco de dados de profissionais e as informações abertas ao público

	Sim	**Não**	**Total**
Cadastro	10 (33%)	20 (67%)	30 (100%)
Bancos de dados acessível	4 (13%)	26 (87%)	30 (100%)

Confederação	**Informações no *site***
Atletismo	O *site* contém informações de como se cadastrar na confederação, tem também uma rede interna (*extranet*), acessível somente às federações, aos clubes e aos treinadores. Contudo, não há um banco de dados acessível aos interessados.
Basquete	Há um cadastro para a Escola Nacional de Treinadores de Basquete e uma rede interna, mas o acesso é restrito.
Desportos aquáticos	Há um cadastro para o Programa Brasil de Natação, mas o acesso é restrito.
Desporto no gelo	No *site*, há uma ficha cadastral, mas não há o acesso ao banco de dados.
Ginástica	No *site*, há uma ficha cadastral, mas não há o acesso ao banco de dados.
Hipismo	No *site*, há uma ficha cadastral, mas não há o acesso ao banco de dados.
Tênis	No *site*, há o Sistema Nacional de Graduação Profissional, voltado totalmente ao desenvolvimento dos técnicos. É possível ver os técnicos cadastrados no sistema e algumas informações sobre seu perfil.
Tênis de mesa	No *site*, há uma lista com os treinadores brasileiros registrados na International Table Tennis Federation (ITTF) e uma lista com os treinadores certificados pela Confederação Brasileira de Tênis de Mesa (CBTM).
Tiro esportivo	No *site*, há uma lista com os instrutores credenciados.
Triatlo	No *site*, é possível ver os técnicos da modalidade divididos por estado, nível etc. Há, ainda, o contato deles.

Embora ainda não haja um sistema de quantificação sobre a existência de bons técnicos no país hoje, existe uma política nacional de formação promovida pelo COB na tentativa de melhoria da qualidade dos profissionais, técnicos esportivos, além do incentivo de algumas confederações em relação à melhora de seu corpo técnico.

Em termos trabalhistas, a respeito da legislação federal, o profissional técnico esportivo deve ter um registro no Confef e esse registro é condicionado para que ele seja graduado em Educação Física, ou que tenha realizado um curso de capacitação oferecido pelos CREF/Confef; assim, não é qualquer pessoa que pode exercer a profissão de técnico esportivo.

Em razão dessas possibilidades e determinações, grande parte dos técnicos entrevistados (79%) já realizou cursos de formação geral ou específicos próprios da sua modalidade, e os atletas entrevistados avaliam muito bem o nível de seus atuais técnicos, o que pode ser um indicativo de que há um bom número de técnicos qualificados no País (Gráfico 9.1).

Gráfico 9.1 – Avaliação dos atletas acerca da qualidade dos técnicos brasileiros

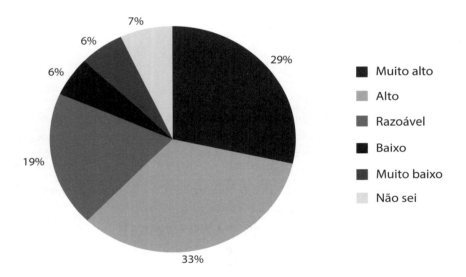

O controle de qualidade profissional traz a possibilidade de descoberta e desenvolvimento de talentos, resultante da identificação das competências de cada pessoa. Esse controle pode, ainda, reunir dados importantes para tomadas de decisões acerca de salários, bonificações, promoções, demissões, capacitações e planejamento, proporcionando tanto o crescimento do profissional avaliado como das organizações esportivas.

A respeito da qualidade dos técnicos esportivos no Brasil, foi identificado que, embora haja um controle de qualidade dos cursos de formação, o acompanhamento do desempenho profissional praticamente inexiste. O estabelecimento de parâmetros normativos de avaliação facilitaria o fornecimento de *feedback* aos profissionais e às organizações, baseado em informações sólidas e tangíveis, auxiliando o processo de desenvolvimento da carreira e da própria modalidade esportiva.

9.3 Desenvolvimento da carreira

Os FCSs referentes ao desenvolvimento da carreira são apresentados no Quadro 9.4. Na realidade brasileira, os cinco FCSs desse pilar foram observados em parte.

Quadro 9.4 – FCSs referentes ao indicador "Os técnicos têm oportunidades suficientes para desenvolverem suas carreiras e se tornarem técnicos de nível mundial"

FCS 7.5	Há uma agência coordenadora nacional (geralmente na autoridade nacional esportiva) responsável pela educação dos técnicos em geral e, em particular, dos técnicos de alto rendimento. Essa organização se alinha com diferentes níveis de cursos das confederações, ajuda as confederações na organização do desenvolvimento dos técnicos e define perfis de treinamento.	OP
FCS 7.6	Há um sistema de educação para técnicos bem desenvolvido, desde o nível mais básico (cursos para o treinador recreativo) até o mais alto (educação de técnicos de alto rendimento).	OP
FCS 7.7	Há diversos serviços (como cursos de atualização regulares, oportunidades de troca de informação) e recursos para oferecer suporte para o contínuo desenvolvimento profissional dos técnicos.	OP
FCS 7.8	Os técnicos podem receber consultoria especializada de outras áreas para ajudá-los a melhorar o padrão de seus atletas (Psicologia, Nutrição, Fisiologia, Biomecânica, Análise de Dados).	OP
FCS 7.9	Os técnicos de alto rendimento podem comunicar-se e discutir seus desenvolvimentos pessoais e o desenvolvimento de atletas de alto rendimento com outros técnicos de alto rendimento (sem ser especificamente do mesmo esporte).	OP

FCS: fator crítico de sucesso; OP: observado parcialmente.

A qualificação profissional equivale à formação profissional para que um indivíduo possa aprimorar suas habilidades para executar funções específicas demandadas pelo mercado de trabalho. A qualificação não equivale somente à formação básica, pois o mercado de trabalho (incluindo o esportivo) se mostra cada vez mais exigente. À medida que o tempo passa e o mundo evolui, adquirir e renovar conhecimento torna-se inevitável, e oportunizar tais possibilidades é considerado fundamental para o desenvolvimento do profissional e da carreira.

A carreira no contexto organizacional tem sido tradicionalmente associada à ocupação e à profissão, como um caminho a ser trilhado profissionalmente, e que possibilita progresso em posições ao longo do tempo. Um conceito básico de desenvolvimento de carreira em sua origem teve como objetivo o simples método de combinação entre as aptidões individuais e as exigências de determinado cargo. O aprimoramento profissional se dá de acordo com as maiores requisições que um determinado cargo demanda.

Em relação a essa temática associada aos técnicos, a presente pesquisa aponta que, para todos os dirigentes investigados, não há um sistema obrigatório para estabelecer e manter a qualidade dos técnicos de elite atualizada e válida, informação essa que corrobora com os resultados do levantamento realizado que apontam a inexistência de uma entidade nacional esportiva responsável pela padronização e formação única dos técnicos esportivos.

No entanto, o Governo Federal, que normatiza profissões, exige que o profissional técnico esportivo tenha o curso superior em Educação Física credenciado pelo ME e avaliado periodicamente. Esse curso deve ter como pressuposto básico uma organização curricular que contemple uma formação ampliada e uma formação específica. A respeito das dimensões do conhecimento referentes à formação ampliada, encontram-se a relação do ser humano com a sociedade, conhecimentos referentes à Biologia do corpo humano e a produção do conhecimento científico e tecnológico. No que se refere aos conhecimentos específicos da área, encontram-se as dimensões culturais do movimento humano, o conhecimento técnico-instrumental e o conhecimento didático-pedagógico. Apesar da autonomia das instituições para elaborarem seu projeto pedagógico, tal organização curricular tem o intuito de nortear o desenvolvimento das competências e das habilidades citadas.[15]

Além disso, como foi destacado anteriormente, hoje, existe a ABT, que desenvolve um curso de oito módulos presenciais, outros três a distância e mais três módulos de estágio, voltados para duas áreas: Desenvolvimento Esportivo e Aperfeiçoamento Esportivo, com duração de aproximadamente dois anos. Após concluir o curso, os treinadores formados receberão um certificado que o denominará *treinador nacional em esporte de alto rendimento*, em uma dessas áreas de concentração.

Segundo Augusto Heleno, superintendente do Instituto Olímpico Brasileiro,

> atualmente existe uma lacuna na formação de profissionais interessados em atuar no esporte de alto rendimento como treinador. Queremos com a ABT formar treinadores que possam contribuir para o desenvolvimento esportivo e alcançar resultados positivos em nível mundial.[21]

Os interessados em ingressar nos cursos da ABT devem ser profissionais de Educação Física, devidamente registrados no CREF, e, preferencialmente, filiados à confederação brasileira da respectiva modalidade. Após a inscrição, os treinadores passam por um processo seletivo e o curso é inteiramente financiado pelo COB por meio de bolsas concedidas aos treinadores.[21]

Cada um dos três módulos de estágio tem duração média de uma semana. O primeiro é nacional, em uma organização esportiva ou educacional do Brasil, e os dois últimos são internacionais, com treinadores de referência mundial, que virão ao Brasil passar suas experiências aos alunos da ABT. O Instituto Olímpico Brasileiro pretende abrir turmas anualmente, sempre para três ou quatro modalidades olímpicas diferentes.

Em virtude dessas exigências legais, assim como as oportunidades oferecidas, a maior parte dos técnicos, quando questionados a respeito de como eles avaliariam a estrutura de certificação técnica (do básico ao alto nível), a maioria afirmou ser de nível alto ou muito alto (Gráfico 9.2).

Gráfico 9.2 – Avaliação dos técnicos acerca da estrutura de certificação e de formação

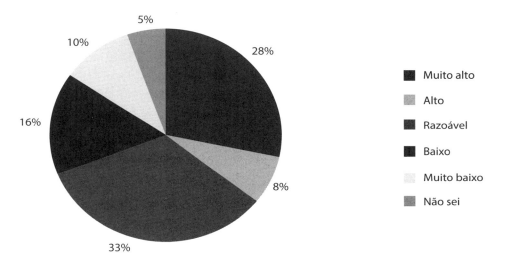

Em termos de atualização, técnicos e dirigentes apontam que há um constante incentivo à atualização e reciclagem; de acordo com os dirigentes, pelo menos um curso de atualização/reciclagem profissional é realizado por ano pela própria confederação (Gráfico 9.3).

Gráfico 9.3 – Quantidade de cursos de atualização organizados pelas confederações durante um ano

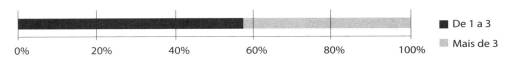

Durante a pesquisa, observou-se que algumas das confederações apresentam em seus *sites* o sistema de qualificação dos treinadores e dos cursos de qualificação oferecidos, mas essas iniciativas não são realizadas em todas as modalidades.

No ano de 2012, boa parte dos técnicos entrevistados (acima de 67%) participou ou realizou tais cursos de atualização, porém, quando perguntados se o número de cursos de formação e de atualização/reciclagem oferecidas é considerado suficiente, a maioria dos técnicos (90%) afirmou que não. Com relação à avaliação da qualidade dos cursos de atualização/reciclagem, a maioria dos técnicos classificou-os como razoável, baixo ou muito baixo (Gráfico 9.4).

Gráfico 9.4 – Avaliação dos técnicos sobre a qualidade dos cursos de atualização

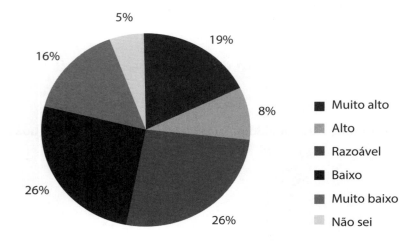

Outro resultado importante da pesquisa foi que a maioria dos técnicos (56%), quando diante da afirmação de que têm boas oportunidades de se desenvolverem como especialistas no mais alto padrão mundial no Brasil, não concordou com essa afirmação (Gráfico 9.5).

Gráfico 9.5 – Opinião dos técnicos sobre a afirmação: "As oportunidades de desenvolvimento profissional como um especialista no mais alto nível internacional na minha modalidade no Brasil são boas"

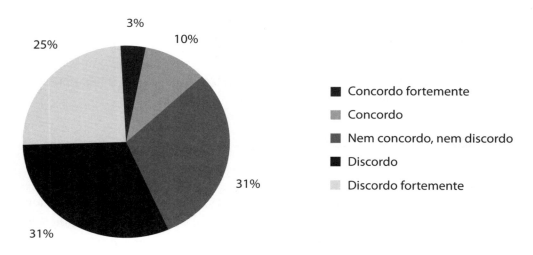

O desenvolvimento da carreira, numa perspectiva dualista entre cargo e competência, determina que um indivíduo deva ser capacitado para assumir atribuições e responsabilidades em níveis crescentes de complexidade. Pelos resultados obtidos no Brasil, a preocupação com a formação e a qualificação do técnico esportivo, de certa forma, existe, embora ainda não haja uma padronização acerca do processo de desenvolvimento de carreira.

9.4 Incentivos profissionais para técnicos esportivos

Os FCSs referentes aos incentivos profissionais para técnicos esportivos são apresentados no Quadro 9.5. Na realidade brasileira, dos três FCSs, um foi observado em parte e dois não foram observados.

Quadro 9.5 – FCSs referentes ao indicador "O padrão individual de vida dos técnicos é suficiente para que eles se tornem técnicos profissionais"

FCS 7.10	A renda mensal (bruta) dos técnicos mais a renda provinda de suas atividades esportivas é suficientemente alta para fornecer um bom padrão de vida.	NO
FCS 7.11	Ser técnico de alto rendimento é – ou pode ser – uma atividade primária em tempo integral para os melhores técnicos de alto rendimento. Existe um programa de suporte coordenado para os técnicos que os permitem dedicar-se suficientemente aos seus esportes e passarem tempo suficiente com seus atletas de alto rendimento e jovens talentos emergentes.	NO
FCS 7.12	Os empregadores oferecem apoio levando em conta as necessidades de formação de treinadores de elite.	O

FCS: fator crítico de sucesso; O: observado; NO: não observado.

Políticas de normatização de desenvolvimento de carreira, embora pareçam, a princípio, um processo simples de atribuições de cargos e competências, na realidade, tendo como base as teorias do desenvolvimento humano, o processo pode ser algo que ocorre durante todo o ciclo de vida e em vários contextos sociais. Nesse sentido, a carreira depende de outros fatores; a escolha da profissão e o caminho a ser percorrido é algo dinâmico, produto de uma série de pequenas decisões influenciadas por fatores socioeconômicos, tecnológicos e ambientais, como a família, a comunidade, a sociedade e a economia.[22,23,24]

A realização pessoal, o desejo de atingir seus objetivos, ser reconhecido e valorizado são alguns dos fatores mais conhecidos que motivam o ser humano na escolha de uma carreira. Se aplicarmos esse princípio, pode-se considerar o salário como fator motivador. Entretanto, não seria a troca direta de serviço e salário que completaria a relação motivacional: a análise psíquica mostra que o dinheiro conseguido com o trabalho faz as pessoas terem condições de atender suas necessidades e, diante disso, motivarem-se a trabalhar.

A maioria dos técnicos brasileiros, quando perguntados se recebem salário para exercer a função de técnico, respondeu afirmativamente. Vale destacar, porém, a quantidade de respostas negativas. Um terço do grupo exerce a função de técnico sem remuneração, embora a função de técnico esportivo no Brasil seja reconhecida como profissão, cuja remuneração deve ser obrigatória.

Gráfico 9.6 – Percentual de profissionais assalariados ou que recebem apoio financeiro como técnicos

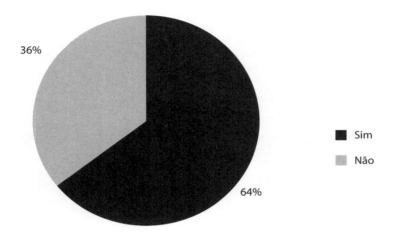

A respeito da organização que paga os salários aos profissionais, a maioria dos técnicos recebe da sua confederação, seguido pelos patrocinadores e o ME (Gráfico 9.7).

Gráfico 9.7 – Organizações que fornecem a remuneração para os técnicos entrevistados

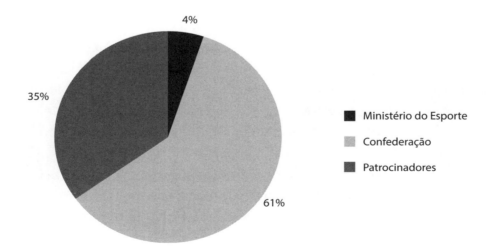

Dos que recebem salário, a maioria afirmou que este é insuficiente para manter um padrão de vida adequado (Gráfico 9.8). Dessa forma, a carreira de técnico nem sempre é o trabalho principal, pois 50% dos técnicos afirmaram que exercem outra atividade além da de técnico.

Gráfico 9.8 – Avaliação dos técnicos a respeito da quantia que recebem profissionalmente

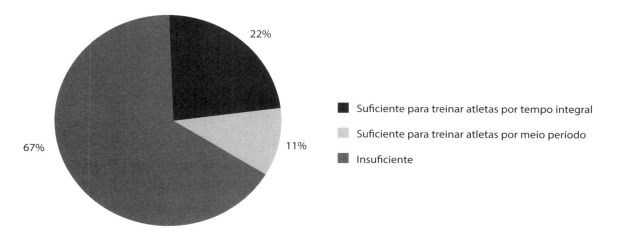

A pesquisa apresentou uma questão que visava quantificar o quanto esses profissionais recebem mensalmente e a renda anual bruta; no entanto, as respostas fornecidas foram diversas, e não foi possível apresentar um resultado consistente a respeito dessas variáveis.

Dos que exercem outra atividade, 41% consideram que recebem apoio suficiente ou bom do empregador para poder exercer a atividade de técnico (Gráfico 9.9).

Gráfico 9.9 – Apoio oferecido pelos empregadores para o trabalho de técnico realizado pelo funcionário

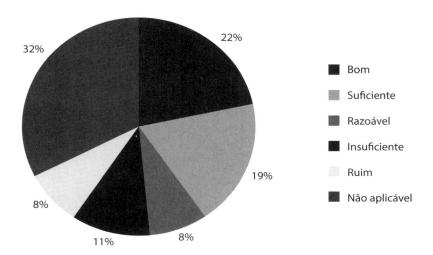

Todavia, parte dos dirigentes e técnicos não tem a mesma opinião a respeito de possibilidades e apoios oferecidos aos técnicos, uma vez que 30% dos dirigentes concordam que as possibilidades para os técnicos em relação às condições de vida são boas, ao contrário do que avaliam os técnicos (5%) (Gráfico 9.10). Contudo, tanto os técnicos (49%) como os dirigentes (71%) discordam que a qualidade do apoio oferecida aos técnicos é boa.

Gráfico 9.10 – Avaliação da afirmação de que a qualidade do apoio oferecida aos técnicos esportivos é boa segundo dirigentes e técnicos

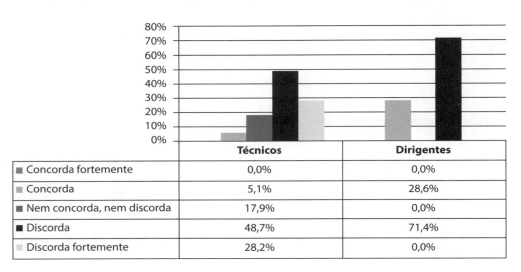

	Técnicos	Dirigentes
Concorda fortemente	0,0%	0,0%
Concorda	5,1%	28,6%
Nem concorda, nem discorda	17,9%	0,0%
Discorda	48,7%	71,4%
Discorda fortemente	28,2%	0,0%

A valorização profissional pela remuneração constitui um fator importante na carreira, mas, no caso dos técnicos investigados, esse fator não foi observado. No entanto, ser valorizado vai além do aspecto financeiro. O aspecto financeiro é parte importante de um "valor social" que o profissional procura construir ao longo do tempo, que pode ser alcançado por outros fatores, como o apoio que recebe de seus empregadores para exercer o trabalho, conforme foi observado.

9.5 Reconhecimento da carreira de técnicos

Os FCSs referentes ao reconhecimento da carreira de técnicos são apresentados no Quadro 9.6. Na realidade brasileira, dos cinco FCSs, três foram observados, um observado em parte e um não foi observado.

Quadro 9.6 – FCSs referentes ao indicador "O *status* dos técnicos: o trabalho do técnico é valorizado em todo o país"

FCS 7.13	O trabalho de um técnico é reconhecido no país e as perspectivas de carreiras são ótimas.	OP
FCS 7.14	Os técnicos têm um contrato de trabalho escrito para as atividades de treinamento; o trabalho do técnico é contratualmente reconhecido e protegido.	O
FCS 7.15	Há um sindicato para técnicos e treinadores esportivos.	O
FCS 7.16	Os técnicos de alto rendimento fazem parte de um programa de pós-carreira para prepará-los e auxiliá-los na vida após o esporte.	NO
FCS 7.17	Uma qualificação para técnicos é obrigatória para se trabalhar em clubes esportivos e com jovens talentos.	O

FCS: fator crítico de sucesso; O: observado; OP: observado parcialmente; NO: não observado.

O conceito de valorização profissional relacionado a um "valor social", que está além da remuneração, tem como base a ideia de que o salário não é um objetivo profissional, mas, sim, uma consequência de um processo; com isso, a sensação de valorização profissional é composta por múltiplos fatores, como dignidade, realização, reconhecimento, segurança e perspectivas promissoras.

Um dado importante encontrado na pesquisa sobre técnicos esportivos é que, embora exista uma legislação que reconheça a profissão e um conselho nacional que regulamenta a profissão, como destacado anteriormente, tanto técnicos quanto dirigentes afirmam que não há o devido reconhecimento em relação a essa profissão (Gráfico 9.11).

Gráfico 9.11 – Avaliação do reconhecimento no país da profissão de técnico esportivo

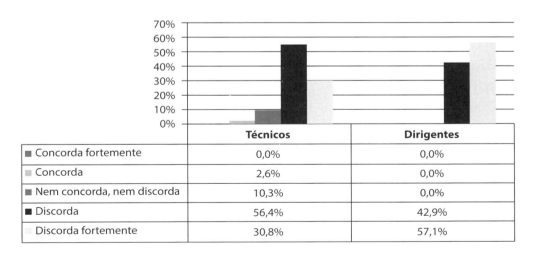

Deve-se mencionar que existe, no Brasil, o Código de Ética do Profissional de Educação Física, que no Capítulo IV, Artigo 10º declara que os direitos do Profissional de Educação Física são:[25]

I – exercer a Profissão sem ser discriminado por questões de religião, raça, sexo, idade, opinião política, cor, orientação sexual ou de qualquer outra natureza;

II – recorrer ao Conselho Regional de Educação Física, quando impedido de cumprir a lei ou este Código, no exercício da Profissão;

III – requerer desagravo público ao Conselho Regional de Educação Física sempre que se sentir atingido em sua dignidade profissional;

IV – recusar a adoção de medida ou o exercício de atividade profissional contrários aos ditames de sua consciência ética, ainda que permitidos por lei;

V – participar de movimentos de defesa da dignidade profissional, principalmente na busca de aprimoramento técnico, científico e ético;

VI – apontar falhas nos regulamentos e normas de eventos e de instituições que oferecem serviços no campo da Educação Física quando os julgar tecnicamente incompatíveis com a dignidade da Profissão e com este Código ou prejudiciais aos beneficiários;

VII – receber salários ou honorários pelo seu trabalho profissional.

Dessa forma, existem os direitos, como a obrigatoriedade dos técnicos terem contrato empregatício e salários, contudo, 56% dos técnicos entrevistados afirmam que não estão nessa situação, e, novamente, parece haver um descompasso entre a realidade e a legislação, pois o Código de Ética do Profissional de Educação Física possui diretrizes relacionadas ao tema, como descreve o Artigo 11 da Resolução Confef nº 254/2013.[25]

Art. 11 – As condições para a prestação de serviços do Profissional de Educação Física serão definidas previamente à execução, de preferência por meio de contrato escrito, e sua remuneração será estabelecida em função dos seguintes aspectos:

I – a relevância, o vulto, a complexidade e a dificuldade do serviço a ser prestado;

II – o tempo que será consumido na prestação do serviço;

III – a possibilidade de o Profissional ficar impedido ou proibido de prestar outros serviços no mesmo período;

IV – o fato de se tratar de serviço eventual, temporário ou permanente;

V – a necessidade de locomoção na própria cidade ou para outras cidades do Estado ou do País;

VI – a competência e o renome do Profissional;

VII – os equipamentos e instalações necessários à prestação do serviço;

VIII – a oferta de trabalho no mercado onde estiver inserido;

IX – os valores médios praticados pelo mercado em trabalhos semelhantes.

Esse Código de Ética é fiscalizado pela Comissão de Ética Profissional dos Conselhos, que avalia e dá encaminhamento a todas as denúncias que atentem contra as determinações do código.[26]

Em termos de reconhecimento da profissão, o levantamento aponta que a exigência de uma qualificação mínima para exercer o cargo de técnico e a existência de uma legislação e órgãos, como o sistema de conselhos e sindicatos que regulam a profissão, em teoria, formalizariam a profissão. No entanto, aspectos como a inexistência de um programa de desenvolvimento de carreira e pós-carreira de apoio para técnicos aposentados geram carências que provocam insegurança e poucas perspectivas. Esses aspectos poderiam explicar e justificar o resultado a respeito da percepção da falta de reconhecimento profissional.

9.6 Comentários gerais e perspectivas

No esporte, muitos fatores influenciam o desenvolvimento das habilidades, do rendimento e do resultado das competições dos atletas, e o técnico tem influência direta e importante nesse processo, uma vez que é o responsável pelo planejamento, pela execução e pela avaliação de todo o sistema de aprendizagem e treinamento das habilidades e das capacidades motoras que compõem determinada modalidade esportiva.

Justamente por exercer tamanha influência no desenvolvimento dos atletas é que a qualidade do trabalho exercido pelo técnico torna-se fundamental nesse processo. O técnico deve ter capacidades de diferentes naturezas que permitam-lhe atuar no planejamento e na execução dos aspectos específicos da modalidade em que atua, bem como capacidades de ordem pessoal que favoreçam sua atuação em outras dimensões, como o gerenciamento de pessoas.[27]

A visão global dos aspectos analisados em relação aos técnicos esportivos pelo Pilar 7 – quantidade de técnicos treinados e experientes, possibilidades de desenvolvimento de suas carreiras, condições de vida e *status* na sociedade – é de que o panorama é relativamente positivo. A maioria dos FCSs foi observada ou parcialmente observada (Gráfico 9.12).

Gráfico 9.12 – Síntese das observações dos 17 FCSs relativos ao Pilar 7

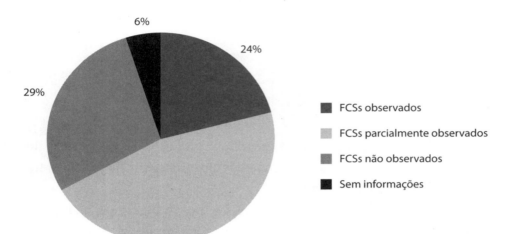

Sintetizando as análises feitas no decorrer do capítulo, tanto a formação inicial quanto o processo de atualização do conhecimento, assim como a competência na execução das atividades são fatores importantes para que o trabalho seja considerado de qualidade.

Em termos de legislação, no Brasil estão estabelecidas determinações tanto para a qualificação acadêmica como para a normatização e o reconhecimento do exercício profissional de técnicos esportivos: existem as diretrizes oficiais do Conselho Nacional de Educação (CNE), pela Resolução CNE/CES nº 7/2004, e também existem aquelas normas estipuladas pelo Confef, Resolução Confef nº 046/2002.[15,28]

Além disso, a presente pesquisa identificou a existência de programas de formação e cursos de atualização, muitas vezes organizados pelas confederações esportivas; alguns desses são financiados por leis de incentivo que englobam a capacitação dos recursos humanos.

Sobre o controle de qualidade do profissional técnico esportivo, existem duas dimensões que podem ser analisadas: a qualidade dos cursos de formação e a competência profissional, avaliada por um banco de dados ou cadastro curricular. Em termos de controle de qualidade dos cursos, o Enade tem sido um recurso utilizado pelo MEC para avaliar os cursos de graduação em todas as áreas, incluindo os de Educação Física, o que pode ser considerado uma ferramenta de avaliação para a formação profissional. No entanto, não foram encontrados outros instrumentos ou preocupações no que tange à qualidade dos cursos, principalmente, aqueles de capacitação.

A respeito do controle de qualidade baseado na competência dos profissionais, no Brasil, ainda inexiste uma determinação ou um parâmetro avaliativo para tal aspecto, dificultando-se, assim, processos como planejamento de desenvolvimento de carreira, acarretando em problemas como definição de salários, benefícios, estabelecimento de contratos e processos de aposentadoria.

Embora muitos acreditem que a qualificação por si só garante o sucesso profissional, sem dúvida, a formação e a capacitação diferenciam o profissional do restante populacional, conferindo a eles a qualidade profissional; entretanto, além disso, existem os processos ou as trajetórias que serão percorridas ao longo do exercício de uma profissão, e isso define o desenvolvimento de carreira fundamental em qualquer área de atuação.

Em termos de carreira, a presente pesquisa apontou para a inexistência do conceito de carreira, ou a falta de incorporação e uso desse conceito pelos dirigentes e técnicos, uma vez que, legalmente, os técnicos esportivos têm seus direitos estabelecidos e a possibilidade de uso destes a seu favor, mas isso nem sempre é praticado.

Acredita-se, dessa forma, que existe a necessidade de elaboração de novos programas (ou o aperfeiçoamento dos programas já existentes) a respeito do desenvolvimento de carreira que capacitem os profissionais do esporte quanto a essa temática e o seu benefício. Ações como um banco de dados nacional e critérios de avaliação das competências profissionais seriam sugestões iniciais que sensibilizariam tanto os profissionais como as organizações para um maior reconhecimento profissional dos técnicos esportivos.

Referências

1. Meinberg E. Alguns princípios éticos fundamentais da ação do treinador. In: Silva F, editor. Treinamento desportivo: aplicações e implicações. João Pessoa: UFJP; 2002.

2. Moreno PM, Del Villar F. El entrenador deportivo: manual práctico para su desarrollo y formación. Barcelona: Inde; 2004.

3. Pascual CJB, Romo GR, Garcia JIM, Jiménez AM. Competencias profesionales del licenciado en ciencias de la actividad física y del deporte. Motricidad. 2004;15 [acesso em out 2013]. Disponível em: http://revistamotricidad.es/openjs/index.php?journal=motricidad&page=article&op=view&path%5B%5D=249&path%5B%5D=480.

4. Egerland EM, Nascimento JV, Both J. As competências profissionais de treinadores esportivos catarinenses. Motriz, Rio Claro. 2009;15(4):890-9 [acesso em out 2013]. Disponível em: http://www.periodicos.rc.biblioteca.unesp.br/index.php/motriz/article/view/2946/2651

5. International Council for Coach Education. The Magglingen Declaration. Switzerland: ICCE; 2000.

6. Caldeira AMS. A formação de professores de Educação Física: quais saberes e quais habilidades? RBCE. 2001;22(3):87-103.

7. Brasil. Decreto Lei nº 1.212, de 2 de maio de 1939. Cria, na Universidade do Brasil, a Escola Nacional

de Educação Física e Desportos [acesso em 20 out 2013]. Disponível em: http://www.planalto.gov.br/ccivil_03/decreto-lei/1937-1946/Del1212.htm.

8. Brasil. Lei nº 6.354, de 2 de setembro de 1976. Dispõe sobre as relações de trabalho do atleta profissional de futebol e dá outras providências [acesso em out 2013]. Disponível em: http://www.planalto.gov.br/ccivil_03/leis/l6354.htm.

9. Brasil. Lei nº 8.650, de 20 de abril de 1993. Dispõe sobre as relações de trabalho do Treinador Profissional de Futebol e dá outras providências [acesso em 9 out 2013]. Disponível em: http://www.planalto.gov.br/ccivil_03/leis/1989_1994/l8650.htm.

10. Brasil. Lei nº 9.696, de 1º de setembro de 1998. Brasília: Senado, 1998 [acesso em set 2013]. Disponível em: http://www.planalto.gov.br/ccivil_03/leis/l9696.htm.

11. Conselho Federal de Educação Física. Provisionados: quem são? Revista E.F. 2003;7 [acesso em out 2003]. Disponível em: http://www.confef.org.br/extra/revistaef/show.asp?id=3470.

12. Conselho Federal de Educação Física. Resolução nº 3, de 16 de junho de 1987. Fixa os mínimos de conteúdo e duração a serem observados nos cursos de graduação em Educação Física (Bacharelado e/ou Licenciatura Plena). Diário Oficial da União. 10 set; Seção.1:38.

13. Conselho Federal de Educação Física. Nota Técnica nº 003/2010 – CGOC/DESUP/SESu/MEC [acesso em 31 out 2011]. Disponível em: http://www.confef.org.br/extra/conteudo/default.asp?id=491.

14. Limana A, Haddad AE, Dias AMI, Pierantoni CR, Ristoff D, Xavier I, et al., organizadores. A trajetória dos cursos de graduação na saúde: 1991-2004. Educação Física. Brasília: Inep/MEC; 2006.

15. Brasil. Conselho Nacional de Educação. Resolução CNE/CSE nº 7, de 31 de março de 2004. Institui Diretrizes Curriculares Nacionais para os cursos de graduação em Educação Física, em nível superior de graduação plena. Diário Oficial da União. 5 abril 2004; Seção 1:18/19.

16. Hoffman SJ, Harris JC. Cinesiologia: o estudo da atividade física. Porto Alegre: Artmed; 2002.

17. Instituto Nacional de Estudos e Pesquisas Educacionais Anísio Teixeira (INEP). Sistema Nacional de Avaliação da Educação Superior (Sinaes): da concepção a regulamentação. 2. ed. ampl. Brasília: INEP; 2004.

18. Instituto Nacional de Estudos e Pesquisas Educacionais Anísio Teixeira (INEP). Enade 2004 – Exame Nacional de Desempenho dos Estudantes. Relatório Síntese: Educação Física; 2005 [acesso em 13 out 2015]. Disponível em: http://download.inep.gov.br/download/superior/enade/Relatorio/Relatorio_area_Educacao_Fisica.pdf.

19. Instituto Nacional de Estudos e Pesquisas Educacionais Anísio Teixeira (INEP). ENADE 2007 – Exame Nacional de Desempenho dos Estudantes. Relatório Síntese: Educação Física; 2008 [acesso em 13 out 2015]. Disponível em: http://download.inep.gov.br/download/enade/2007/relatorio_sintese/2007_REL_SINT_EDUCACAO_FISICA.pdf.

20. Instituto Nacional de Estudos e Pesquisas Educacionais Anísio Teixeira (INEP). ENADE 2010 – Exame Nacional de Desempenho dos Estudantes. Relatório Síntese: Educação Física; 2011 [acesso em 13 out 2015]. Disponível em: http://download.inep.gov.br/educacao_superior/enade/relatorio_sintese/2010/2010_rel_sint_educacao_fisica.pdf.

21. Comitê Olímpico Brasileiro (COB). Instituto Olímpico Brasileiro: formação profissional de alta qualidade; 2014 [acesso em 19 nov 2015]. Disponível em: http://www.cob.org.br/pt/cob/cultura-e-educacao/iob.

22. Super DE. Coming of age in Middletown: Career in the making. American Psychologist. 1985;40:405-14.

23. Super DE. The life span, life space approach to career development. In: Brown D, Brooks L, editors. Career choice and development. 2. ed. San Francisco: Jossey-Bass, 1990.

24. Super DE, Osborne WL, Walsh DJ, Brown SD, Niles SG. Developmental career assessment and counseling: The C-DAC Model. Journal of Counseling and Development. 1992;71(1):74-80.

25. Conselho Federal de Educação Física (Confef). Resolução Confef nº 254/2013. Dispõe sobre o Código de Ética dos Profissionais de Educação Física registrados no Sistema Confef/CREFs [acesso em 9 set 2013]. Disponível em: http://www.confef.org.br/extra/resolucoes/conteudo.asp?cd_resol=326.

26. Conselho Regional de Educação Física (CREF). Comissão de Ética Profissional. Revista CREF de São Paulo. 2013;XIV(38):21-2.

27. Iaochite RT, Vieira RR. Autoeficácia dos técnicos esportivos, um estudo exploratório. Revista Mackenzie de Educação Física e Esportes. 2013;12(1) [acesso em dez 2013]. Disponível em: http://editora revistas.mackenzie.br/index.php/remef/article/viewFile/4700/4138.

28. Conselho Federal de Educação Física (Confef). Formação superior em Educação Física: considerações à luz das diretrizes curriculares nacionais e do documento de intervenção do Confef. Revista E.F. 2005;V(15):22-4.

10

Competições nacionais e internacionais

Leandro Carlos Mazzei
Gil Oliveira da Silva Junior

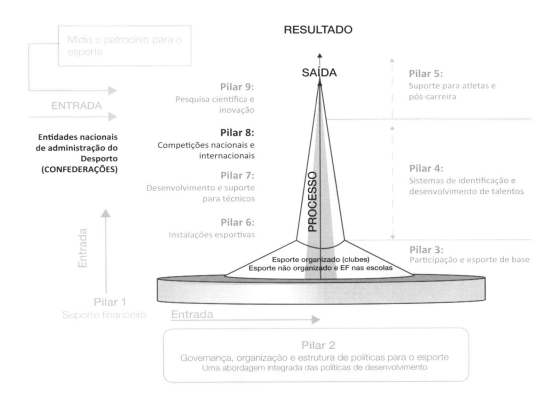

No modelo SPLISS, o Pilar 8 se refere à realização e à participação de atletas em competições nacionais e internacionais. O papel das competições está ligado ao processo de formação e desenvolvimento de atletas, pois, com participação em eventos de boa qualidade técnica, podem ser adquiridas diferentes *expertises* importantes para o desempenho no esporte de alto rendimento.

De acordo com De Bosscher et al.,[1] uma estrutura de qualidade e uma grande concorrência em campeonatos nacionais são fatores para o alcance do sucesso internacional. As participações em competições são consideradas momentos cruciais na preparação dos atletas, com as quais, independentemente do resultado, adquire-se experiência e ocorrem as comparações de desempenho com os adversários.

Os indicadores e os fatores críticos de sucesso (FCSs) que devem ser mensurados para que se avalie o desenvolvimento de um país com relação ao Pilar 8 (competições nacionais e internacionais) são apresentados no Quadro 10.1:

Quadro 10.1 – Indicadores referentes ao Pilar 8

Indicadores
Há um planejamento coordenado nacionalmente para aumentar o número de eventos internacionais que são organizados no país em uma ampla variedade de esportes.
Os atletas podem participar de eventos internacionais (de alto nível) suficientemente.
As competições nacionais têm um padrão relativamente alto quando comparadas aos padrões internacionais.

10.1 Contextualização

A estrutura que um país fornece no aspecto da competição esportiva é um dos fatores considerados importantes para o sucesso esportivo e para o desenvolvimento de atletas,[1] já verificado por diferentes autores.[2-7]

248 | Esporte de alto rendimento

A organização e a participação em competições envolvem duas situações distintas, mas que, ao mesmo tempo, estão relacionadas com a evolução técnica de atletas de alto rendimento. Primeiro, as competições em nível nacional devem ser realizadas, para que, depois, exista uma participação.

Países que apresentam bom desempenho nos Jogos Olímpicos, como Grã-Bretanha, Estados Unidos, China e Alemanha, têm um plano nacional de concorrência entre atletas (competições), funcionando como uma das bases para a preparação e futuro desempenho em eventos internacionais.[5]

Dessa maneira, as competições locais ou nacionais devem apresentar uma qualidade de organização, ter um calendário regular e um nível técnico considerável. Essas características são importantes, pois servirão de preparação para jovens talentos e atletas, visando às futuras participações internacionais ou, ainda, como critério de seleção de atletas talentosos para formarem equipes nacionais.[8]

Em diversos modelos de formação de atletas, a inserção da competição é realizada de maneira gradual, a fim de que os objetivos e as avaliações dos resultados devam estar adequados e contextualizados com a iniciação esportiva, evoluindo até alcançar a fase de alto rendimento.

Balyi[9] propõe um modelo de cinco estágios para a formação de um atleta de alto rendimento, dos quais destacamos os aspectos voltados à competição:

- a partir dos 12 anos de idade, o atleta em formação deve começar a vivenciar a competição formal, mas sem foco nos resultados;
- no estágio denominado de *Training to Train*, são considerados fundamentos da competição voltados para o desempenho próprio, mas ainda sem a necessidade de comparação com os adversários;
- denominado *Training to Compete*, o foco no desempenho se torna mais específico, tanto em competição quanto nas sessões de treino;
- são os resultados em competições, tendo como definição *Training to Win*, ocorrendo a otimização do desempenho do atleta;
- voltado para uma prática esportiva com o enfoque na qualidade de vida, caracterizando-se como um momento em que o atleta se retira da competição de alto rendimento, seria o *Retirement/Retraining*, em que a competição continua, mas sem a obrigatoriedade de resultados ou rendimento.

O governo do Canadá se utiliza de uma abordagem semelhante, inserindo a competição de forma gradativa, em que os níveis de exigência e de competência têm uma constante elevação no grau de dificuldade, iniciando em competições municipais, estaduais, nacionais e internacionais, como campeonatos sul-americano, pan-americano, mundiais e Jogos Olímpicos.[10]

No contexto nacional, Greco e Benda[11] construíram um modelo de preparação esportiva com duas vertentes, sendo uma voltada para a qualidade de vida e outra para a formação de atletas de alto rendimento. Na vertente de formação de atletas de alto rendimento, uma das esferas a ser considerada é a competição, sobre a qual os autores afirmam que:

> Não existem avanços no rendimento se não se oferecer ao atleta a possibilidade de competir. O jogo de participação na competição é o meio altamente válido para se consolidar e melhorar os níveis atingidos no treinamento (p. 79).[11]

Da mesma forma, experiências em eventos internacionais também são determinantes para o sucesso no momento em que os atletas atingem um nível que os gabarita para a participação em Jogos Olímpicos ou Campeonatos Mundiais.

Green e Oakley[12] reforçaram a necessidade de programas para o desenvolvimento de atletas que envolvam competições nacionais e, também, uma exposição internacional. Quando se objetiva o sucesso internacional, conhecer o seu desempenho e conhecer os seus adversários se torna uma estratégia necessária para a preparação de atletas e equipes nacionais.

Em relação à participação em eventos internacionais, existem dois caminhos: o primeiro é sediar eventos internacionais no país; e o segundo, proporcionar oportunidades suficientes para que os atletas participem de competições fora do país.

Na primeira situação, frequentemente se discute sobre os legados (tangíveis e intangíveis) posteriores à realização dos eventos.[13] Contudo, também se considera o *home advantage*, que seria um melhor desempenho de atletas quando esses competem em sua própria "casa". Realmente, países que são anfitriões de grandes competições, como Jogos Olímpicos e campeonatos mundiais, apresentam um maior sucesso em relação aos resultados esportivos.[14,15]

Tendo como base o número total de medalhas, é possível observar nos Gráficos 10.1 e 10.2, um melhor desempenho dos países anfitriões nas últimas seis edições dos Jogos Olímpicos e dos Jogos Pan-Americanos. A exceção são os EUA, que, apesar de sempre apresentarem um dos melhores desempenhos nos eventos citados, tiveram um menor número de medalhas em Atlanta/1996.

Gráfico 10.1 – Total de medalhas nas últimas seis edições dos Jogos Olímpicos

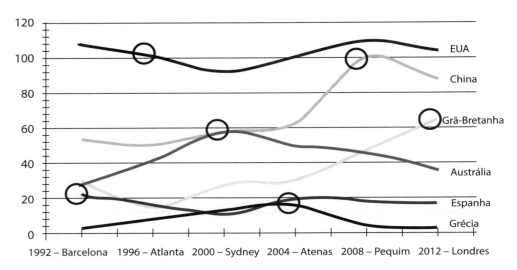

Fonte: adaptado de ESPN (2012).[16]

Gráfico 10.2 – Total de medalhas nas últimas seis edições dos Jogos Pan-Americanos

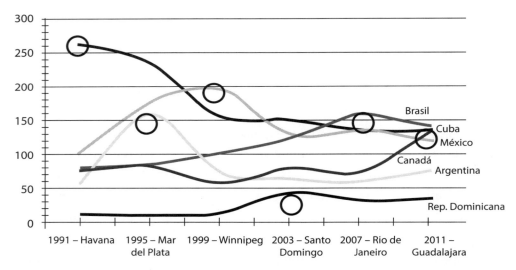

Fonte: adaptado de UOL Pan 2011 (2011).[17]

Entretanto, não é sempre que se pode organizar eventos internacionais no país e desfrutar das vantagens de se competir em casa. A segunda situação seria oferecer, de forma constante, oportunidades para que atletas de elite participem de eventos internacionais fora do país. Para que as oportunidades aconteçam em número suficiente e de acordo com o desenvolvimento e planejamento do atleta, o suporte financeiro (esportivo) é essencial.

Logo, de acordo com o que foi apresentado sobre as competições esportivas, fica evidente a importância desse pilar e de seus fatores críticos. Não por acaso, em trabalhos acadêmicos que buscaram analisar a história de vida de atletas, é frequente o relato daqueles que tiveram sucesso sobre a importância das competições nacionais e, principalmente, internacionais.[4]

10.2 Planejamento para mais eventos internacionais no país

Os FCSs referentes ao planejamento dos eventos internacionais no país são apresentados no Quadro 10.2. Do total de quatro FCSs, na realidade brasileira, dois foram observados, um foi observado parcialmente e um não foi observado.

Quadro 10.2 – FCSs referentes ao indicador "Há um planejamento coordenado nacionalmente para aumentar o número de eventos internacionais que são organizados no país em uma ampla variedade de esportes"

FCS 8.1	Há uma coordenação nacional e um planejamento em longo prazo para organização e alocação de recursos para eventos.	NO
FCS 8.2	Confederações, municípios ou outros recebem assistência e aconselhamento na organização de grandes eventos esportivos internacionais.	OP
FCS 8.3	Confederações, municípios ou outros recebem recursos para se candidatarem e sediarem grandes eventos esportivos internacionais.	O
FCS 8.4	Há um grande número de eventos internacionais que têm sido organizados no país nos últimos cinco anos em uma (grande) variedade de esportes para atletas juniores e seniores.	O

FCS: fator crítico de sucesso; O: observado; OP: observado parcialmente; NO: não observado.

A estratégia nacional para a organização de eventos internacionais, que envolve a expectativa e o desejo para que o Brasil organize grandes eventos esportivos e multiesportivos, não é recente.

Algumas tentativas aconteceram no decorrer dos anos, mas sem sucesso, principalmente para os Jogos Olímpicos. O Brasil concorreu à sede dos Jogos Olímpicos em cinco oportunidades, com a candidatura das respectivas cidades e nos anos: Rio de Janeiro, para o evento de 1936; Brasília, para 2000; Rio de Janeiro, para 2004, 2012 e 2016.[18] A cada candidatura, os problemas apresentados para que o país não fosse escolhido foram diversos, desde uma proposta amadora, passando pelos problemas estruturais do país, até a insegurança por parte da comunidade internacional sobre a capacidade do Brasil para cumprir os encargos exigidos e organizar eventos esportivos de grande porte.

Alguns fatores foram determinantes para que a candidatura dos Jogos Olímpicos do Rio de Janeiro em 2016 tivesse o destino vitorioso e diferente das anteriores. Em verdade, houve uma combinação entre a boa situação econômica do País no ano da escolha da cidade sede, o apoio político nacional, o ineditismo e a contratação de consultores para a elaboração do plano de candidatura.[19]

Um dos pontos recomendados pelos consultores foi que o Brasil organizasse mais eventos esportivos internacionais, com o objetivo de provar que o país era capacitado para receber grandes acontecimentos com a qualidade recomendada. Logo, a partir de 2002, houve um aumento do número de eventos internacionais organizados no Brasil.

O propulsor desse aumento está na destinação de recursos provenientes da Lei nº 10.264, de 16 de julho de 2001,[20] que propiciou um aumento dos recursos recebidos pelo Comitê Olímpico Brasileiro (COB) entre 2002 e 2012 e também a destinação de recursos para a organização de eventos e o envio de atletas para participação em competições internacionais.

A realização dos Jogos Pan-Americanos de 2007 credenciou e provou que o Brasil pode organizar um evento esportivo de grande abrangência internacional. Na realidade, pode-se considerar que o número de eventos esportivos internacionais realizados no Brasil aumentou a partir de 2002, com a realização dos Jogos Sul-Americanos, seguida por uma extensa lista de eventos mundiais de modalidades,[a] além dos Jogos Mundiais Militares de 2011, Copa das Confederações 2013, na continuidade com a Copa do Mundo de Futebol 2014 e os Jogos Olímpicos de 2016.

Com relação aos eventos nacionais, também houve um aumento desse tipo de acontecimento e dos relacionados diretamente com modalidades olímpicas. Não só o aumento, mas, também, a melhora na padronização de eventos tiveram como propulsor a Lei 10.264/2001.[20] O COB tem por obrigação a aplicação de 10% no esporte escolar e 5% no esporte universitário, e esses recursos são utilizados majoritariamente na organização de eventos:

> do total dos valores destinados ao desporto escolar e ao desporto universitário, ao menos cinquenta por cento serão efetivamente empregados nas principais competições nacionais realizadas diretamente pela CBDE e pela CBDU, respectivamente. (s.p.)[21]

Ainda com relação à destinação dos recursos da Lei 10.264/2001,[20] boa parte é destinada pelo COB para as confederações brasileiras responsáveis pelo gerenciamento de modalidades olímpicas, e estas também investem prioritariamente na organização de eventos e no envio de atletas para participação em competições internacionais, o que pode ser comprovado pela opinião de atletas e treinadores apresentada no Gráfico 10.3.

---

[a] Alguns exemplos: FIBA World Championship for Women 2006; South; American Championship in Athletics 2007; World Judo Championship 2007; Cup Volleyball Final Four 2008; World Championship Half Marathon 2008; South American Championship 2009 Women´s Volleyball; Handball World Championship for Women 2011.

Gráfico 10.3 – Opinião de atletas e treinadores sobre haver oportunidades suficientes para os atletas participarem em competições internacionais

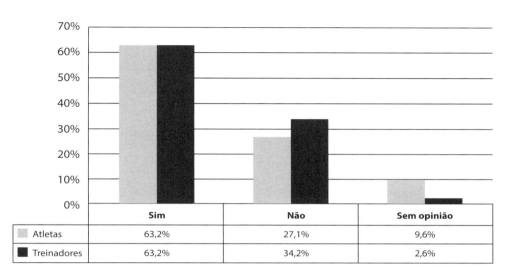

Assim, boa parte dos fatores críticos de sucesso desse indicador têm respostas positivas: as confederações recebem recursos e podem receber assistência (principalmente do COB) para a organização de eventos internacionais, por exemplo, o Mundial de Judô do Rio de Janeiro, em 2007, e diversos outros eventos endossados pelo COB;[22] municípios e estados recebem e têm recursos específicos para a realização de eventos esportivos internacionais e nacionais por suas respectivas secretarias responsáveis pelo esporte.

Contudo, com exceção das propostas apresentadas nas Conferências Nacionais do Esporte,[23-25] não existe um documento que mencione a existência de um planejamento nacional para o aumento de eventos esportivos no País. Além disso, a quantificação do número de eventos esportivos internacionais organizados em um país é relativa. Primeiro, é impossível a constante organização de competições internacionais em um país, pois se trata de uma concorrência mundial.[26] Segundo, esse tipo de análise deve ser feita em cada modalidade; atletas brasileiros foram contemplados nos últimos anos com o privilégio de competirem em jogos esportivos organizados no País. Porém, de acordo com as opiniões de atletas, treinadores e dirigentes, apresentadas no Gráfico 10.4, a maioria não considera suficiente a quantidade de eventos internacionais de alto rendimento organizados no Brasil.

Gráfico 10.4 – Opinião de atletas, treinadores e dirigentes sobre ser suficiente o número de eventos internacionais de alto rendimento organizados no Brasil

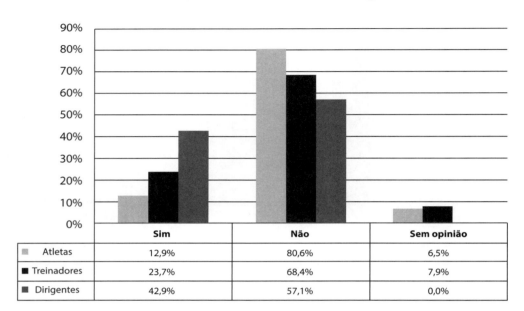

	Sim	Não	Sem opinião
Atletas	12,9%	80,6%	6,5%
Treinadores	23,7%	68,4%	7,9%
Dirigentes	42,9%	57,1%	0,0%

Dessa forma, não verificamos que existe um planejamento nacional para o aumento de eventos internacionais organizados no Brasil. Talvez não exista a necessidade de esse planejamento ser realizado por uma organização nacional como o Ministério do Esporte (ME) ou o COB, já que essas organizações repassam ou têm recursos para que aconteça a organização de eventos internacionais no Brasil.

Para que mais atletas e mais modalidades sejam beneficiados, será necessário que cada confederação das respectivas modalidades esportivas realize um planejamento para a organização desse tipo de evento que contemple atletas de diferentes classes e categorias.

O Brasil é um país privilegiado, se comparado a outras nações do mundo, pois, em um intervalo de 10 anos, terá organizado em seu território os principais eventos esportivos em termos globais, o que é, para os atletas brasileiros, uma oportunidade ímpar, tanto na questão de participação quanto na questão de preparação para esses acontecimentos. No entanto, não foi identificado um plano nacional coordenado para a organização de eventos internacionais no país (FCS 8.1), não existe certeza sobre o apoio em todas as confederações, em todos os estados e municípios para a organização de eventos internacionais (FCS 8.2). Apesar da possibilidade de suporte financeiro para eventos internacionais (FCS 8.3 e FCS 8.4), ainda há espaço para a melhora com relação aos eventos internacionais no Brasil, como evidenciado pelo Gráfico 10.4.

10.3 Suporte para atletas participarem de eventos internacionais

Os FCSs referentes ao suporte para atletas participarem de eventos internacionais são apresentados no Quadro 10.3. Do total de três FCSs, na realidade brasileira, dois foram observados e um foi observado parcialmente.

Quadro 10.3 – FCSs referentes ao indicador "Os atletas podem participar de eventos internacionais (de alto nível) suficientemente"

FCS 8.5	Há oportunidades suficientes para jovens talentos participarem de competições internacionais na idade certa.	O
FCS 8.6	Há oportunidades suficientes para atletas de alto rendimento participarem de competições internacionais.	O
FCS 8.7	Jovens talentos, atletas e técnicos podem receber reembolso de seus gastos na participação de competições internacionais.	OP

FCS: fator crítico de sucesso; O: observado; OP: observado parcialmente.

Quanto às oportunidades que jovens atletas e atletas que representam as seleções principais do país têm para participarem de competições internacionais, e quanto ao suporte financeiro para atletas e técnicos durante a participação em competições internacionais entre 2002 e 2012, três dos itens de orientação para aplicação dos recursos oriundos da Lei nº 10.264[20] eram relacionados com a disponibilização de suporte financeiro para pagamento de despesas na participação de atletas brasileiros em competições ou em treinamento realizado fora do Brasil.

Logo, ao serem questionados a respeito, a maior parte de atletas e treinadores respondeu que as oportunidades em participação em eventos internacionais são suficientes, como foi apresentado no Gráfico 10.3.

Verificou-se, também, a opinião de atletas e treinadores sobre a existência de suporte financeiro para a participação de eventos internacionais e se esses são suficientes. Como pode ser observado nos Gráficos 10.5 e 10.6, há algumas divergências sobre a existência dos recursos e, principalmente, se são suficientes.

Gráfico 10.5 – Opinião de atletas e técnicos sobre a existência de suporte financeiro para participação em competições internacionais

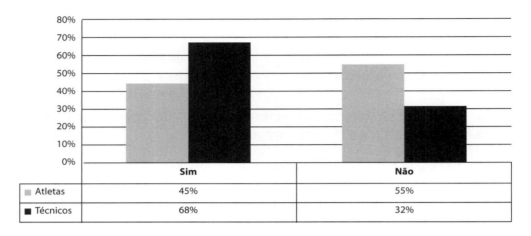

	Sim	Não
Atletas	45%	55%
Técnicos	68%	32%

Gráfico 10.6 – Opinião de atletas e técnicos sobre a suficiência desse suporte financeiro

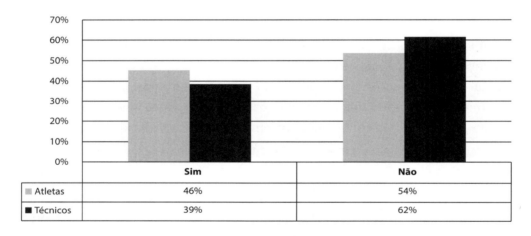

	Sim	Não
Atletas	46%	54%
Técnicos	39%	62%

A participação em competições internacionais é importante, caso o objetivo esportivo do país seja o sucesso internacional. Durante as competições, os atletas poderão comparar o seu rendimento com o seus adversários e, independentemente do resultado final, conquistarão experiência no ambiente competitivo.[12,27]

Para que a participação em eventos internacionais seja produtiva e proporcione experiências para o desenvolvimento da carreira do atleta, é essencial que se tenha planejamento, recursos e organização.[13] A participação em um calendário competitivo internacional é importante, mas também é fundamental que o atleta se sinta respaldado em relação aos custos e despesas relativos aos eventos esportivos para maximizar seu desempenho.

Realmente, passou a ser menos frequente no Brasil o tipo de notícia em que as famílias se viam na necessidade de organizar bingos e rifas para bancar as viagens internacionais dos atletas brasileiros.

> Nós não tínhamos muitos recursos, mas nossa prioridade sempre foi dar o que fosse possível para os nossos filhos. Para bancar as viagens de Allan, fizemos muitas vaquinhas na família. Sempre fazíamos bingos, rifas. Cada um levava uma coisa para rifar, e a gente arrecadava dinheiro para ele viajar. (s.p.)[b]

Infelizmente, para alguns atletas de determinadas modalidades ou determinadas categorias as oportunidades não são suficientes ou não existem recursos suficientes para as despesas com viagens internacionais, como sugerido nos Gráficos 10.5 e 10.6.

A avaliação do quadro nacional nesse indicador é positiva, pois, de três FCSs, no Brasil, dois são atendidos e respondidos (FCSs 8.5 e 8.6) e um é observado parcialmente (FCS 8.8). Mesmo assim, ainda há espaço para a melhora em termos de oportunidade e suporte para participação em eventos internacionais, principalmente porque esse tipo de análise deve ser relativizado em cada modalidade.

10.4 Nível das competições nacionais

O FCS referente ao nível das competições nacionais é apresentado no Quadro 10.4. Na realidade brasileira, o FCS desse indicador foi parcialmente observado.

Quadro 10.4 – FCS referente ao indicador "As competições nacionais têm um padrão relativamente alto quando comparadas aos padrões internacionais"

FCS 8.8	A estrutura de competição nacional em cada esporte oferece um ambiente competitivo em um alto nível internacional em cada idade.*	OP

* FCS que precisa ser medido em outros níveis além desta pesquisa.
FCS: fator crítico de sucesso; OP: observado parcialmente.

Como colocado por Balyi,[9] nos cinco estágios de desenvolvimento de jovens atletas talentosos, é muito importante que as competições sejam inseridas

---

[b] Walmir do Carmo, pai do maratonista aquático Allan do Carmo, medalha de bronze no Mundial de Desportos Aquáticos de 2013.[31]

em seu contexto de formação gradativamente, observando-se com que frequência elas se desenvolvem no processo de formação desses atletas.

Dessa maneira, antes de serem almejados resultados expressivos e exposição internacional relevante, é necessário apresentar uma organização e um planejamento das competições nacionais, para que essas competições propiciem o desenvolvimento dos atletas e os preparem para os desafios futuros nos eventos internacionais.

Nos últimos 10 anos, houve um aumento no número de eventos realizados e relacionados com o desenvolvimento do esporte olímpico brasileiro. Como citado no primeiro indicador deste pilar, o COB tem por obrigação a aplicação de 10% no esporte escolar e 5% no esporte universitário dos recursos recebidos pela Lei nº 10.264.[20] Nos Gráficos 10.7 e 10.8 são apresentadas a evolução dos recursos recebidos e a dos aplicados.

Gráfico 10.7 – Evolução da aplicação dos recursos da Lei nº 10.264 no desporto escolar

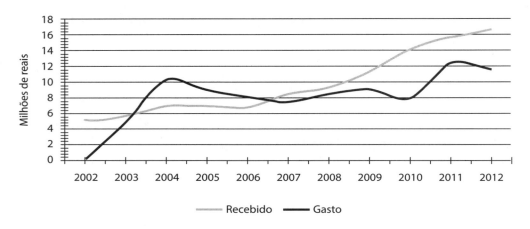

Gráfico 10.8 – Evolução dos recursos da Lei nº 10.264 no desporto universitário

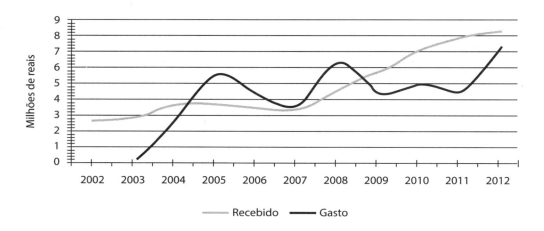

Como esses recursos são destinados quase que exclusivamente para a organização de eventos nessas manifestações do esporte, entende-se que realmente houve um aumento no número de eventos, assim como na abrangência territorial que os Jogos Escolares Brasileiros (JEBs) e os Jogos Universitários Brasileiros (JUBs) alcançaram nos últimos anos.

Essa hipótese se confirma na opinião de atletas, treinadores e dirigentes sobre a frequência em que as competições ocorrem no Brasil. Para a maioria, a frequência de competições é de *muito alta* a *razoável*, como apresentado no Gráfico 10.9 (para jovens atletas talentosos) e no Gráfico 10.10 (para atletas adultos).

Gráfico 10.9 – Frequência de competições para jovens atletas talentosos

	Muito alta	Alta	Razoável	Baixa	Muito baixa	Não sei
Atletas	8,5%	19,9%	36,4%	19,5%	13,2%	2,6%
Técnicos	13,2%	21,1%	39,5%	10,5%	15,8%	0,0%
Dirigentes	28,6%	0,0%	28,6%	0,0%	42,9%	0,0%

Gráfico 10.10 – Frequência de competições para atletas adultos

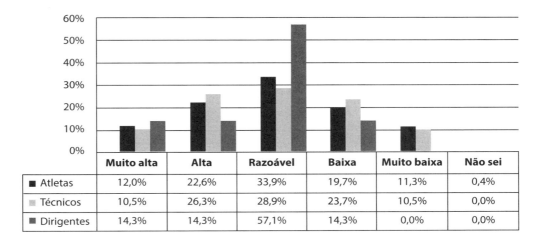

	Muito alta	Alta	Razoável	Baixa	Muito baixa	Não sei
Atletas	12,0%	22,6%	33,9%	19,7%	11,3%	0,4%
Técnicos	10,5%	26,3%	28,9%	23,7%	10,5%	0,0%
Dirigentes	14,3%	14,3%	57,1%	14,3%	0,0%	0,0%

Um dos principais eventos para jovens atletas são os Jogos Escolares da Juventude, conhecido antigamente como Olimpíadas Escolares (aprofundado nos Capítulos 5 e 6). A competição é de abrangência nacional (com etapas regionais), reunindo alunos de instituições de ensino públicas e privadas de todo o país. O evento é dividido em duas etapas com faixas etárias distintas, de 12 a 14 anos e de 15 a 17 anos, e as disputas envolvem 13 modalidades. O COB é responsável pela organização e pela realização desse evento e, segundo este órgão, nos Jogos Sul-Americanos de Medellín, em 2010, dos 561 atletas brasileiros, 57 participaram dos JEBs. Desses 57 atletas, 31 conquistaram medalhas no evento citado. Também nos Jogos Olímpicos da Juventude em Cingapura 2010, 35 dos 81 atletas participaram dos eventos escolares organizados pelo COB.[28]

Entretanto, não é somente a frequência em que as competições ocorrem que deve ser analisada, mas, também, o nível dessas competições. Não é interessante haver competições nacionais com níveis baixos, pois, desse modo, não se formariam atletas com padrões competitivos razoáveis, provocando maior dificuldade quando esses almejarem resultados internacionais. Quanto maior for a exigência em campeonatos nacionais, maior a probabilidade de formação de equipes e seleções com competências e exigências para os padrões internacionais de rendimento.[8]

Para jovens atletas talentosos e para atletas adultos, verificou-se que o nível das competições é considerado pela maioria dos atletas, treinadores e dirigentes de razoável para muito alto, como pode ser observado nos Gráficos 10.11 e 10.12.

Gráfico 10.11 – Nível de competições para jovens atletas talentosos

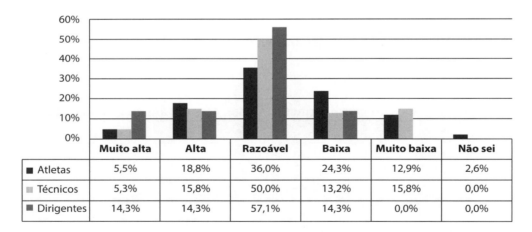

Gráfico 10.12 – Nível de competições para atletas adultos

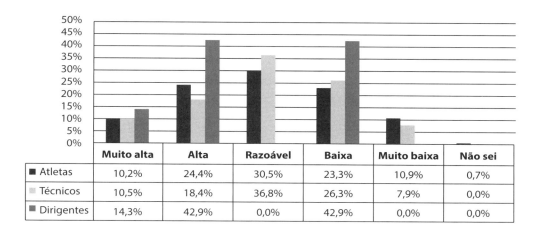

Para os atletas adultos, os níveis das competições nacionais têm relação direta com seus desempenhos em competições internacionais, em razão de que, quanto maior for a exigência em campeonatos nacionais, principalmente em qualidade e eficiência de seus adversários, maior a probabilidade de formação de equipes e seleções com competências e exigências para os padrões internacionais de rendimento.[8]

Já para os jovens atletas, o nível das competições nacionais também será essencial, mas, para esses indivíduos, os objetivos e as exigências devem estar relacionados com mais fatores, geralmente ligados ao desenvolvimento maturacional, psicológico e cognitivo. As competições nacionais devem ser elaboradas visando a uma evolução gradual do rendimento atlético do indivíduo.[2,9]

Os resultados nesse indicador e seu FCS 8.8 apresentam uma condição razoável sobre os eventos no Brasil. Todavia, as evidências demonstraram algumas incertezas, tanto em relação à frequência quanto ao nível dos eventos esportivos realizados no Brasil, principalmente, pois em algumas modalidades o nível é excelente, ao passo que, em outras, o nível pode chegar a ser insuficiente. Ainda não é totalmente clara a ligação entre os eventos escolares e universitários e as organizações que controlam as modalidades esportivas olímpicas e não há resultados concretos sobre os níveis dos eventos organizados pelas confederações e federações. Portanto, a avaliação desse indicador é de que ele é observado parcialmente no Brasil.

10.5 Comentários gerais e perspectivas

Os aspectos analisados em relação Pilar 8 mostram um panorama favorável ou positivo, pois a maioria dos FCSs foram observados ou parcialmente observados (Gráfico 10.13).

Gráfico 10.13 – Síntese das observações dos oito FCSs relativos ao Pilar 8

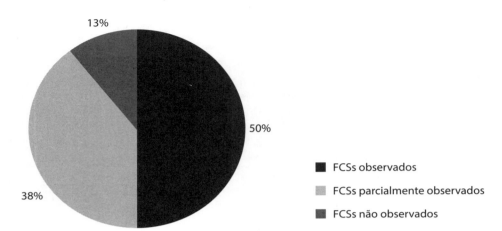

No presente panorama, é possível verificar um aumento do número de eventos esportivos internacionais no Brasil a partir de 2002. Também foi identificado um aumento no investimento financeiro para a organização de eventos internacionais no País, para a organização de eventos nacionais voltados para jovens talentos e para a participação de atletas brasileiros em competições internacionais fora do Brasil. Apenas com essas informações, identificou-se uma evolução positiva no desempenho (total de medalhas) do país nas últimas edições dos Jogos Olímpicos e Pan-Americanos.

Atletas e treinadores também apresentaram uma visão positiva sobre a questão das competições internacionais e nacionais no Brasil. De acordo com as respostas, as competições apresentam nível e frequência de razoável para alto.

Entretanto, algumas melhorias ainda são necessárias, como uma melhor organização de calendário competitivo, ligado principalmente à preparação e ao desenvolvimento de atletas. Não é por acaso que, no ano de 2013, atletas de futebol reivindicaram seus direitos de melhores condições de treinamento e melhor organização de calendário competitivo.[29]

Além da questão de um calendário melhor organizado e preocupado com o desenvolvimento de atletas, é essencial que cada instituição que controla as diversas modalidades esportivas realize seu plenajamento e sua gestão de competições. Para atletas das modalidades voleibol e judô, por exemplo, as competições nacionais já têm níveis elevados, o que tornam as competições internacionais apenas como o próximo passo nos seus objetivos esportivos. Contudo, para outras modalidades, as competições nacionais não têm equiparidade e níveis adequados, o que, provavelmente, prejudicará a preparação para competições internacionais.

Em muitas competições nacionais, a diferença entre os atletas dos estados brasileiros é tão acentuada que o desempenho competitivo fica comprometido. Nesse sentido, algumas modalidades decidiram por enviar seus atletas para clubes no exterior, para que alcancem níveis mais elevados de desempenho.[30]

Os objetivos internacionais também devem ser relativizados e realistas, de acordo com o nível dos atletas. Houve em tempo em que o voleibol feminino tinha como principal objetivo a conquista de campeonatos pan-americanos, enquanto, no mesmo período, o voleibol masculino tinha como objetivo a medalha de ouro nos Jogos Olímpicos. Esse exemplo, independentemente do gênero, pode ser visto em diferentes modalidades. Entretanto, os responsáveis devem visualizar um progresso dos resultados em longo prazo e os objetivos devem sempre buscar algo maior.

Concluindo, o Brasil apresenta um quadro positivo com relação às competições esportivas, principalmente na organização e na participação em eventos internacionais. Alguns pontos podem ser melhorados, como um calendário nacional melhor planejado e o nível dos eventos realizados no país. Além disso, é essencial que o desempenho em competições esportivas tenha ligação principalmente com os Pilares 4 e 5, para que, assim, o desenvolvimento do esporte de alto rendimento seja potencializado.

Referências

1. De Bosscher V, De Knop P, van Bottenburg M, Shibli S. A conceptual framework for analysing Sports Policy Factors Leading to International Sporting Success. Eur Sport Manag Q. 2006 Jun;6(2):185-215.

2. Böhme MTS. Treinamento a longo prazo e o processo de detecção, seleção e promoção de talentos esportivos. RBCE. 2000;21(2-3):4-10.

3. Röger U, Rütten A, Ziemainz H, Hill MR. Quality of talent development systems: results from an international study. Eur J Sport Soc. 2010;7(1):7-19.

4. Massa, M. Desenvolvimento de judocas brasileiros talentosos [tese de doutorado]. São Paulo: Escola de Educação Física e Esporte da Universidade de São Paulo; 2006.

5. Martindale RJJ, Collins D, Abraham A. Effective talent development: the elite coach perspective in UK sport. J Appl Sport Psychol. 2007 May 22;19(2):187-206 [cited in 9 Aug 2012]. Avaliable at: http://www.tand fonline.com/doi/abs/10.1080/10413200701188944.

6. Sinclair DA, Hackfort D. The role of the sport organization in the career transition process. In: Lavallee D, Wylleman P, editors. Career transitions in sport international perspectives. Morgantown: Fitness Information Technology; 2000.

7. Oakley B, Green M. The production of Olympic champions: international perspectives on elite sport development system. Eur J Sport Manag. 2001;8:83-105.

8. De Bosscher V, Bingham J, Shibli S, van Bottenburg M, De Knop P. The global sporting arms race: an international comparative study on Sports Policy Factors Leading to International Sporting Success. Aachen: Meyer & Meyer; 2008.

9. Balyi I. Sport system building and long-term athlete development in Britsh Columbia. Canada: SportMed BC; 2001.

10. Taylor B. Long-term athlete development plan for Rowing an overview. Canada: Rowing Canada Aviron; 2005.

11. Greco PJ, Benda RN. Iniciação esportiva universal: da aprendizagem motora ao treinamento técnico. Belo Horizonte: Editora UFMG; 2007. v. 1.

12. Green M, Oakley B. Elite Sport development systems and playing to win: uniformity and diversity in international approaches. Leis Stud. 2001;20(4):247-67.

13. Preuss H. The Economics of staging the Olympics: a comparison of the games, 1972-2008. Edward Elgar Publishing; 2004.

14. Ferreira Julio U, Panissa VL, Miarka B, Takito MY, Franchini E. Home advantage in judo: a study of the world ranking list. J Sports Sci. 2013;31(2):212-8. [cited in 9 Oct 2012]. Avaliable at: http://www.ncbi.nlm.nih.gov/pubmed/23020113.

15. Shibli S, Bingham J, Henry I. Measuring the sporting success of nations. In: Henry I, Institute of Sport & Leisure Policy, editors. Transnational and comparative research in sport: globalisation, governance and sport policy. London: Routledge; 2007.

16. ESPN. Summer Olympics: history; 2012 [acesso em 13 out 2015]. Disponível em: http://espn.go.com/olympics/summer/history.

17. UOL Pan 2011. Quadro de medalhas; 2011 [acesso em 26 jul 2012]. Disponível em: http://pan.uol.com.br/2011/quadro-de-medalhas/.

18. Rubio K, Mesquita RM. Os estudos olímpicos e o olimpismo nos cenários brasileiro e internacional. Porto Alegre: EdiPUCRS; 2011.

19. Pazzi Jr M. Rio é escolhido como cidade-sede da Olimpíada de 2016. O Estado de São Paulo; 2009 [acesso em 9 out 2013]. Disponível em: http://www.estadao.com.br/noticias/esportes,rio-e-escolhido-como-cidade-sede-da-olimpiada-de-2016,444804,0.htm.

20. Brasil. Lei nº 10.264, de 16 de julho de 2001. Acrescenta inciso e parágrafos ao art. 56 da Lei nº 9.615, de 24 de março de 1998, que institui normas gerais sobre desporto [acesso em 31 out 2012]. Disponível em: http://www.planalto.gov.br/ccivil_03/Leis/LEIS_2001/L10264.htm.

21. Brasil. Decreto nº 7.984, de 8 de abril de 2013. Regulamenta a Lei nº 9.615, de 24 de março de 1998, que institui normas gerais sobre desporto. Disponível em: https://www.planalto.gov.br/ccivil_03/_Ato2011-2014/2013/Decreto/D7984.htm#art68.

22. JudoBrasil. Mundial de Judô será o primeiro legado esportivo do Rio 2007 [acesso em 7 out 2013]. Disponível em: http://www.judobrasil.net/2007/divulg321.htm.

23. Brasil. Ministério do Esporte. I Conferência Nacional do Esporte: documento final [acesso em 30 jun 2010]. Disponível em: http://www.esporte.gov.br/conferencianacional/conferencia1.jsp.

24. Brasil. Ministério do Esporte. II Conferência Nacional do Esporte [acesso em 30 jun 2010]. Disponível em: http://www.esporte.gov.br/conferencianacional/conferencia2.jsp.

25. Brasil. Ministério do Esporte. III Conferência Nacional do Esporte: por um time chamado Brasil [acesso em 30 jun 2010]. Disponível em: http://www.esporte.gov.br/conferencianacional/resolucoesIIICNE.jsp.

26. Preuss H. The conceptualization and measurement of mega sport event legacies. J Sport Tour. 2007;12(3-4):207-28.

27. Digel H. Comparison of successful sport systems. New Stud Athl. 2005;20(2):7-18.

28. Comitê Olímpico Brasileiro (COB). Jogos escolares; 2013 [acesso em 9 out 2013]. Disponível em: http://jogosescolares.cob.org.br/.

29. Revista Veja. Futebol: movimento dos atletas ganha força, mas cartolas resistem [acesso 28 out 2013]. Disponível em: http://veja.abril.com.br/noticia/esporte/movimento-de-atletas-ganha-forca-mas-cartolas-resistem.

30. Miras D, Ministério do Esporte. Melhor jogadora de handebol do mundo, Alexandra trabalha para jogar no Rio 2016; 2013 [acesso em 29 out 2013]. Disponível em: http://portal.esporte.gov.br/ascom/noticiaDetalhe.jsp?idnoticia=10610.

31. Gismondi L. Vaquinha, bingo e rifa: pai de Allan do Carmo revela batalha até o bronze; 2013 [acesso em 10 out 2013]. Disponível em: http://m.globoesporte.globo.com/sportv/eventos/mundial-de-esportes-aquaticos/noticia/2013/07/vaquinha-bingo-e-rifa-pai-de-allan-do-carmo-revela-batalha-ate-medalha.html?hash=1.

11

Pesquisa científica e inovação

Cacilda Mendes dos Santos Amaral
Flávia da Cunha Bastos

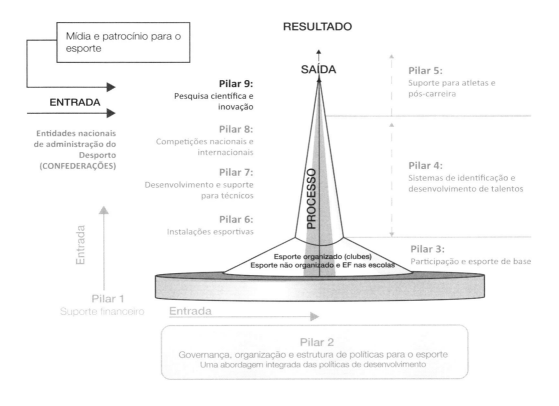

No Brasil, a estrutura organizacional do esporte de alto rendimento compreende vários níveis de implantação, operacionalização e controle (Capítulo 4). No que se refere à ciência e à tecnologia, pretendemos, neste capítulo, apresentar, identificar e avaliar as interações entre o desenvolvimento da ciência e da inovação e o desenvolvimento do esporte de alto rendimento no País.

Mais especificamente, no Pilar 9, é considerada a entrada de dados científicos no esporte de alto rendimento, em conexão com a qual busca-se examinar a extensão com que as nações adotam uma abordagem coordenada para a organização e para a divulgação de pesquisas e informações científicas (Quadro 11.1), que é um dos aspectos-chave que mostram que as nações estão desenvolvendo o esporte de rendimento estrategicamente.

Quadro 11.1 – Indicadores referentes ao Pilar 9

Indicadores
Pesquisas científicas são conduzidas, coordenadas e disseminadas entre técnicos e confederações.
O suporte da Ciência do Esporte é fornecido em cada um dos níveis de desenvolvimento do esporte de alto rendimento.

11.1 Contextualização

A ciência passa a ser considerada um elemento importante da estrutura do esporte de forma mais evidente após a Constituição de 1988. Na primeira regulamentação do esporte no Brasil, após o esporte ser considerado direito do cidadão (Lei nº 8.672),[1] foi determinada a nova organização do esporte, sendo criado o Sistema Brasileiro do Desporto, e previstas ações governamentais de apoio a projetos de pesquisa, documentação e informações, e à capacitação de recursos humanos (cientistas, professores, técnicos).[1]

Em termos acadêmicos e da produção de conhecimento científico, um acontecimento marcante na Educação Física e na área esportiva como um todo foi a implantação dos cursos de pós-graduação na década de 1970 e início da década seguinte. Essa inserção da Educação Física e do esporte com abordagem científica nas universidades acabou por evidenciar a fragilidade da área em termos de conteúdo e incipiência como área de conhecimento. No entanto, houve, também, a oportunidade de gerar um maior fluxo de ideias, conhecimento e tecnologias que passaram a estimular a área esportiva, apresentando-a como um enorme campo a ser explorado.[2]

A implantação dos cursos de pós-graduação coincidiu com a volta de vários mestres e doutores que se formaram no exterior e trouxeram novas concepções da área, além de conhecimentos academicamente mais orientados e cientificamente mais sólidos, dando um impulso à área, principalmente no que diz respeito à pesquisa, criando-se novos grupos de estudos e laboratórios nas universidades.[2] Destaque para o Colégio Brasileiro de Ciências do Esporte (CBCE), que desde 1978 mantém o intercâmbio entre entidades nacionais e internacionais, congregando pesquisadores.[3]

Em avaliação sobre o papel da Ciência Aplicada ao Esporte, Paulo Cesar Montagner, diretor da Faculdade de Educação Física da Universidade Estadual de Campinas (2010), considera que o Brasil avançou bastante, graças à aproximação entre as universidades e o esporte a partir da década de 1990, fruto da criação de cursos de pós-graduação nessa área.[4] Contudo, salienta que é preciso investir na formação de pesquisadores e na ampliação de programas de pós-graduação, fortalecer os vínculos com países de maior desenvolvimento científico e esportivo e produzir materiais qualificados. É o que se verifica em outros países. Houlihan e Green[5] apontam que, na China, existem nove universidades e mais de 60 faculdades de esporte e departamento de universidades chinesas.[5] Já nos EUA, a capacidade de pesquisa em Ciência do Esporte também está fortemente calcada nas universidades, que mantêm relação direta com as equipes técnicas das modalidades de alto rendimento, mas não há um sistema coordenado ou um instituto nacional. O modelo alemão é baseado na execução de projetos apoiados pelo Instituto Federal de Ciências do Esporte, os quais, geralmente, são implementados em cooperação com diferentes institutos de universidades e centros olímpicos de treinamento.[5]

Em termos de ação governamental referente à ciência, tecnologia e inovação no esporte, foi criada, em 1998, a Rede Cenesp – Centro de Excelência Esportiva, formada por instituições de ensino superior, públicas e privadas, que atua no sistema esportivo de alto rendimento sob as diretrizes do Ministério do Esporte (ME), apoiando o desenvolvimento do esporte por meio de pesquisas e serviços às principais equipes e atletas do país.[6] Segundo o ME, o modelo de gestão do programa é o de gestão compartilhada entre o ME, o Comitê Olímpico do Brasil (COB) e o Comitê Paralímpico Brasileiro (CPB) e o representante da Rede, que "faz o mapeamento das necessidades de cada esporte e determina quais Cenesp têm possibilidade e interesse de atendimento às demandas propostas. Os resultados circulam e retornam às entidades iniciais". (s.p.)[6]

Já ações voltadas para fornecer suporte financeiro ao desenvolvimento da ciência, da tecnologia e da inovação voltada ao esporte são relativamente recentes no País. A agência financiadora do Ministério da Ciência, Tecnologia e Inovação (MCTI) – Financiadora de Estudos e Projetos (Finep) – lançou um edital específico para o esporte, em 2006, para aplicação a partir de 2007, no valor de R$ 4 milhões, visando ao fortalecimento das redes federais Centro Nacional de Educação Especial (Cenesp) e Centro de Desenvolvimento do Esporte e do Lazer (Cedes).

Em 2010, outra ação empreendida foi o Programa 2014-BIS, que também visava apoiar projetos de inovação relacionados aos Jogos Olímpicos de 2016. Essas perspectivas de investimentos foram avaliadas positivamente pelo superintendente executivo de esportes do COB, em relação a projetos de inovação tecnológica voltados para o esporte, um deles ligado à melhora do desempenho de atletas, o Laboratório Olímpico, iniciativa do COB com apoio de R$ 13 milhões da Finep.[7]

Outros países mantêm diferentes modelos a fim de apoiar o desenvolvimento científico. Na Austrália, Digel menciona a centralização do controle do esporte no país pela Comissão Australiana de Esporte (ASC) e suas subdivisões distribuídas pelo território australiano.[8] Existia relação desse sistema com a ciência pelo Instituto Australiano do Esporte (AIS), indicado pelo autor como um dos melhores do mundo. Lá, foram desenvolvidos 36 programas esportivos em 26 modalidades, com atuação do AIS na promoção de talentos e bolsas para atletas, além de contar com centro de investigação, serviços clínicos, testes aquáticos, treinamento e investigação, entre outras ações, indicando a estreita relação que o esporte tem com a ciência no país.[9]

Essa condição acontece de outra forma em países como a China, onde existe um Instituto Nacional de Ciências do Esporte, em Pequim, subordinado e coordenado diretamente pelo Ministério do Esporte chinês, ou seja, de forma centralizada. Nesse país, há a clara diretriz para que todos os pesquisadores que trabalham no Instituto Nacional de Ciências do Esporte sejam contratados em tempo integral e sejam orientados a direcionar suas pesquisas diretamente ao treinamento de atletas que treinam para ganhar medalhas. Os acadêmicos e os pesquisadores nas universidades também contribuem direta e indiretamente com o treinamento dos medalhistas de ouro nas áreas de Técnicas de Treinamento, Psicologia Esportiva, Medicina Esportiva, Fisiologia e Biomecânica e Sociologia do Esporte.[5]

Mesmo em países não considerados potências esportivas, como Cingapura, o governo tem apoiado iniciativas como a aquisição de equipamentos de avaliação fisiológica e biomecânica, análise de força e contratação, e capacitação de especialistas nas áreas de Nutrição, Medicina, Biomecânica, Preparação Física e Psicologia do Esporte,[5] modelo pelo qual o Brasil já passou, especialmente na implantação da Rede Cenesp, como veremos neste capítulo.

270 | Esporte de alto rendimento

Para se verificar e analisar as informações acerca do tema do Pilar 9, foram construídos, com base nos dois indicadores, dez fatores críticos de sucesso (FCSs), que serão abordados a seguir.

11.2 Realização, coordenação e difusão da pesquisa científica entre técnicos e confederações

Os FCSs referentes à pesquisa científica entre técnicos e confederações são apresentados no Quadro 11.2. Na realidade brasileira, dos oito FCSs, dois foram observados, três foram observados em parte e três não foram observados.

Quadro 11.2 – FCSs referentes ao indicador "Pesquisas científicas são conduzidas, coordenadas e disseminadas entre técnicos e confederações"

FCS 9.1	Há suporte financeiro suficiente para a pesquisa científica e para a inovação no esporte de alto rendimento.	O
FCS 9.2	Há um centro nacional de pesquisa que conduz pesquisa aplicada para o esporte de alto rendimento e coordena atividades de pesquisa no esporte de alto rendimento nacionalmente.	NO
FCS 9.3	O suporte científico é fornecido em forte cooperação com universidades e centros de pesquisa (esportivos).	OP
FCS 9.4	Há uma responsabilidade específica na autoridade nacional esportiva ou no centro nacional de pesquisas para o desenvolvimento e a coordenação de projetos de pesquisa inovadores para o esporte de alto rendimento.	NO
FCS 9.5	Há um banco de dados de pesquisas científicas atualizado regularmente, que pode ser consultado por técnicos e confederações.	OP
FCS 9.6	Há uma rede para se comunicar e disseminar conteúdo científico para confederações, clubes, atletas e técnicos de alto rendimento. Técnicos recebem informações científicas de confederações e outras organizações e usam a Ciência do Esporte Aplicada em suas atividades de treinamento.	OP
FCS 9.7	Os técnicos fazem uso de informações científicas esportivas no esporte de alto rendimento com relação a seus esportes.	O
FCS 9.8	A pesquisa científica está incorporada na educação dos técnicos, e eles são instruídos a como pesquisar por informações científicas e a como utilizar os resultados das pesquisas como parte de seu treinamento.	NO

FCS: fator crítico de sucesso; NO: não observado; OP: observado em parte; O: observado.

As informações a respeito do suporte financeiro para o desenvolvimento de pesquisa científica e inovação, especificamente para o desenvolvimento do esporte de alto rendimento, indicam que o país desenvolveu, a partir de 2004, o Programa Brasil no Esporte de Alto Rendimento, que tem por objetivo melhorar o desempenho do atleta de alto rendimento brasileiro em competições nacionais e internacionais e promover a imagem do país no exterior como meio de ações promovidas pela Caixa Econômica Federal quanto à:

- implantação de Centros Científicos e Tecnológicos para o Esporte com o objetivo de aperfeiçoar atletas de alto rendimento por meio da implantação de centros de treinamento, como ginásios, piscinas e pistas de atletismo;

- modernização de Centros Científicos e Tecnológicos para o Esporte, com o objetivo de construir e adequar instalações laboratoriais e adquirir equipamentos para o desenvolvimento de tecnologias desportivas.[10]

Os valores relativos a Centros Científicos e Tecnológicos para o Esporte são apresentados na Tabela 11.1.

Tabela 11.1 – Investimentos em Centros Científicos e Tecnológicos para o Esporte

Ano	Valor	Estados
2004*	1.764.847,82	5
2005*	2.867.025,00	2
2006**	4.248.337,74	6
2007**	906.601,50	3
2008**	1.553.091,50	5
2009**	623.238,10	2
2010**	839.981,44	2
2011**	747.528,56	2

*Implantação de Centros Científicos e Tecnológicos para o Esporte.
**Implantação e modernização de Centros Científicos e Tecnológicos para o Esporte.
Fonte: Finep (2011).[11]

Contudo, o que se tem de informação disponível acerca da aplicação desses recursos pode ser exemplificada pela matéria publicada no Estado de São Paulo, em 24 de outubro de 2011, intitulada "Obra de centro esportivo, paralisada em 2007, recebeu R$ 1,37 mi da União":[12]

> O Centro de Treinamento de Esportes de Alto Rendimento de Campos do Jordão é mais um exemplo de desperdício de dinheiro público [...].
>
> Projetado para fornecer infraestrutura ao esporte brasileiro em modalidades olímpicas e paraolímpicas, o Centro de Treinamento de Esportes de Alto Rendimento de Campos do Jordão, a 175 km de São Paulo, está longe de ficar pronto para servir de apoio na preparação de atletas para os jogos de 2016 [...]. Financiada com recursos do Governo Federal, por meio de contrato de repasse com o Ministério do Esporte e a prefeitura, a obra está paralisada desde 2007 por problemas com as empresas vencedoras da licitação, segundo o Executivo local. Só há dois meses foram retomados os trabalhos, que ainda assim já consumiram R$ 800 mil,

segundo a prefeitura [...]. O projeto do Centro de Treinamento foi assinado pelo Ministro do Esporte, Orlando Silva, em 2006, e inclui participação da Universidade Federal de São Paulo (Unifesp), que será responsável pelo uso do espaço como centro de pesquisa científica e tecnológica na área do esporte. Dados do Portal da Transparência, do Governo Federal, mostram o repasse do R$ 1,37 milhão para a Prefeitura de Campos do Jordão e a previsão de R$ 733 mil de contrapartida. A última liberação foi de R$ 1 milhão, em dezembro de 2006. A vigência do convênio é até 26 de dezembro deste ano. O Departamento de Convênios (Deconv) da prefeitura confirma que recebeu da União R$ 1,3 milhão. (s.p.)[12]

Outra fonte de desenvolvimento de pesquisa é dada pelo programa Rede Cenesp, composto pelas estruturas físicas e administrativas, recursos humanos e materiais existentes nas instituições de ensino superior em que os centros ou núcleos estão implantados. Cada Cenesp é formado em estreita parceria com a Secretaria Nacional de Esporte, o COB, o CPB, com as entidades de administração do desporto em nível local, estadual e nacional, e com a iniciativa privada, como prestadores de serviços à comunidade esportiva em geral.

Até 2003, segundo relatado no documento Balanço de Governo 2003-2010,

> As atividades correlatas à pesquisa eram, também, pontuais e voltadas apenas à manifestação esportiva do alto rendimento com a rede Centro de Excelência Esportiva (Cenesp), em que os resultados pouco impactavam nos resultados esportivos dos nossos atletas, pois havia uma lacuna na relação direta entre os estudos e pesquisas realizadas com a formação de atletas. (s.p.)[13]

Os Centros e os Núcleos da Rede são:

- Universidade Federal de Minas Gerais/MG (UFMG).
- Universidade Federal do Rio Grande do Sul/RS (UFRGS).
- Universidade Federal de Santa Maria/RS (UFSM).
- Universidade do Estado de Santa Catarina/SC (Udesc).
- Universidade Estadual de Londrina/PR (UEL).
- Universidade de Brasília/DF (UnB).
- Escola Superior de Educação Física da Universidade de Pernambuco/PE (ESEF/UPE).
- Universidade de São Paulo/SP (USP).
- Universidade Federal de São Paulo/SP (Unifesp).

Algumas ações incluem o Programa Brasil Potência Esportiva (parte integrante do Programa Brasil no Esporte de Alto Rendimento) em colaboração com a Rede Cenesp, como a Avaliação de Atletas de Rendimento, prevendo o acompanhamento de desempenho e dos resultados em competições nacionais e internacionais.[14]

Outra ação refere-se à Detecção de Atletas Esportivos. O objetivo geral era desenhar o perfil somatomotor dos hábitos de vida e dos fatores de desempenho motor em crianças e adolescentes com a aplicação de uma bateria de testes, para identificar potencialidade esportiva. Havendo a indicação de crianças ou adolescentes que apresentem essa potencialidade, eles deveriam ser encaminhados para programas de ensino e de treinamento esportivo e incentivados a desenvolver a prática esportiva. Entre 1995 e 2000 (Gráfico 11.1), há registro de repasse de recursos do Governo Federal para o desenvolvimento das ações do programa.[15]

Gráfico 11.1 – Repasse de recursos do Ministério do Esporte para a Rede Cenesp (1995-2000)

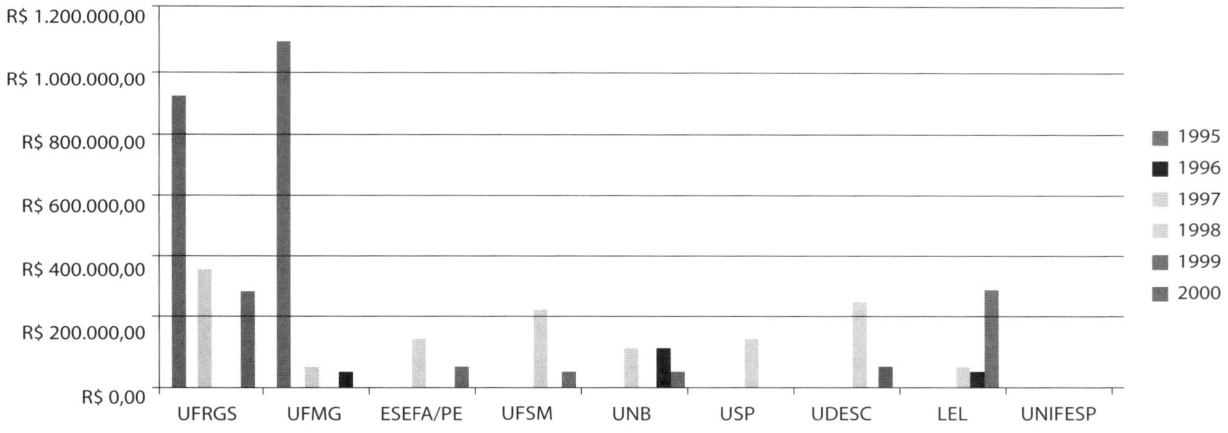

Fonte: adaptado de Brasil.[15]

Dados sobre o financiamento à Rede Cenesp apresentam informações obtidas pelo Tribunal de Contas da União (TCU), que recebeu da Secretaria Nacional de Esporte de Alto Rendimento (Snear) informação sobre o montante de recursos repassados pelo Ministério do Esporte desde sua criação, em 1995, até 2009 (Gráfico 11.2).

Gráfico 11.2 – Recursos repassados pelo Ministério do Esporte à Rede Cenesp, de 1995 a 2009

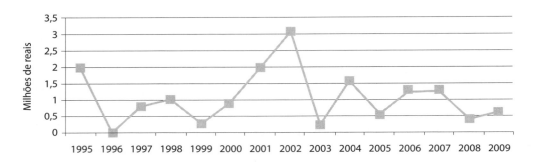

Fonte: Brasil (2011).[16]

Segundo o TCU, os recursos são oriundos principalmente das ações orçamentárias dos programas do governo Detecção e Avaliação de Atletas de Alto Rendimento e Capacitação de Recursos Humanos. Para as universidades participantes da Rede Cenesp, entre 1995 e 2009, foram destinados R$ 15,8 milhões.[16]

Outra fonte de recursos gerada no ano de 2006, pela Finep, no valor de R$ 4 milhões para apoio a projetos de desenvolvimento, de aplicação e de transferência de metodologias e de tecnologias inovadoras, teve como resultado a aprovação de 13 propostas num valor total de R$ 3,84 milhões.[17] Foram contempladas nove propostas com foco no desenvolvimento, na aplicação e na transferência de metodologias e tecnologias inovadoras voltadas à promoção do esporte e do lazer como instrumento de desenvolvimento social e, ainda, o fortalecimento das Redes Cenesp e Cedes. Em termos de valores, dos milhões de reais destinados, foram desembolsados R$ 880 mil em 2007.[18]

Os resultados do outro programa de financiamento com recursos oriundos da Finep, o Programa 2014-BIS, não aparecem no Relatório de Gestão Finep de 2011. A única menção é feita no Tópico 16, "Informações sobre Tratamento das Recomendações Realizadas pela Unidade de Controle Interno", o qual especifica:

> Na ação de auditoria que verificou os procedimentos relativos ao gerenciamento de convênios relacionados com a Copa do Mundo de 2014 e Olimpíadas de 2016 verificou-se que alguns acompanhamentos haviam sido temporariamente descontinuados, tendo sido iniciadas correções. (s.p.)[11]

No que diz respeito à realização de eventos científicos e tecnológicos na área do esporte, o ME, por meio do Programa Esporte Direito de Todos, apresenta a ação Promoção de Eventos e Intercâmbios Científicos e Tecnológicos para o Esporte com o objetivo principal de agregar profissionais e acadêmicos do esporte e de outras áreas correlatas para aproximar a prática e o conhecimento científico, a fim de promover o desenvolvimento esportivo. Com esse programa, seria possível o financiamento de eventos científicos na área do esporte em diversos níveis (estadual, regional e nacional).

Já no Programa Gestão das Políticas de Esporte e Turismo foi planejada a ação de apoio a pesquisas científicas e tecnológicas na área do esporte com a intenção de possibilitar maior relação entre pesquisa, ensino e extensão universitária. A ação, que leva o nome Estudos e Pesquisas Científicas e Tecnológicas para o Desenvolvimento do Esporte, propunha-se a estimular e apoiar a produção acadêmica e a equipar laboratórios em parceria com agências de fomento. Esse programa também previa a ação Edição e Distribuição de Material Técnico-didático do Esporte com o objetivo de viabilizar o acesso a pesquisas científicas na área do Esporte, publicando livros de ordem técnico-científico-cultural e promovendo publicações em periódicos com intuito de incentivar a divulgação de trabalhos acadêmicos.

Apesar do aparente esforço do Governo Federal em disseminar o conhecimento científico de forma que ele chegue à prática, não foram identificados programas em que atletas de alto rendimento, técnicos e confederações recebam apoio financeiro diretamente para serviços de apoio científico. Quando indagados sobre o apoio científico para técnicos e atletas de alto rendimento nos esportes ligados à sua confederação, a maioria dos dirigentes o avalia entre ruim e insuficiente (Gráfico 11.3).

Gráfico 11.3 – Apoio científico aos atletas e aos técnicos de sua confederação

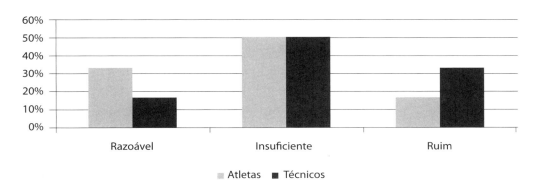

No que diz respeito à coordenação de informações científicas e pesquisas, existe um centro de pesquisa nacional de apoio ao desenvolvimento de atletas de elite e treinadores no COB, o Instituto Olímpico Brasileiro (IOB), que tem como um dos objetivos apoiar e difundir a pesquisa científica. Segundo o COB:

> É um centro de estudos de referência nacional sobre ciência do esporte e Olimpismo. Um de seus objetivos é promover o intercâmbio e a difusão de conhecimento, a partir de cursos, seminários, congressos

> e demais eventos acadêmicos e científicos. O IOB visa a fomentar a pesquisa, desenvolver e manter uma base de dados de informações relacionadas à ciência do esporte (artigos, vídeos, gravações, manuais, imagens e documentos em geral), além de promover o desenvolvimento e a elaboração de ferramentas de apoio à tomada de decisão. O Instituto também tem o propósito de compartilhar as melhores práticas e tecnologias com atletas, preparadores físicos, gestores, técnicos, treinadores e demais profissionais envolvidos com a ciência do esporte. (s.p.)[19]

Dessa forma, o IOB tem mantido ações que parecem sustentar a visão apresentada em 2012 pelo COB com o objetivo final de tornar e manter o Brasil uma potência Olímpica. No mapa estratégico publicado no *site* do COB, são identificadas as estratégias que envolvem a capacitação pessoal necessária ao projeto, os processos internos, os clientes que serão atendidos nesse projeto e as expectativas (resultados nos Jogos Olímpicos, sustentabilidade e a imagem do País). Contudo, estão previstas ações relativas à inovação em seus processos estratégicos (desenvolver centros olímpicos de treinamento de última geração, desenvolver a Ciência do Esporte, desenvolver sistema de inteligência competitiva e desenvolver bases no exterior) para promover o desenvolvimento da Ciência do Esporte.[20]

Avaliou-se a cooperação entre as universidades incluídas no programa da Rede Cenesp e as confederações, os técnicos e os atletas em pesquisa realizada pelo TCU[15] com clubes e federações esportivas. Os resultados apresentados no relatório do TCU apontam o desconhecimento por partes de clubes e federações sobre a atuação da Rede Cenesp (62% dos clubes e 58% das federações esportivas que responderam ao questionário do TCU apontaram esse desconhecimento). Apenas uma pequena parcela das federações e dos clubes (12%, para ambos) afirmam terem participado pela Rede Cenesp do desenvolvimento e da aplicação de algum produto e/ou serviço no âmbito da Ciência do Esporte. O relatório do TCU indica também, mesmo entre as confederações esportivas que apresentam um maior conhecimento acerca da atuação da Rede Cenesp e das contribuições das instituições de ensino superior, que a articulação e a cooperação ainda são baixas.[15]

Esse *deficit* relativo ao fornecimento de apoio científico ao atleta em formação no país já havia sido identificado pela Fundação Getulio Vargas (FGV), em estudo de 2009 referenciado pelo TCU: "o conhecimento produzido na área não atende à demanda para preparação de atletas de alto rendimento, havendo uma deficiência na área de pesquisa aplicada ao esporte no Brasil (s.p.)".[15] Segundo a FGV, os resultados esperados, no que diz respeito à produção de conhecimentos acadêmicos específicos e à articulação da pesquisa científica com a comunidade esportiva, ou seja, a prática em si, não foram alcançados pela Rede Cenesp.[21] Nesse mesmo estudo, a FGV aponta que isso se deve, em parte, à má articulação das instituições pertencentes à Rede e à falta de resultados práticos dos projetos que são desenvolvidos. Mais especificamente, a falta de apoio das ações da Rede por meio de políticas e a promoção da continuidade de projetos realizados isoladamente fizeram que não acontecesse uma conexão entre instituições que fazem parte do Programa Rede Cenesp, COB/CPB e confederações.[21]

Segundo informações apresentadas pelo TCU, em 2010, houve interrupção no apoio financeiro advindo da SNEAR à Rede Cenesp.[15] Essa interrupção pode ter se dado em parte pela alternância de estratégias de atuação do ME via Rede Cenesp – indicado no Relatório de Avaliação do Plano Plurianual (Exercício 2008) – que acaba por promover uma descontinuidade de apoio a projetos realizados isoladamente.

Pode-se afirmar que, no Brasil, a falta de coordenação e articulação se revela pela inexistência de uma coordenação nacional e de uma responsabilidade específica em um centro de pesquisa nacional (ligado ao ME). Dessa forma, não há desenvolvimento e coordenação de projetos de inovação no esporte de elite, nem um banco de dados de investigação científica atualizado regularmente que possa ser consultado por técnicos e confederações. O mesmo resultado foi encontrado quanto à não existência de uma agência ou centro de pesquisas que coordene pesquisas e projetos de inovação para o esporte de alto rendimento.

Essa visão é corroborada por Mascarenhas e Silva,[3] que defendem a necessidade de uma política com objetivo e dirigida à ciência, tecnologia e inovação em esporte e lazer, visando garantir a estabilidade de recursos para a área e com um novo modelo de gestão que garanta a participação e a sinergia de segmentos representativos do setor, que integrem ações do governo, de universidades, de núcleos, de laboratórios e de grupos de pesquisa.[3]

No Brasil, existe a proposta de gestão compartilhada entre o ME, o COB e o CPB e o representante da Rede Cenesp, mas que não configuram a existência de um centro nacional.

No âmbito do COB, foram identificadas algumas ações e alguns programas direcionados à ciência, à tecnologia e à inovação. O Programa Apoio ao Desenvolvimento de Inovações no Esporte no estado do Rio de Janeiro, com recursos financeiros da ordem de R$ 2,5 milhões, tem como objetivo central apoiar projetos científicos e/ou tecnológicos, inovadores na preparação de atletas, na formação de treinadores e no desenvolvimento de equipamentos relevantes para o esporte no estado do Rio de Janeiro. Já o Programa Apoio à Pesquisa 2011 do Centro de Estudos Olímpicos (CEO) do Comitê Olímpico Internacional (COI), visava apoiar pesquisas do âmbito das Ciências Sociais e Humanas que tivessem como tema o Olimpismo, as modalidades olímpicas ou os Jogos Olímpicos.

Outro programa que está ligado à Academia Brasileira de Ciência (ABC), Programa para Mulheres na Ciência 2010, teve o intuito de fomentar a participação das mulheres no desenvolvimento científico mundial e fornecer incentivo a projetos de pesquisas que apresentassem relevância e, ainda, o Prêmio Pierre de Coubertin 2010, do Comité International Pierre Coubertin (CIPC), que possibilitou a publicação de dissertação de mestrado e teses de doutorado que contribuíssem relevantemente para a criação e para a disseminação do conhecimento acerca do olimpismo.

Quanto à disseminação da informação, o COB mantém uma iniciativa voltada a difundir a ciência e o conhecimento produzido por outras instituições, do país e do exterior. A revista *Laboratório Olímpico* é bimestral e tem o intuito de fornecer conhecimento a técnicos e atletas sobre pesquisas com aplicabilidade no esporte de alto rendimento, com uma seção específica sobre pesquisa científica e inovação/publicações de relatórios científicos dedicados exclusivamente ao esporte de alto rendimento.

Essa ação do COB tem similaridade em diversos países, mesmo entre aqueles que são considerados potências esportivas. Na Dinamarca, por exemplo, especialmente na área de Nutrição, desde o ano de 2000, há a publicação de brochuras com orientações sobre Nutrição e Treinamento, livros sobre alimentação saudável e guias de orientação e acompanhamento para atletas de modalidades específicas, elaborados por equipe de profissionais (médicos, técnicos, fisioterapeutas, entre outros).

No entanto, não haviam sido encontrados dados ou informações sobre as necessidades dos atletas de elite e treinadores em matéria de apoio científico. Na coleta de dados realizada, metade dos dirigentes de confederações respondeu no questionário que existe atividade de divulgação científica (Gráfico 11.4).

Gráfico 11.4 – Existência de pessoa responsável pela divulgação das informações científicas nas confederações (dirigentes)

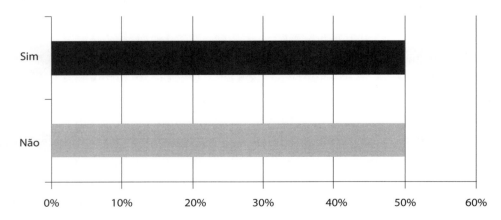

Todavia, quando perguntado a técnicos a respeito do recebimento de material científico específico de sua modalidade (conhecimento científico produzido por meio de pesquisas desenvolvidas em instituições do País e do exterior, com aplicabilidade no esporte de alto rendimento) ou a respeito da realização de seminários para sua atualização, as respostas nos indicam que a disseminação da informação científica encontra uma barreira: a maioria dos técnicos afirma não ter recebido pelo menos uma vez ao ano materiais sobre conhecimento científico (Gráfico 11.5). Os técnicos informaram que as entidades de administração do esporte ou o clube não realizaram seminários para atualizá-los sobre pesquisas e conhecimento científico produzidos na área (Gráfico 11.6).

Gráfico 11.5 – Recebimento de materiais sobre pesquisa científica na modalidade (técnicos)

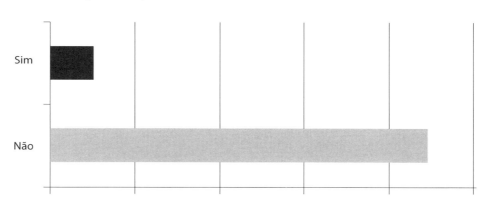

Gráfico 11.6 – Realização de seminários para atualização (técnicos)

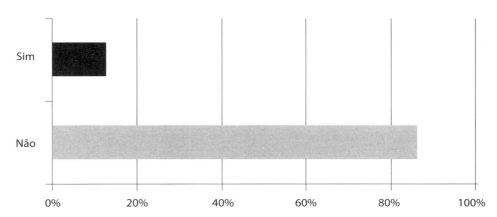

Além disso, não foi identificada nenhuma informação quanto à necessidade de atletas de elite e técnicos no que diz respeito a apoio científico no País (nem sobre em qual nível técnico, quais métodos são utilizados e com qual frequência técnicos/confederações se utilizam de informações oriundas de pesquisa científica em seus programas de treinamento).

Quando perguntado aos técnicos se eles consideravam que o conhecimento científico é divulgado suficientemente bem entre os técnicos de alto rendimento de sua modalidade, mais de 90% afirmou que não considera a divulgação suficiente (Gráfico 11.7).

Gráfico 11.7 – Suficiência na divulgação de informações científicas (técnicos)

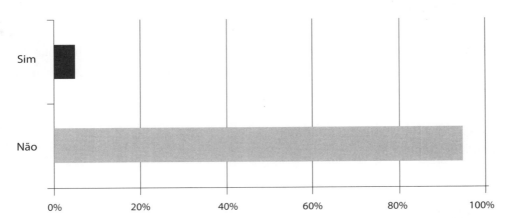

Além da importância na disseminação desse conhecimento produzido no País e no exterior, a aplicabilidade da pesquisa científica também foi um dos fatores analisados pelo levantamento, uma vez que é de extrema importância que o que é produzido academicamente tenha aplicação na prática.

A respeito da aplicabilidade da pesquisa científica em áreas como Fisiologia e Biomecânica (Gráfico 11.8), o uso de novas tecnologias (Gráfico 11.9) e o nível de inovação em sua modalidade esportiva (Gráfico 11.10), na visão dos atletas, é predominantemente de muito baixa a razoável, o que coincide com a visão dos técnicos, e estes avaliam melhor esses aspectos no país, provavelmente pelo fato de terem mais acesso a esse tipo de informação.

Gráfico 11.8 – Aplicabilidade da pesquisa científica aplicada para atletas e técnicos

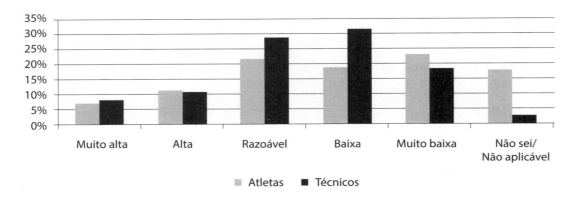

Gráfico 11.9 – Aplicabilidade de novas tecnologias em desenvolvimento para atletas e técnicos

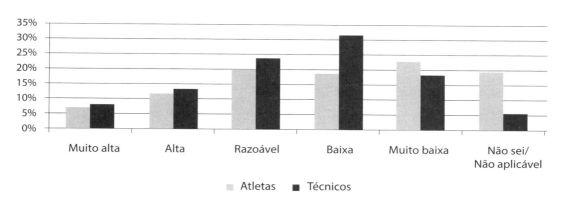

Gráfico 11.10 – Aplicabilidade da inovação para atletas e técnicos

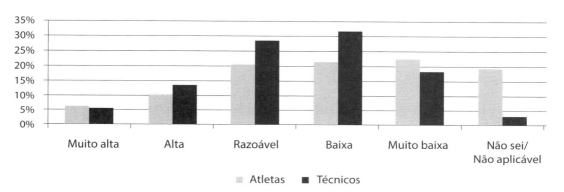

A respeito do nível de inovação para o esporte de alto rendimento para as modalidades ligadas à sua confederação, os dirigentes respondentes colocam esse nível entre insuficiente e razoável (Gráfico 11.11). Dessa forma, as respostas obtidas reafirmam que o Brasil avançou nesse quesito, graças à aproximação entre as universidades e o esporte.

Gráfico 11.11 – Percentual de respostas dos dirigentes com relação ao nível de inovação

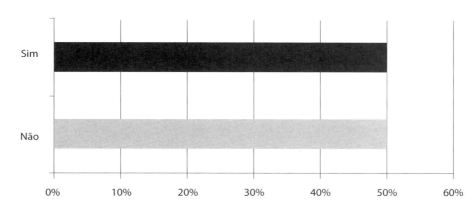

Quando técnicos foram indagados a respeito da suficiência de pesquisas científicas relacionadas à sua área de esporte de alto rendimento no Brasil, 89,5% afirmou que não acha suficiente a produção de conhecimento científico acerca do esporte no País (Gráfico 11.12).

Gráfico 11.12 – Percentual de respostas de técnicos sobre a suficiência de pesquisas científicas em suas áreas de atuação

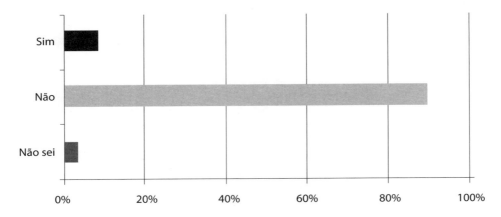

Uma possível consequência dessa percepção que os técnicos têm a respeito da aplicabilidade da pesquisa científica na prática e acerca da suficiência de estudos na área se revela quando consideramos a utilização da informação científica. Não há dados (pesquisas) ou informações disponíveis sobre o nível, os métodos e a frequência de como treinadores/organismos nacionais usam a investigação científica.

Os índices de resposta acerca das oportunidades que atletas e dirigentes possuem para utilização de pesquisa científica aplicada (Biomecânica, Fisiologia, entre outras áreas), desenvolvimento de novas tecnologias e inovação em sua modalidade esportiva encontram-se, em sua maioria, entre ruim e razoável, chamando a atenção, também, para a quantidade de atletas que indica não saber a respeito (Gráfico 11.13, Gráfico 11.14 e Gráfico 11.15).

Gráfico 11.13 – Oportunidades de aplicação de pesquisa científica aplicada, segundo atletas e técnicos

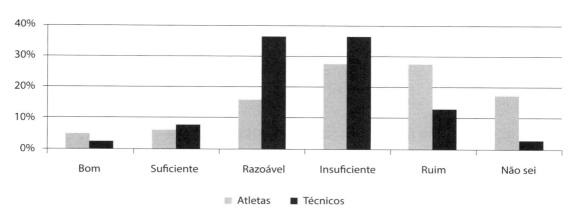

Gráfico 11.14 – Oportunidades de aplicação de novas tecnologias em desenvolvimento, segundo atletas e técnicos

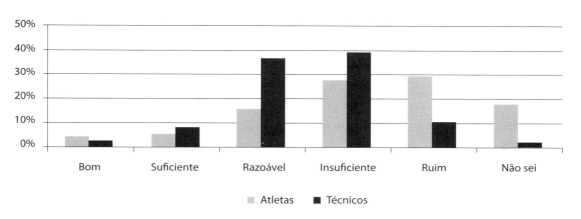

Gráfico 11.15 – Oportunidades de aplicação de inovação, segundo atletas e técnicos

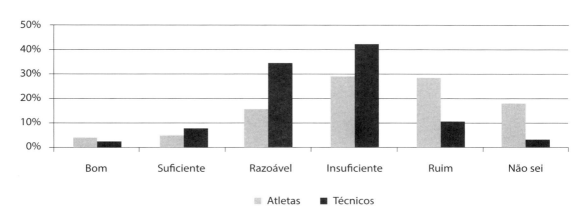

Os técnicos, em geral, não têm à sua disposição serviços de apoio científico no que diz respeito à análise de dados, acompanhamento especializado com profissionais da biomecânica ou fisiologistas, aconselhamento psicológico, entre outros, conforme verificamos no Capítulo 7. Não há um responsável específico nas confederações pelo desenvolvimento e pela coordenação de pesquisas e inovação no esporte de alto rendimento. Essa afirmação foi confirmada pelas respostas dos dirigentes (Gráfico 11.16).

Gráfico 11.16 – Percentual de respostas de dirigentes acerca da existência de cientista do esporte que coopera com os técnicos

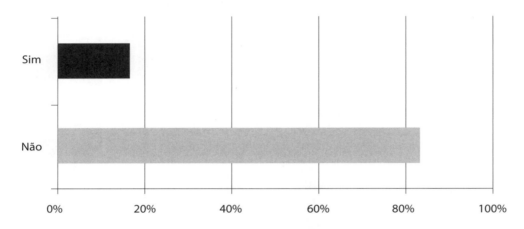

A aproximação da prática com o conhecimento científico é pouco evidente no Brasil. Apesar disso, a maior parte dos técnicos indica que buscam informações científicas relacionadas à sua modalidade para o desenvolvimento de seus atletas de alto rendimento (Gráfico 11.17).

Gráfico 11.17 – Percentual de respostas de técnicos acerca da busca de informações científicas relacionadas à sua atividade

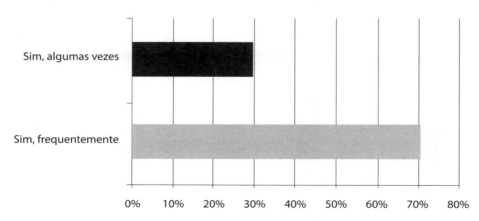

Quando indagados sobre a frequência de uso (nos últimos 12 meses) de pesquisas científicas relacionadas às suas atividades como técnico para desenvolver os seus atletas de alto rendimento, mais de 60% dos técnicos respondeu afirmativamente (Gráfico 11.18).

Gráfico 11.18 – Percentual de respostas de técnicos acerca da frequência de uso de pesquisas científicas em suas atividades como técnicos

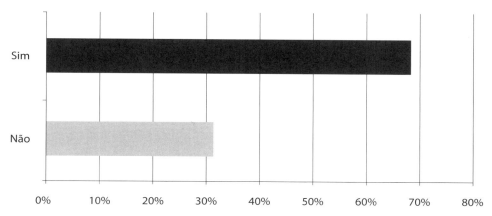

Quanto à existência de informação científica na formação dos técnicos esportivos, verifica-se que esta não é incorporada na educação dos treinadores, os quais não são ensinados a lidar com a investigação científica como parte de seu treinamento profissional e a como procurar informação científica. Uma vez que não há uma coordenação nacional que supra essa necessidade dos técnicos, essa formação, provavelmente, depende de cada profissional e da confederação na qual ele atua. Suas especializações e capacitações acadêmicas dependem muito de sua disponibilidade e possibilidade de acesso à formação continuada em faculdades de Educação Física, eventos científicos e da ação específica de algumas confederações.

11.3 Apoio da ciência em cada nível de desenvolvimento do esporte de alto rendimento

Os FCSs referentes ao suporte da ciência nas diferentes vertentes do desenvolvimento do esporte de alto rendimento são apresentados no Quadro 11.3. Na realidade brasileira, os dois FCSs não foram observados.

Quadro 11.3 – FCSs referentes ao indicador "O suporte da Ciência do Esporte é fornecido em cada um dos níveis de desenvolvimento do esporte de alto rendimento"

FCS 9.9	Diferentes áreas do desenvolvimento do esporte de alto rendimento têm suporte da pesquisa científica aplicada e de projetos de inovação: identificação do talento, desenvolvimento do talento, atletas de alto rendimento (incluindo seus equipamentos, suas instalações etc.), políticas para o esporte e técnicos.	NO
FCS 9.10	Há laboratórios de campo e/ou cientistas incorporados que, *in situ*, desenvolvem, testam e/ou aplicam novas tecnologias em cooperação com técnicos e atletas em centros de treinamento de esportes de alto rendimento.	NO

FCS: fator crítico de sucesso; NO: não observado.

Quanto ao indicador do apoio da ciência, e se ele é fornecido em cada nível de desenvolvimento do esporte de alto rendimento, não foram encontradas informações sobre apoios efetivos para projetos científicos aplicados à investigação e à inovação – identificação de talentos, desenvolvimento de talentos, atletas de elite (incluindo os seus equipamentos instalações), políticas de esporte e treinadores nas diferentes áreas do desenvolvimento do esporte de alto rendimento.

Uma visão global da existência de suporte científico para cada uma das áreas correlatas às apresentadas nos outros sete pilares referentes ao processo também indica que não há suporte científico para a participação esportiva de crianças e jovens praticantes, programas de treinamento para atletas de elite, testes de *performance* para atletas de elite, tratamento de lesões, programas de educação para técnicos e desenvolvimento de treinamento e materiais. A única ação identificada, e que se encontra desativada no momento, foi um sistema de identificação de talentos (Capítulo 6).

Em termos de laboratórios de campo e cientistas envolvidos no desenvolvimento, testagem e/ou aplicação de novas tecnologias, em cooperação com treinadores e atletas em centros de treinamento de esporte de alto rendimento, não foram identificadas informações e registros, mas existem pesquisadores do esporte que trabalham em conjunto com os treinadores no voleibol, por exemplo, e, especialmente, em modalidades individuais, como natação, atletismo e judô.

O TCU, em seu relatório, apresenta à Snear algumas sugestões para a melhoria do sistema de organização do esporte de alto rendimento.[15] Entre elas, houve a recomendação da estruturação de um planejamento estratégico que direcione os recursos da Rede Cenesp e que contemple as reais necessidades da comunidade esportiva. Segundo o relatório, seria necessária, ainda, a aplicação de conhecimento científico nas diversas esferas do esporte de alto rendimento (como detecção de talentos esportivos, tratamento de lesões, treinamento e apoios multidisciplinares), o investimento em formação de capacitação de técnicos, árbitros e dirigentes, um diálogo mais próximo da realidade dos profissionais que atuam na prática e uma articulação central para o projeto, de modo a coordenar e formar diretrizes para as ações que serão desenvolvidas, além de avaliar os resultados obtidos.

Especificamente em relação à ciência, o próprio TCU apontou a existência de lacunas no que diz respeito ao apoio da ciência em áreas como início de carreira no esporte e na formação de atletas.[15] Além disso, o TCU reafirma que, para que a produção da Rede seja efetivamente acessível e própria à intervenção na prática, como forma de superar a atual situação de baixa articulação da Rede para com confederações e federações nacionais, deve haver uma continuidade nos financiamentos de projetos e investimentos em formação e capacitação de técnicos e de uma equipe multidisciplinar que atenda a atletas de diversas modalidades.

Em avaliação sobre o tema da pesquisa científica no esporte brasileiro, Paulo Cesar Montagner reconhece que o Brasil tem alguns pequenos grupos realizando pesquisas qualificadas na área esportiva, mas que, por questões econômicas, estruturais e administrativas, estamos bem distantes de países do primeiro mundo e de outros países menos desenvolvidos que investem em esporte.[4]

11.4 Comentários gerais e perspectivas

A análise feita neste capítulo sobre as interações entre o desenvolvimento da ciência e da inovação e o desenvolvimento do esporte de alto rendimento no País possibilitou apresentarmos algumas considerações e conclusões sobre o tema.

A primeira delas é relativa à reafirmação do que foi apreendido da análise de informações provenientes de documentos oficiais a respeito dos programas desenvolvidos no país em prol do esporte de alto rendimento, bem como da literatura a respeito do assunto, que corroboraram com as respostas obtidas em questionários aplicados a dirigentes, técnicos e atletas brasileiros.

Foi possível, apesar das limitações encontradas quanto ao acesso a informações em *sites*, obter informações específicas e analisar com relativa abrangência os dois pontos que nortearam nossa análise: a coleta, a coordenação e a difusão da pesquisa científica entre técnicos e confederações e o apoio da ciência em cada nível de desenvolvimento do esporte de alto rendimento. Quanto aos FCSs, destaca-se o pequeno percentual daqueles observados na realidade brasileira (Gráfico 11.19).

Gráfico 11.19 – Síntese das observações dos dez FCSs relativos ao Pilar 9

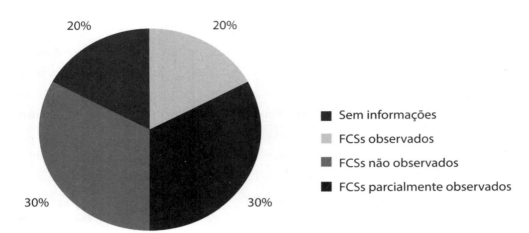

Dessa forma, quanto à difusão da pesquisa científica, de avanços tecnológicos e de inovação, é possível afirmar que há um cenário de comunicação falha entre os órgãos da ciência e a prática efetiva dos treinamentos das modalidades olímpicas brasileiras, apesar do esforço em disseminar a informação científica pela iniciativa da revista *Laboratório Olímpico* do COB.

Além da questão da comunicação, ou mesmo relacionada a ela, a conclusão é de que o conhecimento científico não chega a técnicos e atletas, ou seja, não há recebimento de materiais sobre pesquisa científica que, porventura, poderiam ser utilizada em sua modalidade, em seu cotidiano, nos treinamentos.

Em suma, há uma defasagem entre a ciência e a prática, o que não acontece em outros países. Portanto, os profissionais que trabalham diretamente com a formação e com o treinamento de atletas no País não têm sua necessidade atendida no que diz respeito ao apoio científico à prática do esporte de alto rendimento. Mesmo para as informações que chegam a esses técnicos, estas são consideradas pela maioria como não aplicáveis ao campo prático, apesar de a maioria indicar que utiliza de informações científicas relacionadas às suas atividades de treinador.

Em relação ao apoio científico dado para fins de aperfeiçoamento dos técnicos (participação em cursos de especialização, seminários para atualização, congressos e eventos científicos), podemos concluir que não existe um programa específico por parte do ME. O COB tem algumas ações, mas ainda sem abranger os técnicos das diferentes modalidades olímpicas, o que estaria fortemente relacionado ao desconhecimento por grande parte dos técnicos a respeito de um dos programas nacionais voltados ao apoio ao esporte de alto rendimento – Rede Cenesp –, que tem como objetivo o apoio científico a técnicos e atletas no desenvolvimento de treinamentos, aplicação de testes e novas tecnologias do esporte.

Quanto ao apoio da ciência ao desenvolvimento do esporte de alto rendimento, concluímos que existem diversos programas desenvolvidos em relação à ciência, à tecnologia e à inovação e ao financiamento da promoção e detecção de talentos esportivos. Entretanto, esses programas se apresentam de forma pontual, ocorrendo isoladamente, sem integração, o que demonstra uma falta de coordenação central. Pudemos também verificar a descontinuidade de alguns programas, o que acaba por dificultar a formação do atleta, para que ele possa efetivamente se desenvolver e obter os melhores resultados nas competições de que participa.

Entendemos que para que esses pontos críticos verificados quanto ao desenvolvimento da pesquisa científica, da tecnologia e da inovação no esporte no Brasil sejam superados, um caminho seria o aglutinamento dos recursos em uma única agência autônoma que pudesse, em diferentes níveis, promover o desenvolvimento de pesquisa, tecnologia e inovação. Além de coordenar os recursos financeiros, essa agência seria responsável pela definição de diretrizes, prioridades e acompanhamento do envolvimento dos pesquisadores e da produção.

No caso do Brasil, a inovação na área estaria na implantação de um centro nacional de pesquisa que desenvolvesse projetos contínuos e que pudessem abranger as diversas modalidades esportivas, o que garantiria, em médio e longo prazos, maiores resultados no que diz respeito ao apoio científico ao esporte de alto rendimento e, consequentemente, nos próprios resultados esportivos do país.

Além disso, seria imperativa a implantação de um canal de disseminação/ divulgação efetivo para que esse conhecimento produzido na Ciência do Esporte fosse aplicado e que fosse garantida a participação de técnicos e atletas nos projetos em desenvolvimento. A coordenação de estudos junto com pesquisadores colaboraria para que a ciência se mostrasse mais próxima à prática, imbuindo maior aplicabilidade dos conhecimentos produzidos, além de garantir aos profissionais do esporte maior envolvimento com novas tecnologias e a promoção de incentivo à participação em eventos científicos, bem como aperfeiçoamentos e especializações em suas áreas.

Referências

1. Brasil. Lei nº 8.672, de 6 de julho de 1993. Institui normas gerais sobre o desporto e dá outras providências. Diário Oficial da União. 07 jul 1998;Seção 1:9379.

2. Tani G. Vivências práticas no curso de graduação em Educação Física: necessidade, luxo ou perda de tempo? Cad. Doc. 1996;(2):1-22.

3. Mascarenhas F, Silva AM. A academia vai ao Olimpo: por uma política de ciência, tecnologia e inovação em esporte e lazer. EFDeportes.com. 2012;17(171) [acesso em 14 out 2015]. Disponível em: http://www.efdeportes.com/efd171/politica-de-ciencia-em-esporte-e-lazer.htm.

4. Octaviano C. Especialista critica baixo investimento em pesquisas esportivas no país. Com Ciência Rev.

Eletrônica J Científico [acesso em 24 jul 2012]. Disponível em: http://www.comciencia.br/comciencia/?section=9&reportagem=666.

5. Houlihan B, Green M. Comparative elite sport development: systems, structures and public policy. Burlington: Elsevier; 2008.

6. Brasil. Balanço de governo 2003-2010: 2. Cidadania e inclusão social; 2010 [acesso em 14 out 2015]. Disponível em: https://i3gov.planejamento.gov.br/?p=balanco.

7. Terra B, Batista LA, Almeida M, Campos SRC. A oportunidade de inovação no esporte é nossa! Polêm!ca. 2011;10(1):74-90.

8. Digel H. Comparison of successful sport systems. New Stud Athl. 2005;20(2):7-18.

9. Australian Institute of Sport (AIS). What is the AIS? [cited in 10 Aug 2012]. Avaliable at: http://www.ausport.gov.au/ais/about.

10. Caixa Econômica Federal. Programas com finalidade esportiva, 2011 [acesso em 15 nov 2011]. Disponível em: http://www1.caixa.gov.br/gov/gov_social/municipal/programa_des_urbano/infra_estrutura_setor_publico/programas_fin_esportiva/saiba_mais.asp.

11. Ministério da Ciência, Tecnologia e Inovação (MCTI), Financiadora de Estudos e Projetos (Finep). Relatório de Gestão e Projetos Finep – 2011. Rio de Janeiro: Finep; 2012 [acesso em 30 de jul 2012]. Disponível em: http://download.finep.gov.br/processosContasAnuais/relatoriogestaofinep2011.pdf.

12. Monteiro G. Obra de centro esportivo, paralisada em 2007, recebeu R$ 1,37 mi da União. O Estado de S. Paulo; 2011 [acesso em 30 jun 2012]. Disponível em: http://www.estadao.com.br/noticias/nacional,obra-de-centro-esportivo-paralisada-em-2007-recebeu-r-137-mi-da-uniao,789982,0.htm.

13. Brasil. Balanço de Governo; 2010 [acesso em 25 jul 2012].Disponível em:http://www.balancodegoverno.presidencia.gov.br/sintese-politica/sintese-politica-versao-impressa.

14. Brasil. Ministério do Esporte. Programa Brasil Potência Esportiva; 2011 [acesso em 12 jun 2012]. Disponível em: http://www2.esporte.gov.br/snear/brasilPotencia/objetivo.jsp.

15. Brasil. Ministério do Esporte. Gráfico Repasse Anual do ME; 2013 [acesso em 14 out 2015]. Disponível em: http://www2.esporte.gov.br/snear/cenesp/graficos/repasMet.jsp.

16. Brasil. Tribunal de Contas da União (TCU). Esporte de alto rendimento / Tribunal de Contas da União Relatório de auditoria operacional: esporte de alto rendimento. Brasília: TCU, Secretaria de Fiscalização e Avaliação de Programas de Governo; 2011. p. 85. Disponível em: http://portal2.tcu.gov.br/portal/page/portal/TCU/comunidades/programas_governo/areas_atuacao/esportes/Relat%C3%B3rio_Esporte Alto Rendimento_Miolo.pdf.

17. Ministério da Ciência, Tecnologia e Inovação (MTCI), Financiadora de Estudos e Projetos (Finep). Finep Relatório de Gestão 2006. Rio de Janeiro: Finep; 2012 [acesso em 30 de jul 2012]. Disponível em: http://download.finep.gov.br//processosContas Anuais/relatorio_gestao_finep_2006.pdf.

18. Ministério da Ciência, Tecnologia e Inovação (MTCI), Financiadora de Estudos e Projetos (Finep). Relatório de Gestão Finep 2007 [acesso em 28 jul 2012]. Disponível em: http://download.finep.gov.br/processosContasAnuais/relatorio_gestao_finep_2007.pdf.

19. Comitê Olímpico Brasileiro (COB). Instituto Olímpico Brasileiro 2010 [acesso em 20 out 2010]. Disponível em: http://www.cob.org.br/cultura-e-educacao/instituto-olimpico-brasileiro

20. Comitê Olímpico Brasileiro (COB). Mapa estratégico 2012 [acesso em 30 jul 2012]. Disponível em: http://www.cob.org.br/comite-olimpico-brasileiro/mapa-estrategico.

21. Fundação Getúlio Vargas. Elaboração de sistema de orçamentação de eventos esportivos e de estudos em instalações esportivas e acomodações necessárias para apoiar a atuação do Governo Federal na candidatura Rio 2016. Rio de Janeiro: Produto 27 – Formação conceitual do Instituto de Excelência Esportiva – 2ª versão; 2009.

PARTE 3

Aplicações e perspectivas da gestão do esporte de alto rendimento

12

Considerações finais e perspectivas do esporte de alto rendimento no Brasil

Maria Tereza Silveira Böhme
Flávia da Cunha Bastos

O objetivo deste livro foi apresentar o levantamento sobre o suporte financeiro, a gestão, a participação esportiva, os programas de identificação de talentos esportivos, o desenvolvimento da carreira dos atletas de alto rendimento, a formação dos técnicos de alto rendimento, as instalações esportivas para o esporte de alto rendimento, o papel da competição nacional e internacional e a relação da ciência com o esporte de alto rendimento no nível nacional, resultado da pesquisa realizada pelo Laboratório de Treinamento e Esporte para Crianças e Adolescentes (LATECA), com base no modelo SPLISS.

Os pontos positivos e negativos apresentados e analisados em cada um dos capítulos, referentes aos nove pilares na realidade do Brasil, estão sintetizados no Gráfico 12.1. Nele são apresentados os percentuais de fatores críticos de sucesso (FCSs) de cada pilar do modelo SPLISS, observados, observados parcialmente, não observados e sem informações na realidade brasileira à época da pesquisa.

Gráfico 12.1 – Percentuais de FCSs observados, parcialmente observados, não observados e sem informações (dados referentes ao ano de 2011)

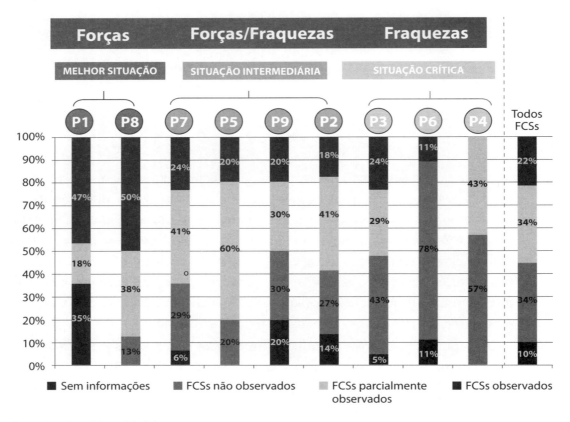

Fonte: adaptado de Böhme (2013).[1]

Observando essa avaliação, fica claro que os pontos fracos do Brasil, quando avaliado pelo modelo SPLISS, são os Pilares 3 (Participação esportiva), 4 (Sistemas de identificação e desenvolvimento de talentos) e 6 (Instalações esportivas).

Esses resultados foram corroborados por atletas, treinadores e dirigentes, o que nos leva e acreditar que, com o aumento do enfoque estratégico nacional para o desenvolvimento das políticas para o esporte de alto rendimento, o Brasil poderá ter melhor desempenho internacional, tão almejado pela sociedade brasileira.

Além desses resultados em âmbito nacional, a comparação desses resultados com os dos outros quinze países participantes da pesquisa internacional nos dá parâmetros e reafirma alguns pontos que precisam ser aprimorados para que o esporte de alto rendimento brasileiro seja mais competitivo no cenário internacional.

Mais especificamente, analisando as informações reunidas no Gráfico 12.2, o único pilar (além do Pilar 1, Apoio financeiro) no qual o Brasil tem uma avaliação acima da média dos outros 15 países (ou 16 regiões) é o Pilar 8 (Competições nacionais e internacionais). Lembrando, esse pilar é relativo à organização de eventos internacionais e à participação de atletas em competições nacionais e internacionais.

Temos, então, um quadro que reforça os achados em relação aos outros pilares. A magnitude da lacuna entre os escores do Brasil e da média geral é maior nos Pilares 3 (Participação esportiva), 4 (Identificação e desenvolvimento de talentos), 6 (Instalações esportivas), e 7 (Técnicos).

Gráfico 12.2 – Radar com as pontuações do Brasil em relação às médias dos outros quinze países participantes da pesquisa SPLISS II

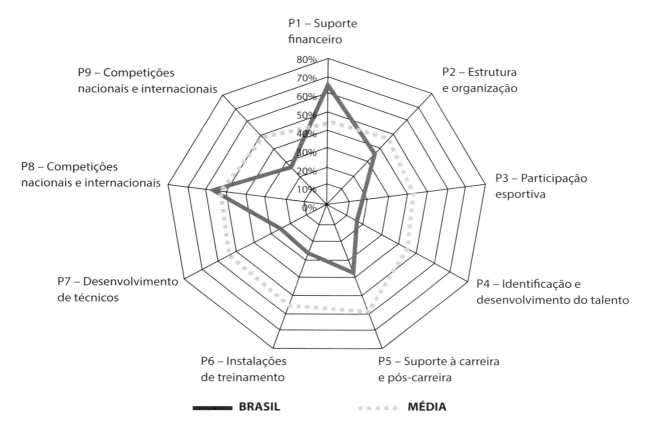

Fonte: adaptado de Atlas do Desenvolvimento Humano no Brasil.[2]

Como ponto favorável da nossa realidade, devemos também considerar que o Brasil tem um enorme diferencial, em termos do potencial populacional, o que não ocorre na maioria dos países. De acordo com o Atlas do Desenvolvimento Humano no Brasil,[2] baseado nos dados do Censo Brasileiro de 2010, a população brasileira da época era de 193.946.886 habitantes, distribuídos de modo desigual nas 5 regiões brasileiras: 8% na região Norte, 27% na região Nordeste, 7% na região Centro-oeste, 41% na região Sudeste e 14% na região Sul. Diferentemente do que ocorre em relação ao desenvolvimento esportivo, que notadamente se concentra nas regiões Sudeste e Sul, coaduna-se com a extensão territorial continental do país (8.456.510 km²), mas conta com severos contrastes sociais: o índice de desenvolvimento humano (IDH) varia entre 0,662 e 0,764 nas diferentes regiões (Figura 12.1), sendo os mais altos também nas regiões Sul e Sudeste.

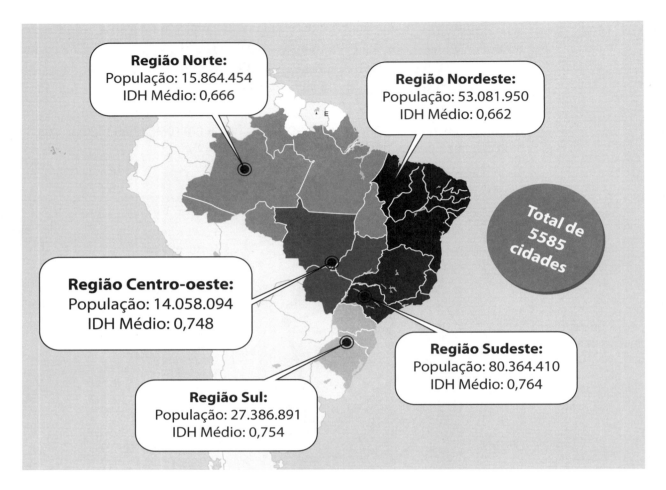

Figura 12.1 – População e IDH médio nas diferentes regiões geográficas brasileiras.
Fonte: adaptados de Böhme (2013).[1]

Constatados esses aspectos, reafirma-se a importância das informações levantadas até o momento sobre a estrutura e as políticas para o esporte de alto rendimento nos diferentes níveis de organização governamental e não governamental brasileiros, que mostram um quadro que precisa ser modificado. Além disso, esses dados do Brasil, comparados científica e internacionalmente com outros países sobre a gestão e as políticas para o esporte de alto rendimento, permitiram verificar como o nosso país se encontra com *deficit* em relação ao contexto internacional.

Esse foi um primeiro levantamento sobre a gestão, as políticas e o clima/ambiente para o esporte de alto rendimento, que mostra tendências e pode ser a base para a elaboração de indicadores e nortear a formulação e a avaliação de políticas e ações mais efetivas para o desenvolvimento do esporte brasileiro, desde o processo educacional esportivo de formação até o desenvolvimento e o acompanhamento do esporte e do esporte de alto rendimento no País.

As informações obtidas também poderão servir de subsídio para as entidades de gestão do esporte de alto rendimento do país, bem como para os clubes formadores de atletas, a fim de conhecerem aspectos e indicadores que apoiem a elaboração de planos de ação para as diferentes modalidades esportivas. Consequentemente, esses dados poderão contribuir com a elaboração de propostas que serão submetidas aos processos de fomento para obtenção de recursos para projetos serem subsidiados por entidades públicas, estatais ou financiados por empresas privadas.

Se o Brasil deseja diminuir essas lacunas em relação aos outros países, a prioridade para os investimentos deveriam ser as três áreas com as maiores defasagens. A quarta área, participação esportiva, é um desenvolvimento em longo prazo, mas que também precisa ser priorizado.

Um trabalho de gestão centralizado, com planos estratégicos realistas e coordenados entre os diferentes níveis (regional e nacional) e segmentos (público e privado) é o caminho possível para o desenvolvimento do esporte e do esporte de alto rendimento nacional, e, consequentemente, para gerar impactos positivos na indústria do esporte no Brasil.

Referências

1. Böhme, MTS. Resultados da Pesquisa SPLISS II no Brasil. SPLISS conference on elite sport success: society boost or not? New perspectives on elite sport policy; 2013; Antuérpia, Bélgica: Vrije Universiteit Brussel; 2013. Palestra.

2. Atlas do Desenvolvimento Humano no Brasil; 2013 [acesso em 2 mar 2015]. Disponível em: http://atlas brasil.org.br/2013/pt/consulta/.

13

Avaliação do modelo de gestão desportiva do Exército Brasileiro

Luiz Fernando Medeiros Nóbrega

O leitor pode estar se perguntando por que dedicar um capítulo ao modelo de gestão desportiva adotado no Exército Brasileiro (EB) ou, até mesmo, fazer referência à participação militar no esporte de alto rendimento nesta pesquisa do consórcio SPLISS (*Sports Policy Factors Leading to International Sporting Success* – Fatores de Política de Esporte que Levam ao Sucesso Esportivo Internacional).

Do esporte antigo, praticado desde a Antiguidade até a primeira metade do século XIX, passando pelo esporte moderno, que teve seu início após a regulamentação dos jogos populares na Inglaterra, em meados do século XIX, chegando ao esporte contemporâneo, após a edição da Carta Internacional de Educação Física e Esportes da UNESCO, em 1978, até os dias atuais, o esporte esteve intrinsecamente ligado aos militares.[1]

Diversas atividades originalmente relacionadas aos exércitos e às guerras, que tinham o objetivo de aprimorar e desenvolver a força física dos soldados – ampliando as chances de vitória nas batalhas e demonstrando a superioridade de um povo –, foram sendo transformadas em práticas desportivas.[2]

O desejo dos militares de se reunirem em arenas desportivas em vez dos campos de batalhas levou à criação, em 18 de fevereiro de 1948, do Conselho Internacional do Esporte Militar (CISM), organismo de abrangência internacional, fundado por militares da Bélgica, Dinamarca, França, Luxemburgo e Holanda com o objetivo de promover a paz após os conflitos internacionais que marcaram o mundo na primeira metade do século XX.[3,4]

Essa organização tem, atualmente, 133 países representando quatro continentes, reunindo mais de um milhão de atletas militares ao redor do mundo, e tendo, inclusive, o reconhecimento da Organização das Nações Unidas (ONU), como um órgão internacional que promove a paz por intermédio do esporte.

Segundo dados fornecidos da publicação oficial do CISM,[2] 694 atletas militares participaram dos Jogos Olímpicos de Londres em 2012 e conquistaram 159 medalhas das 962 disputadas. Esse total equivale a 16,5% do total de medalhas ganhas nas olimpíadas. A Tabela 13.1 descreve alguns países que tiveram representantes militares nos Jogos Olímpicos de Londres, suas classificações, participação de mercado[5] e percentual de medalhas alcançadas.

Tabela 13.1 – Classificação de países nos Jogos Olímpicos de Londres 2012 e a participação militar

		Olimpíadas de Londres					Participação militar				
Classificação	Países	O	P	B	T	"Mercado de medalhas" (participação)	O	P	B	T	% medalhas militares
1	Estados unidos	46	29	29	104	12,03%	1	0	0	1	0,96%
2	China	38	27	23	88	10,21%	5	2	0	7	7,95%
5	Coreia do Sul	13	8	7	28	3,32%	3	2	4	9	32,14%
6	Alemanha	11	19	14	44	4,55%	5	6	8	19	43,18%
7	França	11	11	12	34	3,58%	Não disponível			8	23,53%
8	Itália	8	9	11	28	2,83%	4	6	3	13	46,43%
12	Cazaquistão	7	1	5	13	1,50%	2	0	0	2	15,38%
14	Ucrânia	6	5	9	20	1,98%	2	1	1	4	20,00%
19	República Tcheca	4	3	3	10	1,12%	3	1	1	5	50,00%
22	Brasil	3	5	9	17	1,50%	1	0	4	5	29,41%
26	Bielorrússia	2	5	5	12	1,12%	1	0	3	4	33,33%
27	Romênia	2	5	2	9	0,96%	1	3	1	5	55,56%
28	Quênia	2	4	5	11	1,02%	0	0	1	1	9,09%
31	Polônia	2	2	6	10	0,86%	0	1	1	2	20,00%
34	Lituânia	2	1	2	5	0,53%	1	0	1	2	40,00%
43	Eslovênia	1	1	2	4	0,37%	1	1	1	3	75,00%
76	Grécia	0	0	2	2	0,11%	0	0	2	2	100,00%
—	Total	302	304	356	962	100,00%	30	23	31	84	8,73%

O: medalhas de ouro; P: medalhas de prata; B: medalhas de bronze; T: total de medalhas.

Fonte: adaptada de CISM (2012)[6] e Ministério da Defesa.[7]

Representante do Brasil junto ao CISM, a chamada Comissão Desportiva Militar do Brasil (CDMB), parte da estrutura funcional do Ministério da Defesa (MD), é a responsável por coordenar e fomentar assuntos referentes ao desporto militar no país, engajando-se, também, no apoio a importantes iniciativas conduzidas pelo Ministério do Esporte (ME) e pelo Ministério da Educação e Cultura (MEC), como o programa Segundo Tempo/Forças no Esporte e os Projetos Brasil Medalhas, Atleta de Alto Rendimento, Educação e Esporte, e contribuindo para que se atinjam as metas estabelecidas.[7]

Ao longo da história desportiva nacional, as Forças Armadas brasileiras também tiveram um papel de grande relevância no processo de estabelecimento das primeiras escolas de formação em Educação Física do país, como a Escola de Educação Física do Exército (EsEFEx), criada em 10 de janeiro de 1922; na formação e preparação de atletas olímpicos, com destaque para o tenente Guilherme Paraense, primeiro medalhista de ouro do país nos Jogos Olímpicos da Antuérpia em 1920; e na organização de eventos esportivos como os 5⁰ˢ Jogos Mundiais Militares Rio 2011 (5⁰ˢ JMM), o maior evento esportivo militar ocorrido no Brasil, de 16 a 24 de junho de 2011.[8-10]

Durante as últimas décadas, constatou-se uma intensificação do esforço entre as nações pela conquista de um maior número de medalhas, levando governos a intervirem diretamente no desenvolvimento do esporte de elite, fazendo investimentos financeiros consideráveis, ocasionando uma crescente institucionalização dos sistemas do desporto de alto rendimento.[11,12] A ideia principal dessa "corrida armamentista" global desportiva, como descrito por Oakley e Green,[13] é que o sucesso desportivo pode ser produzido ao se investir estrategicamente no esporte de elite.

Com base nessa luta de poder, emerge o interesse no modelo de esporte de elite e o desejo de explicar, principalmente, os sucessos olímpicos, e em particular, o porquê de algumas nações terem sucesso e outras falharem nas competições internacionais.

Neste capítulo, pretende-se analisar o modelo de gestão desportiva de atletas de alto rendimento adotado pelo EB para fazer frente aos 5⁰ˢ JMM, utilizando como medida do seu desempenho o modelo teórico SPLISS de nove pilares que levam ao sucesso esportivo internacional, já amplamente discutido neste livro.

13.1 Modelo de gestão do Exército Brasileiro

13.1.1 Instituições e competições desportivas militares

No âmbito do Exército Brasileiro, o órgão especializado que trata da gestão esportiva é a Comissão de Desportos do Exército (CDE), subordinada ao Centro de Capacitação Física do Exército (CCFEx), que tem como organizações militares diretamente subordinadas: a Escola de Educação Física do Exército (EsEFEx), o Instituto de Pesquisa da Capacitação Física do Exército (IPCFEx), a Escola de Equitação do Exército (EsEqEx) e a Bateria do Forte São João. A Figura 13.1 ilustra a estrutura desportiva do Exército e suas ligações técnicas com a Marinha, a Força Aérea, o Ministério da Defesa (MD) e o CISM.

306 | Esporte de alto rendimento

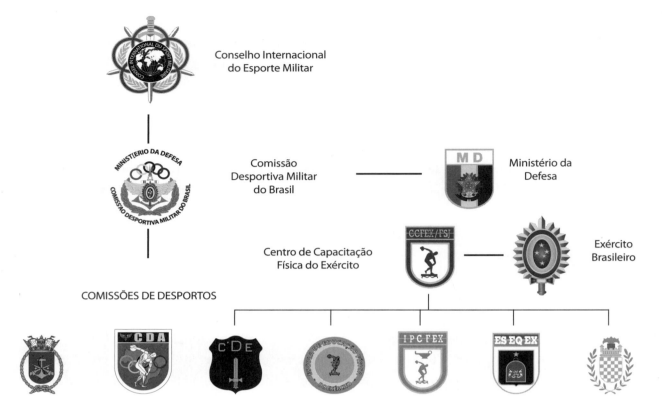

Figura 13.1 – Organizações desportivas militares do Exército Brasileiro e suas ligações técnicas entre as Forças Armadas.

O CCFEx foi criado com a finalidade de dotar o Exército de um polo de referência capaz de realizar altos estudos em benefício do treinamento físico e dos desportos e, simultaneamente, resgatar o sítio histórico da fundação do Rio de Janeiro.[14]

Em diversos países, as Forças Armadas apoiam o esporte de alto rendimento com a finalidade de melhorar o desempenho em competições internacionais, oferecer aos atletas condições básicas de desenvolvimento e opções para a transição de carreira e capacitá-los atletas a alcançarem o nível internacional enquanto servem às Forças Armadas.[15]

Fundada em 1915, a então Liga de Futebol Militar evoluiu até ser transformada, em 1956, na atual CDE, cabendo-lhe, entre outras atribuições, a de representar o EB em competições militares com outras Forças Armadas; convocar, treinar e conduzir as delegações desportivas do EB; e organizar e dirigir as competições militares do EB.

São competições militares:

- Nível mundial: os diversos campeonatos mundiais de modalidades esportivas e os Jogos Mundiais Militares.
- Nível Forças Armadas: os múltiplos campeonatos ou as seletivas de modalidade entre Exército, Marinha e Aeronáutica.

- Nível Exército: os Jogos Desportivos do Exército, antigos Jogos Marciais e as competições internas de uma organização militar, seja ela um batalhão/regimento, uma brigada ou comando militar de área.

- Competições escolares: NAE (competição entre alunos das Escolas Preparatórias de Oficiais das Forças Armadas), MAREXAER (competição entre alunos das Escolas de Formação de Sargentos), NAVA-MAER (competição entre cadetes e aspirantes das Escolas de Formação de Oficiais) e os Jogos da Amizade (competições entre alunos dos Colégios Militares do EB).

- Competições civis de interesse do Exército Brasileiro: 10 milhas dos EUA, Corrida Volta à Ilha e outras.

Os JMM são um megaevento multiesportivo organizado a cada quatro anos sob a égide do CISM, terceira maior entidade desportiva do mundo, e fundamentado no espírito dos Jogos Olímpicos, para fortalecer os propósitos de atingir a paz no mundo por intermédio do esporte. Esses jogos foram criados em 1995 para celebrar o 50º aniversário do final da Segunda Guerra Mundial.[4]

No início do século XXI, com a escolha do Brasil para sediar megaeventos esportivos, como os Jogos Pan-Americanos Rio 2007, a Copa do Mundo de Futebol, em 2014, e os Jogos Olímpicos de 2016, entre outros, tornou-se fundamental estabelecer modelos de gestões vitoriosas. De forma semelhante, no meio militar, com a confirmação do Brasil como sede dos 5ºs JMM, em 2011, a escolha do Brasil como sede foi essencial para proporcionar ao país legados consideráveis, posicionando-o melhor no contexto geral das nações.

13.1.2 Modelo desportivo militar

Com a finalidade de permitir a melhor representação da Força Terrestre em competições militares nacionais e internacionais, o comandante do Exército, General Enzo Peri, emitiu, por meio da Portaria nº 656, de 10 de setembro de 2009, a Diretriz para os 5ºs JMM, publicada no Boletim do Exército nº 36, de 11 de setembro de 2009,[16] orientando, no âmbito do Exército, o planejamento, a preparação, a organização, a coordenação, a execução e a supervisão dos 5ºs JMM, bem como o treinamento dos atletas e a participação do EB nos referidos jogos.

Determinou, ainda, a convocação de militares técnicos temporários, por meio de edital, para suprir a ausência de atletas de alto rendimento, satisfazendo critérios como convocação pontual e de acordo com necessidades específicas das modalidades esportivas, promovendo uma participação mais efetiva das equipes do Brasil no mundial militar, devendo os atletas convocados servirem de exemplo e motivação para o militar de carreira.

Silva et al.[17] verificaram que essa prática da incorporação do atleta de alto rendimento nas Forças Armadas ao redor do mundo é comum, mas não se dá de forma unificada. Cada país tem suas próprias políticas embasadas em sua cultura, estrutura militar e legislação vigente. Destacam-se os clubes de esporte militares, celeiros de atletas de alto rendimento, que descobrem talentos, treinam e amparam seus atletas.

Dessa forma, o modelo de gestão adotado pelo EB para fazer frente à disputa dos 5os JMM estava inicialmente delineado com esse novo projeto: as equipes desportivas do EB, já previamente dotadas de atletas de seus quadros do efetivo profissional ou de soldados que prestam o serviço militar inicial, tiveram o acréscimo de atletas de alto rendimento, por meio do Serviço Técnico Temporário, nas modalidades participantes dos jogos.

Os 5os JMM foram realizados na cidade do Rio de Janeiro, reunindo cerca de 13.829 participantes diretos, sendo aproximadamente 4.175 atletas, 2.470 árbitros e integrantes da comissão técnica das equipes, vindos de 111 países do mundo.[18] Contou, ainda, com a participação de 724 membros do comitê organizador e 6.450 componentes diretos da força de trabalho. Foram disputadas 20 modalidades esportivas: atletismo, basquete, hipismo, natação, vela, pentatlo moderno, triatlo, futebol, vôlei, vôlei de praia, pentatlo naval, pentatlo militar, pentatlo aeronáutico, paraquedismo, orientação, tiro, boxe, esgrima, judô, *tae kwon do*, reunidas em esportes individuais, coletivos, militares, de combate e demonstração. O Brasil participou com 277 atletas e foi representado em todas as modalidades.

Um trabalho apresentado no Simpósio Internacional sobre Políticas para o Esporte de Alto Rendimento,[8] baseado em uma dissertação de mestrado apresentada para a Escola de Comando e Estado-Maior do Exército, teve como objetivo identificar as características do modelo, seus principais pontos fortes e suas oportunidades de inovação e melhoria (pontos fracos), e mensurar, por meio de indicadores estratégicos de produtividade, de qualidade, de efetividade e de capacidade, o referido modelo de gestão de atletas de alto rendimento adotado pelo EB para os 5os JMM. Alguns dos resultados desse estudo serão apresentados nos próximos tópicos.

13.2 Metodologia do estudo e relação dos indicadores/ fatores críticos do sucesso

No contexto atual, a questão de avaliar a eficiência e a eficácia das organizações desportivas e de suas estruturas representativas torna-se cada vez mais legítima. As condições para gerir essas organizações e sua efetividade começaram a ser seriamente questionadas no fim do século XX, em consequência de casos de desvio de fundos, situações financeiras precárias, conflitos políticos internos e práticas de gestão com falta de transparência.[19]

No final de 2002, um grupo de pesquisadores se reuniu e formou o SPLISS Consortium, para comparar e analisar estruturas, políticas e *performances* esportivas de três nações: Bélgica, Países Baixos e Reino Unido.[20] Nos anos seguintes, esse estudo foi ampliado para vários países, procurando-se operacionalizar nove pilares fundamentais no sistema de esporte de alto rendimento, transformando-os em conceitos mensuráveis, que podem ser agregados em um escore global de cada pilar, dando-se o nome de modelo SPLISS.

Participaram do estudo do modelo desportivo adotado pelo EB 158 indivíduos voluntários divididos no grupo de atletas, por diferentes "categorias" ou origens, em atletas oriundos de escolas militares (GAEM, n = 42); atletas oriundos do serviço militar inicial (GASvMI, n = 20); e atletas oriundos do serviço técnico temporário (GASTT, n = 70). O grupo de técnicos e auxiliares técnicos (GT) era composto por 26 voluntários. Os grupos responderam aos questionários adaptados por De Bosscher et al.[21]

Do total de 37 fatores críticos de sucesso (FCSs), propostos originalmente por pesquisadores do SPLISS, na pesquisa junto às Forças Armadas brasileiras[8] foram considerados 22 FCSs, que foram avaliados com questionários aplicados em atletas e técnicos, e estão descritos e quantificados na Tabela 13.2.

Tabela 13.2 – Pilares, indicadores e quantidade de FCSs avaliados na pesquisa para atletas e técnicos militares, usando o método SPLISS

Pilar	Indicadores	FCSs avaliados
2	Comunicação eficaz: existe uma linha ininterrupta entre todos os níveis das instituições esportivas.	1
5	As condições de vida individuais dos atletas são suficientes para que eles possam se concentrar em seu esporte com dedicação exclusiva. Existe um programa de suporte coordenado para atletas de alto rendimento. Os atletas podem receber suporte pós-carreira e são preparados adequadamente para a vida após a carreira esportiva.	6
6	Existe uma rede de centros e instalações esportivas nacionais e regionais de alta qualidade, em que os atletas podem treinar com condições apropriadas em qualquer horário do dia.	4
7	Há um número suficiente de técnicos de alto rendimento bem treinados e experientes no país. As circunstâncias de vida individual dos técnicos são boas o suficiente para eles se tornarem técnicos profissionais.	5
8	Os atletas podem participar de eventos internacionais de alto nível de modo suficiente. A competição nacional tem um padrão relativamente alto comparado com os padrões internacionais.	3
9	A pesquisa científica é coletada, coordenada e difundida entre técnicos e confederações. O apoio da ciência é fornecido em cada nível de desenvolvimento do esporte de alto rendimento.	3

Fonte: adaptados de Nóbrega (2013).[8]

310 | Esporte de alto rendimento

O consórcio de pesquisadores SPLISS levantou 16 indicadores importantes para a avaliação da política ou do modelo desportivo do país para os questionários aplicados em atletas e técnicos. Nóbrega[8] só pôde avaliar 11 deles – os que mais se adaptavam ao meio castrense ou que puderam ser avaliados por técnicos e atletas.

13.3 Apresentação e discussão dos resultados

Os resultados descritivos do grupo de atletas (GA, n = 132) quanto às variáveis da idade, idade de concentração no esporte, idade de ingresso no EB, e salário são mostrados na Tabela 13.3.

Tabela 13.3 – Características do grupo de atletas (GA, n = 132)

Variável	Média	Mín.	Máx.	Md.	s	CV
Idade (anos)	28,93	20	56	28,0	6,42	22,15%
Idade de ingresso no Exército Brasileiro (anos)	22,57	14	34	22,0	4,86	21,53%
Idade de concentração no esporte (anos)	18,44	6	42	17,0	5,79	31,39%
Horas de treinamento semanal	31,00	2	72	30,0	11,10	35,70%
Salário no Exército Brasileiro (R$)	3.583,00	245,00	12.000,00	2.525,00	2.256,4	63,00%

Mín. = Mínimo; Máx. = Máximo; Md. = Mediana; s = desvio padrão; CV = coeficiente de variação.
Fonte: adaptados de Nóbrega (2011).[8]

Destaca-se nos dados apresentados na Tabela 13.3 a idade de ingresso no EB (como a idade mínima de 14 anos) e de concentração no esporte (como a mediana de 17 anos), indicando a necessidade de manter nas escolas e colégios militares (ensino médio) uma estrutura desportiva com profissionais civis e militares credenciados que orientem, descubram a especialização futura do atleta e façam a iniciação da criança no esporte, a correção dos vícios posturais, bem como a estimulação psicomotora, assegurando um perfeito e harmônico desenvolvimento orgânico e psicológico.

A quantidade de técnicos e auxiliares técnicos (n = 26) que responderam ao questionário sobre o ambiente desportivo de elite encontra-se especificada por modalidades no Gráfico 13.1.

Gráfico 13.1 – Quantidade de técnicos/auxiliares participantes do estudo por modalidade esportiva

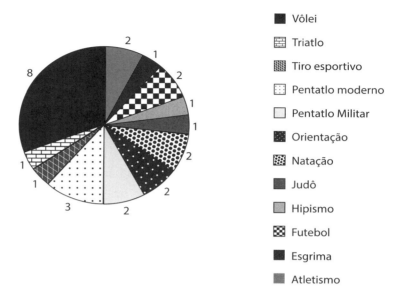

Fonte: adaptado de Nóbrega (2013).[8]

Ao técnico, ou treinador, caberá a preparação técnico-tática, e como responsabilidade maior, a liderança sobre os atletas. É desejável que ele tenha conhecimentos sólidos de Pedagogia e de Psicologia, um perfeito conhecimento de seu desporto, e que esteja plenamente familiarizado com as minúcias dos gestos desportivos específicos.[22] Para apresentar essas características, o técnico necessita de anos de experiência e participação em diversas competições. Na amostra, os técnicos do EB tinham, em média, 8 anos de experiência em competições militares em nível internacional.

Tabela 13.4 – Áreas com destaque na gestão desportiva do Exército Brasileiro segundo técnicos e atletas

Áreas da gestão desportiva	Opinião dos técnicos	Opinião dos atletas
Apoio financeiro para o esporte.	31%	34%
A estrutura e a organização do CCFEx no desenvolvimento de políticas e comunicação eficaz.	38%	42%
Participação esportiva em competição nacional e internacional.	31%	33%
Seleção do atleta para as Forças Armadas.	50%	40%
Suporte durante e após a carreira atlética militar.	12%	13%
Locais de treinamento.	69%	54%
Sistema de preparação e desenvolvimento de técnicos militares.	23%	14%
Apoio científico para o desporto de elite.	19%	11%

Fonte: adaptada de Nóbrega (2013).[8]

A Tabela 13.4 retrata as repostas para a pergunta, aplicada ao grupo de atletas e ao de técnicos, sobre quais os principais pontos fortes do modelo de gestão do EB quando comparado com outras organizações desportivas. Os resultados apontam os locais de treinamento e a seleção do atleta para as Forças Armadas como áreas de destaque. Tal fato pode ser explicado pela reforma realizada nas instalações desportivas da EsEFEx (pista de atletismo, ginásio, quadras para prática do voleibol de areia, tênis etc.) e pela sua localização na Urca, Rio de Janeiro.

Silva et al.[17] lembram, ainda, que, anualmente, cerca de 1.700.000 jovens na idade de 18 anos participam do processo de seleção para o Serviço Militar Inicial, no qual são realizados exames clínicos, psicológicos e físicos. Nesse universo, 80.000 são incorporados ao efetivo do EB. A partir daí, todos passam a praticar o treinamento físico militar, que se desenvolve em todas as manifestações do esporte (educacional, de participação e *performance*). Concluem afirmando sobre a importância do EB no Sistema Nacional de Esporte, por ter instalações esportivas em todo território nacional e por ter um potencial sistema de detecção de talentos e de iniciação.

As áreas que mais necessitavam de melhorias (pontos fracos) para o grupo de atletas foram o suporte pós-carreira militar (48%) e o apoio financeiro para o esporte (47%); e para os técnicos, foram a participação esportiva em competições nacionais e internacionais (58%) e o desenvolvimento de técnicos militares (58%).

Ao se perguntar como poderiam ser feitas essas melhorias, os atletas responderam, de modo geral, que o apoio financeiro poderia ser dado com o fornecimento de equipamentos necessários à prática do esporte, de suplementos alimentares, melhora do salário, pagamentos de inscrições em competições, apoio de patrocinadores, apoio para realização de viagens para competições e treinamentos.

Os que se mostraram preocupados com o suporte durante e pós-carreira indicaram a necessidade de maior apoio nas organizações militares de origem em relação à liberação para treinamento. Atletas militares temporários sugeriram o planejamento de uma carreira desportiva no EB ou uma melhor integração ao meio civil após o fim de sua participação desportiva.

Em relação à mesma pergunta, os técnicos apontaram que a elevação do nível de conhecimento dos técnicos militares pode ocorrer por meio da realização de cursos no Brasil e no exterior, de encontros e integração com outros técnicos de renome, da realização de maior número de pesquisas na área do esporte de elite, com o aumento do efetivo do IPCFEx, ou da criação de uma seção exclusiva para apoio à pesquisa com atletas.

Ainda foram indicadas soluções como: manutenção de equipes desportistas permanentes constituídas com grupos multidisciplinares (profissionais de Educação Física, médicos, fisioterapeutas, nutricionistas, psicólogos desportistas, veterinários etc.); realização de um maior número de competições; participação dessas equipes em campeonatos civis representando a Força Terrestre; realização de parcerias com o Comitê Olímpico do Brasil (COB) e outros órgãos desportivos; melhora na gestão das instalações; melhora da gestão financeira, com maior agilidade e descentralização de recursos financeiros da CDMB para o CCFEx (tem melhor estrutura administrativa); criação de uma subunidade desportista, batalhão de atletas (treinamento centralizado) ou núcleos esportistas em comandos militares de área ou regiões militares (caso o treinamento seja descentralizado); e, por fim, fazer um planejamento que abrangesse ciclos olímpicos/mundiais militares, os chamados por Dantas[22] de Plano de Expectativa Desportivo.

Na avaliação do sucesso desportivo no esporte de elite, se as nações adotam uma abordagem estratégica para a produção de atletas de elite, parte desse processo deve ser avaliado pelos resultados alcançados (saídas ou *outputs*).

A Tabela 13.5 fornece uma visão geral do sucesso desportivo do Brasil em JMM e, indiretamente, do sucesso do Exército Brasileiro, que participou com maior número de integrantes nessas delegações. Utilizou-se o método do sucesso absoluto proposto por SIRC[5] apud De Bosscher et al.,[20] em que países foram avaliados pela "participação de mercado" (*marketshare*): medida padronizada do total alcançado em cada JMM pelo qual os totais de medalhas obtidas são convertidos em "pontos" (ouro = 3; prata = 2; bronze = 1) e os pontos ganhos por um determinado país são posteriormente expressos em porcentagem do total de pontos atribuídos, a fim de fornecer informações significativas sobre a relação do ciclo entrada – desempenho – saída dos países da amostra.

Tabela 13.5 – Sucesso desportivo internacional obtido por uma amostra de países participantes dos Jogos Mundiais Militares de acordo com o método do sucesso absoluto proposto por SIRC[5] apud De Bosscher et al.[20]

País	Participação de mercado*				
	1os JMM Roma – 1995	2os JMM Zagreb – 1999	3os JMM Catânia – 2003	4os JMM Hyderabad – 2007	5os JMM Rio de Janeiro – 2011
Rússia	25,4% (1º)	19,4% (1º)	24,5% (1º)	21,6% (1º)	–
China	8,0% (3º)	11,8% (2º)	15,9% (2º)	17,4% (2º)	16,6% (2º)
Itália	10,1% (2º)	8,9% (3º)	14,4% (3º)	5,2% (4º)	7,5% (3º)
França	6,2% (4º)	3,8% (8º)	0,9% (18º)	0,7% (26º)	3,5% (6º)
Alemanha	7,1% (5º)	5,0% (6º)	–	5,5% (3º)	5,5% (5º)
EUA	3,6% (8º)	4,2% (7º)	0,8% (20º)	2,0% (14º)	0,9% (22º)
Coreia do Norte	4,3% (7º)	2,9% (10º)	2,8% (6º)	3,6% (7º)	2,3% (10º)
Coreia do Sul	1,6% (15º)	3,4% (9º)	2,8% (7º)	2,1% (13º)	3,6% (7º)
Ucrânia	5,3% (6º)	5,5% (5º)	6,2% (4º)	4,3% (5º)	2,6% (9º)
Polônia	2,7% (9º)	2,0% (15º)	0,9% (17º)	2,9% (8º)	7,2% (4º)
Romênia	2,6% (10º)	0,7% (25º)	3,3% (5º)	1,5% (17º)	0,4% (33º)

314 | Esporte de alto rendimento

Continuação

Quênia	2,1% (11º)	2,2% (14º)	2,3% (9º)	2,7% (9º)	2,7% (8º)
Brasil	0,4% (32º)	1,1% (20º)	1,5% (13º)	0,5% (31º)	19,4% (1º)
Total de países com medalhas/Total de participantes	46/93	50/82	50/87	49/101	57/111

* Participação de mercado é uma medida padronizada do total alcançado em um evento pelo qual os totais de medalhas obtidas são convertidos em "pontos" (ouro = 3; prata = 2; bronze = 1), e os pontos ganhos por uma determinada nação são posteriormente expressos em porcentagem do total de pontos atribuídos[5]

Fonte: adaptada de Nóbrega (2013).[8]

Na Tabela 13.5, verifica-se que, mesmo não tendo participado dos Jogos Mundiais realizados no Rio de Janeiro, a Rússia e, na sequência a China, a Itália e a Alemanha emergem como as nações mais bem-sucedidas em JMM. Fazendo a comparação com a Tabela 13.1, observa-se que esses países têm alta representatividade militar e grande número de conquistas de medalhas por militares nas competições olímpicas civis, como os Jogos Olímpicos de Londres. Nota-se, também, que os EUA não repetem as excelentes atuações que têm em competições olímpicas civis, tendo resultados modestos em competições militares como nos JMM. Constata-se que a Polônia (4º lugar) e, principalmente, o Brasil (1º lugar) alcançaram o sucesso desportivo internacional nos JMM Rio 2011 que ainda não haviam obtido em JMM anteriores. Tal ocorrência, no Brasil, pode ser explicada de um modo geral, pelo investimento da Marinha e, sobretudo, do Exército na seleção de atletas de alto rendimento e na evolução do modelo de gestão desportiva adotado nos JMM Rio 2011.

Finalmente, deve-se notar que os métodos apresentados incluem medições apenas em termos absolutos. Para realizar uma análise um pouco mais profunda do modelo de gestão desportiva de alto rendimento adotado pelo EB diante dos 5ºs JMM, foram utilizados os questionários de técnicos e atletas, avaliados por meio do modelo teórico dos nove pilares.

Em relação ao Pilar 2, que avalia a estrutura das políticas e gestões administrativas, foi verificado, em termos gerais, que existe uma boa comunicação entre atletas e o CCFEx, e que, particularmente, existe uma elevada contribuição do chefe de equipe, de técnicos, auxiliares e de fisioterapeutas para o desempenho do atleta de elite do Exército Brasileiro. Pode ser melhorada a contribuição de alguns profissionais, como nutricionistas, médicos e psicólogos desportivos, assim como se deve dar mais informações precisas a respeito de assuntos fundamentais, como o perigo do *doping*, novos métodos de treinamento e o conhecimento de pesquisas científicas que favorecerão o desenvolvimento do atleta.

No Pilar 5, que avalia o apoio esportivo ao atleta durante e pós-carreira, verificou-se um bom nível de desenvolvimento. Serviços oferecidos pelo CCFEx, como o de reabilitação de fisioterapia, o treinamento para falar à imprensa e o treinamento de força, foram avaliados positivamente, oferecendo ao atleta condições e tranquilidade para que ele possa alcançar um nível ainda mais alto de rendimento. Deve ser dada, porém, mais ênfase para o treinamento mental, para um acompanhamento médico preventivo de lesões e para uma assessoria/conselho da melhor forma de administrar salários, gastos, de forma que o atleta possa se concentrar e render muito mais.

Sobre o apoio pós-carreira desportiva, podem ser feitos convênios com universidades ou instituições de educação profissional, para que o atleta, quando sair do Exército ou se aposentar, possa ingressar rapidamente no mercado de trabalho.

O Pilar 6, que avalia a gestão das instalações desportivas, encontra-se em um nível muito bom de desenvolvimento, sendo o melhor pilar avaliado nesta pesquisa.

Com a realização dos 5⁰ˢ JMM Rio 2011, o Governo Federal, por meio do Ministério da Defesa, investiu na reforma e/ou construção de instalações em vários dos quartéis do Rio de Janeiro, elevando, por exemplo, o complexo do São João a um dos principais centros desportivos do Brasil e o complexo da Vila Militar à condição de arena desportiva para os Jogos Olímpicos de 2016.

Verificou-se que o Pilar 7, que avalia o sistema de preparação e desenvolvimento técnico, encontra-se em um nível moderado de desenvolvimento. Destaca-se positivamente a habilidade interpessoal (contato com atleta) de muitos treinadores do Exército de manter a equipe unida para a consecução dos objetivos desejados. Ainda existe uma grande preocupação por parte de técnicos e alguns atletas sobre a compatibilidade de ser técnico e também ser um militar de carreira. Algumas vezes, foi relatada a falta de apoio para o militar de sua OM.

O Pilar 8, que avalia as competições internacionais e nacionais, encontra-se em um nível moderado de desenvolvimento. Foi verificado que atletas participaram de diversas competições com a finalidade de representar melhor o Brasil nos JMM. Algumas equipes, no entanto, ficaram um pouco prejudicadas por não terem atletas com experiência em competições realizadas no meio militar. Deve-se continuar empregando créditos e recursos financeiros para competições internacionais e nacionais que possuem grande importância no preparo do atleta de elite.

Em relação ao Pilar 9 (Pesquisa científica e inovação), verificou-se um nível moderado de desenvolvimento. Reformas de laboratórios foram realizadas e vários equipamentos científicos novos foram comprados, mas alguns não chegaram a tempo de poder realizar pesquisas científicas aplicadas ao desporto. É importante frisar a necessidade da pesquisa para o treinamento do atleta de alto rendimento.

13.4 Conclusões e recomendações

Alcançar o sucesso desportivo internacional tornou-se um objetivo a ser atingido por um elevado número de países. No Brasil, estratégias foram traçadas para obtenção do sucesso nos JMM Rio 2011, e optou-se, no EB, por adotar uma política e um modelo de gestão desportiva que priorizasse o projeto de atletas de alto rendimento, incorporando atletas de elite do Brasil às equipes militares brasileiras já constituídas.

Embora seja difícil definir o sucesso desportivo internacional, tendo em vista diferentes perspectivas sobre conquistas desportivas e diferentes prioridades, Nóbrega,[8] na sua dissertação de mestrado, elegeu como indicador de sucesso o resultado obtido nos 5os JMM, calculado pelo total de medalhas obtidas convertidos em pontos (ouro = 3; prata = 2; bronze = 1), sendo os referidos pontos posteriormente expressos em porcentagem do total de pontos atribuídos.[5]

Dessa forma, de acordo com os achados dessa pesquisa, conclui-se que o EB, que participou com maior número de atletas militares competidores dos 5os JMM, obteve sucesso desportivo internacional, pois auxiliou na conquista de 19,4% do total de pontos correspondentes às medalhas distribuídas nos jogos, sendo o grande vencedor dessa competição.

O objetivo desta pesquisa, contudo, vai ainda mais além do que uma avaliação de resultados (*output*), mostrando que a avaliação da "saída" é importante, mas não é a única abordagem para a avaliação das políticas e dos modelos de gestão do esporte de elite. Portanto, foi medido o modelo de gestão desportiva de alto rendimento adotado pelo EB, por meio do modelo dos nove pilares de indicadores propostos e adaptados por De Bosscher et al.[23] Utilizou-se uma perspectiva multidimensional, na qual foram colhidas informações por meio do *feedback* de grupos selecionados do esporte de elite do EB: os atletas e os treinadores que fizeram parte da equipe que se preparou para os 5os JMM.

Da análise do modelo, conclui-se que a gestão desportiva de alto rendimento adotada pelo EB para JMM encontra-se no nível de desenvolvimento moderado nos pilares representativos da participação no esporte, da competição internacional e da pesquisa científica, no sistema de desenvolvimento e identificação de talentos, no sistema de preparação e desenvolvimento do técnico. O modelo obtém um bom nível de desenvolvimento no pilar da organização e estrutura do esporte, do apoio desportivo e pós-carreira e um nível muito bom de desenvolvimento no pilar das instalações desportivas.

Esses resultados indicam a necessidade de se manterem as políticas vitoriosas adotadas para os 5os JMM, corrigindo pequenos contratempos que permitirão alcançar a excelência.

Referências

1. Nóbrega LFM, Böhme MTS, De Bosscher V. The elite sport and military participation in international sporting success. In: Proceedings of the SPLISS conference elite sport success: society boost or not?; 2013 Nov 13-14; Antwerp, Belgium: Vrije Universiteit Brussel; 2013. p. 50-1 [acesso em 9 mar 2015]. Disponível em: http://www.vub.ac.be/SBMA/sites/default/files/Conference%20Proceedings%20SPLISS.pdf.

2. Brasil. The Local Organizing Committee – CISM Military World Games Rio 2011. The History of the Peace Games. Innovant; 2012.

3. Conseil International du Sport Militaire (CISM). History; 2007 [cited in 15 Oct 2015]. Avaliable at: http://www.cismmilsport.org/portfolio/history/.

4. Costa L, Corrêa D, Rizzuti E, Villano B, Miragaya A, editores. Legados de megaeventos esportivos. Brasília: Ministério do Esporte; 2008.

5. SIRC. European sporting success. A study of the development of medal winning elites in five European countries. Final Report, Sheffield, Sport Industry Research Centre; 2002.

6. Conseil International du Sport Militaire (CISM). Yearbook: rapport annuel 2012. Brussels: CISM; 2012.

7. Brasil. Ministério da Defesa. Comissão desportiva militar do Brasil; 2013 [acesso em 19 dez 2013]. Disponível em: http://www.defesa.gov.br/index.php/comissao-desportiva-militar-do-brasil/.

8. Nóbrega LFM. As Forças Armadas e o esporte de alto rendimento: análise do modelo de gestão desportiva de alto rendimento adotado pelo Exército Brasileiro face aos 5os Jogos Mundiais Militares – Rio 2011. In: Anais do Simpósio internacional sobre Políticas para o Esporte de Alto Rendimento no contexto internacional; 2013 jun 12-14; São Paulo: Escola de Educação Física e Esporte da Universidade de São Paulo; 2013 [acesso em 15 out 2015]. Disponível em: http://citrus.uspnet.usp.br/lateca/web/images/sipear2013/sipear_palestra7_forcas_armadas.pdf.

9. Cancella K, Maratuna L. Gestão do esporte militar no Brasil: uma análise histórica do primeiro modelo de gestão adotado pela Liga de Sports da Marinha (1915-1919). PODIUM: Sport Leis Tour Rev. 2012;1(2):123-47.

10. Soeiro RSP, Tubino MJG. A contribuição da Escola de Educação Física do Exército para o esporte nacional: 1933 a 2000. Fit Perform J. 2003;2(6):336-40.

11. Bergsgard NA, Houlihan B, Mangset P, Nodland SI, Rommetvedt H. Sport policy: a comparative analysis of stability and change. Oxford: Elsevier; 2007.

12. Oakley B, Green M. Elite sport development. Policy learning and political priorities. London and New York: Routledge; 2005.

13. Oakley B, Green M. The production of Olympic champions: International perspectives on elite sport development system. Eur J Sport. 2001;8:83-105 [cited in 24 Jan 2014]. Avaliable at: http://scholar.google.com/scholar?hl=en&btnG=Search&q=intitle:The+production+of+Olympic+champions:+international+perspectives+on+elite+sport+development+system#0.

14. Caldas PRL. O Centro de Capacitação Física do Exército e Fortaleza de São João. Rev Educ Física – EsEFEx. 1991;59(119):37-47.

15. Pinheiro JC. O programa de promoção do esporte de alto rendimento no Exército Brasileiro. Rio de Janeiro: COB; 2011.

16. Brasil. Boletim do Exército nº 36, de 11 de setembro de 2009. Brasília: Ministério da Defesa, Exército Brasileiro, Secretaria-Geral do Exército; 2009 [acesso em 15 out 2015]. Disponível em: http://www.sgex.eb.mil.br/sistemas/be/copiar.php?codarquivo=722&act=bre.

17. Silva C, Pinheiro J, Moraes J, Correia R, Pereira S. Atletas de alto rendimento nas Forças Armadas: um estudo analítico de práticas internacionais bem sucedidas. Rio de Janeiro: COB; 2009.

18. Comitê de Planejamento Operacional Dec@Tron. Página de registro 5os Jogos Mundiais Militares – Rio 2011.

19. Chappelet JL, Bayle E. Strategic and performance management of Olympic sport organizations. Champaing (IL): Human Kinetics; 2005.

20. De Bosscher V, De Knop P, van Bottenburg M, Shibli S, Bingham J. Explaining international sporting success: an international comparison of elite sport systems and policies in six countries. Sport Manag Rev. 2009;12(3):113-36.

21. De Bosscher V, De Knop P, van Bottenburg M, Shibli S, Bingham J. Developing a method for comparing the elite sport systems and policies of nations: a mixed research methods approach. J Sport Manag. 2010;24(5):567-600.

22. Dantas EHM. A prática da preparação física. Rio de Janeiro: Shape; 2003.

23. De Bosscher V, Shilbury D, Theeboom M, van Hoecke J, De Knop P. Effectiveness of national elite sport policies: a multidimensional approach applied to the case of Flanders. Eur Sport Manag Q. 2011;11(2):115-41.

14

Resultados preliminares: conquistar medalhas no esporte internacional é apenas questão de dinheiro? Uma comparação internacional em 15 países*

Veerle De Bosscher
Simon Shibli
Hans Westerbeek
Maarten van Bottenburg

* Tradução de: Luiz Ricardo de Lima e Maria Tereza Silveira Böhme

Desde 2009, um time de pesquisa de 15 países tem colaborado com a pesquisa comparativa internacional em políticas para o esporte de alto rendimento no contexto internacional denominado SPLISS 2.0. Essa pesquisa foi uma continuação da pesquisa SPLISS 1.0, realizada em 2008, quando os autores publicaram o livro *The Global Sporting Arms Race* ("A corrida armamentista esportiva global", em tradução livre). Um consórcio de pesquisadores coordena o projeto: a coordenadora do projeto, Veerle De Bosscher (Vrije Universiteit Brussel, Bélgica, e Utrecht University, Holanda), Simon Shibli (Sheffield Hallam University, Reino Unido), Hans Westerbeek (Victoria University, Austrália) e Maarten van Bottenburg (Utrecht University, Holanda).

Os Fatores de Política de Esporte que Levam ao Sucesso Esportivo Internacional (SPLISS – *Sports Policy Factors Leading to International Sporting Success*) foram comparados em 15 países (ou 16 regiões), incluindo Austrália, Brasil, Japão, Canadá, Dinamarca, Estônia, França, Finlândia, Países Baixos, Irlanda do Norte, Portugal, Coreia do Sul, Espanha, Suíça, Flandres (Bélgica) e Valônia (Bélgica). Um total de 58 pesquisadores e 33 órgãos políticos colaborou com o projeto.

O estudo utilizou o modelo dos nove pilares que determinam a efetividade e a eficiência das políticas para o esporte de alto rendimento, conforme discutido anteriormente neste livro:

- (1) suporte financeiro;
- (2) governança, organização e estrutura de políticas para o esporte;
- (3) participação e esporte de base;
- (4) identificação e desenvolvimento de talentos;
- (5) suporte para atletas e pós-carreira;
- (6) instalações esportivas;
- (7) desenvolvimento e suporte para técnicos;
- (8) competições nacionais e internacionais;
- (9) pesquisa científica e inovação.

322 | Esporte de alto rendimento

O que o faz único é o envolvimento dos *stakeholders*-chave no esporte de alto rendimento e a combinação e as avaliações quantitativas e qualitativas.

Nesse estágio, a análise de dados ainda está em progresso. Este capítulo dará uma primeira visão de alguns dos resultados da pesquisa SPLISS.

14.1 Comparação dos gastos no esporte de alto rendimento

Uma das discussões-chave sobre as competições de esporte de alto rendimento consiste em até que ponto as medalhas podem ser "compradas".

Os gastos em esporte de alto rendimento, mostrados no Gráfico 14.1, incluem, com os órgãos governamentais nacionais e as loterias, recursos dos comitês olímpicos nacionais e dinheiro de patrocínios coordenados nacionalmente. Esses dois últimos são inclusões importantes, uma vez que representam contribuições coordenadas para o desenvolvimento das políticas para o esporte de alto rendimento. Patrocínios coordenados nacionalmente são mais significantes nos Países Baixos, onde o Comitê Olímpico Nacional e a Administração Esportiva Nacional (NOC*NSF) recolhem uma média de 5,6 milhões de euros ("fundos para a ambição"), além dos recursos vindos do governo e das loterias, para a preparação dos atletas de alto rendimento para os Jogos Olímpicos.

Para garantir o ajuste pela riqueza das nações, os valores adaptados para paridade do poder de compra (PPC, do inglês *purchasing power parity* – PPP)[a] em dólares internacionais (i$)[b] são mostrados na abscissa do Gráfico 14.1, representando os gastos para 2011 (ano pré-olímpico).

---

[a] A paridade do poder de compra (PPC) é um conceito e técnica econômica usados para determinar o valor relativo das moedas a serem equivalentes a cada poder de compra de moedas. Ele leva em questão quanto dinheiro seria necessário para adquirir os mesmos bens e serviços em dois países, e usa isso para calcular uma taxa de câmbio implícita. Usando a taxa do PPC, uma quantia de dinheiro terá o mesmo poder de compra em diferentes países. Entre outros usos, as taxas PPC facilitam comparações internacionais de renda, uma vez que as taxas de câmbio do mercado são geralmente voláteis e afetadas por fatores político-financeiros que não levam a mudanças imediatas na renda e tendem a subestimar sistematicamente o padrão de vida nos países pobres.

[b] O dólar internacional (i$) é uma unidade de moeda hipotética que tem a mesma paridade do poder de compra do dólar estadunidense em um dado instante de tempo. Os valores expressos em dólares internacionais não podem ser convertidos em qualquer outra moeda usando taxas de câmbio do mercado; assim, o Gráfico 14.1 mostra o valor absoluto dos gastos em euros, no eixo da ordenada.

Gráfico 14.1 – Gastos nacionais com o esporte de alto rendimento em 2011 nas nações do SPLISS (loterias + governo + comitê olímpico + patrocínios coordenados nacionalmente), em milhões de euros

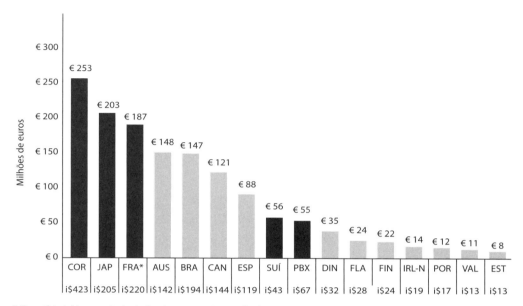

*Não está incluído o montante destinado aos esportes paralímpicos.
Valores em milhões de euros sobre as barras e convertidos para PPC em dólares internacionais na abscissa.

Como observado anteriormente, a quantidade absoluta de recursos alocados ao esporte de alto rendimento é o melhor preditor da saída (sucesso). Em termos absolutos, a Coreia do Sul, o Japão e a França aparecem como os maiores investidores substanciais no esporte de alto rendimento, gastando mais de 200 milhões de i$ cada. Transformando-se em valores PPP, diferenças marcantes aparecem entre a Coreia e os outros países. Ao passo que, em valores absolutos (em euros), os gastos coreanos com esporte de alto rendimento são comparáveis aos da França e do Japão, em valores PPC, eles são quase o dobro. Notavelmente, 53% desses gastos foram direcionados para a organização de eventos internacionais, como os Jogos Asiáticos, o Campeonato Mundial de Atletismo, a Universíade, entre outros, que significam investimentos em longo prazo com infraestrutura.

O próximo grupo de países inclui Austrália (€ 148 mi), Brasil (€ 147 mi), Canadá (€ 121 mi) e Espanha (€ 88 mi), todos com gastos com esporte de alto rendimento entre 100 e 150 milhões de dólares internacionais. A Austrália também gasta parte de seu orçamento esportivo nacional (20%) com eventos internacionais. Austrália e Canadá são as únicas nações nas quais as loterias não transferem recursos para o esporte de alto rendimento. Os gastos brasileiros com esporte de alto rendimento são uma subestimação do gasto real, já que existe a influência das companhias estatais, que estão entre os maiores patrocinadores. No Brasil, essas companhias estatais são, em sua maior parte, bancos que investem quantias consideráveis de dinheiro diretamente nas confederações (como nas de judô, tênis e boxe), quantias essas estimadas em 75 milhões de euros em 2011. Não há critérios claros nem coordenação para os patrocínios de estatais e, portanto, optou-se pela não inclusão desses valores nos gastos totais. Os gastos totais com o esporte de alto rendimento poderiam ter sido estimados em 222 milhões de euros. Essa é uma característica-chave brasileira que influencia o esporte de alto rendimento mais que nos outros países. Outra fonte de renda no esporte brasileiro de alto rendimento vem da lei de incentivo para o esporte, que produz efeitos desde 2004 e arrecadou 58 milhões de euros em 2011. A dedicação do Brasil na preparação dos atletas, principalmente pelo governo, dos Jogos Olímpicos do Rio 2016 também foi notável em 2011, com um aumento de 20%, comparando-se com 2010; e um aumento de 30% em 2012, comparando-se com 2011.

Suíça e Países Baixos, com um gasto total com o esporte de alto rendimento de, respectivamente, 56 e 55 milhões de euros, estão entre a média e os que gastam menos. Como visto nos valores PPC em dólares internacionais, essa quantia tem valor maior nos Países Baixos (i$ 67 *versus* i$ 43 na Suíça) e, portanto, permite mais atividades com relação ao desenvolvimento do esporte de alto rendimento.

Os países restantes são países menores e menos bem-sucedidos, com menores orçamentos (menos que 35 milhões de euros). Se Flandres e Valônia fossem agregados, a quantia total (€ 35 milhões) excederia a Dinamarca e se aproximaria da Suíça. Isso não seria uma reflexão precisa da realidade, já que ambas as regiões têm seus próprios governos e a organização e as políticas do esporte de alto rendimento (incluindo as confederações) são organizadas regionalmente.

Os países que mais investem no esporte de alto rendimento (Coreia do Sul, Japão, França, Austrália e Canadá, todos com recursos de governo e loterias superando 100 milhões de euros por ano) também são as nações mais bem-sucedidas nos esportes de verão e inverno. Os Gráficos 14.2 e 14.3 ilustram tal fato com um gráfico que mostra a relação entre "entrada" de dinheiro e "saída" de medalhas.

14.2 Entrada de mais dinheiro significa saída de mais medalhas

Outra conclusão do estudo tem relação com a eficiência das nações. Pode-se assumir que países que têm desempenho melhor que o esperado, dados os gastos com alto rendimento, são mais eficientes. Eles fazem mais com menos dinheiro. Os Gráficos 14.2 e 14.3 mostram esse relacionamento "entra dinheiro, saem medalhas" (eficiência). O diagnóstico por nação com a amostra de 16 nações mostra que Austrália, França, Países Baixos e Japão podem ser identificadas como as nações mais eficientes, dados os recursos gastos no esporte de alto rendimento (Gráfico 14.2). Dinamarca, Espanha, Estônia e Irlanda do Norte têm desempenho de acordo com a média. Os países com subdesempenho na maioria dos esportes de verão são: Suíça, Canadá Brasil e Coreia, sendo esta última a mais ineficiente.[c] Entretanto, ao se excluírem os recursos gastos com eventos internacionais (134 milhões de euros), a Coreia volta a localizar-se perto da média.

Outra questão interessante seria a quantidade mínima de recursos financeiros absolutos que uma nação teria que investir se os sucessos no alto rendimento começassem a aparecer. Ao se procurar por tal limite mínimo, os € 34 milhões gastos pela Dinamarca podem talvez ser identificados como ponto de partida, já que é o primeiro país no Gráfico 14.2 que começa a obter uma fatia de participação significativa.

Gráfico 14.2 – Relação entre recursos financeiros e medalhas nos Jogos Olímpicos de Verão – gastos com o esporte de alto rendimento (governo, loterias, patrocínio coordenado nacionalmente) e o sucesso das nações SPLISS em campeonatos mundiais e nos Jogos Olímpicos (2009-2012)

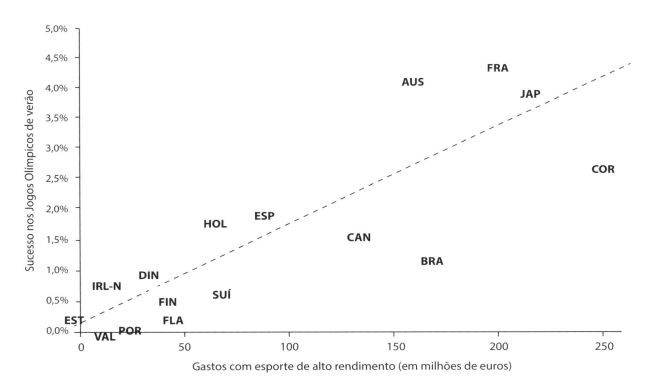

c Esses resultados são baseados nos residuais obtidos em uma análise de regressão linear *case wise*, com fatia de participação no sucesso como variáveis dependentes e gastos com o esporte de alto rendimento como variáveis independentes. A análise de regressão serve a dois propósitos. Primeiro, ela identifica os fatores determinantes para o sucesso internacional, em segundo lugar, em condições *ceteris paribus*, uma análise residual compara o sucesso previsto, com base na variável independente (gastos de esporte de elite aqui), com o sucesso real. Quanto maior for o residual, melhor é o desempenho dado para os seus gastos com esporte de alto rendimento; consequentemente, pode-se assumir que o país é mais eficiente.

Gráfico 14.3 – Relação entre recursos financeiros e medalhas nos Jogos Olímpicos de Inverno – gastos com o esporte de alto rendimento (governo, loterias, patrocínio coordenado nacionalmente) e o sucesso das nações SPLISS em campeonatos mundiais e nos Jogos Olímpicos (2009-2012)

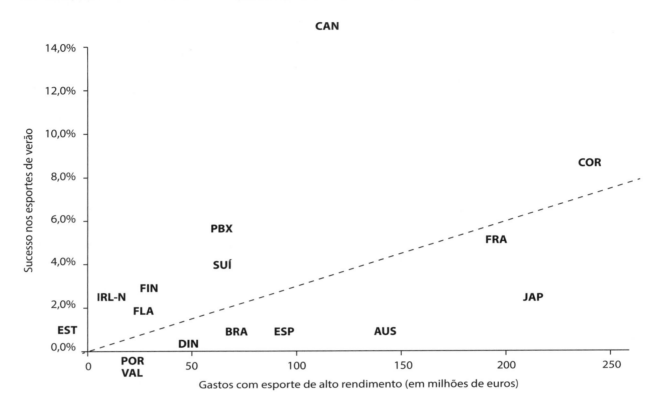

Um comentário interessante nesse sentido é que a competição tem aumentado ao passar do tempo, já que muitos países têm investido quantias crescentes de dinheiro no esporte de alto rendimento e mais países têm desenvolvido processos de planejamento estratégico acreditando que o sucesso pode ser "desenvolvido". Como consequência, o retorno do investimento tem diminuído para muitas nações – ou, em outras palavras, as medalhas ficaram mais caras. Em todas as nações da amostra, exceto Dinamarca, Espanha e Portugal, os governos (e loterias) aumentaram os investimentos em esporte de alto rendimento nos últimos quatro anos. Somente Japão e Brasil conseguiram, também, aumentar suas medalhas de Pequim a Londres.

Outra descoberta interessante se refere às políticas de priorização que muitos países têm adotado: em vez de custear uma ampla variedade de modalidades esportivas de alto rendimento, nações como Austrália, Dinamarca, Canadá, Bélgica e, mais recentemente, Países Baixos e Reino Unido tendem a focar seus recursos escassos em apenas alguns esportes nos quais veem uma real chance de sucesso em nível mundial. Não é possível confirmar por evidências do estudo SPLISS que tal estratégia funciona: a França, por exemplo, a nação mais bem-sucedida na amostra nos esportes de verão e a que conquistou medalhas no maior número de esportes, tem o enfoque mais diversificado, isto é, custeia o maior número de esportes. Similarmente, a Coreia do Sul tem sido razoavelmente bem-sucedida na era moderna e também investe em muitos esportes. Entretanto, Austrália e Canadá parecem ter sucesso com a priorização ou com o enfoque, porque investem seus recursos em relativamente menos esportes. O estudo SPLISS identifica que as nações que investem mais amplamente em termos de número de esportes tendem a ser mais bem-sucedidas em mais esportes.

14.3 Países mais eficientemente organizados têm desempenho melhor

Os países que conquistam mais medalhas, dados os recursos à disposição deles, podem ser descritos como países "eficientes". Olhando novamente para os Gráficos 14.2 e 14.3, esses países são Austrália, França, Países Baixos e Japão, para os esportes de verão; e Canadá, Países Baixos, Suíça e Finlândia, para os esportes de inverno.

O que é interessante é que parece que esses países – exceto a França – também têm as melhores pontuações no Pilar 2 (Governança, organização, estrutura de políticas para o esporte – uma abordagem integrada das políticas de desenvolvimento.

Gráfico 14.4 – Pontuações das 15 nações no Pilar 2: Governança, organização e estrutura de políticas para o esporte

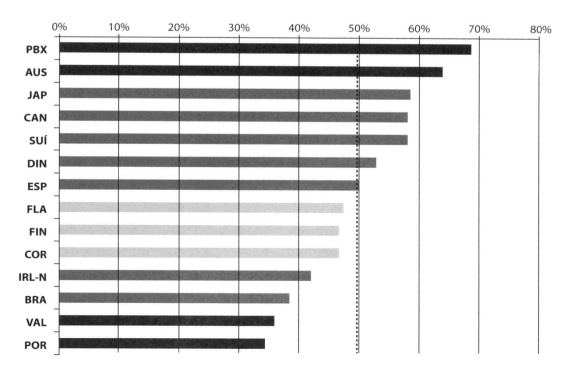

328 | Esporte de alto rendimento

Esses países têm em comum uma forte coordenação nacional de atividades, com uma estrutura de tomada de decisões transparente, forte envolvimento de atletas e técnicos no processo de tomada de decisões, profissionais de gestão em tempo integral nas associações nacionais esportivas, um alto nível de políticas orientadas a serviços por meio de suas Organizações Nacionais Esportivas,[d] mas com princípios de auditabilidade, planejamento de políticas em longo prazo e reconhecimento político. Os países que tiveram, em geral, os melhores índices médios em todos os pilares são: Austrália (média 63%), Japão (62%), Países Baixos (58%), e Canadá (57%).

14.4 Melhorando a competitividade das nações

Os pilares com avaliações mais baixas na maioria dos países podem ser vistos como áreas de investimento para se gerar sucesso futuro. Nesse contexto, a maioria dos países tem pontuação fraca no Pilar 4, o pilar da identificação e do desenvolvimento de talentos. Nenhum país teve um índice muito bem desenvolvido. Idealmente, em futuras pesquisas, esse pilar precisa ser analisado especificamente por esporte, uma vez que os talentos são geralmente recrutados de uma base participante de certo esporte. Em nível nacional, as confederações têm procurado assumir o controle dos processos de identificação de talento e desenvolvimento de talento por meio de pedidos de aporte de recursos para elas e pelo desenvolvimento de sistemas para uma combinação melhorada de treinamento e estudos para os atletas. Países menores (Suíça, Dinamarca, Flandres e Países Baixos) têm melhores índices no Pilar 4. As melhores pontuações podem ser atribuídas a: aporte de recursos para as confederações para o desenvolvimento de talentos; planejamento de políticas em longo prazo; sistemas de monitoramento bem desenvolvidos; suporte multidimensional para jovens potenciais; e, o mais importante, sistemas de conciliação de esporte de alto rendimento e educação no ensino médio e superior. Parece que países maiores em termos de geografia ou população, como Austrália, França e Canadá tiveram, no passado, um enfoque menos incisivo em relação ao desenvolvimento do Pilar 4. Em um ambiente cada vez mais competitivo, esse enfoque menos incisivo à identificação e ao desenvolvimento de talentos não será sustentável em longo prazo, que, por sua vez, fará que as perspectivas de pequenos países fiquem (ainda) mais pobres.

O Pilar 9 (Pesquisa científica e inovação) é outro pilar subdesenvolvido. Muito desse pilar é relacionado com investimentos financeiros, mas, curiosamente, não com riqueza. A Austrália desponta como o país com o enfoque mais coerente para pesquisa científica entre as nações da amostra, seguido por Japão, Canadá e, em menor extensão, França. A Ciência do Esporte e a inovação são

---

d N. T.: National Governing Bodies – NGBs –, que equivalem às confederações esportivas no Brasil.

partes integrantes do processo de desenvolvimento do atleta nos centros de treinamento nacionais, respectivamente, o Instituto Australiano de Esporte, o Instituto Japonês de Ciência do Esporte e a rede de sete Centros Esportivos Canadenses que colaboram com as confederações do país. Nesses países, os técnicos estão mais satisfeitos com a suficiência e a disseminação de dados de pesquisa específicos para os esportes deles. O Pilar 9 é, ainda, relativamente subdesenvolvido (em ordem decrescente) na Dinamarca, Espanha, Portugal, Irlanda do Norte, Brasil e Valônia, que pontuam abaixo da média da amostra.

14.5 O quão pronto o Brasil está para os Jogos Olímpicos? Rio de Janeiro 2016 comparado a Tóquio 2020

É um fato bem documentado que países que sediam os Jogos Olímpicos têm a vantagem em casa e tendem a ganhar mais medalhas. Nações como Austrália (Sydney 2000), Grécia (Atenas 2004), China (Pequim 2008) e Reino Unido (Londres 2012) tiveram um melhor desempenho quando sediaram os jogos e na edição imediatamente anterior a isso. Eles também tiveram os investimentos melhorados e um enfoque político nacional mais estratégico em relação ao esporte de alto rendimento. Esse efeito "pré-sede" foi quantificado com o valor de duas medalhas de ouro e oito medalhas no total. Quando observamos as medalhas olímpicas do Brasil desde 1948, no Gráfico 14.5, podemos ver um aumento em Atlanta 1996, na qual o Brasil ganhou o dobro do número de medalhas. Apenas uma vez (em 2004), o Brasil ganhou mais que três medalhas de ouro. Em termos proporcionais, pode-se verificar que a maioria das medalhas são de prata e de bronze. Em Londres, claramente não houve este efeito "pré-sede" para o Brasil – o país ganhou apenas duas medalhas a mais e nenhum ouro a mais.

Gráfico 14.5 – Medalhas do Brasil nos Jogos Olímpicos 1948-2012

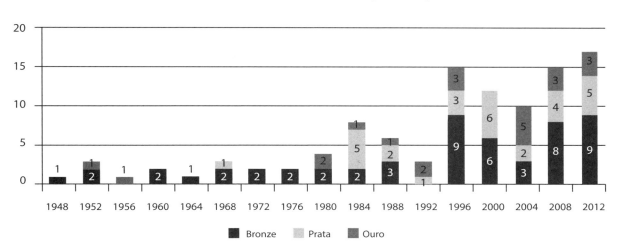

Quando olhamos para os nove pilares do Brasil (Gráfico 14.6) e como os atletas, os treinadores e os dirigentes os avaliaram, há uma forte crença de que, com o aumento do enfoque estratégico nacional para o desenvolvimento das políticas para o esporte de alto rendimento, o Brasil poderá ter melhor desempenho no quadro de medalhas.

Conforme o Gráfico 14.6, o único pilar (além do Pilar 1, suporte financeiro) no qual o Brasil tem uma nota acima da média dos outros 15 países (ou 16 regiões) é o Pilar 8 (Competições nacionais e internacionais). Ele se relaciona com a organização de eventos internacionais e com a participação de atletas em competições nacionais e internacionais. A magnitude da lacuna entre os escores do Brasil e da média geral é maior nos Pilares 8 (técnicos), 4 (talentos) e 6 (instalações). Se o Brasil deseja diminuir essa lacuna em relação aos outros países, a prioridade para os investimentos deveria iniciar-se nas três áreas de política com as maiores defasagens. A quarta área, participação esportiva, é um desenvolvimento em longo prazo que também precisa ser priorizado. Apesar do potencial que o país tem, parece que 2016 será cedo demais para que o Brasil tenha desempenho bom e comparável às nações-sede anteriores. Os Jogos Olímpicos poderão dar ao país um impulso para o sucesso em um prazo mais longo, talvez para Tóquio 2020.

Vamos comparar esses resultados com o Japão. Brasil e Japão foram os únicos países da amostra que aumentaram sua participação nos resultados (isto é, a proporção de medalhas de ouro, prata e bronze conquistadas) após investimentos crescentes feitos até 2012.

O Japão tem desempenho bem melhor que o Brasil nos escores dos nove pilares. O orçamento total para o esporte de alto rendimento também é maior: 208 milhões de euros, o segundo maior depois da Coreia do Sul. O país tem força relativa em pesquisa e inovação, instalações de treinamento (em sua maior parte, relacionadas com o centro nacional de treinamento em Tóquio, o qual, desde 2008, tem oferecido instalações e tecnologias de última geração, mais 22 centros de treinamentos específicos por esporte) e competição internacional. Se o Japão adotar uma visão em longo prazo para o desenvolvimento esportivo, investindo em participação esportiva de qualidade e desenvolvimento de talentos, o país pode esperar ter um bom desempenho quando sediar os Jogos Olímpicos de 2020.

Gráfico 14.6 – Gráfico de radar com as pontuações do Brasil em relação às médias da amostra

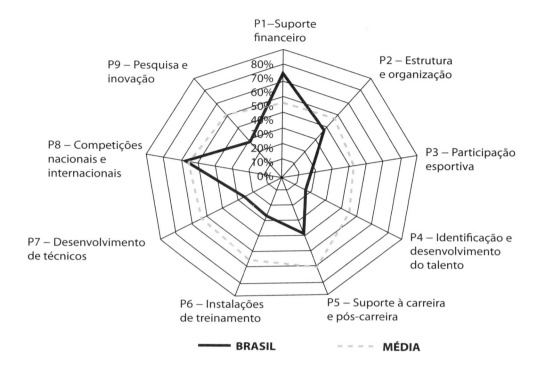

Gráfico 14.7 – Gráfico de radar com as pontuações do Japão em relação às médias da amostra

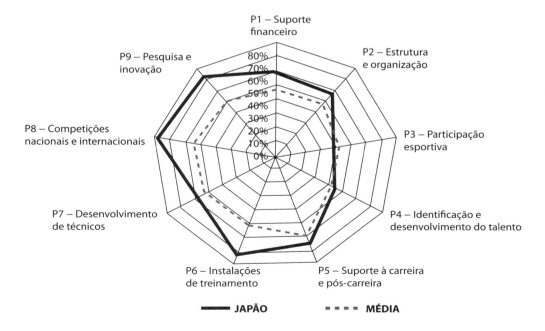

APÊNDICE

Descrição dos fatores críticos de sucesso (FCSs) para o EAR, de acordo com cada pilar do modelo SPLISS

PILAR 1: Suporte financeiro para o esporte e para o esporte de alto rendimento

A lista a seguir fornece uma visão geral dos diferentes FCSs do Pilar 1 e de como foram coletados os dados.

Há suporte financeiro em nível nacional suficiente para o esporte		I	A	T	D
FCS 1.1A	Despesa nacional total com o esporte (em dinheiro) (incluindo esporte de alto rendimento) de loterias, do governo central e do comitê olímpico (total e por habitante).	X			
FCS 1.1B	Despesa nacional total com o esporte por habitante.	X			
FCS 1.2	Despesa nacional total do governo com o esporte proporcionalmente à despesa total do governo.	X			
FCS 1.3	Redução/aumento das despesas nacionais totais com o esporte nos últimos 12 anos (3 ciclos olímpicos).	X			
FCS 1.4	Despesa governamental total com o esporte nos níveis regional e local (estados e municípios).*	X			
Há suporte financeiro em nível nacional suficiente para o esporte de alto rendimento		I	A	T	D
FCS 1.5A	Despesa nacional total com o esporte de alto rendimento (em dinheiro) de loterias, do governo central e do comitê olímpico.	X			
FCS 1.5B	Despesa nacional com o esporte de alto rendimento por habitante.	X			
FCS 1.6	Proporção da despesa nacional total com o esporte de alto rendimento, em relação à despesa total no esporte.	X			
FCS 1.7	Redução/aumento das despesas nacionais totais com o esporte de alto rendimento nos últimos 12 anos (3 ciclos olímpicos) originárias de loterias nacionais e governo central.	X			
FCS 1.8	Total de despesas do governo com o esporte de alto rendimento, se existir algum de maior importância, nos níveis regional e local (estados e municípios).	X			
FCS 1.9	Despesa total de patrocinadores com esporte de alto rendimento.*	X			
FCS 1.10	Despesa total da mídia com esporte de alto rendimento.*	X			

Continua

336 | Esporte de alto rendimento

Continuação

Há suporte financeiro suficiente para o esporte nacional de diferentes fontes coletivas (loterias nacionais, governo central e Comitê Olímpico do Brasil – COB) por meio das confederações esportivas nacionais e/ou dos clubes esportivos		I	A	T	D
FCS 1.11A	Total de financiamento originário de loterias, do governo central e do COB (em dinheiro) para as confederações nacionais e para os clubes esportivos.	X			X
FCS 1.11B	Total de financiamento para cada modalidade esportiva no esporte para todos/esporte comunitário por habitante (FCS 1.11A).	X			X
FCS 1.11C	Financiamento médio para cada modalidade esportiva no esporte de alto rendimento (FCS 1.11A) por confederação ou por esporte reconhecido.	X			
Há suporte financeiro suficiente de loterias nacionais, governo central e Comitê Olímpico do Brasil (COB) para esportes de alto rendimento específicos por meio das confederações esportivas e/ou dos clubes esportivos		I	A	T	D
FCS 1.12A	Total de suporte financeiro para o esporte de alto rendimento de loterias, governo central e COB, para confederações e/ou clubes esportivos (em dinheiro).	X			X
FCS 1.12B	Média de financiamento por esporte de alto rendimento (modalidade) reconhecido, originário de loterias/governo central e do COB.	X			
FCS 1.13	Total de financiamento/suporte financeiro por esporte de alto rendimento (modalidade) como uma proporção do suporte financeiro total para esporte.	X			X

FCS: fator crítico de sucesso; I: inventário geral de políticas para o esporte; A: questionário dos atletas; T: questionário dos técnicos; D: questionário do dirigente da confederação.

*FCS que precisa ser medido em outros níveis, além desta pesquisa.

Outras informações relevantes – descritivo	I	A	T	D
Visão geral das fontes de captação de recursos no esporte e no esporte de alto rendimento.	X			
Distribuição de gastos por cada pilar.	X			
O papel das polícias, das Forças Armadas e das universidades no suporte ao esporte de alto rendimento.	X			
Distribuição do dinheiro das loterias.	X			
Distribuição, entre diferentes esportes, dos gastos das fontes coletivas nacionais (isto é, loterias, governo) e do comitê olímpico nacional.	X			
A existência e o uso de PPP (parcerias público-privadas) no esporte de alto rendimento.	X			
A possibilidade de redução de tributos para o esporte de alto rendimento.	X			

Outras fontes de recursos:
   nível local;
   patrocinadores;
   mídia e direitos televisivos;
   tributação.
	X			X

Forças, fraquezas, sugestões de melhoria.	X			
Mudanças nos últimos 12 anos (desde 2000) e condutores dessas mudanças.	X			

I: inventário geral de políticas para o esporte; A: questionário dos atletas; T: questionário dos técnicos; D: questionário do dirigente da confederação.

Incluídos no Pilar 1, como parte de outros pilares		I	A	T	D
P2	Os recursos são direcionados em relativamente poucos esportes após identificados aqueles que têm chances reais de sucesso em nível mundial.	X			
P10*	Há um entendimento nacional com a mídia em relação à distribuição dos direitos televisivos e dos recursos financeiros da transmissão local de eventos esportivos internacionais ocorridos no referido país.	X			
P5	Número de atletas patrocinados pelas polícias, pelas Forças Armadas e pelas instituições educacionais.				

* Pilar a ser incluído no modelo SPLISS.
I: inventário geral de políticas para o esporte; A: questionário dos atletas; T: questionário dos técnicos; D: questionário do dirigente da confederação.

Incluídos em outros pilares		I	A	T	D
P2	Critérios para aplicação de recursos.	X			

I: inventário geral de políticas para o esporte; A: questionário dos atletas; T: questionário dos técnicos; D: questionário do dirigente da confederação.

PILAR 2: Governança, estrutura e organização de políticas para o esporte – uma abordagem integrada das políticas de desenvolvimento

A lista a seguir fornece uma visão geral dos diferentes FCSs do Pilar 2 e de como foram coletados os dados.

Há forte coordenação entre todos os órgãos envolvidos no esporte de alto rendimento, com descrições claras de tarefas e sem sobreposição de tarefas diferentes		I	A	T	D	P
FCS 2.1	Coordenação de entradas de recursos financeiros (fluxo horizontal) e atividades: os gastos e as atividades no esporte de alto rendimento em nível nacional são registrados e coordenados centralmente, não havendo sobreposição dessa forma.	X				
FCS 2.2	Coordenação de entradas de recursos financeiros (fluxo vertical) e atividades: alocação de recursos financeiros e gestão de atividades com relação ao esporte de alto rendimento em nível regional/distrital, se há alguma entrada de recursos significante desse tipo e se é registrada e coordenada nacionalmente.	X				
FCS 2.3	Há somente uma organização em nível nacional exclusivamente responsável pelo esporte de alto rendimento.	X				
FCS 2.4	O esporte de alto rendimento é reconhecido como um valioso componente no portfólio de responsabilidades de um político.	X				
Há evidências de planejamento em longo prazo para o desenvolvimento do esporte de alto rendimento, compromissado em subsidiar o esporte de alto rendimento e o desenvolvimento do esporte de alto rendimento profissional		I	A	T	D	P

338 | Esporte de alto rendimento

Continuação

		I	A	T	D	P
FCS 2.5	Planos políticos em longo prazo são desenvolvidos (pelo menos de 4 a 8 anos) especificamente para o esporte de alto rendimento e são comunicados publicamente, avaliados regularmente e patrocinados com recursos financeiros.	X				
FCS 2.6	A política é avaliada regularmente por atletas, técnicos e dirigentes, os quais são convidados formalmente para se envolverem no processo de avaliação.	X	X	X	X	
FCS 2.7	As confederações são subsidiadas por um ciclo de (pelo menos) quatro anos.	X			X	P1
FCS 2.8	O governo ou a autoridade esportiva nacional implementou uma série de programas e requerimentos organizacionais em confederações/clubes/modalidades com relação ao desenvolvimento do esporte de alto rendimento.	X			X	
FCS 2.9	Planos políticos em longo prazo são necessários para que as confederações recebam recursos financeiros.	X			X	
FCS 2.10	Atletas e técnicos são representados nas confederações.	X	X	X	X	
FCS 2.11	O conselho das confederações é composto por profissionais que tomam decisões sobre o esporte de alto rendimento.	X			X	
FCS 2.12	Há um instrumento formal e objetivo utilizado por uma organização independente para avaliar os critérios de repasses de recursos às confederações.	X			X	
Os recursos são direcionados para relativamente poucos esportes que têm chances reais de sucesso em nível mundial		**I**	**A**	**T**	**D**	**P**
FCS 2.13	Número de confederações que são subsidiadas para propósito de esporte de alto rendimento (questão feita no Pilar 1).	X			X	P1
Um membro da equipe de gestão da autoridade nacional esportiva é responsável em tempo integral pelo processo de desenvolvimento do esporte de alto rendimento		**I**	**A**	**T**	**D**	**P**
FCS 2.14	Um membro da equipe de gestão da autoridade nacional esportiva é responsável em tempo integral pelo desenvolvimento e suporte dos técnicos e atletas de alto rendimento, da Ciência do Esporte, das confederações, do *marketing* e da comunicação.	X				
Comunicação eficaz: existe uma linha direta por meio de todos os níveis de órgãos esportivos		**I**	**A**	**T**	**D**	**P**
FCS 2.15	Há uma estrutura de tomada de decisão eficiente e pontual com relação às políticas para o esporte de alto rendimento em todos os níveis.	X			X	
FCS 2.16	O conselho é composto por profissionais que tomam decisões sobre o esporte de alto rendimento, com comitês de gestão relativamente pequenos nas confederações ou nas organizações esportivas nacionais, de tal forma que decisões rápidas possam ser tomadas.	X			X	
FCS 2.17	Atletas e técnicos são representados no processo de tomada de decisão da autoridade esportiva nacional.	X	X	X	X	
FCS 2.18	As confederações recebem informações e serviços de suporte (não financeiros) em diferentes aspectos do desenvolvimento do esporte de alto rendimento.	X			X	
FCS 2.19	Os atletas e os técnicos são bem informados sobre políticas nacionais, serviços de suporte e outros aspectos.		X	X		

Continua

Continuação

Há uma estratégia estruturada de cooperação e comunicação com outros países, parceiros comerciais e a mídia		I	A	T	D	P
FCS 2.20	Há uma estratégia estruturada de cooperação e comunicação com parceiros comerciais.	X			X	
FCS 2.21	Há uma estratégia estruturada de cooperação e comunicação com a mídia.	X			X	
FCS 2.22	Há uma estratégia estruturada de cooperação internacional com relação ao treinamento e ao uso regular de instalações.	X			X	

FCS = fator crítico de sucesso; I: inventário geral de políticas para o esporte; A: questionário dos atletas; T: questionário dos técnicos; D: questionário do dirigente da confederação; P: incluído em outros pilares.
As últimas quatro colunas detalham por qual instrumento de pesquisa o FCS será medido.

Incluído neste capítulo, como parte de outros pilares	I	A	T	D	P
Estrutura do esporte de alto rendimento.	X				
O processo de tomada de decisão nas políticas (nacionais) de esporte de alto rendimento.	X				
Nome e título do atual Ministro para o esporte.	X				
Nível de envolvimento político nas políticas de esporte de alto rendimento.	X				
Possível relacionamento entre o ambiente político e as políticas para o esporte de alto rendimento.	X				
Sistema de captação de recursos e reconhecimento das confederações; competências dos profissionais das confederações.	X				
Os critérios para as confederações serem qualificadas a receberem recursos para o esporte de alto rendimento.	X				P1
Papel do conselho em nível nacional e nas confederações.	X				
Número de profissionais trabalhando para o esporte de alto rendimento na autoridade nacional esportiva.	X				
Organograma e estrutura da autoridade nacional esportiva.	X				
Política e cooperação nacional com patrocinadores e parceiros comerciais.	X				
Política e cooperação nacional com a mídia.	X				
Forças, fraquezas, sugestões de melhoria.	X				
Mudanças nos últimos 10 anos.	X				

I: inventário geral de políticas para o esporte; A: questionário dos atletas; T: questionário dos técnicos; D: questionário do dirigente da confederação; P: incluído em outros pilares.

PILAR 3: Participação e esporte de base

A lista a seguir fornece uma visão geral dos diferentes FCSs do Pilar 3 e de como foram coletados os dados.

As crianças têm a oportunidade de participar de esporte na escola, durante a aula de Educação Física ou em atividades extracurriculares		I	A	T	D	P
FCS 3.1	Existe uma quantidade de tempo mínima estatutária nacional para Educação Física no ensino infantil.	X				
FCS 3.2	Existe uma quantidade de tempo mínima estatutária nacional para Educação Física no ensino fundamental.	X				

Continua

340 | Esporte de alto rendimento

Continuação

		I	A	T	D	P
FCS 3.3	Existe uma quantidade de tempo mínima estatutária nacional para Educação Física no ensino médio.	X				
FCS 3.4	Existe uma quantidade de tempo média para Educação Física suficientemente alta no ensino infantil (em minutos por semana, pelo menos 100 minutos).	X				
FCS 3.5	Existe uma quantidade de tempo média para Educação Física suficientemente alta no ensino fundamental (em minutos por semana, pelo menos 100 minutos).	X				
FCS 3.6	Existe uma quantidade de tempo média para Educação Física suficientemente alta no ensino médio (em minutos por semana, pelo menos 100 minutos).	X				
FCS 3.7	As aulas de Educação Física são dadas por um professor certificado em todas as séries.	X				
FCS 3.8	Existem competições esportivas escolares extracurriculares regularmente no ensino fundamental (pelo menos 2 vezes por mês).	X				
FCS 3.9	Existem competições esportivas escolares extracurriculares regularmente no ensino médio (pelo menos 2 vezes por mês).	X				
FCS 3.10	Existe uma organização ou pessoal responsável pela coordenação e pela organização regular de competições esportivas escolares extracurriculares.	X				P8
FCS 3.11	A escola termina cedo, para que as crianças tenham oportunidades de praticar esporte durante o dia (ou o esporte depois da escola está incluído no currículo escolar).	X				P4
Há uma alta taxa de participação geral no esporte		**I**	**A**	**T**	**D**	**P**
FCS 3.12	Há uma alta porcentagem de pessoas que praticam esportes (de forma organizada ou não organizada).	X				
FCS 3.13	Há um alto número de membros (registrados) de clubes esportivos (participação de forma organizada) (geral e por habitante).	X				
FCS 3.14	Há um grande número de clubes esportivos suficientemente espalhados pelo país.	X				
FCS 3.15	Há um alto número de pessoas que participam de competições esportivas.	X				P4
Há um plano nacional direcionado a promover a implementação dos princípios de gestão da qualidade total nos clubes esportivos, referente à participação em massa e ao desenvolvimento de talentos		**I**	**A**	**T**	**D**	**P**
FCS 3.16	Há uma política nacional, implementada pelo governo, comitê olímpico nacional ou autoridade esportiva nacional, direcionada à melhora da qualidade nos clubes esportivos.	X				
FCS 3.17	Há uma ferramenta de medição para avaliar a qualidade dos clubes para o esporte na juventude.	X				
FCS 3.18	As confederações podem receber recursos financeiros pelo aumento de projetos de gestão da qualidade em clubes esportivos.	X				
FCS 3.19	Há uma política nacional direcionada para melhorar a qualidade do desenvolvimento de talentos nos clubes esportivos.	X				P4

Continua

Continuação

| FCS 3.20 | Há uma ferramenta de medição para avaliar a qualidade do desenvolvimento de talentos nos clubes esportivos. | X | | | | P4 |
| FCS 3.21 | As confederações podem receber recursos financeiros pelo aumento da gestão da qualidade ligada a desenvolvimento de talentos em clubes esportivos. | X | | | | P4 |

FCS = fator crítico de sucesso; I: inventário geral de políticas para o esporte; A: questionário dos atletas; T: questionário dos técnicos; D: questionário do dirigente da confederação; P: incluído em outros pilares.

Outras informações relevantes no Pilar 3 – descritivo	I	A	T	D
O esporte escolar extracurricular está incluído no trabalho de um professor de Educação Física.	X			
As crianças podem participar de um programa esportivo multidisciplinar com foco na diversão, quando em pouca idade, e a especialização precoce (demasiada) é reduzida ao mínimo.	X			
Informação geral sobre projetos que marcam o desenvolvimento do esporte de participação no país.	X			
Forças, fraquezas, sugestões de melhoria.	X			
Mudanças nos últimos 12 anos (desde 2000) e condutores dessas mudanças.	X			

I: inventário geral de políticas para o esporte; A: questionário dos atletas; T: questionário dos técnicos; D: questionário do dirigente da confederação.

PILAR 4: Sistemas de identificação e desenvolvimento de talentos

A lista a seguir fornece uma visão geral dos diferentes FCSs do Pilar 4 e de como foram coletados os dados.

Há um sistema eficaz de detecção de jovens talentos, de forma que o número máximo de potenciais atletas de elite é alcançado no momento certo (idade)*		I	A	T	D	P
FCS 4.1	Há um processo de seleção do talento sistemático, que tem como objetivo identificar potenciais atletas de alto rendimento de fora de uma base de praticantes de um esporte (sem ser de um esporte específico, por exemplo, pelas escolas) ou por transferência do talento (por meio de outros esportes).	X				
FCS 4.2	As confederações podem receber recursos especifica-mente para a identificação (reconhecimento e aferição) de jovens atletas talentosos e também podem receber serviços de suporte para planejar e estruturar a orga-nização da busca por talentos em seus esportes (por exemplo, profissionais qualificados).	X			X	P1
FCS 4.3	Há um planejamento abrangente para a identificação do talento. As confederações têm um plano de ação escrito que descreve um planejamento em longo prazo para a identificação do talento e um passo a passo de como os talentos em seus esportes são reconhecidos, identifica-dos e selecionados para receberem auxílio financeiro.	X			X	P2

Continua

Continuação

		I	A	T	D	P
FCS 4.4	O sistema de identificação do talento é embasado e coberto por pesquisas científicas (incluindo o desenvolvimento sociopsicológico das crianças e o desenvolvimento em uma abordagem específica por estágios, individualizada e balanceada).				X	P9
FCS 4.5	As confederações recebem suporte científico esportivo para desenvolverem um sistema de testes (para o reconhecimento de jovens talentos) e de monitoramento com critérios claros para a identificação de jovens talentos em cada esporte.	X			X	P9
FCS 4.6	As confederações têm uma bateria de testes para identificar jovens talentos e um sistema de monitoramento para acompanhá-los, com suporte em pesquisas científicas.				X	P9
FCS 4.7	As confederações recebem informações, conhecimento e serviços de suporte sobre o desenvolvimento de programas de identificação de talento em seus esportes.	X			X	P2
FCS 4.8	Os resultados do processo de aferição do talento são preenchidos em bancos de dados e atualizados anualmente (pelo menos).				X	P2
FCS 4.9	Há uma estrutura conceitual nacional de como o processo de identificação e seleção do talento deve parecer (incluindo, por exemplo, especialização precoce, diversificação, maturação, fator idade relativo e o desenvolvimento de uma abordagem específica por estágios, individualizada e balanceada da identificação do talento e um planejamento em longo prazo da identificação de talento).	X				P2
Há um planejamento coordenado nacionalmente para as confederações desenvolverem um sistema eficaz para o desenvolvimento de jovens talentos em seus esportes		**I**	**A**	**T**	**D**	**P**
FCS 4.10	As confederações e/ou os clubes esportivos podem receber recursos especificamente para o desenvolvimento do talento.	X			X	P1
FCS 4.11	Há um planejamento, em curto e longo prazos, coordenado para o desenvolvimento do talento. As confederações têm um plano de ação escrito descrevendo passo a passo como os talentos em seus esportes são desenvolvidos do nível de clube para os níveis regional e nacional, para que recebam recursos.	X			X	P2
FCS 4.12	As confederações ou os clubes recebem informações, conhecimento e serviços de suporte (além de financeiros) para desenvolverem seus programas de desenvolvimento de talento.	P2			X	P2
FCS 4.xx	Há uma estrutura conceitual nacional sobre como o processo de desenvolvimento do talento deve parecer (incluindo, por exemplo, prática deliberada, especialização precoce, diversificação e treino ótimo).					P2

Continua

Continuação

Jovens talentos recebem serviços de suporte multidimensional apropriados para a idade e o nível deles, necessários para desenvolvê-los como jovens atletas do mais alto nível	I	A	T	D	
FCS 4.13	Jovens talentos recebem serviços de suporte multidimensionais em diferentes níveis, incluindo suporte de treinamento e competição, suporte médico e paramédico, e suporte para qualidade de vida.	X	X	X	X	
FCS 4.14	Jovens talentos recebem treinamento apropriado para a idade e suporte para a competição, supervisionados por técnicos experientes com acesso a instalações de alto padrão.	X	X	X	X	
Jovens talentos recebem suporte coordenado nacionalmente para o desenvolvimento da combinação de esportes e do estudo acadêmico durante o ensino médio e, quando relevante, ensino fundamental (para esportes de especialização precoce, para os quais tal sistema é necessário)	**I**	**A**	**T**	**D**	**P**
FCS 4.15	Há uma estrutura legal, na qual jovens talentos têm seus *status* de atleta de alto rendimento reconhecidos contratualmente pelo ministério ou pela administração nacional de esporte ou educação, na idade que é apropriada para sua modalidade.	X	X		X	
FCS 4.16	Há um sistema nacionalmente coordenado que facilita a combinação de esporte de alto rendimento e estudos durante o ensino médio, de tal forma que estudantes/atletas não fiquem dependentes de iniciativas locais variáveis.	X	X		X	
FCS 4.17	Há um sistema nacionalmente coordenado que facilita a combinação de esporte de alto rendimento e estudos durante o ensino fundamental, de tal forma que estudantes/atletas não fiquem dependentes de iniciativas locais variáveis para esportes (de especialização precoce) em que tal suporte é necessário.	X	X		X	
FCS 4.18	O governo ou os órgãos esportivos nacionais reconhecem os custos envolvidos com o sistema de esporte e estudo nos ensinos fundamental e médio e oferecem os suportes financeiro e pessoal especializados, necessários para facilitar esse sistema.	X			X	P1
Jovens talentos recebem suporte coordenado nacionalmente para a combinação do desenvolvimento de esportes e do estudo acadêmico durante o ensino superior (faculdade/universidade)	**I**	**A**	**T**	**D**	**P**
FCS 4.19	Há uma estrutura legal, na qual jovens talentos têm seus *status* de atleta de alto rendimento reconhecidos contratualmente pelo ministério ou pela administração nacional de esporte ou educação no ensino superior.	X	X			P2
FCS 4.20	Há um sistema nacionalmente coordenado que facilita a combinação de esporte de alto rendimento e estudos acadêmicos durante o ensino superior.	X	X		X	P1
FCS 4.21	O governo ou os órgãos esportivos nacionais reconhecem os custos envolvidos com o sistema de esporte e estudo no ensino superior e oferecem os suportes financeiro e pessoal especializados, necessários para facilitar esse sistema.	X	X			P1

Continua

344 | Esporte de alto rendimento

Continuação

FCS 4.22	Os resultados de diferentes testes (cognitivo, antropometria, habilidades esportivas) que os jovens talentos têm em escolas de esportes de alto rendimento (ensino médio e ensino superior) são registrados em bancos de dados.	X			X	P2

FCS: fator crítico de sucesso; I: inventário geral de políticas para o esporte; A: questionário dos atletas, T: questionário dos técnicos; D: questionário do dirigente da confederação; P: incluído em outros pilares; ND: não disponível.
* Indicador que precisa ser medido em outros níveis, além desta pesquisa.

Outras informações descritivas relevantes do Pilar 4 (interessantes, mas não incluídas como FCSs)	I	A	T	D
Desenhe a pirâmide de talento que geralmente é usada na maioria dos esportes, mostrando o número de potenciais jovens talentos em cada nível e idade.	X			
Sistemas de esporte de alto rendimento e estudos: modalidades envolvidas; organizações coordenadoras; número de escolas de esporte de alto rendimento e suas organizações; acesso somente para atletas de alto rendimento ou para estudantes regulares também; custeamento do sistema; centralização ou descentralização; quem oferece o suporte técnico esportivo e outros serviços de suporte nesse sistema; individualização; outros sistemas relacionados com o esporte de alto rendimento e abordagens flexíveis para os estudos; e outros sistemas.	X			
Forças, fraquezas e sugestões de melhoria.	X			
Mudanças nos últimos 12 anos (desde 2000) e condutores dessas mudanças.	X			

I: inventário geral de políticas para o esporte; A: questionário dos atletas, T: questionário dos técnicos; D: questionário do dirigente da confederação.

Incluído em outros pilares		I	A	T	D
Pilar 3	A escola termina cedo para que as crianças tenham oportunidades de praticar esporte durante o dia (ou o esporte depois da escola está incluído no currículo escolar).	X			

I: inventário geral de políticas para o esporte; A = questionário dos atletas, T = questionário dos técnicos; D = dirigente da confederação.

Pilar 5: Suporte para atletas e pós-carreira

A lista a seguir fornece uma visão geral dos diferentes FCSs do Pilar 5 e como foram coletados os dados.

Há uma definição nacionalmente aceita de atleta de alto rendimento para todos os esportes		I	A	T	D	P
FCS 5.1	Há uma definição padronizada para todos os esportes que define quais atletas são elegíveis para suporte e, talvez, custeamento direto.	X				
O padrão de vida individual dos atletas é suficiente para que eles se concentrem em seus esportes em tempo integral		I	A	T	D	P
FCS 5.2	A renda mensal dos atletas (renda bruta total) em geral e a renda provinda de suas atividades esportivas é suficiente.	X	X			P1
FCS 5.3	Os empregadores apoiam as carreiras dos atletas.	X	X			

Continua

Continuação

		I	A	T	D	P
FCS 5.4	O esporte de alto rendimento é a atividade primária integral para atletas de alto rendimento.	X	X			
FCS 5.5	Os atletas podem receber suporte financeiro que permitam a eles dedicar-se suficientemente a seus esportes e sustentar-se enquanto se preparam para competir e quando competem no esporte de alto rendimento.	X	X			P1
Existe um programa de suporte coordenado para atletas de alto rendimento		**I**	**A**	**T**	**D**	**P**
FCS 5.6	Há um programa de suporte coordenado para atletas de alto rendimento (além de suporte financeiro) incluindo treinamento da carreira, assessoria jurídica, treinamento de mídia, apoio técnico (técnicos especializados), apoio ao treinamento e à competição (instalações de treinamento, campos de treinamento), apoio da Ciência do Esporte (Força e Condicionamento, Nutrição, Treinamento Mental), apoio da Medicina Esportiva (médicos especialistas, fisioterapeutas etc.).	X	X		X	
FCS 5.7	Profissionais específicos são indicados para orientar e ajudar os atletas durante suas carreiras.	X			X	P2
FCS 5.8	Existe um programa de suporte coordenado para apoiar a transição do atleta do nível juvenil para o adulto.					P4
Os atletas podem receber suporte pós-carreira e são preparados adequadamente para a vida após a carreira esportiva		**I**	**A**	**T**	**D**	**P**
FCS 5.9	O governo ou os órgãos esportivos nacionais oferecem um programa de suporte pós-carreira para preparar e auxiliar os atletas para a vida após o esporte, que inclui: suporte financeiro (em estágios iniciais) após suas carreiras esportivas, suporte para os estudos (para atletas que querem iniciar ou finalizar seus estudos), ofertas de emprego, assistência e consultoria pessoal (em estágios iniciais) para procurar um trabalho adequado para o pós-carreira, suporte para qualidade de vida, preparação para candidatura a empregos e suporte psicológico.	X	X			
FCS 5.10	A agência esportiva nacional firmou parcerias específicas (agência de recrutamento, agência de empregos etc.) para guiar e ajudar atletas durante e após as suas carreiras.					

FCS: fator crítico de sucesso; I: inventário geral de políticas para o esporte; A: questionário dos atletas; T: questionário dos técnicos; D: questionário do dirigente da confederação; P: incluído em outros pilares.

Outras informações descritivas relevantes do Pilar 5 (interessantes, mas não incluídas como FCSs)
O número dos melhores 16-20 atletas em nível mundial.
O número dos melhores 8 atletas em nível mundial e o número dos melhores 3.
O número de atletas que podem treinar sua modalidade de forma integral.
Recompensas para atletas e retorno esperado dos atletas (o que é esperado dos atletas em troca – responsabilidade social e empresarial).
Iniciativas para atrair atletas aposentados para serem empregados no setor esportivo (de tal forma que suas experiências sejam utilizadas na prática).
Forças, fraquezas e sugestões de melhoria.
Mudanças nos últimos 12 anos (desde 2000) e condutores dessas mudanças.

Pilar 6: Instalações esportivas

A lista a seguir fornece uma visão geral dos diferentes FCSs do Pilar 6 e de como foram coletados os dados.

Planejamento coordenado nacionalmente: instalações para o esporte e para o esporte de alto rendimento são registradas por todo o país, e as necessidades de atletas e técnicos são conhecidas e claramente mapeadas	I	A	T	D	P
FCS 6.1 — Há um banco de dados disponível das instalações para o esporte de participação e o esporte de base no país e suas características com relação à disponibilidade e à qualidade (para o uso no esporte de alto rendimento).	X				
FCS 6.2 — Há um banco de dados no país de todas as instalações para o esporte de alto rendimento (infraestrutura) e suas características com relação à disponibilidade e à qualidade.	X				
FCS 6.3 — Há dados (de pesquisa) disponíveis sobre as necessidades de atletas e técnicos de alto rendimento em relação a instalações de treinamento.	X				
FCS 6.4 — Há dados (de pesquisa) disponíveis sobre os tempos de viagem de ida e de volta dos atletas e dos técnicos de alto rendimento para as instalações de treinamento.	X				
FCS 6.5 — O tempo gasto com as viagens dos atletas e dos técnicos é mantido em um mínimo.		X	X		
Há uma rede de centros de esporte de alto rendimento nacional/regional, nos quais os atletas podem treinar em condições apropriadas a qualquer hora do dia	I	A	T	D	P
FCS 6.6 — Há um número suficiente (não há falta) de instalações esportivas de alta qualidade que sejam ou somente exclusivas ou com uso prioritário para o esporte de alto rendimento.	X	X	X	X	
FCS 6.7 — Há uma rede de centros de esporte de alto rendimento nacional/regional, incluindo: sede administrativa; instalações de hospedagem/acomodação; uma ligação estreita com médicos esportivos; uma ligação estreita com cientistas esportivos/cooperação com universidades; e uma ligação próxima com a educação de atletas mais jovens.	X	X			
FCS 6.8 — Há acordos nacionais específicos para que os atletas possam ter acesso prioritário a determinadas instalações desportivas regulares em qualquer momento do dia.	X	X			
Há alocação de recursos específicos para a construção e para a renovação de instalações esportivas de alto rendimento	I	A	T	D	P
FCS 6.9 — Confederações (ou clubes) podem receber recursos visando à renovação e à construção de instalações para o esporte e para o esporte de alto rendimento para a sua modalidade em particular.	X			X	P1

FCS: fator crítico de sucesso; I: inventário geral de políticas para o esporte; A: questionário dos atletas; T: questionário dos técnicos; D: dirigente da confederação; P: incluído em outros pilares.

Pilar 7: Desenvolvimento e suporte para técnicos

A lista a seguir fornece uma visão geral dos diferentes FCSs do Pilar 7 e como foram coletados os dados.

Há um número suficiente de técnicos de alto rendimento bem treinados e experientes no país		I	A	T	D	P
FCS 7.1	Há um banco de dados de técnicos e técnicos de alto rendimento que é atualizado anualmente e contém detalhes das qualificações e em qual data elas foram alcançadas.					
FCS 7.2	Um número suficiente de técnicos de alto rendimento é qualificado: eles fizeram cursos de treinamento nas confederações ou outros cursos de atualização especificamente para o esporte de alto rendimento e/ou cursos de treinamento em nível internacional (isso será parcialmente capturado pela pesquisa de clima do esporte de alto rendimento).	X		X	X	
FCS 7.3	Os técnicos têm experiência no nível de alto rendimento em suas próprias carreiras como atletas.			X		
FCS 7.4	A autoridade esportiva nacional tem uma estratégia para as confederações atraírem os melhores técnicos do mundo e *experts* externos para treinar atletas de alto rendimento e melhorar os conhecimentos de técnicos nacionais, trabalhando no nível do alto rendimento.	X				X
Os técnicos têm oportunidades suficientes para desenvolverem suas carreiras e se tornarem técnicos de nível mundial		**I**	**A**	**T**	**D**	**P**
FCS 7.5	Há uma agência coordenadora nacional (geralmente na autoridade nacional esportiva) responsável pela educação dos técnicos em geral e, em particular, dos técnicos de alto rendimento. Essa organização se alinha com diferentes níveis de cursos das confederações, ajuda as confederações na organização do desenvolvimento dos técnicos e define perfis de treinamento.	X				
FCS 7.6	Há um sistema de educação para técnicos bem desenvolvido, desde o nível mais básico (cursos para o treinador recreativo) até o mais alto nível (educação de técnicos de alto rendimento).	X				
FCS 7.7	Há diversos serviços (como cursos de atualização regulares, oportunidades de troca de informação) e recursos para oferecer suporte para o contínuo desenvolvimento profissional dos técnicos.	X				
FCS 7.8	Os técnicos podem receber consultoria especializada de outras áreas para ajudá-los a melhorar o padrão de seus atletas (Psicologia, Nutrição, Fisiologia, Biomecânica, Análise de dados).	X				
FCS 7.9	Os técnicos de alto rendimento podem comunicar-se e discutir seus desenvolvimentos pessoais e o desenvolvimento de atletas de alto rendimento com outros técnicos de alto rendimento (sem ser especificamente do mesmo esporte).	X				
O padrão individual de vida dos técnicos é suficiente para que eles se tornem técnicos profissionais		**I**	**A**	**T**	**D**	**P**

Continua

348 | Esporte de alto rendimento

Continuação

		I	A	T	D	P
FCS 7.10	A renda mensal (bruta) dos técnicos mais a renda provinda de suas atividades esportivas é suficientemente alta para fornecer um bom padrão de vida.	X		X		
FCS 7.11	Ser técnico de alto rendimento é – ou pode ser – uma atividade primária em tempo integral para os melhores técnicos de alto rendimento. Existe um programa de suporte coordenado para os técnicos que os permitem dedicar-se suficientemente aos seus esportes e passar tempo suficiente com seus atletas de alto rendimento e jovens talentos emergentes.	X		X		
FCS 7.12	Os empregadores oferecem apoio levando em conta as necessidades de formação de treinadores de elite.	X		X		
O *status* dos técnicos: o trabalho do técnico é valorizado em todo o país		**I**	**A**	**T**	**D**	**P**
FCS 7.13	O trabalho de um técnico é reconhecido no país e as perspectivas de carreiras são ótimas.			X		
FCS 7.14	Os técnicos têm um contrato de trabalho escrito para as atividades de treinamento; o trabalho do técnico é contratualmente reconhecido e protegido.	X		X		
FCS 7.15	Há um sindicato para técnicos e treinadores esportivos.	X				
FCS 7.16	Os técnicos de alto rendimento fazem parte de um programa de pós-carreira para prepará-los e auxiliá-los na vida após o esporte.	X		X		
FCS 7.17	Uma qualificação para técnicos é obrigatória para se trabalhar em clubes esportivos e com jovens talentos.	X				P3

FCS: fator crítico de sucesso; I: inventário geral de políticas para o esporte; A: questionário dos atletas; T: questionário dos técnicos; D: questionário do dirigente da confederação; P: incluído em outros pilares.

Outras informações relevantes – descritivo	**I**	**A**	**T**	**D**
Identificação de talento de jovens potenciais técnicos.				
Forças, fraquezas e sugestões de melhoria.	X			
Mudanças nos últimos 12 anos (desde 2000) e condutores dessas mudanças.	X			

I: inventário geral de políticas para o esporte; A: questionário dos atletas; T: questionário dos técnicos; D: questionário do dirigente da confederação.

Pilar 8: Competições nacionais e internacionais

A lista a seguir fornece uma visão geral dos diferentes FCSs do Pilar 8 e de como foram coletados os dados.

Há um planejamento coordenado nacionalmente para aumentar o número de eventos internacionais que são organizados no país em uma ampla variedade de esportes		**I**	**A**	**T**	**D**	**P**
FCS 8.1	Há uma coordenação nacional e um planejamento em longo prazo para organização e alocação de recursos para eventos.	X			X	P2

Continua

Continuação

		I	A	T	D	P
FCS 8.2	Confederações, municípios ou outros recebem assistência e aconselhamento na organização de grandes eventos esportivos internacionais.	X				P2
FCS 8.3	Confederações, municípios ou outros recebem recursos para se candidatarem e sediarem grandes eventos esportivos internacionais.	X				P1
FCS 8.4	Há um grande número de eventos internacionais que têm sido organizados no país nos últimos cinco anos em uma (grande) variedade de esportes para atletas juniores e seniores.	X			X	
Os atletas podem participar de eventos internacionais (de alto nível) suficientemente		**I**	**A**	**T**	**D**	**P**
FCS 8.5	Há oportunidades suficientes para jovens talentos participarem de competições internacionais na idade certa.			X	X	
FCS 8.6	Há oportunidades suficientes para atletas de alto rendimento participarem de competições internacionais.		X	X	X	
FCS 8.7	Jovens talentos, atletas e técnicos podem receber reembolso de seus gastos na participação de competições internacionais.	X	X		X	P1
As competições nacionais têm um padrão relativamente alto quando comparadas aos padrões internacionais		**I**	**A**	**T**	**D**	**P**
FCS 8.8	A estrutura de competição nacional em cada esporte oferece um ambiente competitivo em um alto nível internacional em cada idade.*			X		X	

FCS: fator crítico de sucesso; I: inventário geral de políticas para o esporte; A: questionário dos atletas; T: questionário dos técnicos; D: questionário do dirigente da confederação.
* FCS que precisa ser medido em outros níveis, além desta pesquisa.

Informação geral adicional	I	A	T	D
Contribuição financeira das emissoras nacionais (de rádio e televisão) para apoiar a candidatura, a sede e a organização de grandes eventos esportivos.	X			
Cooperação entre a autoridade nacional esportiva ou organização de coordenação nacional e parceiros comerciais para a organização de eventos de esporte de alto rendimento internacionais.	X			
Forças, fraquezas e sugestões de melhoria.	X			
Mudanças nos últimos 12 anos (desde 2000) e condutores dessas mudanças.	X			

I: inventário geral de políticas para o esporte; A: questionário dos atletas; T: questionário dos técnicos; D: questionário do dirigente da confederação.

Pilar 9: Pesquisa científica e inovação

A lista a seguir fornece uma visão geral dos diferentes FCSs do Pilar 9 e de como foram coletados os dados.

Pesquisas científicas são conduzidas, coordenadas e disseminadas entre técnicos e confederações		**I**	**A**	**T**	**D**	**P**
FCS 9.1	Há suporte financeiro suficiente para a pesquisa científica e para a inovação no esporte de alto rendimento.	X				P1
FCS 9.2	Há um centro nacional de pesquisa que conduz pesquisa aplicada para o esporte de alto rendimento e coordena atividades de pesquisa no esporte de alto rendimento nacionalmente.	X				

Continua

350 | Esporte de alto rendimento

Continuação

FCS 9.3	O suporte científico é fornecido em forte cooperação com universidades e centros de pesquisa (esportivos).	X				
FCS 9.4	Há uma responsabilidade específica na autoridade nacional esportiva ou no centro nacional de pesquisas para o desenvolvimento e para a coordenação de projetos de pesquisa inovadores para o esporte de alto rendimento.	X				P2
FCS 9.5	Há um banco de dados de pesquisas científicas atualizado regularmente, que pode ser consultado por técnicos e confederações.	X				
FCS 9.6	Há uma rede para se comunicar e disseminar conteúdo científico para confederações, clubes, atletas e técnicos de alto rendimento. Técnicos recebem informações científicas de confederações e outras organizações e usam a Ciência do Esporte Aplicada em suas atividades de treinamento.	X	X	X	X	
FCS 9.7	Os técnicos fazem uso de informações científicas esportivas no esporte de alto rendimento com relação a seus esportes.			X		
FCS 9.8	A pesquisa científica está incorporada na educação dos técnicos, e eles são instruídos a como pesquisar por informações científicas e a como utilizar os resultados das pesquisas como parte de seu treinamento.	X				
O suporte da Ciência do Esporte é fornecido em cada um dos níveis de desenvolvimento do esporte de alto rendimento		**I**	**A**	**T**	**D**	**P**
FCS 9.9	Diferentes áreas do desenvolvimento do esporte de alto rendimento têm suporte da pesquisa científica aplicada e de projetos de inovação: identificação do talento, desenvolvimento do talento, atletas de alto rendimento (incluindo seus equipamentos, suas instalações etc.), políticas para o esporte e técnicos.	X	X	X	X	Todos
FCS 9.10	Há laboratórios de campo e/ou cientistas incorporados que, *in situ*, desenvolvem, testam e/ou aplicam novas tecnologias em cooperação com técnicos e atletas em centros de treinamento de esportes de alto rendimento.	X				

FCS: fator crítico de sucesso; I: inventário geral de políticas para o esporte; A: questionário dos atletas; T: questionário dos técnicos; D: questionário do dirigente da confederação; P: incluído em outros pilares.

Informações gerais adicionais	**I**	**A**	**T**	**D**
Forças, fraquezas e sugestões de melhoria.	X			
Mudanças nos últimos 12 anos (desde 2000) e condutores destas mudanças.	X			

I: inventário geral de políticas para o esporte; A: questionário dos atletas; T: questionário dos técnicos; D: questionário do dirigente da confederação.

AUTORES

Ana Lúcia Padrão dos Santos

Doutora em Educação Física pela Escola de Educação Física e Esporte da Universidade de São Paulo (EEFE-USP). Professora do Departamento de Esporte da EEFE-USP.

Cacilda Mendes dos Santos Amaral

Mestre em Educação Física pela EEFE-USP e bacharela em Esporte pela EEFE-USP. Integrante do Grupo de Estudos e Pesquisa em Administração Esportiva (GEPAE) desde 2007.

Carla Nascimento Luguetti

Doutora em Educação Física pela EEFE-USP, participante do programa de doutorado sanduíche da CAPES pela Universidade de Bedfordshire no Reino Unido. Como experiência docente, foi professora titular da Faculdade de Educação Física e Esporte da Universidade Santa Cecília e professora convidada nos cursos de especialização da Universidade Gama Filho. Atua com pesquisas na área de Desenvolvimento e Implementação de Modelos Pedagógicos na Educação Física e no Esporte.

Catalina Naomi Kaneta

Bacharela em Psicologia pela Universidade de São Paulo, mestre em Psicologia Escolar e do Desenvolvimento Humano pelo Instituto de Psicologia da Universidade de São Paulo e especialista em Psicologia do Esporte pelo Instituto Sedes Sapientiae. Membro do Grupo de Estudo e Pesquisa em Esporte e Treinamento Infantojuvenil e do Laboratório de Treinamento e Esporte para Crianças e Adolescentes (GEPETIJ-LATECA) da Escola de Educação Física e Esporte da Universidade de São Paulo.

Flávia da Cunha Bastos

Doutora em Educação pela Faculdade de Educação da Universidade de São Paulo e pesquisadora líder do GEPAE e do LATECA da EEFE-USP. Membro da Associação Brasileira de Gestão do Esporte (ABRAGESP), da Asociación Latinoamericana de Gerencia Deportiva (ALGEDE) e da Aliança Intercontinental de Gestão Desportiva (AIGD). Professora-assistente do Departamento de Esporte da EEFE-USP.

Florio Joaquim Silva Filho

Mestre em Educação Física e bacharel em Esporte pela USP. Professor de Educação Física da Prefeitura de Sorocaba.

Gil Oliveira da Silva Junior

Mestre em Treino Desportivo para Crianças e Jovens pela Universidade de Coimbra, em Portugal, e bacharel em Educação Física pela Universidade Presbiteriana Mackenzie. Docente da Universidade Paulista (Unip).

Hans Westerbeek

Diretor do College of Sport and Exercise Science e do Institute of Sport, Exercise and Active Living (ISEAL) na Victoria University (VU), em Melbourne, Austrália, professor de Gestão do Esporte e professor-visitante em Gestão Esportiva na Université Libre de Bruxelles (Bélgica) e Administração Esportiva na Universidad Europea de Madrid (Espanha).

Leandro Carlos Mazzei

Doutorando em Educação Física na Escola de Educação Física e Esporte da Universidade de São Fundação Arm Paulo e Vrije Universiteit Brussel (Bélgica), especialista em Administração de Empresas pela Fundação Armando Alves Penteado e bacharel em Esporte pela EEFE-USP. Professor do Programa de mestrado profissional em Administração – Gestão do Esporte da Universidade Nove de Julho (Uninove).

Luciana Perez Bojikian

Licenciada em Educação Física, especialista em Voleibol, mestre e doutora em Educação Física pela EEFE-USP e pesquisadora do LATECA. Professora nos cursos de graduação e licenciatura da Unip e professora dos cursos de pós-graduação da Estácio de Sá e do Centro Universitário das Faculdades Metropolitanas Unidas (FMU). Atua nas áreas de Educação Física e Esporte, principalmente com Crescimento e Desenvolvimento, Voleibol, Treinamento a Longo Prazo (TLP) e Talento Esportivo.

Luiz Eduardo Pinto Bastos Tourinho Dantas

Doutor em Educação Física pela EEFE-USP. Professor da EEFE-USP.

Luiz Fernando Medeiros Nóbrega

O Coronel de Cavalaria Luiz Fernando Medeiros Nóbrega é oficial do Exército Brasileiro, bacharel em Ciências Militares pela Academia Militar das Agulhas Negras (AMAN, em 1991), graduado em Educação Física na Escola de Educação Física do Exército (EsEFEx, em 1994), pós-graduado em Ciência do Esporte no Instituto Porto Alegre da Igreja Metodista (IPA, em 1998) e mestre em Operações Militares (EsAO, em 1999), em Ciência da Motricidade Humana (UCB, em 2005) e em Ciências Militares na Escola de Comando e Estado Maior do Exército (ECEME, em 2011). Atualmente é o Comandante da EsEFEx.

Maarten van Bottenburg

Maarten van Bottenburg é chefe de departamento e professor de Desenvolvimento Esportivo na Escola de Governança da Utrecht University, nos Países Baixos. Foi nomeado professor nessa universidade em 2004. Antes de sua nomeação em tempo integral no ano de 2009, ele também lecionou Gestão Esportiva na Fontys University of Applied Sciences (2004-2009) e foi diretor de pesquisas no WJH Mulier Institute – um centro pioneiro em pesquisas em Esporte na Sociedade nos Países Baixos (2002-2006).

Marcelo Alves Kanasiro

Graduado em Esporte pela EEFE-USP (em 2009). Tem experiência na área de Educação Física.

Marcelo Massa

Doutor em Educação Física pela EEFE-USP. Professor de Educação Física e Saúde da Escola de Artes, Ciências e Humanidades (EACH) da USP e coordenador do Grupo de Estudo e Pesquisa em Capacidades e Habilidades Motoras (GEPCHAM) da USP.

Marcelo Rodrigues de Lima

Bacharel em Esporte e habilitado em Técnica em Futebol pela EEFE--USP. Especialista em Fisiologia do Exercício pela Universidade Federal de São Paulo (Unifesp). Tem licença "A" do Programa de Qualificação de Treinadores da Confederação Brasileira de Futebol (CBF) e MBA em *Marketing* Esportivo pela Escola Superior de Propaganda e *Marketing* (ESPM). Instrutor do programa de qualificação de treinadores da CBF e coordenador técnico do departamento de futebol de base do São Paulo Futebol Clube.

Maressa D'Paula Gonçalves Rosa Nogueira

Mestre em Educação Física pela EEFE-USP, graduada em Educação Física e Esporte pela Universidade Santa Cecília (Unisanta), especialista em Fisiologia do Exercício pelo Centro de Estudos em Fisiologia do Exercício (CEFE) da Unifesp. Atual treinadora das equipes infantil e juvenil de natação e professora da Faculdade de Educação Física e Esporte na Unisanta.

Maria Tereza Silveira Böhme

Doutora em Ciências do Esporte pelo Instituto de Ciências do Esporte da Justus Liebig Universität Gießen (Alemanha). Livre-docente em Treinamento Esportivo pela EEFE-USP, professora titular do Departamento de Esporte da EEFE-USP, coordenadora do LATECA da EEFE-USP e coordenadora do convênio EEFE-USP/Vrije Universiteit Brussel/Consórcio SPLISS (*Sports Policy Factors Leading to International Sporting Success*).

Simon Shibli

Contador gerencial qualificado pelo Chartered Institute of Management Accountants (CIMA), cujas áreas de interesse específico são as Finanças e a Economia das Indústrias do Esporte e do Lazer. Entre as pesquisas recentes, incluem-se: Medição do Desempenho de Esportistas de Alto Rendimento, Assessoria a Confederações Esportivas com Planejamento Estratégico e Avaliação do Impacto de Iniciativas e Intervenções Esportivas.

Tatiana de Barros Meira

Mestre em Estudos do Esporte pela EEFE-USP, especialista em Metodologia da Aprendizagem e Treinamento do Futebol e do Futsal pela Universidade Gama Filho (em 2006) e em Bases Metabólicas Aplicadas à Atividade Física pela USP (em 2008). Graduada em Esporte pela EEFE-USP (em 2003).

Valniria Maria Lopes de Sousa

Mestre em Estudos do Esporte pela EEFE-USP, licenciada em Educação Física pela Universidade de Santo Amaro (em 2000), especialista em Treinamento Desportivo (em 2007) pela FMU, pesquisadora na área de Esporte e Treinamento na Infância e Adolescência com ênfase nas Habilidades Motoras Gerais e Específicas, sobretudo as capacidades coordenativas, e integrante do GEPETIJ da EEFE-USP. Atualmente, é professora de Educação Física Escolar nas redes públicas municipal e estadual de São Paulo.

Veerle De Bosscher

Doutora em SPLISS (em 2007) e mestre em Gestão Esportiva e Treinamento. Professora no Departamento de Políticas e Gestão para o Esporte da Faculdade de Educação Física na Vrije Universiteit Brussel, na Bélgica. Seus interesses de pesquisa se encontram em diferentes áreas da Gestão Esportiva, Políticas e Sistemas para o Esporte e para o Esporte de Alto Rendimento, com alta especialização em Estudos Comparativos Internacionais, *Benchmarking*, Medição de Competitividade, Desenvolvimento do Esporte e Juventude, Gestão Estratégica e de Desempenho e o Valor Social do Esporte (de alto rendimento). Sua pesquisa desperta o interesse de vários pesquisadores e organizações esportivas, fato confirmado pelos inúmeros convites como palestrante em 40 conferências científicas e aplicadas em todo o mundo ao longo dos últimos cinco anos.

Victor Pignotti Maielo

Graduado em Educação Física pelo Centro Universitário das Faculdades Metropolitanas Unidas (em 2010). Foi integrante do GEPETIJ da EEFE-USP.

Sobre o Livro
Formato: 21 × 28 cm
Mancha: 16,7 × 24,7 cm
Papel: Offset 90 g
Nº páginas: 360
1ª edição: 2016

Equipe de Realização
Assistência editorial
Liris Tribuzzi

Assessoria editorial
Maria Apparecida F. M. Bussolotti

Edição de texto
Gerson Silva (Supervisão de revisão)
Fernanda Fonseca (Preparação do original e copidesque)
Roberta Heringer de Souza Villar e Iolanda Dias (Revisão)

Editoração eletrônica
Vanessa Dal (Capa, projeto gráfico e diagramação)

Impressão
Intergraf Ind. Gráfica Eireli